Engenharia de
Software

RAUL SIDNEI **WAZLAWICK**

2ª Edição

Engenharia de Software

CONCEITOS E PRÁTICAS

© 2019, Elsevier Editora Ltda.

Todos os direitos reservados e protegidos pela Lei 9.610 de 19/02/1998.

Nenhuma parte deste livro, sem autorização prévia por escrito da editora, poderá ser reproduzida ou transmitida sejam quais forem os meios empregados: eletrônicos, mecânicos, fotográficos, gravação ou quaisquer outros.

ISBN: 978-85-352-9272-5
ISBN (versão digital): 978-85-352-9273-2

Copidesque: Cindy Leopoldo
Revisão tipográfica: Elaine dos S. Batista
Editoração Eletrônica: Thomson Digital

Elsevier Editora Ltda.
Conhecimento sem Fronteiras

Rua da Assembléia, nº 100 – 6º andar
20011-904 – Centro – Rio de Janeiro – RJ

Av. Doutor Chucri Zaidan, nº 296 – 23º andar
04583-110 – Brooklin Novo – São Paulo – SP

Serviço de Atendimento ao Cliente
0800 026 53 40
atendimento1@elsevier.com

Consulte nosso catálogo completo, os últimos lançamentos e os serviços exclusivos no site www.elsevier.com.br

---

NOTA

Muito zelo e técnica foram empregados na edição desta obra. No entanto, podem ocorrer erros de digitação, impressão ou dúvida conceitual. Em qualquer das hipóteses, solicitamos a comunicação ao nosso serviço de Atendimento ao Cliente para que possamos esclarecer ou encaminhar a questão.

Para todos os efeitos legais, a Editora, os autores, os editores ou colaboradores relacionados a esta obra não assumem responsabilidade por qualquer dano/ou prejuízo causado a pessoas ou propriedades envolvendo responsabilidade pelo produto, negligência ou outros, ou advindos de qualquer uso ou aplicação de quaisquer métodos, produtos, instruções ou ideias contidos no conteúdo aqui publicado.

A Editora

CIP-BRASIL. CATALOGAÇÃO NA PUBLICAÇÃO
SINDICATO NACIONAL DOS EDITORES DE LIVROS, RJ

W372e
2. ed.

    Wazlawick, Raul Sidnei
        Engenharia de software : conceitos e práticas / Raul Sidnei Wazlawick. - 2. ed. - Rio de Janeiro : Elsevier, 2019.
        ; 28 cm.

      Inclui índice
      ISBN 978-85-352-9272-5

      1. Engenharia de software. 2. Software - Desenvolvimento. I. Título.

19-56472   CDD: 005.1
                            CDU: 004.41

Vanessa Mafra Xavier Salgado - Bibliotecária - CRB-7/6644

11/04/2019   11/04/2019

Sobre o Autor

Raul Sidnei Wazlawick é professor titular do Departamento de Informática e Estatística da Universidade Federal de Santa Catarina (UFSC), Bacharel em Ciência da Computação pela Universidade Federal de Santa Catarina (UFSC, 1988), Mestre em Ciência da Computação pela Universidade Federal do Rio Grande do Sul (UFRGS, 1991) e Doutor em Engenharia pela Universidade Federal de Santa Catarina (UFSC, 1993), com pós-doutorado em Informática pela Universidade Nova de Lisboa (1998). Desde 1986, trabalha na área de Engenharia de Software, sendo docente desde 1992 na UFSC e em cursos e palestras em dezenas de outras universidades e organizações no Brasil e no exterior. Trabalha em projetos de pesquisa em consultoria em empresas para melhoria de processos de desenvolvimento de software. Foi membro do Conselho da Sociedade Brasileira de Computação (SBC), coordenador dos cursos de bacharelado e mestrado em Ciência da Computação da UFSC, coordenador do XX Simpósio Brasileiro de Engenharia de Software (SBES, 2006) e chair do Working Group 3.2 (Higher Education) da International Federation for Information Processing (IFIP). Foi membro da Comissão de Especialistas em Ensino de Informática e Computação do Ministério da Educação (MEC) e da Comissão Assessora da Área de Computação para o Enade 2014. Orientou dezenas de dissertações de mestrado, teses de doutorado e trabalhos de graduação; publicou mais de uma centena de artigos científicos em eventos e periódicos internacionais. Recebeu, juntamente com sua orientanda Marília Guterres Ferreira, o Best Paper Award na Conferência Ibero-americana de Engenharia de Software em 2011. É bolsista de produtividade em desenvolvimento tecnológico e extensão inovadora pelo CNPq e coordenador geral do Laboratório Bridge da UFSC (www.bridge.ufsc.br) que, com mais de uma centena de colaboradores, desenvolve soluções em informática para transformar a saúde pública no Brasil.

Prefácio à 2ª Edição

 O SWEBOK (Software Engineering Book of Knowledge – Livro do Conhecimento da Engenharia de Software), organizado pela IEEE Computer Society, define o usualmente aceito corpo de conhecimentos relacionados com a Engenharia de Software (IEEE Computer Society, 2014 – acessível através do QR code ao lado). Essa publicação, atualizada em 2013, relaciona 15 áreas de conhecimento. Conforme mostrado na tabela a seguir, essas áreas de conhecimento são parcialmente cobertas por três dos meus livros:

- EN: Wazlawick, R.S. (2019) Engenharia de Software – Conceitos e práticas. 2ª edição, Rio de Janeiro: Elsevier, este livro.
- AD: Wazlawick, R.S. (2015) Análise e Design Orientados a Objetos para Sistemas de Informação – Modelagem com UML, OCL e IFML. 3ª ed. Rio de Janeiro: Elsevier.
- PY: Wazlawick, R.S. (2018) Introdução a Algoritmos e Programação com Python. Rio de Janeiro: Elsevier.

Área SWEBOK 2014	EN	AD	PY
Requisitos de software		X	
Design de software		X	
Construção de software		X	X
Teste de software	X	X	X
Manutenção de software	X		
Gerenciamento de configuração de software	X		
Gerenciamento de engenharia de software	X		
Processo de engenharia de software	X		
Modelos e métodos de engenharia de software	X	X	
Qualidade de software	X		
Prática profissional da engenharia de software	X		
Economia da engenharia de software			
Fundamentos de computação			X
Fundamentos matemáticos			
Fundamentos de engenharia			

Pode-se ver, então, que este livro cobre 8 das 15 áreas enquanto os outros 2 livros cobrem mais 4 áreas adicionais, restando assim 3 áreas a serem eventualmente abordadas em livros ou edições futuras.

Este livro não possui um capítulo específico sobre ferramentas de Engenharia de Software porque elas são mencionadas ao longo de todos os capítulos onde se fazem necessárias. As referências incluem, sempre que possível, produtos gratuitos e proprietários, bem como a referência para o site da ferramenta ou organização, normalmente através de um QR code, de forma a facilitar sua localização. Como a maioria desses QR codes foi consultada no final de 2018, é possível que, no momento em que você estiver lendo este livro, os endereços já tenham sido alterados. Neste caso, recomendo usar uma ferramenta de busca na internet para localizar os itens que você tiver interesse.

O livro não esgota o assunto relacionado com a Engenharia de Software, mas os tópicos mais fundamentais estão detalhados de modo que o leitor consiga efetivamente usar as técnicas em sua prática acadêmica e profissional. Em alguns casos, leituras complementares são recomendadas para aqueles que querem se aprofundar mais em uma ou outra técnica.

viii Prefácio à 2ª Edição

A profundidade com que os tópicos são abordados corresponde ao que o autor entende que seja adequado a um aluno de graduação em Sistemas de Informação ou Ciência da Computação, para que possa desempenhar a função de engenheiro de software adequadamente no mercado de trabalho.

O livro também pode ser de grande valia para profissionais que tenham interesse em se reciclar ou dar o passo inicial para implantar processos produtivos mais organizados em suas empresas.

O conteúdo deste livro pode ser abordado em uma disciplina de 60 horas ou ainda em 3 disciplinas de 20 horas cada, em que cada disciplina abordaria uma das partes do livro: *processo de engenharia de software, gerenciamento de projeto de software* e *qualidade de software*. Uma quarta disciplina de cerca de 40 horas ainda poderia ser acrescentada com o livro *Análise e Projeto de Sistemas de Informação Orientados a Objetos*, que complementa este livro com a apresentação de técnicas detalhadas para *requisitos, análise, design* e *geração de código*.

Os leitores são incentivados a entrar em contato com o autor pelo e-mail raul@inf.ufsc.br para apresentar sugestões de melhoria ao livro, pois, de acordo com as sugestões apresentadas no próprio livro, o feedback do usuário é fundamental para a criação de produtos de qualidade.

A 1ª edição deste livro foi produzida em ciclos iterativos entre os anos de 2010 e 2012, a partir de diversas fontes bibliográficas e da experiência do autor na área, que iniciou em 1985 seus estudos e, até hoje, leciona, publica e presta consultoria na área de Engenharia de Software. Em 2018 uma nova edição se evidenciou necessária e foi produzida a partir de uma intensa revisão e atualização do conteúdo do livro.

Em relação a esta 2ª edição, merece destaque uma apresentação mais intensa de modelos ágeis, que têm se tornado dominantes na indústria, e a atualização de várias normas ISO e do modelo CMMI que passou a ter uma nova versão em 2018. Em relação ao texto, vários parágrafos de interesse de consulta apenas foram movidos para dentro de tabelas, permitindo com isso uma leitura mais fluida e agradável do texto. Além disso, vários novos exemplos foram acrescentados, especialmente no capítulo que trata de teste de software.

O livro pode ser lido do início ao fim, mas também em qualquer outra ordem, visto que os capítulos são autocontidos e eventuais referências a outros capítulos são feitas apenas quando necessário.

Deixo aqui um agradecimento especial aos *Bridgers*, Gabriel Saldanha, Caio Pereira Oliveira e Leonardo Souza, que compartilharam sugestões para melhoria do texto. *Bridger* é como chamamos os membros do Laboratório Bridge, na UFSC, o qual eu coordeno (www.bridge.ufsc.br). No momento, contamos com cerca de 130 pessoas desenvolvendo softwares para grandes projetos do Ministério da Saúde e ANVISA. Contamos com 13 equipes ágeis, um setor de qualidade que já produziu mais de 10 mil casos de teste automatizado e um setor de design que agrega muito valor aos nossos produtos. Somente um de nossos produtos, o Prontuário Eletrônico do Cidadão (PEC) é usando gratuitamente em mais de 2.500 municípios brasileiros em aproximadamente 10 mil unidades básicas de saúde (UBS), já tendo transmitido ao Ministério da Saúde quase 3 bilhões de registros clínicos. O laboratório conta ainda com um grupo de apoio à gestão que, entre outras coisas, aplica os melhores conceitos e práticas da Engenharia de Software para que os produtos do Bridge tenham qualidade máxima pelo menor custo e maior satisfação do colaborador, visto que muitos de nossos colaboradores são alunos de computação e sistemas de informação, os quais têm aqui uma primeira oportunidade de trabalho. Nossa missão, além de produzir os melhores produtos, é também dar a esses iniciantes a melhor formação possível.

Este livro é dedicado a todos aqueles que acreditam e trabalham para que o Brasil possa um dia ser referência mundial na área de produção de software com qualidade e criatividade. Vamos melhorar nossos processos de produção para que isso ocorra ainda nesta geração!

Florianópolis
primavera de 2018

Sumário

Sobre o Autor — v
Prefácio à 2ª Edição — vii
Índice de Tabelas — xi
Índice de Figuras — xv

1. Introdução — 1
1.1 A Crise dos Desenvolvedores de Software Menos Preparados — 1
1.2 Os Eternos Mitos — 2
1.3 (In)Definição de Engenharia de Software — 3
1.4 O Engenheiro de Software — 4
1.5 Evolução da Engenharia de Software — 5
1.6 Tipos de Software do Ponto de Vista da Engenharia — 6

Parte I
Processo de desenvolvimento de software — 9

2. Processo — 11
2.1 Fases — 12
2.2 Disciplinas — 12
2.3 Atividades — 13
2.4 Documentação de Processo — 15
2.5 Equipe de Processo — 18
2.6 Processos da Indústria de Software — 18

3. Modelos de Processo Prescritivos — 21
3.1 Modelo Codificar e Consertar — 23
3.2 Modelo Cascata — 24
3.3 Modelo *Sashimi* (Cascata Entrelaçado) — 29
3.4 Modelo V — 30
3.5 Modelo W — 31
3.6 Modelo Cascata com Subprojetos — 31
3.7 Modelo Cascata com Redução de Risco — 32
3.8 Modelo Espiral — 33
3.9 Modelo de Prototipação Evolucionária — 35
3.10 Modelo Entregas em Estágios — 36
3.11 Modelo Orientado a Cronograma — 37
3.12 Modelo Entrega Evolucionária — 37
3.13 Modelos Orientados a Ferramentas — 38
3.14 Linhas de Produto de Software — 38

4. Modelos Ágeis — 43
4.1 *Scrum* — 44
4.2 Lean — 55
4.3 Kanban — 56
4.4 XP – *eXtreme Programming* — 58
4.5 FDD – *Feature-Driven Development* — 69
4.6 *Crystal Clear* — 74

5. UP – Processo Unificado — 81
5.1 Caracterização do Processo Unificado — 81
5.2 Fases do Processo Unificado — 83
5.3 RUP – IBM Rational Unified Process — 85
5.4 EUP – Enterprise Unified Process — 93
5.5 RUP-SE – Rational Unified Process-Systems Engineering — 94
5.6 OUM – Oracle Unified Method — 94
5.7 DAD – Disciplined Agile Delivery — 96
5.8 OpenUp – Open Unified Process — 97

Parte II
Planejamento e gerência de projetos — 99

6. Planejamento — 101
6.1 Seleção de Projetos — 101
6.2 Termo de Abertura — 102
6.3 *Business Model Canvas* — 102
6.4 Declaração de Escopo — 103
6.5 Planejamento de Projeto com Iterações — 104
6.6 Planejamento de Iteração — 108

7. Estimação de Esforço — 115
7.1 Análise de Pontos de Função — 115
7.2 Pontos de Histórias — 131
7.3 SLOC E KSLOC — 133
7.4 COCOMO II — 136

8. Riscos — 157
8.1 Plano de Gerência de Riscos — 158
8.2 Identificação de Riscos — 158
8.3 *Checklist* de Riscos — 160
8.4 Análise de Riscos — 167
8.5 Planos de Mitigação de Riscos — 168
8.6 Plano de Contingência — 172

8.7	Monitoramento de Riscos	172
8.8	Controle de Risco	174
8.9	Comunicação de Riscos	174

9. Gerenciamento de Projeto de Software
177

9.1	Gerente de Projeto	178
9.2	Gerenciamento de Projetos Segundo o PMBOK	178
9.3	Prince2 – *Projects in Controlled Environments* 2	179
9.4	Condução de Projeto de Software	182
9.5	Medição em Engenharia de Software	183
9.6	Revisão e Avaliação	186
9.7	Fechamento	187

10. Gerenciamento de Configuração e Mudança
189

10.1	Conceitos Básicos	189
10.2	Controle de Versão	192
10.3	Controle de Mudança	194
10.4	Auditoria de Configuração	194
10.5	Ferramenta para Controle de Versão	195

Parte III
Qualidade
197

11. Qualidade de Produto de Software
199

11.1	Modelo de Qualidade SquaRE	199
11.2	Instalação de um Programa de Melhoria de Qualidade	206
11.3	Gestão da Qualidade	207
11.4	Medição da Qualidade	210
11.5	Requisitos de Qualidade	211
11.6	GQM (*Goal/Question/Metric*) e Avaliação da Qualidade	212

12. Qualidade de Processos
215

12.1	Normas ISO para Qualidade de Processos	215
12.2	CMMI – *Capability Maturity Model Integration*	223
12.3	MR-MPS-SW	225
12.4	Melhoria de Processo de Software (SEI-IDEAL)	227
12.5	Fatores Humanos em SPI	231
12.6	Linha de Processo de Software	232

13. Teste
237

13.1	Fundamentos	237
13.2	Níveis de Teste de Funcionalidade	240
13.3	Testes Suplementares	243
13.4	Teste Estrutural	245
13.5	Teste Funcional	258
13.6	TDD – Desenvolvimento Orientado por Testes	265
13.7	Medição em Teste	269
13.8	Depuração	270

14. Manutenção e Evolução de Software
271

14.1	Necessidade de Manutenção e Evolução de Software	271
14.2	Classificação das Atividades de Manutenção	274
14.3	Processo de Manutenção	276
14.4	Tipos de Atividades de Manutenção e suas Métricas	277
14.5	Modelos de Estimação de Esforço de Manutenção	280
14.6	Engenharia Reversa e Reengenharia	283

Posfácio. O Futuro da Engenharia de Software
287

Referências	289
Índice	293

Índice de Tabelas

Tabela 2.1 *Template* de documentação de atividade de projeto	16
Tabela 2.2 Exemplo de atividade documentada	17
Tabela 3.1 Marcos e entregáveis do Modelo Cascata	25
Tabela 4.1 Exemplo de *product backlog*	47
Tabela 4.2 Exemplo de *sprint backlog*	48
Tabela 4.3 Diferenças entre *Kanban*, *Scrum* e *Scrumban*	59
Tabela 6.1 Cálculo do tempo, esforço e tamanho de equipe para as fases de um projeto	106
Tabela 6.2 Esforço e duração de um projeto típico por fase do UP	107
Tabela 6.3 Exemplo de plano de projeto simplificado com definição de entregas	108
Tabela 6.4 Exemplo de conjunto de atividades com suas durações e dependências	112
Tabela 7.1 Complexidade funcional de entradas externas (EE)	120
Tabela 7.2 Complexidade funcional de saídas externas (SE) e consultas externas (CE)	120
Tabela 7.3 Complexidade funcional de arquivos lógicos internos (ALI) e arquivos de interface externa (AIE)	120
Tabela 7.4 Pontos de função não ajustados por tipo e complexidade de função	120
Tabela 7.5 Exemplo de identificação de funções de dados e transacionais a partir de requisitos	122
Tabela 7.6 Índices de produtividade esperados conforme a linguagem de programação	124
Tabela 7.7 Atribuição de notas aos fatores de ajuste técnico	126
Tabela 7.8 Padrão para contagem de SLOC em Java, C, C++ e C#	134
Tabela 7.9 Exemplo de contagem de linhas de código lógicas em Java	135
Tabela 7.10 *Backfire table*	136
Tabela 7.11 Valores de *ab*, *bb*, *cd* e *db* em função do tipo de projeto	137
Tabela 7.12 Forma de obtenção do equivalente numérico para PREC	141
Tabela 7.13 Forma de obtenção do equivalente numérico para FLEX	141
Tabela 7.14 Forma de obtenção do equivalente numérico para RESL	141
Tabela 7.15 Forma de obtenção do equivalente numérico para TEAM	142
Tabela 7.16 Forma de obtenção do equivalente numérico para PMAT	142
Tabela 7.17 Forma de obtenção do equivalente numérico para RELY	144
Tabela 7.18 Forma de obtenção do equivalente numérico para DATA	144
Tabela 7.19 Forma de obtenção do equivalente numérico para CPLX	145
Tabela 7.20 Forma de obtenção do equivalente numérico para RUSE	146
Tabela 7.21 Forma de obtenção do equivalente numérico para DOCU	146
Tabela 7.22 Forma de obtenção do equivalente numérico para TIME	146
Tabela 7.23 Forma de obtenção do equivalente numérico para STOR	147
Tabela 7.24 Forma de obtenção do equivalente numérico para PVOL	147
Tabela 7.25 Forma de obtenção do equivalente numérico para ACAP	147
Tabela 7.26 Forma de obtenção do equivalente numérico para PCAP	147
Tabela 7.27 Forma de obtenção do equivalente numérico para PCON	148
Tabela 7.28 Forma de obtenção do equivalente numérico para APEX	148
Tabela 7.29 Forma de obtenção do equivalente numérico para PLEX	148
Tabela 7.30 Forma de obtenção do equivalente numérico para LTEX	148
Tabela 7.31 Forma de obtenção do equivalente numérico para TOOL	149
Tabela 7.32 Forma de obtenção do equivalente numérico para SITE	149
Tabela 7.33 Forma de obtenção do equivalente numérico para SCED	149
Tabela 7.34 Forma de obtenção do equivalente numérico para PERS	150
Tabela 7.35 Forma de obtenção do equivalente numérico para RCPX	150
Tabela 7.36 Forma de obtenção do equivalente numérico para PDIF	151

xii Índice de Tabelas

Tabela 7.37 Forma de obtenção do equivalente numérico para PREX		151
Tabela 7.38 Forma de obtenção do equivalente numérico para FCIL		151
Tabela 7.39 Aplicação de esforço e tempo linear às fases do UP		152
Tabela 7.40 Exemplo de cálculo de tempo e esforço para as fases do UP de um projeto com $E = 56$ e $T = 11,5$		152
Tabela 7.41 Resumo do esforço relativo às disciplinas UP em diferentes fases		152
Tabela 7.42 Exemplo de calibragem para a constante A		153
Tabela 7.43 Opções de resposta às perguntas do questionário EPML		154
Tabela 7.44 Perguntas do questionário EPML		154
Tabela 8.1 Relações entre as componentes do risco e seus planos		159
Tabela 8.2 *Checklist* de riscos referentes à engenharia do produto		161
Tabela 8.3 *Checklist* de riscos referentes ao ambiente de desenvolvimento		164
Tabela 8.4 *Checklist* de riscos referentes às restrições externas		166
Tabela 8.5 Forma de cálculo para a exposição de um risco		168
Tabela 8.6 Identificação e análise de riscos de um projeto fictício		169
Tabela 8.7 Planos de redução de probabilidade		170
Tabela 8.8 Planos de redução de impacto		171
Tabela 9.1 Áreas de conhecimento de gerência de projetos segundo o PMBOK		179
Tabela 9.2 Processos do PMBOK identificados de acordo com a área de gerenciamento e grupo de processo		180
Tabela 9.3 Princípios de PRINCE2		181
Tabela 9.4 Temas (aspectos críticos) em PRINCE2		181
Tabela 9.5 Processos em PRINCE2		182
Tabela 11.1 Fases genéricas do ciclo de vida da Norma ISO/IEC 15288 e suas equivalentes SQuaRE		200
Tabela 11.2 Modelo de qualidade da ISO 25010:2011		202
Tabela 11.3 Subcaracterísticas da adequação funcional		203
Tabela 11.4 Subcaracterísticas da confiabilidade		203
Tabela 11.5 Subcaracterísticas da usabilidade		204
Tabela 11.6 Subcaracterísticas da eficiência de desempenho		204
Tabela 11.7 Subcaracterísticas da segurança		205
Tabela 11.8 Subcaracterísticas da compatibilidade		205
Tabela 11.9 Subcaracterísticas da capacidade de manutenção		206
Tabela 11.10 Subcaracterísticas da portabilidade		206
Tabela 11.11 Características e subcaracterísticas da qualidade do software em uso		207
Tabela 11.12 Os cinco estágios de maturidade organizacional		208
Tabela 11.13 Papéis em uma inspeção Fagan		209
Tabela 11.14 Atividades em uma inspeção Fagan		210
Tabela 11.15 Associação de riscos às características e subcaracterísticas de qualidade		212
Tabela 11.16 Exemplo de aplicação do modelo GQM		213
Tabela 12.1 Alguns aspectos e requisitos da ISO 9001		216
Tabela 12.2 Níveis de capacidade em processos segundo ISO 33020:2015		217
Tabela 12.3 Categorias, processos e subprocessos de ciclo de vida de sistema		219
Tabela 12.4 Categorias e processos de ciclo de vida de software		220
Tabela 12.5 Processos suplementares da ISO 33061		220
Tabela 12.6 Escala de obtenção de atributos com quatro valores		220
Tabela 12.7 Escala de obtenção de atributos com seis valores		220
Tabela 12.8 Atributos dos níveis de processo de acordo com a ISO 33020		221
Tabela 12.9 Exemplo de avaliação SPICE		222
Tabela 12.10 Níveis de maturidade CMMI 2.0		223
Tabela 12.11 Áreas de capacidade e prática CMMI 2.0		224
Tabela 12.12 Atributos de processo MR-MPS-SW		226
Tabela 12.13 Processos e atributos de processos que definem os níveis de maturidade do MR-MPS-SW		228
Tabela 12.14 Fases, estágios e riscos do processo de mudança organizacional		232
Tabela 12.15 Comparação entre os modelos IDEAL e CM		233
Tabela 12.16 Ferramentas motivacionais para aplicar nas diferentes fases do modelo IDEAL		234
Tabela 13.1 Casos de teste para a função *maior_sequencia*		252

Tabela 13.2 Casos de teste para o programa que identifica se um ano é bissexto	254
Tabela 13.3 Casos de teste para um programa que verifica se um número é primo	257
Tabela 13.4 Classes válidas e inválidas para os parâmetros da função *inserirItem*	260
Tabela 13.5 Casos de teste para a função *inserirItem*	261
Tabela 13.6 Casos de teste de sistema para o caso de uso "*Comprar livros*"	264
Tabela 14.1 Tempo de resposta ao erro em função de sua gravidade	278
Tabela 14.2 Forma de obtenção do equivalente numérico para RELY na fase de manutenção	281
Tabela 14.3 Forma de cálculo do equivalente numérico para *SU*	282
Tabela 14.4 Forma de cálculo do equivalente numérico para *UNFM*	282

Índice de Figuras

Figura 3.1 Modelo Codificar e Consertar 24
Figura 3.2 Fases e marcos do Modelo Cascata 26
Figura 3.3 Como as interações entre fases poderiam ser (Modelo Cascata Dupla) 27
Figura 3.4 Como as interações entre fases do Modelo Cascata acabam acontecendo na prática 28
Figura 3.5 Modelo *Sashimi* 29
Figura 3.6 Modelo V 30
Figura 3.7 Modelo W 31
Figura 3.8 Modelo Cascata com Subprojetos 32
Figura 3.9 Modelo Cascata com Redução de Risco 33
Figura 3.10 Modelo Espiral 34
Figura 3.11 Modelo Prototipação Evolucionária 35
Figura 3.12 Modelo Entregas em Estágios 36
Figura 3.13 Modelo Orientado a Cronograma 37
Figura 3.14 Como ficam os requisitos em modelos orientados a ferramentas 38
Figura 3.15 Custo/benefício de SPL 39
Figura 3.16 Organização do desenvolvimento com SPL 40
Figura 4.1 Exemplo concreto de *sprint backlog* 49
Figura 4.2 Exemplo de *sprint burndown chart* 51
Figura 4.3 *Fakey-fakey* 51
Figura 4.4 *Late-learner* 51
Figura 4.5 *Middle-learner* 52
Figura 4.6 *Early-Learner* 52
Figura 4.7 *Plateau* 52
Figura 4.8 *Never-never* 53
Figura 4.9 *Scope increase* 53
Figura 4.10 Funcionamento geral do *Scrum* 53
Figura 4.11 Exemplo de quadro *Kanban* *58*
Figura 4.12 Estrutura geral do modelo FDD 70
Figura 4.13 Estrutura conceitual da lista de funcionalidades 71
Figura 5.1 Diferentes ênfases de cada disciplina nas diferentes fases do RUP 58
Figura 5.2 Ciclo de vida OUM 95
Figura 6.1 *Business Model Canvas* 102
Figura 6.2 Perfil de duração e esforço típicos para um projeto usando UP 105
Figura 6.3 Uma rede PERT para as atividades da WBS 113
Figura 6.4 Diagrama Gantt para as atividades da WBS 114
Figura 7.1 Gráfico de velocidade de projeto em pontos de histórias 132
Figura 7.2 Região de estimação de esforço de CII 138
Figura 7.3 Relação entre o tamanho da equipe e o tempo linear de desenvolvimento de um projeto 139
Figura 7.4 Momento de aplicação dos modelos *early design* e *post-architecture* 143
Figura 8.1 Um possível ciclo de vida para o *status* de um risco 173
Figura 10.1 Uma classe que ainda não foi testada com uma nova versão de outra classe 192
Figura 11.1 Abordagem conceitual para qualidade de acordo com a ISO/IEC 25010:2011 200
Figura 11.2 Relação entre investimento em qualidade e economia relacionada com falhas 211
Figura 11.3 Estrutura hierárquica do modelo GQM 212
Figura 12.1 Modelo de avaliação em duas dimensões da ISO 33001 217
Figura 12.2 Modelo SEI-IDEAL 228

Figura 12.3 Modelo conceitual de uma linha de processo de software	235
Figura 13.1 *Stub*	239
Figura 13.2 *Driver*	239
Figura 13.3 Regras para criação de grafos de fluxo	247
Figura 13.4 Regras para criação de grafos de fluxo com operadores booleanos binários	248
Figura 13.5 Grafo de fluxo de um programa que identifica a maior sequência de valores contíguos iguais em uma lista	249
Figura 13.6 Grafo de fluxo de um programa que sorteia os números da Mega-Sena	250
Figura 13.7 Grafo de fluxo de um programa que verifica se um ano é bissexto	253
Figura 13.8 Grafo de fluxo de um programa que calcula a evolução de uma população	255
Figura 13.9 Grafo de fluxo de uma função que verifica se um número dado é primo	256
Figura 13.10 Modelo conceitual de referência	259
Figura 13.11 Diagrama de atividades para realização de TDD	265
Figura 13.12 Evolução esperada das medidas de defeitos de produto ao longo de um projeto	269
Figura 14.1 Relação entre as atividades de manutenção	276
Figura 14.2 Relação esquemática entre os diferentes termos relacionados com a engenharia reversa	283

Capítulo 1

Introdução

Este capítulo apresenta uma introdução ao assunto de engenharia de software, iniciando pela referência clássica à *crise do software* (Seção 1.1) e aos *mitos do software* (Seção 1.2). Procura-se dar um entendimento às expressões "engenharia de software" (Seção 1.3) e "engenheiro de software" (Seção 1.4), já que há uma grande variedade de definições e entendimentos a respeito destes termos. A *evolução* da área é brevemente apresentada (Seção 1.5), bem como uma classificação dos *tipos de sistemas* referentes à engenharia de software (Seção 1.6), uma vez que este livro se especializa em engenharia de software para sistemas de informação (outros tipos de sistema poderão necessitar de técnicas específicas que não são tratadas aqui).

1.1 A CRISE DOS DESENVOLVEDORES DE SOFTWARE MENOS PREPARADOS

Por algum motivo, os livros de engenharia de software quase sempre iniciam com o tema "crise do software". Esta expressão vem dos anos 1970. Mas o que é isso, afinal? O software está em crise? Parece que não, visto que hoje o software está presente em quase todas as atividades humanas. Mas as *pessoas* que desenvolvem software estão em crise há décadas e, em alguns casos, parecem impotentes para sair dela.

Em grande parte, parece haver desorientação em relação a como planejar e conduzir o processo de desenvolvimento de software. Muitos desenvolvedores concordam que não utilizam um processo adequado e que deveriam investir em algum, mas ao mesmo tempo dizem que não têm tempo ou recursos financeiros para fazê-lo. Essa história se repete há décadas.

A expressão "crise do software" foi usada pela primeira vez com impacto por Dijkstra (1971). Ele avaliava que, considerando o rápido progresso do hardware e das demandas por sistemas cada vez mais complexos, os desenvolvedores simplesmente estavam se perdendo, porque a engenharia de software, na época, era uma disciplina incipiente.

Os problemas relatados por Dijkstra eram:

- Projetos que estouram o cronograma.
- Projetos que estouram o orçamento.
- Produto final ineficiente, de baixa qualidade ou que não atende aos requisitos.
- Produtos não gerenciáveis e difíceis de manter e evoluir.
- Produtos que nunca são entregues.

Alguma semelhança com projetos de sistemas do início do século XXI? Muitas! Sucede que, embora a engenharia de software tenha evoluído como ciência, sua aplicação na prática ainda é limitada.

Mesmo depois de cinquenta anos, ainda são comuns as queixas da alta administração das organizações em relação ao setor de informática quanto a prazos que não são cumpridos, custos ainda muito elevados, sistemas em uso que demandam muita manutenção e também ao fato de que é difícil recrutar profissionais qualificados.

Os usuários também estão infelizes: encontram erros e falhas inadmissíveis em sistemas entregues, sentem-se inseguros em usar tais sistemas e reclamam da constante necessidade de manutenção e do seu alto custo.

Os desenvolvedores, por sua vez, não estão mais satisfeitos: sentem que sua produtividade é baixa em relação ao seu potencial, lamentam a falta de qualidade no produto gerado por seu trabalho, sofrem pressão para cumprir prazos e orçamentos apertados, e ficam inseguros com as mudanças de tecnologia que afetam sua qualificação em relação ao mercado.

Booch (1994) afirma: We often call this condition "the software crisis", but frankly, a malady that has carried on this long must be called "normal".[1]

Pode-se concluir que a crise do software continuará enquanto os desenvolvedores continuarem a utilizar processos artesanais e a não capitalizar erros e acertos aplicando as modernas técnicas de engenharia de software, muitas das quais descritas neste livro.

---

[1]. Frequentemente chamamos essa condição de "crise do software", mas, francamente, uma doença que já dura tanto tempo deveria ser chamada "normalidade".

2 Engenharia de Software |

Teixeira (2010) compara o desenvolvimento de software ao artesanato da Idade Média, quando, por exemplo, um artesão fazia um par de sapatos como um produto único para cada cliente. Buscava-se a matéria-prima, cortava-se e costurava-se para produzir um sapato que servisse ao cliente. O software, em muitas empresas, ainda é desenvolvido dessa forma artesanal.

Porém, apenas a adoção de processos e padrões efetivamente industriais para a produção de software poderá fazer essa área desenvolver-se mais rapidamente, com mais qualidade e, finalmente, sair dessa dificuldade crônica que já nem pode ser chamada de crise.

1.2 OS ETERNOS MITOS

São bastante conhecidos também os *mitos* do software, alguns dos quais identificados por Pressman (2005). Esses mitos são crenças tácitas e explícitas que permeiam a cultura de desenvolvimento de software. Os desenvolvedores mais experientes acabam percebendo que estas crenças não têm fundamento, constituindo-se realmente em mitos, mas a cada ano novos desenvolvedores de software entram no mercado e reavivam as velhas crenças, já que seu apelo é grande.

Pressman classifica os mitos em três grupos: *administrativos*, do *cliente* e do *profissional*. Seguem alguns comentários sobre os mitos *administrativos*:

- *A existência de um manual de procedimentos e padrões é suficiente para a equipe produzir com qualidade.* Na verdade, deve-se questionar se o manual é realmente usado, se ele é completo e atualizado. Muitas vezes, manuais são ignorados por serem incompletos, irrelevantes, imprecisos ou incompreensíveis; outras vezes eles são ignorados simplesmente porque não foram efetivamente adotados pela equipe. Deve-se trabalhar com processos e padrões que possam ser gerenciáveis e otimizados, ou seja, sempre que a equipe identificar falhas no processo, deve ser possível modificá-lo.
- *A empresa deve produzir com qualidade, pois tem ferramentas e computadores de última geração.* Na verdade, ferramentas e computadores de boa qualidade são condições necessárias, mas não suficientes. Parafraseando Larman (2001), comprar uma ferramenta não transforma você instantaneamente em arquiteto. Além de possuir boas ferramentas, a equipe deve possuir bons conhecimentos sobre o uso destas.
- *Se o projeto estiver atrasado, sempre é possível adicionar mais programadores para cumprir o cronograma.* Embora este mito até pareça intuitivo, o problema é que pessoas que desenvolvem software juntas precisam se comunicar, e cada vez que novos membros são adicionados à equipe, novos canais de comunicação surgem, sobrecarregando a todos. O desenvolvimento de software é uma tarefa altamente complexa. Adicionar mais pessoas sem que haja um planejamento prévio pode causar mais atrasos. Se não fosse assim, um programa de 20 mil linhas poderia ser escrito rapidamente por 20 mil programadores.
- *Um bom gerente pode gerenciar qualquer projeto.* Gerenciar não é fazer, e o desenvolvimento de software é um processo complexo por vários motivos. Assim, mesmo que o gerente seja competente, se não houver na equipe competência técnica, boa comunicação e um processo de trabalho previsível, ele pouco poderá fazer para obter um produto com a qualidade desejada.

Entre os mitos relacionados com o *cliente*, pode-se citar:

- *Uma declaração geral de objetivos é suficiente para iniciar a fase de programação. Os detalhes podem ser adicionados depois.* É verdade que não se pode esperar que a especificação inicial do sistema esteja correta e completa antes de se iniciar a programação, mas ter isso como meta é péssimo. Deve-se procurar obter uma visão abrangente dos requisitos e a mitigação dos principais riscos de iniciar a construção do sistema. Técnicas mais sofisticadas de análise de requisitos e uma equipe bem treinada poderão ajudar a construir as melhores especificações possíveis sem perda de tempo.
- *Os requisitos mudam com frequência, mas sempre é possível acomodá-los, pois o software é flexível.* Na verdade, o *código* é fácil de mudar – basta usar um editor. Mas mudar o código sem introduzir erros é uma tarefa bastante improvável, especialmente em organizações com baixa maturidade de processo. O software só será efetivamente flexível se for construído com esse fim. É necessário, entre outras coisas, identificar os requisitos permanentes e os transitórios, e, no caso dos transitórios, preparar o sistema para sua mudança utilizando padrões de design adequados. Mesmo que o software não seja um elemento físico, como um edifício ou uma ponte (mais difíceis de serem modificados), a mudança do software também implica esforço e custo (em tempo e dinheiro), e muitas vezes esse esforço e esse custo não são triviais.
- *Eu sei do que preciso.* Os desenvolvedores costumam dizer o inverso: o cliente *não sabe* do que precisa. É necessário que os analistas entendam que os clientes (a não ser que sejam técnicos especializados) raramente sabem do que realmente precisam e têm grande dificuldade para descrever e até mesmo para lembrar-se de suas necessidades. De outro lado, analistas muitas vezes confundem as *necessidades do cliente* (alvo da *análise*) com as *soluções possíveis* (alvo do *design*). Por exemplo, um analista pode achar que o cliente precisa de um sistema *web* acessando um banco de dados

relacional, mas essa não é uma boa descrição de uma necessidade. É a descrição de uma solução para uma necessidade que possivelmente não foi estabelecida de maneira clara. Outras soluções diferentes de *web* e banco de dados poderiam ser aplicadas.

Outros mitos de Pressman dizem respeito ao *profissional*, e são comentados a seguir:

- *Assim que o programa for colocado em operação, nosso trabalho terminou.* Na verdade, ainda haverá *muito* esforço a ser despendido depois da instalação do sistema, por causa de erros dos mais diversos tipos. Estudos indicam que mais da metade do esforço despendido com um sistema ocorre depois de sua implantação (VON MAYRHAUSER & VANS, 1995).
- *Enquanto o programa não estiver funcionando, não será possível avaliar sua qualidade.* Na verdade, o programa é apenas um dos artefatos produzidos no processo de construção do software (possivelmente o mais importante, mas não o único). Existem formas de avaliar a qualidade de artefatos intermediários como casos de uso e modelos conceituais para verificar se estão adequados mesmo antes da implementação do sistema. Além disso, o código de programa pode ter suas qualidades internas avaliadas independentemente de estar funcionando ou não. Existem inclusive sistemas hoje que fazem essa verificação automaticamente, como por exemplo, o Sonar (confira no QR code ao lado).
- *Se eu esquecer alguma coisa, posso arrumar depois.* Quanto mais o processo de desenvolvimento avança, mais caras ficam as modificações em termos de tempo e dinheiro.
- *A única entrega importante em um projeto de software é o software funcionando.* Talvez essa seja a entrega mais importante, porém, se os usuários não conseguirem utilizar o sistema pouco valor ele terá. O final de um projeto de informática costuma envolver mais do que simplesmente entregar o software na portaria da organização do cliente. É necessário realizar testes de operação, importar dados, treinar usuários e definir procedimentos operacionais. Assim, outros artefatos, além do software funcionando, poderão ser necessários.

Leveson (1995) também apresenta um conjunto de mitos correntes, a maioria dos quais está relacionada com a confiabilidade do software:

- *O teste do software ou sua verificação formal pode remover todos os erros.* Na verdade, o software é construído com base em uma especificação de requisitos que usualmente é feita em linguagem natural e, portanto, aberta a interpretações. Nessas interpretações pode haver erros ocultos. Além disso, a complexidade do software contemporâneo é tão grande que se torna inviável especificar formalmente ou mesmo testar todas as possibilidades de uso. Assim, a melhor opção consiste em testar os caminhos mais representativos ou capazes de provocar erros. As técnicas de teste é que vão indicar quais caminhos é interessante verificar.
- *Aumentar a confiabilidade do software aumenta a segurança.* O problema é que o software pode ser confiável apenas em relação à sua especificação, ou seja, ele pode estar *fazendo certo a coisa errada*. Isso normalmente se deve a requisitos mal compreendidos.
- *O reúso de software aumenta a segurança.* Possivelmente os componentes reusados já foram testados, mas o problema é saber se os requisitos foram corretamente estabelecidos, o que leva de volta ao mito anterior. Além disso, se os componentes reusados forem sensíveis ao contexto (o que acontece muitas vezes), coisas inesperadas poderão acontecer.

Agora, de nada adianta apenas estar consciente dos mitos. Para produzir software com mais qualidade e confiabilidade é necessário utilizar uma série de conceitos e práticas. Ao longo deste livro, vários conceitos e práticas úteis em Engenharia de Software serão apresentados ao leitor de forma que ele possa compreender o alcance dessa área e seu potencial para a melhoria dos processos de produção de sistemas.

1.3 (IN)DEFINIÇÃO DE ENGENHARIA DE SOFTWARE

Segundo a Desciclopédia, a engenharia de software pode ser definida assim: "A Engenharia de Software forma um aglomerado de conceitos que dizem absolutamente nada e que geram no estudante dessa área um sentimento de 'Nossa, li 15 kg de livros desta matéria e não aprendi nada'. É tudo bom senso."

Apesar de considerar que o material publicado na Desciclopédia seja de caráter humorístico, a sensação que muitas vezes se tem da engenharia de software é mais ou menos essa. Pelo menos foi essa a sensação do autor deste livro e de muitos de seus colegas no passado.

4 Engenharia de Software

Efetivamente, a engenharia de software não é algo simples de conceituar e praticar. Mas é *necessário*. Primeiramente, deve-se ter em mente que os processos de engenharia de software são diferentes, dependendo do tipo de software que se vai desenvolver. O Capítulo 3, por exemplo, vai mostrar que, dependendo do nível de conhecimento ou estabilidade dos requisitos, deve-se optar por diferentes características para o modelo de desenvolvimento. O Capítulo 8, por outro lado, vai mostrar que uma área aparentemente tão subjetiva como "riscos" pode ser sistematizada e tratada efetivamente como um processo de engenharia, e não como adivinhação. O Capítulo 7 apresentará formas objetivas e padronizadas para mensurar o esforço do desenvolvimento de software, de forma a gerar números que sejam efetivamente realistas, o que já vem sendo comprovado em diversas empresas.

Assim, espera-se que este livro consiga deixar no leitor a sensação de que a engenharia de software é possível e viável, desde que se compreenda em que ela realmente consiste e como pode ser utilizada na prática.

Várias definições de engenharia de software podem ser encontradas na literatura, mas neste livro será considerada com maior ênfase a definição da engenharia de software como *o processo de estudar, criar e otimizar os processos de trabalho para os desenvolvedores de software*. Assim, embora isso não seja consenso, considera-se, que as atividades de levantamento de requisitos, modelagem, design[2] e codificação, por exemplo, não são típicas de um engenheiro de software, embora, muitas vezes, ele seja habilitado a realizá-las. Sua tarefa consiste mais em observar, avaliar, orientar e alterar os processos produtivos quando necessário. Assim, a rigor, as atividades de análise, design, programação e teste de software, e mesmo as atividades de gerenciamento do processo de desenvolvimento, seriam realizadas por profissionais identificados como analistas, designers, programadores, testadores e gerentes, respectivamente, cabendo ao engenheiro de software a definição, avaliação e acompanhamento de seus processos produtivos. A seção a seguir procura deixar mais clara essa distinção entre as atividades dos desenvolvedores e do engenheiro de software.

1.4 O ENGENHEIRO DE SOFTWARE

Uma das primeiras confusões que se faz nesta área é entre o *desenvolvedor* e o *engenheiro* de software. Isso equivale a confundir o engenheiro civil com o pedreiro ou com o mestre de obras.

O desenvolvedor, seja ele analista, designer, programador ou gerente de projeto, é um *executor* do processo de construção de software. Os desenvolvedores, de acordo com seus papéis, têm a responsabilidade de descobrir os requisitos e transformá-los em um produto executável. Mas o engenheiro de software tem um papel diferente em relação a isso. Pode-se dizer que o engenheiro de software não coloca a mão na massa, assim como o engenheiro civil não vai à obra assentar tijolos ou concretar uma laje. Então, o engenheiro de software não é um desenvolvedor que trabalha nas atividades de análise e produção de código, mas alguém que cria e mantém as condições para que isso aconteça.

Porém, a comparação com a engenharia civil termina por aqui, já que o engenheiro civil será o responsável pelo projeto físico da obra. Na área de Computação, a especificação do projeto lógico e físico fica a cargo do analista e do designer, o primeiro com a responsabilidade de identificar e modelar os requisitos e o segundo de desenhar uma solução que utilize a tecnologia para transformar esses requisitos em um sistema executável. No âmbito do software, há muito tempo esses papéis também têm sido confundidos com os do engenheiro de software.

Pode-se afirmar que o engenheiro de software assemelha-se mais ao engenheiro de produção. Ele deve fornecer aos desenvolvedores (inclusive gerentes, analistas e designers) as ferramentas e processos que deverão ser usados e será o responsável por verificar se esse uso está sendo feito efetivamente e de forma otimizada. Além disso, caso tais ferramentas e processos apresentem qualquer problema, ele será o responsável por realizar as modificações necessárias, garantindo assim sua contínua melhoria.

O engenheiro de software, portanto, não desenvolve nem especifica software. Ele viabiliza e acompanha o processo de produção, fornecendo e avaliando as ferramentas e técnicas que julgar mais adequadas a cada projeto ou empresa.

É necessário, ainda, distinguir o engenheiro de software do gerente de projeto. O gerente de projeto deve planejar e garantir que este seja executado de forma adequada dentro dos prazos e orçamento especificados. Mas o gerente de projeto tem uma responsabilidade mais restrita ao projeto em si, e não ao processo de produção. Nesse sentido, ele também é um executor. Ele utiliza as disciplinas definidas no processo de engenharia de software para gerenciar seu projeto específico, mas não é necessariamente o responsável pela evolução desses processos, nem necessariamente o responsável por sua escolha. Esse papel cabe ao engenheiro de software.

---

2. As palavras inglesas *design* e *project* costumam ser traduzidas para o português como "projeto". Para evitar confusão entre os dois significados, neste livro o termo *design* não será traduzido.

Em equipes pequenas, uma mesma pessoa poderá atuar no papel de engenheiro de software e simultaneamente em outros papéis, como analista ou gerente. Aqui não se está falando necessariamente de pessoas diferentes para cada papel, mas de atribuições distintas que poderão estar alocadas a uma mesma pessoa ou a pessoas diferentes. Resumindo, os diferentes papéis poderiam ser caracterizados assim:

- O *engenheiro de software* escolhe e, muitas vezes, especifica os processos de planejamento, gerência e produção a serem implementados. Ele acompanha e avalia o desenvolvimento de todos os projetos da empresa para verificar se o processo estabelecido é executado de forma eficiente e efetiva. Caso sejam necessárias mudanças no processo estabelecido, ele as identifica e realiza, garantindo que a equipe adote tais mudanças. Ele reavalia o processo continuamente.
- O *gerente de projeto* cuida de um projeto específico, garantindo que os prazos, orçamento, escopo e objetivos de qualidade sejam cumpridos em relação ao produto a ser desenvolvido. Ele segue as práticas definidas no processo de engenharia. Ele também é responsável por verificar a aplicação do processo pelos desenvolvedores e, se necessário, reporta-se ao engenheiro de software para sugerir melhorias.
- O *analista, em sua definição mais geral,* é um desenvolvedor responsável pela compreensão do problema relacionado com o sistema que se deve desenvolver, ou seja, pelo levantamento dos requisitos e sua efetiva modelagem. O analista deve, portanto, descobrir o que o cliente precisa (por exemplo, controlar suas vendas, comissões, produtos etc.).
- O *designer* deve levar em conta as especificações do analista e propor a melhor tecnologia para produzir um sistema executável para elas. Deve, então, apresentar uma solução para as necessidades do cliente (por exemplo, propor uma solução baseada em *web*, com um banco de dados centralizado acessível por dispositivos móveis etc.). Algumas vezes o termo designer é associado apenas aos aspectos de interface gráfica do sistema, mas pode-se ter designers também atuando na arquitetura interna do software.
- O *programador* vai construir a solução física a partir das especificações do *designer*. É ele quem gera o produto final, e deve conhecer profundamente a linguagem e o ambiente de programação, bem como as bibliotecas que for usar, além de ter algum conhecimento sobre teste e depuração de software.

Como já comentado, em algumas organizações essa divisão de papéis pode não ser observada estritamente. Usualmente, apenas organizações de médio e grande porte podem se dar ao luxo de ter um ou mais engenheiros de software dedicados. Mas é importante que se tenha em mente que, ainda que uma pessoa execute mais de um papel nesse processo, essas atribuições são especialidades distintas nas quais um profissional pode se aprofundar cada vez mais.

Há outros papéis também não menos importantes como o de testador, arquiteto de software, gerente de qualidade, analista de negócios etc. Vários destes papéis são apresentados e comentados ao longo do livro.

1.5 EVOLUÇÃO DA ENGENHARIA DE SOFTWARE

A maioria dos primeiros computadores, construídos entre as décadas de 1930 e 1940, não possuíam software: os comandos eram implantados na máquina a partir de conexões físicas entre os componentes. À medida que se percebeu a necessidade de computadores mais flexíveis, surgiu o software, que consiste em um conjunto de instruções que faz a máquina produzir algum tipo de processamento. Como o software é um construto abstrato, sua produção não se encaixava perfeitamente em nenhuma das engenharias, nem mesmo na mecânica e na elétrica, que são as mais próximas, por terem relação com as máquinas que efetuam as computações. Surgiu, então, o conceito de *engenharia de software*, inicialmente referindo-se aos processos para a produção desse tipo de construto abstrato.

Aceita-se que a primeira conferência sobre engenharia de software tenha sido a Conferência de Engenharia de Software da OTAN, organizada em Garmish, Alemanha, em 1968 (BAUER, 1968). Apesar disso, o termo já era usado desde os anos 1950.

O período da década de 1960 até meados da década de 1980 foi marcado pela chamada "crise do software", durante a qual foram identificados os maiores problemas relacionados com a produção de software, especialmente em larga escala. Inicialmente, a crise referenciava especialmente questões relacionadas com orçamento e cronograma de desenvolvimento, mas posteriormente passou também a abranger aspectos de qualidade de software, uma vez que os sistemas, depois de prontos, apresentavam muitos problemas, causando prejuízos.

Segundo Edsger Dijkstra, um dos responsáveis pelo uso do termo "crise do software", a coisa ia bem enquanto as máquinas de computação não possuíam mecanismos de interrupção por hardware. Antes disso, os programas eram bastante previsíveis e usualmente o que se planejava era executado *ipsis litteris*. Porém, com a introdução dos mecanismos de interrupção, especialmente para permitir o uso do computador por várias aplicações ao mesmo tempo, o comportamento de um programa passou a ser bem mais imprevisível.

6 Engenharia de Software |

Um exemplo clássico da crise de software dos anos 1960 foi o projeto do sistema operacional OS/360, que utilizou mais de mil programadores. Brooks (1975) afirmou ter cometido um erro que custou milhões à IBM nesse projeto, por não ter definido uma arquitetura estável antes de iniciar o desenvolvimento propriamente dito. Atualmente, a *Lei de Brooks* afirma que adicionar programadores a um projeto atrasado faz com que ele fique ainda mais atrasado.

Por décadas, a atividade de pesquisa tentou resolver a crise do software. Cada nova abordagem era apontada como uma "bala de prata" para solucionar a crise. Porém, pouco a pouco, chegou-se ao consenso de que tal solução mágica não existia. Ferramentas CASE (Computer Aided Software Engineering), especificação formal, prototipação, processos, componentes, teste automatizado etc. foram boas técnicas que ajudaram a engenharia de software a evoluir, mas hoje não se acredita mais em uma solução única e salvadora para os complexos problemas envolvidos com a produção de software.

Os anos 1990 presenciaram o surgimento da World Wide Web e a consolidação da orientação a objetos como o paradigma predominante na produção de software. A mudança de paradigma e o *boom* da Web mudaram de forma determinante a maneira como o software era produzido. Novas necessidades surgiram e sistemas cada vez mais complexos, acessíveis de qualquer lugar do mundo, substituíram os antigos sistemas *stand-alone*. Com isso, novas preocupações relacionadas com a segurança da informação e a proliferação de vírus e *spam* surgiram e passaram a fazer parte da agenda dos desenvolvedores de software.

Nos anos 2000, o crescimento da demanda por software em organizações de pequeno e médio porte levou ao surgimento de soluções mais simples e efetivas para o desenvolvimento de software para essas organizações. Assim surgiram os *métodos ágeis*, que procuram desburocratizar o processo de desenvolvimento e deixá-lo mais adequado a equipes pequenas mas competentes, capazes de desenvolver sistemas sem a necessidade de extensas listas de procedimentos ou de "receitas de bolo".

Atualmente, a área vem se estabelecendo como um corpo de conhecimentos coeso. O surgimento do *SWEBOK* e sua adoção como padrão internacional em 2006 (ISO/IEC TR 19759) foi um avanço para a sistematização do corpo de conhecimentos da área. Uma versão atualizada do SWEBOK, conhecida com SWBOK 3 foi lançada em 2013 e a partir de 2016 a IEEE Computer Society iniciou um processo de evolução para o desenvolvimento de futuras versões do documento.

1.6 TIPOS DE SOFTWARE DO PONTO DE VISTA DA ENGENHARIA

Não existe um processo único e ideal para desenvolvimento de software, porque cada sistema tem suas particularidades. Porém, usualmente, podem-se agrupar os sistemas de acordo com certas características e então definir modelos de processo mais adequados a elas. Do ponto de vista da engenharia de software, os sistemas podem ser classificados da seguinte forma:

- *Software básico*: são os compiladores, *drivers* e componentes do sistema operacional. Normalmente, usuários que não sejam profissionais de computação nem tomam conhecimento da existência deste tipo de software.
- *Software de tempo real*: são os sistemas que monitoram, analisam e controlam eventos do mundo real. Este tipo de sistema é bastante comum na indústria e em dispositivos eletromecânicos existentes em veículos e máquinas computadorizadas em geral.
- *Software comercial*: são os sistemas aplicados nas empresas, como controle de estoque, vendas etc. Tais sistemas usualmente acessam bancos de dados. São também referenciados usualmente como *sistemas de informação* já que o interesse destas empresas e organizações normalmente está em manter controle sobre a informação que elas produzem e consomem.
- *Software científico e de engenharia*: são os sistemas que utilizam intenso processamento de números. Trata-se, por exemplo, de ferramentas de desenho técnico ou de cálculo científico para as mais variadas áreas do conhecimento.
- *Software embutido ou embarcado*: são os sistemas de software presentes em *smartphones*, eletrodomésticos, veículos, *drones* etc. Normalmente, tais sistemas precisam trabalhar sob severas restrições de espaço, tempo de processamento e gasto de energia. Muitas vezes, embora nem sempre, eles podem ter também restrições para trabalhar em tempo real.
- *Software pessoal*: são os sistemas usados por pessoas no dia a dia, como processadores de texto, planilhas etc. A partir do surgimento da cultura de *smartphones*, esse tipo de software também vem sendo conhecido genericamente como "aplicativos".
- *Jogos*: embora existam alguns jogos cujo processamento não é muito complexo, existem também aqueles que exigem o máximo dos computadores em função da qualidade de gráficos e da necessidade de reação em tempo real. Apesar disso, todas as categorias de jogos têm características intrínsecas que extrapolam o domínio da engenharia de software. Jogos usualmente são produzidos por equipes multidisciplinares envolvendo profissionais de computação, designers, artistas e roteiristas. Além disso, a indústria de jogos tem desenvolvido suas próprias ferramentas de produção, chamadas de "*engines*", que permitem simplificar significativamente o esforço de programação.
- *Inteligência artificial (IA)*: são os sistemas especialistas, redes neurais e sistemas capazes de alguma forma de aprendizado. Além de serem sistemas independentes, com um tipo de processo de construção próprio, podem também ser embutidos

em outros sistemas. Embora a IA tenha passado por altos e baixos ao longo da história da computação, atualmente o investimento mundial nesta forma de software é bastante significativo já que cada vez mais seus resultados têm sido transformados em produtos úteis. Em grande parte, isso foi possível não só pela evolução das técnicas de IA em si, mas também pela gigantesca disponibilidade atual de dados de todos os tipos colhidos por bilhões de dispositivos computacionais espalhados pelo mundo.

Essa classificação, porém, não é completa, detalhada e nem exaustiva. Ela apenas ilustra os diferentes tipos de sistemas que são desenvolvidos com o uso de software e, eventualmente, de hardware.

Neste livro, a ênfase está nos *sistemas de informação*, ou seja, será mostrado basicamente como desenvolver um processo de engenharia de software para sistemas do tipo "comercial" para uso em empresas ou organizações. Apesar disso, algumas dessas técnicas poderão ser aplicadas também no desenvolvimento de outros tipos de software.

Parte I

Processo de desenvolvimento de software

Dentre as áreas do SWEBOK, esta primeira parte do livro aborda "Processo de Engenharia de Software" e parte de "Modelos e Métodos de Engenharia de Software".

Inicialmente, o Capítulo 2 define, de forma genérica, o que se entende por *processo* em Engenharia de Software, o que não deixa de ser semelhante ao conceito de *processo* em outras áreas da Engenharia e da Administração, pois se trata de um conjunto estruturado de atividades, com entradas, saídas, recursos e responsáveis bem definidos.

Os capítulos seguintes apresentam os modelos de processo específicos da indústria de software, iniciando, no Capítulo 3, pelos *modelos prescritivos* (por vezes indevidamente chamados *clássicos*).

O Capítulo 4 apresenta os principais *modelos ágeis*, que se diferenciam dos prescritivos principalmente por terem seu foco nos fatores humanos em vez das descrições detalhadas de atividades, mais típicas dos processos prescritivos.

O Capítulo 5 apresenta o *processo unificado* e suas implementações. Ele é apresentado como um capítulo à parte, visto que ele incorpora em um único arcabouço muitas das melhores práticas da indústria, inclusive princípios ágeis.

Capítulo 2

Processo

Este capítulo conceitua, de forma genérica, o que é um *processo de desenvolvimento de software*, sem detalhar este ou aquele modelo de ciclo de vida. Inicialmente, é mostrado que, tipicamente, um processo de desenvolvimento se subdivide em *fases* (Seção 2.1) com objetivos distintos, nas quais determinadas *disciplinas* (como análise de requisitos, implementação e teste) podem ser exercitadas com exclusividade ou predominância (Seção 2.2). Processos usualmente são definidos como conjuntos estruturados de *atividades* (Seção 2.3) para as quais são determinados artefatos de *entrada* e *saída*, papéis de *responsáveis* e *participantes*, além de *recursos* necessários. Atividades podem ser detalhadas pela definição de *passos* de execução, *procedimentos* e *regras*. Um exemplo de *documento descritivo* de uma atividade típica de processo é apresentado na Seção 2.4. Por fim, este capítulo tece alguns comentários sobre a *equipe de processo* (Seção 2.5), que deve ser composta por engenheiros de software de boa capacidade e uma norma técnica que define quais são os *processos típicos da indústria de software* (Seção 2.6).

Já foi mencionado que o desenvolvimento de software deve ser encarado como um processo para que possa ter mais qualidade e ser mais previsível e econômico. Mas o que é um processo? Segundo Sommerville (2003), *processo* é um conjunto de atividades e resultados associados que geram um produto de software.

Mas essa definição ainda é muito simples, pois, em geral, processos não são apenas conjuntos de atividades, mas atividades estruturadas. Além de atividades e resultados, há mais coisas envolvidas em um processo, como pessoas, recursos, restrições, padrões a serem seguidos etc.

A Wikipédia, possivelmente por ter seus verbetes produzidos pela comunidade de usuários, apresenta uma definição mais completa: *"Um processo de engenharia de software é formado por um conjunto de passos de processo parcialmente ordenados, relacionados com artefatos, pessoas, recursos, estruturas organizacionais e restrições, tendo como objetivo produzir e manter os produtos de software finais requeridos."* De forma que um processo pode ser entendido como um conjunto de atividades:

- Interdependentes
- Com responsáveis
- Com entradas e saídas definidas

Ao longo deste capítulo, o processo de software será caracterizado de acordo com essas definições e seus detalhes. Convém, porém, antes de continuar, distinguir os termos *processo* e *projeto* e a expressão *modelo de processo*.

Projeto é algo que ocorre em um tempo determinado. Consiste na execução concreta de um conjunto de atividades que visam à criação de um produto específico. Assim, um projeto tem um início definido no tempo e um fim determinado. Uma empresa de software pode estar realizando vários projetos ao mesmo tempo.

Processo é um conjunto de regras que definem como um projeto deve ser executado. No jargão da orientação a objetos, o projeto pode ser considerado uma *instância* de um processo. Um processo normalmente é adotado por uma empresa como um conjunto de regras específicas que seus funcionários devem seguir sempre que trabalharem em um projeto. Assim, quando um projeto precisa ser planejado na empresa, o responsável deve tomar o processo definido e, a partir dele, definir as atividades concretas, prazos e responsáveis.

Já *modelo de processo* é um conjunto de regras mais abstratas que especificam a forma geral de *processos*. Um modelo de processo apresenta uma filosofia, uma forma geral de comportamento com base na qual processos específicos podem ser definidos.

O modelo de processo para as atividades de projeto e desenvolvimento de software também pode ser chamado *ciclo de vida*. Assim, quando uma organização decide adotar um processo, ela pode buscar um modelo e adaptar a filosofia e as práticas recomendadas para criar seu próprio processo. A partir daí, a princípio, os projetos da organização deverão seguir o processo definido.

12 PARTE | I Processo de desenvolvimento de software

Há várias vantagens em definir o desenvolvimento de software como um processo, entre elas:

- *O tempo de treinamento pode ser reduzido*: com processos bem definidos e documentados, é mais fácil encaixar novos indivíduos na equipe do que quando não se dispõe deles.
- *Os produtos podem ser mais uniformizados*: a existência do processo não garante a uniformidade na qualidade dos produtos, mas certamente uma equipe com um processo bem definido tende a ser mais previsível do que a mesma equipe sem processo algum.
- *Possibilidade de capitalizar experiências*: pode-se imaginar que um processo de trabalho bem definido poderia tolher o uso da criatividade dos desenvolvedores. Contudo, isso não é verdade. Um bom processo deve ter sempre embutido os mecanismos para sua própria melhoria. Assim, se um desenvolvedor descobrir um meio de fazer as coisas de maneira melhor do que a que está descrita no processo, deve haver meios para incorporar essas alterações em uma nova versão do processo.

As seções a seguir vão discorrer sobre a estrutura de processos, ou seja, suas fases, disciplinas e atividades.

2.1 FASES

Embora a nomenclatura possa variar de um modelo de processo para outro, usualmente se considera que a primeira grande divisão de um processo é a *fase* ou *estágio*. Uma fase é um período no qual determinadas atividades com objetivos bem específicos são realizadas. As *fases* são, então, as grandes divisões dos processos, e normalmente sua quantidade é pequena (menos de dez).

A norma ISO/IEC TS 24748-1:2016 define que o ciclo de vida do software pode ser concebido em seis fases com objetivos distintos:

- *Concepção*: quando uma primeira exploração das necessidades dos usuários é feita, com a possível construção de modelos ou protótipos de forma a examinar possíveis soluções candidatas.
- *Desenvolvimento*: quando se modela um produto a partir das necessidades identificadas.
- *Produção*: quando o produto é efetivamente construído.
- *Utilização*: quando o produto é colocado em operação no ambiente-alvo.
- *Suporte*: quando o produto recebe intervenções de forma a continuar funcionando ou se aprimorando de acordo com novas necessidades.
- *Desativação*: quando o produto é retirado de uso para possível substituição por outro produto.

Nem todos os modelos de desenvolvimento apresentam todas essas fases tão claramente. Alguns podem ter fases equivalentes a essas, mas com outros nomes. Alguns podem apresentar fases que são a junção de duas ou mais destas ou ainda fases que são a subdivisão de algumas dessas. Outros modelos podem omitir as fases finais, por considerarem que o processo de desenvolvimento acabou quando o produto é entregue. Assim, muitas variações dessa estrutura são encontradas entre os modelos de desenvolvimento de software.

Alguns processos, como o Modelo Cascata (Seção 3.2) e suas variantes, têm fases sequenciais e que se concentram em uma única disciplina. Outros modelos podem ter fases cíclicas, ou seja, o desenvolvimento passa de uma fase para outra, e depois reinicia, formando um ciclo repetitivo de fases até a finalização do projeto. Exemplos desse tipo de modelo cíclico ou iterativo são o Modelo Espiral (Seção 3.8) e o Modelo de Prototipação Evolucionária (Seção 3.9), além de quase todos os modelos ágeis.

O Processo Unificado (Capítulo 5), também conhecido como UP (Unified Process), é estruturado em quatro a seis fases, que são sequenciais no tempo. Mas dentro de cada fase, todas as disciplinas podem ser exercidas com maior ou menor intensidade. Assim, não há, como em outros modelos, fases dedicadas a uma única disciplina, mas uma relação ortogonal entre elas. Adicionalmente, as fases centrais do UP usualmente são organizadas na forma de iterações, ou seja, desenvolvimento cíclico.

Cada fase de um processo deve ter um macro objetivo bem estabelecido. Por exemplo, no caso do UP, a fase de *concepção* tem como macro-objetivo uma primeira abordagem sobre o sistema e seus requisitos. A fase de *elaboração* busca aprofundar a análise, detalhar o design do sistema e estabilizar sua arquitetura. A fase de *construção* visa produzir código executável e testado. Finalmente, a fase de *transição* visa à instalação e operação do sistema no ambiente final.

2.2 DISCIPLINAS

No contexto de processos de desenvolvimento de software, uma *disciplina* é entendida como um conjunto de atividades correlacionadas, as quais servem a um objetivo específico dentro do processo de desenvolvimento. Existem, por exemplo, disciplinas relacionadas com a produção, como análise de requisitos, modelagem, programação, teste etc., mas também existem disciplinas de apoio, como gerência de projeto, ambiente e gerência de configuração. Uma implementação do UP (EUP) também apresenta disciplinas relacionadas com a empresa como um todo, como gerência de portfólio e reúso estratégico.

As disciplinas usualmente são compostas por atividades que se organizam em um grafo de dependências, que estabelece em que ordem (se for o caso) as atividades devem ser executadas.

No Processo Unificado, todas as disciplinas são exercitadas em todas as fases, cada uma com maior ou menor intensidade. Já no modelo Cascata, cada fase exercita apenas uma única disciplina, havendo assim uma coincidência entre o que é *fase* e o que é *disciplina* neste modelo.

2.3 ATIVIDADES

A maioria dos processos de software tem como fundamento um conjunto de *atividades*. Toda atividade tem um objetivo principal estabelecido e visa criar ou produzir uma mudança de estado visível em um ou mais artefatos durante a execução de um projeto.

As atividades devem ter *entradas* e *saídas* bem definidas. Uma atividade toma artefatos de entrada e produz como saída novos artefatos e/ou promove uma modificação bem definida nos artefatos de entrada.

Atividades também devem ter identificados os responsáveis e participantes. *Responsáveis* são as pessoas que devem realizar a atividade e responder pela sua conclusão. Já os *participantes* agem apenas em resposta à iniciativa dos responsáveis. O ideal é que o responsável seja uma única pessoa. Por exemplo, uma atividade de levantamento de requisitos terá como responsável um analista e como participantes os clientes e usuários.

Cada atividade também pode precisar de um conjunto de *recursos* alocados, não apenas recursos humanos, que já estarão previstos na forma de responsáveis ou participantes, mas recursos físicos, como horas de computador, licenças de software, papel, passagens etc. Atividades também podem ser detalhadas em *passos*, complementadas por *procedimentos* e restringidas por *regras*.

As atividades de um processo normalmente são descritas por um documento. Esse documento poderá ter as seguintes seções (um exemplo é apresentado na Seção 2.4):

- Cabeçalho:
  - Nome do processo
  - Número e nome da fase
  - Número e nome da disciplina (caso não coincida com a fase)
  - Número e nome da atividade (normalmente um número individual prefixado com o número da fase e da disciplina)
  - Histórico de versões do documento, destacando a versão atual
  - Responsável (perfil ou papel)
  - Participantes (opcional)
  - Artefatos de entrada (opcional)
  - Artefatos de saída
  - Recursos alocados (opcional)
- Corpo com o detalhamento da atividade através de um conjunto de passos; cada um contém:
  - Número do passo
  - Descrição
  - Pré-condições (passos da mesma tarefa que já devem ter sido completados)
  - Regras (opcional)
  - Procedimentos (opcional)

Nem sempre as atividades são executadas como uma sequência estrita. As pré-condições referenciadas anteriormente é que vão definir qual a estrutura do grafo de dependência entre os passos. Por exemplo, se os passos 2 e 3 dependem do passo 1 e o passo 4 depende dos passos 2 e 3, então os passos 2 e 3 podem ser executados em paralelo, já que um não depende do outro. Mas para iniciar cada um destes passos é necessário que o passo 1 tenha concluído, e para iniciar o passo 4 é necessário que tanto 2 quanto 3 tenham sido concluídos. Em função dessa estrutura, pode ser interessante apresentar o grafo de dependências entre os passos de uma atividade na forma de um fluxograma, diagrama de atividades UML ou ainda um diagrama BPMN (Business Process Modeling and Notation).

Algumas vezes, uma mesma atividade pode ter descrições distintas, dependendo da fase em que é realizada.

2.3.1 Artefatos

Artefatos são quaisquer documentos que puderem ser produzidos durante um projeto de desenvolvimento de software, incluindo diagramas, programas, documentos de texto, desenhos, contratos, projetos, planos etc.

Alguns modelos de processo (como UP e FDD) determinam que cada artefato tenha um dono, que é o único que pode modificar ou permitir sua modificação.

Outros modelos (como XP) determinam que artefatos não tenham dono e que possam ser modificados à vontade por qualquer desenvolvedor, desde que exista uma boa razão para isso.

Em qualquer um dos casos, é importante que todos os artefatos estejam submetidos a um sistema de controle de versão (Capítulo 10) para que eventuais mudanças indevidas possam ser desfeitas.

Convém enfatizar aqui a estreita ligação entre os conceitos de atividade e artefato: toda a atividade *deve* produzir um novo artefato ou uma alteração bem definida sobre um artefato existente. Não se admite em processos atividades que nada produzem. Inclusive, quando se está planejando um projeto, deve-se planejar entregas, ou seja, artefatos, e não simplesmente tarefas.

2.3.2 Responsáveis e Participantes

Os *responsáveis* são perfis de pessoas ou papéis que respondem pela realização de uma ou mais atividades. Na prática, é interessante que qualquer atividade tenha um único responsável. Quando existem vários responsáveis pela mesma atividade, pode ocorrer de ninguém se sentir realmente responsável por ela.

Na descrição de um processo, as atividades devem ser atribuídas a *perfis* ou *papéis*, e não a pessoas. Apenas quando o processo for usado em um projeto concreto é que deve haver atribuições de atividades a pessoas. E neste caso, normalmente, a atividade passa a ser identificada como *tarefa*, já que ela deixa de ser uma descrição abstrata para se tornar uma designação concreta. Por exemplo, uma atividade de análise de requisitos terá como responsável um analista, mas não é o caso de nomeá-lo na descrição da atividade que compõe a documentação do processo. A atribuição de tarefas concretas a pessoas específicas será feita quando um projeto concreto estiver sendo planejado a partir de um processo existente.

Os *participantes* são todas as outras pessoas (perfis ou papéis) que precisam participar de alguma atividade para que ela seja concluída. Não são necessariamente responsáveis pela atividade, mas precisam participar dela. Por exemplo, o cliente deve participar da atividade de levantamento de requisitos, mas o responsável por essa atividade é o analista.

2.3.3 Recursos

Uma atividade, para ser executada, pode demandar recursos. Existem *recursos humanos* e *recursos físicos*. Em geral, os recursos humanos são classificados à parte dos recursos físicos. Os recursos humanos são associados às atividades nos papéis de responsáveis e participantes.

Não se deve confundir os recursos com as entradas de uma atividade. *Entradas* são artefatos que servirão de fonte de informação ou que serão transformados na atividade para produzir os artefatos de saída. Muitas entradas consistem em saídas de atividades anteriores. Assim, elas são específicas do projeto. Já os *recursos* são ferramentas ou insumos usados na atividade. Esses recursos são genéricos, ou seja, independem do projeto específico no qual se está trabalhando.

Pode-se dizer, então, que as entradas são *específicas ao projeto*, enquanto os recursos são *genéricos*. Assim, um *template* de documento é um recurso, mas um diagrama de classes de um projeto específico é uma entrada. Uma ferramenta CASE é um recurso, mas um relatório de *status* de projeto gerado pela ferramenta é uma entrada.

Os recursos físicos se dividem em dois grupos: *consumíveis* e *não consumíveis*.

Recursos consumíveis são aqueles que são gastos quando usados. Por exemplo, folhas de papel, passagens etc. Por exemplo, para realizar uma reunião do projeto, podem-se alocar recursos consumíveis, como passagens e diárias para participantes de outras cidades.

Por outro lado, *recursos não consumíveis* podem ser alocados inúmeras vezes para várias atividades, porém, normalmente, não podem ser alocados para mais de uma atividade de cada vez. Exemplos de recursos não consumíveis são o software e o hardware. Por exemplo, enquanto um computador estiver sendo usado em uma atividade, não poderá ser simultaneamente usado em outra. Contudo, depois de liberado, poderá ser usado novamente.

Recursos não consumíveis podem sofrer desgaste e depreciação ao longo do tempo e um dia deixar de ser aproveitáveis. Por exemplo, computadores podem parar de funcionar e versões de software podem ficar desatualizadas. Mas isso é gerenciado pelo processo de administração de recursos físicos da organização como um todo, e normalmente não é dentro de um projeto que se tenta determinar se o tempo de uso de um recurso não consumível já expirou. Então, para efeito de processo de desenvolvimento de software, esses recursos podem ser considerados não consumíveis.

Por outro lado, recursos consumíveis de uso contínuo como café, toalhas de papel e aluguéis, podem ser alocados ao projeto como um todo e não a cada atividade.

2.3.4 Passos

As atividades de um processo podem ser detalhadas em *passos* individuais. Toda atividade necessita de uma descrição, que deve dizer, de modo simples e direto, o que precisa ser feito para que ela seja realizada.

Basicamente, deve-se informar como cada um dos artefatos de saída é produzido a partir dos artefatos de entrada. Isso deve ser feito usando-se um discurso *essencial*, ou seja, sem entrar em detalhes quanto às tecnologias a serem usadas. Detalhes de tecnologia devem ficar restritos aos procedimentos associados à atividade. Por exemplo, uma forma de discurso essencial seria dizer "crie um diagrama de classes", e a forma não essencial usando tecnologia seria "selecione a opção do menu criar/diagrama/classes na ferramenta CASE tal".

Nem sempre os passos de uma atividade são estritamente sequenciais. Por isso, pode ser interessante indicar em cada passo quais as suas precondições, ou seja, quais outros passos terão que ter sido executados antes que o passo em questão possa ser iniciado.

2.3.5 Procedimentos

Uma atividade é descrita em termos gerais ou essenciais através de seus passos, que são isentos de tecnologia. Mas, por vezes, pode ser necessário informar como realizar determinados passos com uma tecnologia específica. Os *procedimentos* representam, então, uma realização tecnológica para o passo essencial definido. Para cada tecnologia poderá haver uma descrição de procedimentos distinta associada.

O procedimento é uma explicação adicional à atividade, indicando como realizá-la com as ferramentas e a tecnologia disponíveis. Uma atividade pode ser descrita de maneira semelhante a um caso de uso essencial (WAZLAWICK, 2015), ou seja, mencionando-se apenas o que deve ser feito sem detalhar a tecnologia a ser usada. Já o procedimento equivale a um caso de uso real, que detalha a atividade com uma tecnologia específica.

Pode haver mais de uma possibilidade tecnológica para realizar uma atividade. Por exemplo, pode haver disponíveis na empresa duas ferramentas CASE. Assim, uma atividade que consiste em realizar modelagem conceitual, por exemplo, terá uma única descrição, *independentemente de ferramenta*, mas haverá pelo menos dois procedimentos associados à atividade, um para cada ferramenta CASE disponível.

Se houver mudança de tecnologia na empresa, podem-se manter os procedimentos antigos para registro e, ao mesmo tempo, acrescentar os novos procedimentos. O interessante é observar que, como a descrição da atividade em si é feita no nível essencial, então ela deve valer para qualquer tecnologia possível.

2.3.6 Regras

A realização de uma atividade pode ainda ser condicionada por *regras* ou *restrições*, que podem se referir a passos, recursos, artefatos etc. Por exemplo, a atividade de escrever o sumário executivo do projeto pode ter como regra o fato de que esse artefato não deve ter mais de duas páginas.

Pode-se fazer um paralelo entre atividades e regras com requisitos funcionais e não funcionais. As atividades correspondem aos requisitos funcionais (são coisas que devem ser executadas) e as regras aos requisitos não funcionais (a maneira como as coisas devem ser executadas) (WAZLAWICK, 2015).

2.4 DOCUMENTAÇÃO DE PROCESSO

Esta seção apresenta uma sugestão de *template* para documento descritivo de atividade e um exemplo. O *template* é apresentado apenas como referência, sendo que inúmeros outros modelos podem ser usados e seguidos. O *template* é mostrado na Tabela 2.1.

Evidentemente, trata-se apenas de uma proposta. Pode-se discutir, por exemplo, a praticidade de descrever os procedimentos em diferentes tecnologias usando-se cores variadas. Isso pode ser bastante útil na visualização, porque normalmente trabalha-se com uma tecnologia de cada vez e as informações sobre outras tecnologias são simplesmente inúteis nesse caso. Como, em geral, há relativamente poucas tecnologias possíveis que chegam a ser usadas, não haverá problemas para distinguir as cores.

16 PARTE | I Processo de desenvolvimento de software

TABELA 2.1 *Template* de documentação de atividade de projeto

Processo:	\<nome do processo\>
Fase:	\<número e nome da fase\>
Disciplina:	**\<número e nome da disciplina\>**
Atividade:	**\<número e nome da atividade\>**
Versão:	\<número da versão atual, data e autor da modificação\> \<número da versão, data e autor da modificação\> \<número da versão, data e autor da modificação\> ...
Responsável:	\<perfil ou papel\>
Participantes: (opcional)	\<perfil ou papel 1\> \<perfil ou papel 2\> ...
Entradas: (opcional)	\<artefato 1\> \<artefato 2\> ...
Saídas:	\<artefato 1\> \<artefato 2\> ...
Recursos: (opcional)	\<recurso 1\> \<recurso 2\> ...
Passos:	
\<passo 1\>:	**\<descrição\>** Precondições: \<números de atividades\> Regras: • \<regra 1\> • \<regra 2\> ... \<procedimento segundo tecnologia 1\> \<procedimento segundo tecnologia 2\> ...
\<passo 2\>:	**\<descrição\>** Precondições: \<números de atividades\> Regras: • \<regra 1\> • \<regra 2\> ... \<procedimento segundo tecnologia 1\> \<procedimento segundo tecnologia 2\> ...
...	...

A Tabela 2.2 apresenta um exemplo de documento de descrição de atividade preenchido com uma atividade de captura de requisitos em um processo personalizado fictício baseado no Processo Unificado.

Observa-se que, no caso dos procedimentos suportados por ferramentas, é importante anotar também a versão da ferramenta para a qual esse procedimento foi escrito, visto que, de uma versão para outra, ele pode mudar. Cada vez que a ferramenta for atualizada no ambiente de trabalho, deve-se revisar se os procedimentos continuam os mesmos e registrar o novo procedimento, se for o caso. Alguns modelos de processo, como RUP, chamam os procedimentos específicos de ferramentas de "mentores de ferramentas".

Outra coisa que se pode observar é que este processo hipotético considera que fases e disciplinas são ortogonais, como no caso do UP. Assim, uma atividade pertencente a uma determinada disciplina pode não aparecer em todas as fases ou ainda

TABELA 2.2 Exemplo de atividade documentada

Processo:	MUP – Meu Processo Unificado
Fase:	1. Concepção
Disciplina:	2. Requisitos
Atividade:	**1.2.5 Captura de Requisitos a Partir das Entrevistas.**
Versão:	**2.0 13/07/2018 Raul Sidnei Wazlawick** 1.1 05/06/2012 Raul Sidnei Wazlawick 1.0 18/01/2012 Raul Sidnei Wazlawick
Responsável:	Analista de requisitos
Participantes: (opcional)	–
Entradas: (opcional)	• Transcrição de entrevistas com o cliente. • Sumário executivo do projeto. • Definição de escopo do projeto.
Saídas:	• Documento de requisitos iniciais.
Recursos: (opcional)	• *Template* de documento de requisitos. • Ferramenta CASE (EA v6.0 ou VP v.8.3).
Passos:	
1.	**Listar requisitos funcionais candidatos.** Precondições: - Regras: • Numerar os requisitos funcionais como RF01, RF02 etc. • Iniciar sempre com verbo no infinitivo. EA v6.0: Criar diagrama de requisitos e criar uma caixa para cada requisito candidato preenchendo o texto do requisito no campo "description" VP v8.3: Criar um diagrama de requisitos e uma classe estereotipada como <<*requirement*>> para cada requisito, preenchendo o texto do requisito no atributo "text", e prenchendo o atributo "kind" com "functional".
2.	**Listar requisitos suplementares e não funcionais.** Precondições: 1 Regras: • Associar requisitos não funcionais a algum requisito funcional. • Classificar requisitos suplementares pelo seu tipo: interface, segurança, tolerância a falhas, performance etc. • Não criar requisitos desnecessários. EA v6.0: Criar requisitos suplementares em um pacote separado dos funcionais. Indicar os requisitos não funcionais após o texto do requisito funcional associado indicado pela marca "RESTRIÇÕES". VP v8.3: Criar requisitos suplementares em um pacote separado. Criar requisitos não funcionais como classes estereotipadas do diagrama com atributo "kind" preenchido com o tipo do requisito (interface, segurança etc.)
3.	**Agrupar requisitos funcionais em pacotes.** Precondições: 1 Regras: • Não permitir que mais de 20 requisitos estejam em cada pacote, a não ser em casos que se trate efetivamente de requisitos altamente coesos. • Agrupar os requisitos em pacotes por afinidade, ou seja, requisitos mais próximos são aqueles que tratam dos mesmos objetos. • Requisitos do tipo inserir, alterar, remover e consultar, sobre um objeto devem ser agrupados em um único requisito "manter" estereotipado como <<crud>>.
4.	**Gerar o documento de requisitos.** Precondições: 2, 3 Regras: • Deve ser gerada uma versão pdf para impressão e uma versão html que ficará *on-line* na intranet do projeto. EA v6.0: Usar o gerador de documentação acessível a partir do menu superior. VP v8.3: Usar a opção "generate report" disponível no menu superior.

ter descrições diferentes conforme a fase. Devido a essa ortogonalidade, a disciplina descrita na Tabela 2.2 é numerada como 1.2.5, significando que seria a quinta atividade da disciplina 2 (requisitos) da fase 1 (concepção).

Além disso, observa-se que os passos 2 e 3 na descrição detalhada dependem apenas do passo 1 e, assim, podem ser executados em paralelo ou em qualquer ordem. Já o passo 4 depende desses dois e, portanto, deve ser executado por último.

Uma pergunta que pode ser feita por quem ler a descrição de atividade da Tabela 2.2 é: "Está claro o suficiente?". O descritivo de uma atividade não deve ser detalhado a ponto de ser cansativo para um analista que tenha alguma noção do que está fazendo. Porém, também não pode ser tão genérico a ponto de dois analistas produzirem resultados diferentes a partir dele. É necessário que cada passo esteja claramente definido, e quem vai determinar se isso está claro o suficiente são as pessoas que vão usar essa descrição de atividade.

Se os usuários desse documento acharem que alguma parte não está suficientemente clara, devem solicitar mudanças ao engenheiro de software que cuida do processo.

O documento de processo não é estático. Ele vai evoluindo com o passar do tempo e deve ser mantido sob controle de versões (Capítulo 10). Em empresas com maior maturidade, pode-se dizer que ele vai sendo sistematicamente *otimizado*.

De outro lado, é altamente recomendável que tais documentos sejam elaborados como hipertextos que o leitor possa ler no nível de detalhe que lhe interessa no momento. Vários modelos atualmente, como RUP já são apresentados com tecnologia de hipertexto. Desenvolvedores mais experientes possivelmente precisarão apenas lembrar-se da sequência de passos e fazer um *checklist* dos artefatos, ao passo que desenvolvedores iniciantes, ou que estão executando processos novos, precisarão de maior detalhamento em relação às atividades.

2.5 EQUIPE DE PROCESSO

As organizações devem ter *equipes de processo* constituídas por um ou mais engenheiros de software, que serão responsáveis pela manutenção, avaliação e otimização do processo.

O Software Engineering Institute (SEI) publicou um documento, disponível a partir do QR code ao lado, sobre como estabelecer equipes de processo de engenharia de software que podem ser de grande valia como referência (FOWLER & RIFKIN, 1990). Segundo esse documento, a equipe de processo é o ponto focal da melhoria de processos em uma empresa. O tamanho do grupo deve variar entre 1 e 3% do número de profissionais da empresa ligados ao desenvolvimento de software, e ele centraliza e capitaliza o esforço colaborativo dos mais diferentes agentes no sentido da melhoria contínua do processo adotado na empresa.

Organizações muito pequenas poderão ter um funcionário alocado ao processo em tempo parcial.

2.6 PROCESSOS DA INDÚSTRIA DE SOFTWARE

Pode-se agora perguntar: quais são os processos individuais específicos que devem ser formalmente definidos quando se está estabelecendo um processo de desenvolvimento de software?

Existe uma norma técnica denominada ISO/IEC/IEEE 12207:2017, adotada internacionalmente (inclusive no Brasil, como NBR), a qual estabelece definições e padrões referentes a vários processos relacionados com a indústria de software). Ela estabelece processos, atividades e tarefas que devem ser aplicados durante as seis fases definidas pela norma ISO/IEC TS 24748-1:2016: concepção, desenvolvimento, produção, utilização, suporte e desativação. A norma divide os processos relacionados com a indústria de software em quatro grandes grupos:

- *Processos de acordo* que incluem as atividades de aquisição e fornecimento. Entende-se a aquisição aqui como o processo de estabelecimento de um vínculo entre o fornecedor e o cliente para o início de um projeto de software e o fornecimento como o planejamento do projeto incluindo marcos e entregáveis.
- *Processos organizacionais de viabilização de projetos*, também conhecidos como processos de *suporte*, que dão apoio às atividades de engenharia. Exemplos são os processos de documentação, garantia de qualidade, gerenciamento de recursos humanos, gerenciamento de conhecimento, gerenciamento de portfólio e gerenciamento de infraestrutura.
- *Processos de gerenciamento técnico*, que são os processos de gerenciamento de projeto mais fortemente relacionados com o produto de software em si. A norma define oito processos de gerenciamento técnico, a maioria dos quais são abordados neste livro:
  - Planejamento de projeto (Capítulo 6)
  - Avaliação e controle de projeto (Capítulo 9)

- Gerenciamento de decisão
- Gerenciamento de risco (Capítulo 8)
- Gerenciamento de configuração (Capítulo 10)
- Gerenciamento de informação
- Medição (Seções 9.5, 11.4 e 13.7)
- Garantia de qualidade (Capítulos 11 e 12)

- *Processos técnicos*, que são as atividades que historicamente sempre foram associadas à produção de software especificamente. Alguns destes quatorze processos são tratados neste livro enquanto outros são abordados por Wazlawick (2015):
  - Análise de negócio ou missão (WAZLAWICK, 2015; Capítulo 2)
  - Necessidades dos interessados e definição de requisitos (WAZLAWICK, 2015; Capítulo 3)
  - Definição de requisitos de sistema/software (WAZLAWICK, 2015; Capítulo 5)
  - Definição de arquitetura (WAZLAWICK, 2015; Capítulo 9)
  - Análise de sistema (WAZLAWICK, 2015; Capítulos 6, 7 e 8)
  - Implementação (WAZLAWICK, 2015; Capítulos 10 e 13)
  - Integração (Subseção 13.2.2)
  - Verificação (Capítulos 11 e 13)
  - Transição
  - Validação (Capítulo 13)
  - Operação
  - Manutenção (Capítulo 14)
  - Desativação

Todos esses processos definidos pela norma são detalhados por dezenas de atividades que, por sua vez, são detalhadas por centenas de tarefas e entregáveis. A norma não exige que todos os processos, atividades e tarefas sejam executados pela organização. Cabe à organização declarar quais processos, atividades e tarefas ela efetivamente executa e então mostrar que estes processos, atividades e tarefas são executados de acordo com a norma.

Capítulo 3

Modelos de Processo Prescritivos

Este capítulo apresenta os modelos de processo prescritivos, ou seja, aqueles que se baseiam em uma descrição de como as atividades são feitas. Inicialmente, é apresentado o *antimodelo* por excelência, que é *Codificar e Consertar* (Seção 3.1), que consiste na absoluta falta de processo. O *Modelo Cascata* (Seção 3.2) introduz a noção de fases bem definidas e a necessidade de documentação ao longo do processo, e não apenas para o código final. O *Modelo Sashimi* (Seção 3.3) relaxa a restrição sobre o início e o fim, estanques das fases do Modelo Cascata. O *Modelo V* (Seção 3.4) é uma variação do Modelo Cascata, que enfatiza a importância dos testes em seus vários níveis. O *Modelo W* (Seção 3.5) enriquece o Modelo V com um conjunto de fases de planejamento de testes em paralelo com as atividades de análise, e não apenas no final do processo. O *Modelo Cascata com Subprojetos* (Seção 3.6) introduz a possibilidade de dividir para conquistar, em que subprojetos podem ser desenvolvidos em paralelo ou em momentos diferentes, e o *Modelo Cascata com Redução de Risco* (Seção 3.7) enfatiza a necessidade de tratar inicialmente os maiores riscos e incertezas do projeto antes de se iniciar um processo de desenvolvimento com fases bem definidas. O *Modelo Espiral* (Seção 3.8) é uma organização de ciclo de vida voltada ao tratamento de risco, iteratividade e prototipação. A *Prototipação Evolucionária* (Seção 3.9) é uma técnica que pode ser entendida como um modelo independente ou parte de outro modelo em que protótipos cada vez mais refinados são apresentados ao cliente para que o entendimento sobre os requisitos evolua de forma suave e consistente. O *Modelo Entrega em Estágios* (Seção 3.10) estabelece que partes do sistema já prontas podem ser entregues antes de o projeto ser finalizado e que isso possa ser planejado. O *Modelo Orientado a Cronograma* (Seção 3.11) indica que se podem priorizar requisitos de forma que, se o tempo disponível acabar antes do projeto, pelo menos os requisitos mais importantes terão sido incorporados. A *Entrega Evolucionária* (Seção 3.12) é um misto de Prototipação Evolucionária e Entrega em Estágios em que se pode decidir entre seguir o planejamento inicial ao longo das iterações ou incorporar mudanças oriundas do *feedback* do cliente. Os *modelos orientados a ferramentas* (Seção 3.13) são modelos específicos de ferramentas CASE (Computer Aided Software Engineering) e geradores de código aplicados com essas ferramentas. Por fim, o capítulo apresenta as *Linhas de Produto de Software* (Seção 3.14), que são uma abordagem moderna para a reusabilidade planejada em nível organizacional.

Para que o desenvolvimento de sistemas deixe de ser artesanal e aconteça de forma mais previsível e com maior qualidade, é necessário que se compreenda e se estabeleça um processo de produção.

Processos normalmente são construídos de acordo com modelos ou estilos. *Modelos de processo* aplicados ao desenvolvimento de software também são chamados "ciclos de vida". Pode-se afirmar que existem duas grandes famílias de modelos de processo: os *prescritivos*, abordados neste capítulo, e os *ágeis*, apresentados no Capítulo 4.

O modelo prescritivo mais emblemático é o *Waterfall* ou *Cascata* (com suas variações), cuja característica é a existência de fases bem definidas e sequenciais. Também pode-se citar o Modelo Espiral, cuja característica é a realização de ciclos de prototipação para a redução de riscos de projeto.

Cada um dos ciclos de vida, sejam aplicados ou não no desenvolvimento de software atualmente, trouxe uma característica própria. As características inovadoras dos diferentes modelos foram, em grande parte, capitalizadas pelo Processo Unificado descrito no Capítulo 5. Pode-se resumir da seguinte forma a contribuição de cada um dos modelos listados neste livro:

- *Codificar e Consertar*: é considerado o modelo *ad-hoc*, ou seja, aquele que acaba sendo usado quando não se utiliza conscientemente nenhum modelo. Sendo assim, ele também não traz nenhuma contribuição, sendo considerado o "marco zero" dos modelos ou o antimodelo.
- *Cascata*: introduz a noção de que o desenvolvimento de software ocorre em fases bem definidas e de que é necessário produzir não apenas um código executável, mas também documentos que ajudem a visualizar o sistema de forma mais abstrata do que o código.
- *Sashimi*: derivado do Modelo Cascata, introduz a noção de que as fases do processo de desenvolvimento não são estanques, mas que em determinado momento pode-se trabalhar simultaneamente em mais de uma dessas fases.

- *Cascata com Subprojetos*: introduz a divisão do projeto em subprojetos de menor porte – seu lema é "dividir para conquistar". Os projetos menores podem ser desenvolvidos em paralelo por várias equipes ou por uma única equipe, em diferentes momentos, o que se assemelha ao desenvolvimento iterativo em ciclos. Caso o desenvolvimento dos subprojetos ocorra em paralelo, a integração entre os subsistemas desenvolvidos ocorrerá usualmente só no final.
- *Cascata com Redução de Risco* e *Espiral*: introduzem a noção de que riscos são fatores determinantes para o sucesso de um projeto de software e, portanto, devem ser os primeiros aspectos analisados. Assim, uma espiral de desenvolvimento se inicia onde, a cada ciclo, um ou mais riscos são resolvidos ou minimizados. Apenas ao final desses ciclos de redução de risco é que o desenvolvimento propriamente dito se inicia.
- *Modelo V* e *Modelo W*: enfatizam a importância do teste no desenvolvimento de software e indicam que essa deve ser uma preocupação constante, e não apenas uma etapa colocada ao final do processo de desenvolvimento.
- *Modelo Orientado a Cronograma*: introduz a noção de que se pode trabalhar prioritariamente com as funcionalidades mais importantes, deixando as menos importantes para o final. Assim, se houver atrasos e o prazo for rígido, pelo menos as funcionalidades mais importantes serão entregues no prazo.
- *Entrega em Estágios*: introduz a noção de que é possível planejar e entregar partes prontas do sistema antes do final do projeto.
- *Prototipação Evolucionária*: propõe o uso de protótipos para ajudar na compreensão da arquitetura, da interface e dos requisitos do sistema, o que é extremamente útil quando não é possível conhecer bem esses aspectos *a priori*.
- *Entrega Evolucionária*: combina a Prototipação Evolucionária com a Entrega em Estágios, mostrando que é possível fazer um planejamento adaptativo em que, a cada nova iteração, o gerente de projeto decide se vai acomodar as requisições de mudança que surgiram ao longo do projeto ou manter-se fiel ao planejamento inicial.
- *Modelos orientados a ferramentas*: é uma família de modelos cuja única semelhança costuma consistir no fato de que eles são indicados para uso com ferramentas específicas.
- *Linhas de produto de software*: é um tipo de modelo que se aplica somente se a organização vai desenvolver uma família de produtos semelhantes. A linha de produto de software permite, então, que a reusabilidade de componentes seja efetivamente planejada, e não apenas fortuita.
- *Modelos ágeis*: é uma família de modelos cujo foco está nos fatores humanos, e não na descrição de tarefas, o que os diferencia dos modelos prescritivos. Tais modelos tem se tornado dominantes na indústria a partir dos anos 2000.
- *Processo Unificado*: busca capitalizar e aprimorar todas as características dos modelos anteriores, consistindo em um modelo iterativo, focado em riscos, que valoriza o teste e a prototipação, entre outras características. Ele possui diferentes implementações, como a mais antiga e conhecida, RUP, as ágeis DAD e OpenUP, a orientada a ferramentas OUM e a específica para sistemas de grande porte, RUP-SE.

Portanto, existem vários tipos de ciclos de vida. Alguns vêm caindo em desuso, enquanto outros evoluem a partir deles. O engenheiro de software deve escolher o que for mais adequado a sua equipe e ao projeto que ele vai desenvolver. Se escolher bem, terá um processo eficiente, baseado em padrões e lições aprendidas e com possibilidade de capitalizar experiências. O controle será eficiente, e os riscos, erros e retrabalho serão minimizados.

Entretanto, se o engenheiro de software escolher um modelo inadequado para sua realidade, poderá gerar trabalho repetitivo e frustrante para a equipe, o que, aliás, pode acontecer também quando não se escolhe modelo algum.

Porém, não existe a necessidade de se optar por um modelo em detrimento de outros. Muitas vezes é possível combinar características interessantes de modelos diferentes gerando assim um processo adaptado exatamente às necessidades de um projeto específico.

Projetos diferentes têm necessidades diferentes. Assim, não há um modelo que seja sempre melhor do que os outros. Nem mesmo o Processo Unificado se adapta bem a sistemas cujos requisitos não sejam baseados em casos de uso, tais como o software científico, os jogos e os compiladores. Para escolher um ciclo de vida, ou pelo menos as características de processo necessárias para seu projeto e empresa, o engenheiro de software pode tentar responder às perguntas a seguir:

- *Quão bem os analistas e o cliente podem conhecer os requisitos do sistema?* O entendimento sobre o sistema poderá mudar à medida que o desenvolvimento avançar? Se os requisitos são estáveis, pode-se trabalhar com modelos mais previsíveis, como o Modelo Cascata ou os Modelos V e W. Requisitos instáveis ou mal compreendidos, porém, exigem ciclos de redução de risco e modelos baseados em prototipação, espiral ou ainda métodos ágeis.
- *Quão bem é compreendida a arquitetura do sistema?* É provável que sejam feitas grandes mudanças de rumo ao longo do projeto? Uma arquitetura bem compreendida e estável permite o uso de modelos como as variações do Modelo Cascata, especialmente o Cascata com Subprojetos, mas arquiteturas mal compreendidas precisam de protótipos e de um desenvolvimento iterativo para reduzir o risco. O Processo Unificado, em especial, oferece uma fase, a Elaboração, especificamente para resolver problemas e estabilizar a arquitetura do sistema; conforme o caso, a duração da fase poderá ser mais curta ou mais longa.

- *Qual o grau de confiabilidade necessário em relação ao cronograma?* O Modelo Orientado a Cronograma, o Processo Unificado e os métodos ágeis prezam o cronograma, ou seja, na data definida esses modelos deverão permitir a entrega de alguma funcionalidade (possivelmente não toda, mas alguma coisa estará pronta). Já os modelos Cascata, Espiral e Prototipação são bem menos previsíveis em relação ao cronograma.
- *Quanto planejamento é efetivamente necessário?* Os modelos prescritivos costumam privilegiar o planejamento com antecedência. Já os modelos ágeis preferem um planejamento menos detalhado e a adaptação às condições do projeto à medida que ele vai evoluindo. O Processo Unificado faz um planejamento genérico a longo prazo e um planejamento detalhado para o próximo ciclo iterativo que vai iniciar.
- *Qual é o grau de risco que esse projeto apresenta?* Existem ciclos de vida especialmente voltados à minimização dos riscos de projeto nos primeiros instantes, entre eles Modelo Espiral, Cascata com Redução de Risco, métodos ágeis e o Processo Unificado.
- *Existe alguma restrição de cronograma?* Se a data de entrega do sistema é definitiva e inadiável, o Modelo Orientado ao Cronograma ou uma variante deste deveria ser escolhida. Métodos ágeis também valorizam muito as entregas no prazo, priorizando elementos do escopo quando for o caso e nunca deixando a desejar na qualidade.
- *Será necessário entregar partes do sistema funcionando antes de terminar o projeto?* Alguns ciclos de vida, como Cascata com Subprojetos, preveem a integração do software apenas no final do desenvolvimento. Já os métodos ágeis e o Processo Unificado sugerem que se pratique a integração contínua, o que pode viabilizar a entrega de partes do sistema ao longo do processo de desenvolvimento.
- *Qual é o grau de treinamento e adaptação necessário para a equipe poder utilizar o ciclo de vida que parece mais adequado ao projeto?* Nenhum ciclo de vida, exceto Codificar e Consertar, é trivial. Todos exigem certa dose de preparação da equipe. Porém, os prescritivos, por definirem as tarefas detalhadamente, podem ser mais adequados a equipes inexperientes, enquanto os métodos ágeis, focados em valores humanos, usualmente necessitam de desenvolvedores mais experientes.
- *Será desenvolvido um único sistema ou uma família de sistemas semelhantes?* Caso mais de dois sistemas semelhantes sejam desenvolvidos, pode ser o caso de investir em uma linha de produtos de software, que permite lidar com as partes em comum e as diferenças entre os sistemas, aplicando o reúso de forma planejada e institucionalizada.
- *Qual o tamanho do projeto?* Projetos que possam ser realizados por equipes pequenas (de até oito ou dez desenvolvedores) adequam-se melhor aos métodos ágeis originais, enquanto os projetos de grande porte precisam de processos mais formais, como RUP-SE. A família *Crystal*, por outro lado, apresenta modelos que se adaptam ao tamanho do projeto. Há também opções que escalam métodos ágeis para equipes grandes, como *LeSS*, por exemplo.

Em geral, observa-se que é mais útil escolher um modelo de processo simples, mas executá-lo coerentemente e de forma bem gerenciada, do que escolher um modelo sofisticado, porém executá-lo e gerenciá-lo mal. É importante que sempre se considere o tamanho e complexidade do projeto para que um modelo na medida certa seja utilizado.

3.1 MODELO CODIFICAR E CONSERTAR

O *Modelo Codificar e Consertar (Code and Fix)* tem uma filosofia muito simples, mostrada na Figura 3.1.
Em resumo, esse modelo consiste em:

- Construir com o cliente um entendimento preliminar sobre o sistema que deve ser desenvolvido.
- Implementar uma primeira versão desse sistema.
- Interagir com o cliente de forma a corrigir a versão preliminar até que esta satisfaça o cliente.
- Fazer testes e corrigir os erros inevitáveis.
- Entregar o produto.

Pode-se dizer que se trata de uma forma bastante ingênua de modelo de processo e também que sequer parece um processo, pois não há previsibilidade em relação às atividades e aos resultados obtidos. Esse modelo é usado porque é simples, não porque funciona bem. Muitos projetos reais, mesmo dirigidos por outros modelos de ciclo de vida, por vezes caem na prática de Codificar e Consertar, por causa da pressão do cronograma. Empresas que não usam modelo de processo algum possivelmente utilizam o Modelo Codificar e Consertar por *default*.

Possivelmente, esse modelo é bastante usado em empresas de pequeno porte, mas deve ser entendido mais como uma maneira de pressionar os programadores (*code rush*) do que como um processo organizado (MCCONNELL, 1996). Se o sistema não satisfaz o cliente, cobra-se do programador uma versão funcional adequada no menor tempo possível.

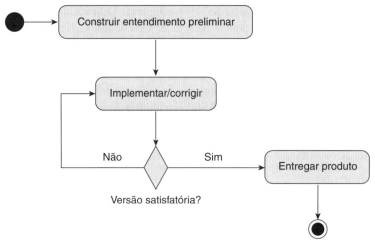

FIGURA 3.1 Modelo Codificar e Consertar.[1]

Apesar de tudo, esse modelo ainda pode ser usado quando se trata de desenvolver sistemas muito pequenos em intervalos de poucos dias. Também pode ser usado para implementar sistemas que serão descartados, como provas de conceito ou protótipos (na abordagem de prototipação *throw-away*). Suas vantagens são:

- Não se gasta tempo com documentação, planejamento ou projeto: vai-se direto à codificação.
- O progresso é facilmente visível à medida que o programa vai ficando pronto.
- Não há necessidade de conhecimentos ou treinamento especiais. Qualquer pessoa que programe pode desenvolver software com esse modelo.

Um dos problemas com essa técnica é que o código, que já sofreu várias correções, fica cada vez mais difícil de ser modificado. Além disso, aquilo de que o cliente menos precisa é um código ruim produzido rapidamente – ele precisa ter certas necessidades atendidas. Essas necessidades são levantadas na fase de requisitos, que, se for feita às pressas, deixará de atingir seus objetivos. Outras desvantagens são:

- É muito difícil avaliar a qualidade e os riscos do projeto.
- Se no meio do projeto a equipe descobrir que as decisões arquiteturais estavam erradas, normalmente não há solução, a não ser começar tudo de novo.

Além disso, usar o Modelo Codificar e Consertar sem um plano de teste sistemático tende a produzir sistemas instáveis e com grande probabilidade de conter erros.

3.2 MODELO CASCATA

O *Modelo Cascata* (*Waterfall* ou *WFM*) começou a ser definido nos anos 1970 e apresenta um ciclo de desenvolvimento bem mais detalhado e previsível do que o Modelo Codificar e Consertar. O Modelo Cascata é considerado o "avô" de todos os ciclos de vida e baseia-se na filosofia BDUF (Big Design Up Front – design completo antes de tudo): ela propõe que, antes de produzir linhas de código, deve-se fazer um trabalho detalhado de análise e design, de forma que, quando o código for efetivamente produzido, esteja o mais próximo possível dos requisitos do cliente.

O modelo prevê uma atividade de revisão ao final de cada fase para que se avalie se o projeto pode passar à fase seguinte. Se a revisão mostrar que o projeto não está pronto para passar à fase seguinte, deve-se permanecer na mesma fase (ELLIS, 2010).

O Modelo Cascata é dirigido por documentação, já que é ela que determina se as fases foram concluídas ou não. Boehm (1981) apresenta uma série de marcos (*milestones*) que podem ser usados para delimitar as diferentes fases do Modelo Cascata (Tabela 3.1).

As fases e marcos, conforme apresentados por Boehm, estão resumidos na Figura 3.2.

As ideias fundamentais do Modelo Cascata são coerentes, em uma primeira abordagem, e podem gerar benefícios relevantes:

- A existência de fases bem definidas ajuda a detectar erros cedo; dessa forma, é mais barato corrigi-los.
- O modelo procura promover a estabilidade dos requisitos; assim, o projeto só segue em frente quando os requisitos são aceitos.

---

1. Todos os diagramas deste livro, salvo afirmação em contrário, seguem a notação UML 2 – Unified Modeling Language (GUEDES, 2018).

TABELA 3.1 Marcos e entregáveis do Modelo Cascata

Marco/Fase/Objetivo	Entregáveis
LCR – Life-cicle Concept Review Início da fase de planejamento e requisitos. Completar a revisão dos conceitos do ciclo de vida.	Arquitetura de sistema aprovada e validada, incluindo questões básicas de hardware e software.
	Conceito de operação aprovado e validado, incluindo questões básicas de interação humano-computador.
	Plano de ciclo de vida de alto nível, incluindo marcos, recursos, responsabilidades, cronogramas e principais atividades.
SRR – Software Requirements Review Fim da fase de planejamento e requisitos. Completar a revisão dos requisitos do software.	Plano de desenvolvimento detalhado: detalhamento de critérios de desenvolvimento de marcos, orçamento e alocação de recursos, organização da equipe, responsabilidades, cronograma, atividades, técnicas e produtos a serem usados. Plano de uso detalhado: contraparte para os itens do plano de desenvolvimento como treinamento, conversão, instalação, operações e suporte.
	Especificações de requisitos de software aprovadas e validadas: requisitos funcionais, de performance e especificações de interfaces validadas em relação a completude, consistência, testabilidade e exequibilidade.
	Plano de controle de produto detalhado: plano de gerenciamento de configuração, plano de garantia de qualidade, plano geral de V&V (verificação e validação), excluindo detalhes dos planos de testes.
	Contrato de desenvolvimento (formal ou informal) aprovado com base nos itens anteriores.
PDR – Product Design Review Fim da fase de design de produto. Completar a revisão do design do produto.	Especificação do design do produto de software verificada.
	Hierarquia de componentes do programa, interfaces de controle e dados entre as unidades (uma unidade de software realiza uma função bem definida, pode ser desenvolvida por uma pessoa e costuma ter de 100 a 300 linhas de código).
	Estruturas de dados lógicas e físicas detalhadas em nível de seus campos.
	Orçamento para recursos de processamento de dados (incluindo especificações de eficiência de tempo, capacidade de armazenamento e precisão).
	Verificação do design com referência a completude, consistência, exequibilidade e rastreabilidade dos requisitos.
	Identificação e resolução de todos os riscos de alta importância.
	Plano de teste e integração preliminar, plano de teste de aceitação e manual do usuário.
CDR – Critical Design Review Fim da fase de design detalhado. Completar o design e revisar aspectos críticos das unidades.	Especificação de design detalhado revisada para cada unidade.
	Para cada rotina (menos de 100 instruções) dentro de uma unidade, especificar nome, propósito, hipóteses, tamanho, sequência de chamadas, entradas, saídas, exceções, algoritmos e fluxo de processamento.
	Descrição detalhada da base de dados.
	Especificações e orçamentos de design verificados em relação a completude, consistência e rastreabilidade dos requisitos.
	Plano de teste de aceitação aprovado.
	Manual do usuário e rascunho do plano de teste e integração completados.
UTC – Unit Test Criteria Fim da fase de codificação e teste de unidade. Satisfação dos critérios de teste de unidade.	Verificação de todas as unidades de computação usando-se não apenas valores nominais, mas também valores singulares e extremos.
	Verificação de todas as entradas e saídas unitárias, incluindo mensagens de erro.
	Exercício de todos os procedimentos executáveis e todas as condições de teste.
	Verificação de conformação a padrões de programação.
	Documentação em nível de unidade completada.
SAR – Software Acceptance Review Fim da fase de integração e teste. Completar a revisão da aceitação do software.	Testes de aceitação do software satisfeitos.
	Verificação da satisfação dos requisitos do software.
	Demonstração de performance aceitável acima do nominal, conforme especificado.
	Aceitação de todos os produtos do software: relatórios, manuais, especificações e bases de dados.
System Acceptance Review Fim da fase de implantação. Completar a revisão da aceitação do sistema.	Satisfação do teste de aceitação do sistema.
	Verificação da satisfação dos requisitos do sistema.
	Verificação da prontidão operacional de software, hardware, instalações e pessoal.
	Aceitação de todas as entregas relacionadas com o sistema: hardware, software, documentação, treinamento e instalações.
	Todas as conversões especificadas e atividades de instalação foram completadas.
Fim da fase de operação e manutenção. Corresponde à desativação do sistema.	Foram completadas todas as atividades do plano de desativação: conversão, documentação, arquivamento e transição para um novo sistema.

- Funciona bem com projetos nos quais os requisitos são bem conhecidos e estáveis, já que esse tipo de projeto se beneficia de uma abordagem organizada e sistemática.
- É adequado para equipes tecnicamente fracas ou inexperientes, pois dá estrutura ao projeto, servindo de guia e evitando o esforço inútil.

Um dos problemas com essa abordagem é que, em geral, é fácil verificar se o código funciona direito, mas não é tão fácil verificar se modelos e projetos estão bem escritos. Para ser efetivamente viável, esse tipo de ciclo de vida necessitaria de ferramentas de análise automatizada de diagramas e documentos para verificar sua exatidão.

O Modelo Cascata também tem sido um dos mais criticados da história, especialmente pelos adeptos dos modelos ágeis, que valorizam princípios diametralmente opostos aos desse modelo. Ellis (2010) aponta uma série de problemas com o Modelo Cascata:

- *Não produz resultados tangíveis até a fase de codificação*, exceto para as pessoas familiarizadas com as técnicas de documentação, que poderão ver significado nos documentos.
- *É difícil estabelecer requisitos completos antes de começar a codificar*: hoje, o desenvolvimento de software é entendido mais como um processo de amadurecimento do que como uma construção que pode ser baseada em um projeto detalhado desde o início. É natural que alguns requisitos só sejam descobertos durante o desenvolvimento de um projeto de software.

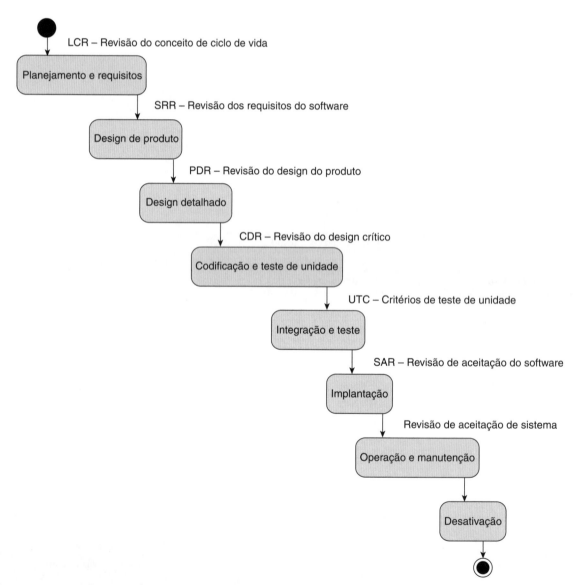

FIGURA 3.2 Fases e marcos do Modelo Cascata. *Fonte*: Boehm (1981).

- *Desenvolvedores sempre reclamam que os usuários não sabem expressar aquilo de que precisam*: como os usuários não são especialistas em computação, muitas vezes não mencionam os problemas mais óbvios, que só aparecerão quando o produto estiver em operação.
- *Não há flexibilidade com requisitos*: voltar atrás para corrigir requisitos mal estabelecidos ou que mudaram é bastante trabalhoso.

O Modelo Cascata é estritamente sequencial. Sua criação é atribuída a Royce (1970), que o apresentou pela primeira vez, embora não usasse, na época, a expressão *Waterfall* para designá-lo. O mais irônico nessa questão é que Royce apresentou justamente esse modelo como algo que *não* deveria ser seguido. Ele comenta que, embora acreditasse no modelo como filosofia de projeto organizado, achava sua implementação bastante arriscada, já que apenas na fase de teste vários aspectos do sistema seriam experimentados na prática pela primeira vez. Dessa forma, ele acreditava (e isso se confirma na prática) que, após a fase de testes, muito retrabalho seria necessário para alterar os requisitos e, a partir deles, todo o projeto.

Na sequência de seu artigo, Royce busca apresentar sugestões que diminuam a fragilidade desse modelo. Inicialmente, ele propõe que problemas encontrados em uma fase podem ser resolvidos retornando-se à fase anterior para efetuar as correções. Por exemplo, problemas na codificação poderiam ser resolvidos se o projeto fosse refeito. O modelo resultante, muitas vezes apresentado como ciclo de vida *Cascata Dupla*, é mostrado na Figura 3.3.

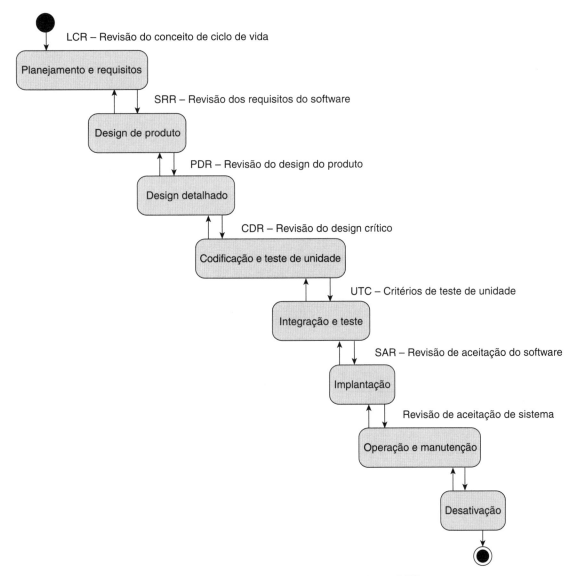

FIGURA 3.3 Como as interações entre fases poderiam ser *(Modelo Cascata Dupla)*. *Fonte:* Royce (1970).

Novamente, Royce apresenta esse modelo como algo que não poderia funcionar bem, na prática. Ele diz que, com alguma sorte, as interações entre as fases poderiam ser feitas como na Figura 3.3. Mas, como mostra a Figura 3.4, não é isso o que acaba acontecendo. De acordo com essa figura, problemas encontrados em uma fase algumas vezes não foram originados na fase imediatamente anterior, mas várias fases antes. Assim, nem o Modelo Cascata Dupla nem o Modelo *Sashimi* (Seção 3.3) apresentam uma solução satisfatória para esse problema.

Então, para contornar o problema de retornar às fases anteriores, Royce apresenta cinco propostas, que visam produzir maior estabilidade dentro das fases do modelo, minimizando a necessidade de retornos:

- *Inserir uma fase de design entre o levantamento dos requisitos e sua análise*: se designers que conhecem as limitações dos sistemas computacionais puderem verificar os requisitos antes de os analistas iniciarem seus trabalhos, poderão adicionar preciosos requisitos suplementares referentes às limitações físicas do sistema. Nos modelos modernos, os ciclos de redução de risco permitem realizar essa atividade.
- *Produzir documentação*: nas fases iniciais, a documentação é o produto esperado e deve ser feita com a mesma qualidade com que se procura fazer o produto. Caso se trabalhe com a filosofia de gerar código automaticamente, os modelos deverão ser tão precisos quanto o código seria.

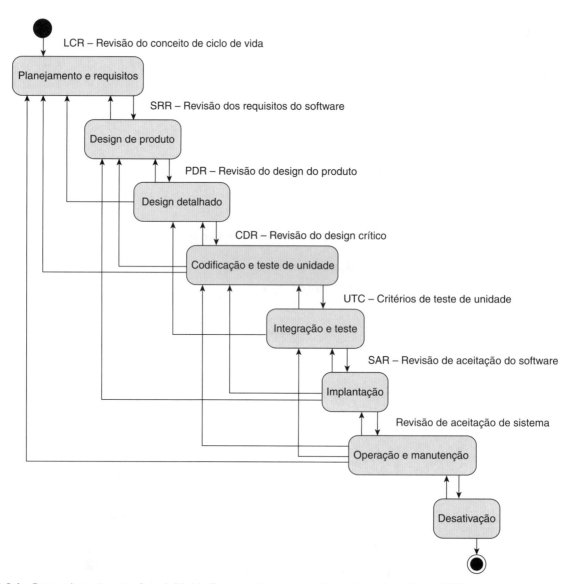

FIGURA 3.4 Como as interações entre fases do Modelo Cascata acabam acontecendo na prática. *Fonte*: Royce (1970).

- *Fazer duas vezes*: sugere-se que o produto efetivamente entregue ao cliente seja a segunda versão produzida. Ou seja, executam-se as fases do Modelo Cascata duas vezes, usando o conhecimento aprendido na primeira rodada para gerar um produto melhor na segunda vez. Essa ideia foi incorporada aos ciclos baseados em prototipação e iterações, como o Espiral.
- *Planejar, controlar e monitorar o teste*: testes devem ser sistemáticos e realizados por especialistas, já que são essenciais para o sucesso do sistema. Hoje, o Modelo V (Seção 3.4), o Modelo W (Seção 3.5), o Processo Unificado (Capítulo 5) e os modelos ágeis (Capítulo 4) apresentam a disciplina de teste (Capítulo 13) como algo fundamental no projeto do software.
- *Envolver o cliente*: é importante envolver o cliente formalmente no processo, e não apenas na aceitação do produto final. Os métodos ágeis, especialmente, consideram o cliente parte da equipe de desenvolvimento.

O Modelo Cascata, na sua forma mais simples, acaba sendo impraticável na maioria dos projetos, especialmente por conta da impossibilidade de se conhecer todos os requisitos *a priori*. Algumas variações foram propostas ao longo do tempo para permitir a aplicação desse tipo de ciclo de vida em processos de desenvolvimento de software reais. Algumas dessas variações são apresentadas nas seções a seguir.

3.3 MODELO *SASHIMI* (CASCATA ENTRELAÇADO)

O modelo conhecido como *Sashimi* (DEGRACE & STAHL, 1990), ou *Cascata Entrelaçado* (*Overlapped Waterfall*), é uma tentativa de atenuar a característica BDUF do Modelo Cascata. Em vez de cada fase produzir documentação completa para a fase seguinte, o Modelo *Sashimi* propõe que cada fase continue tratando as questões da fase anterior e procure iniciar o tratamento de questões da fase seguinte.

O diagrama de atividades da UML não é adequado para representar as atividades que se entrelaçam no Modelo *Sashimi* em razão de seu paralelismo difuso. Classicamente, ele tem sido representado como na Figura 3.5, com aparência de comida japonesa, composta por cortes de peixe sobrepostos, de onde vem seu nome.

A ideia do Modelo *Sashimi*, de que cada fase se entrelaça apenas com a anterior e a posterior, entretanto, vai contra a observação de Royce, representada na Figura 3.4. Segundo essa observação, não seria suficiente entrelaçar fases contíguas, pois pode-se necessitar retornar a outras fases anteriores a elas.

Em função disso, uma das evoluções mais importantes do Modelo *Sashimi* é o Modelo *Scrum* (Seção 4.1), que consiste em levar a ideia das fases entrelaçadas ao extremo pela redução do processo a uma única fase, realizada em iterações, na qual todas as etapas do Modelo Cascata seriam realizadas por profissionais especializados trabalhando em equipe.

O Modelo *Sashimi*, porém, tem o mérito de indicar que a fase de análise de requisitos só estará completa depois que as questões referentes ao design da arquitetura tiverem sido consideradas, e assim por diante para as outras fases subsequentes.

Esse estilo de processo é adequado se o engenheiro de software avaliar que poderá obter ganhos de conhecimento sobre o sistema ao passar de uma fase para outra. O modelo também provê uma substancial redução na quantidade de documentação, pois as equipes das diferentes fases trabalharão juntas boa parte do tempo.

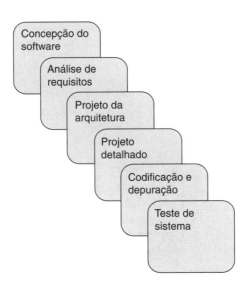

FIGURA 3.5 Modelo *Sashimi*.

Entre os problemas do modelo está o fato de que é mais difícil definir marcos (*milestones*), pois não fica muito claro quando uma fase termina e outra começa. Além disso, a realização de atividades paralelas com esse modelo pode levar a falhas de comunicação, à aceitação de hipóteses erradas e à ineficiência no trabalho.

3.4 MODELO V

O *Modelo V* (*V Model*) é uma variação do Modelo Cascata. Ele prevê uma fase de validação e verificação para cada fase de construção. O Modelo V pode ser usado com projetos que tenham requisitos estáveis e dentro de um domínio conhecido (LENZ & MOELLER, 2004).

O Modelo V é sequencial e, como o Modelo Cascata, é dirigido por documentação. A Figura 3.6 mostra o diagrama de atividades com as fases do Modelo V, com as dependências de verificação indicadas entre as atividades.

Na *fase de requisitos*, a equipe e o cliente eliciam e elaboram o documento de requisitos, que é aprovado conjuntamente, na forma de um contrato de desenvolvimento. Uma estimativa de esforço (Capítulo 7) também deve ser produzida nessa fase.

Na *fase de design arquitetural*, a equipe organiza os requisitos em unidades funcionais coesas, definindo como as diferentes partes arquiteturais do sistema vão se interconectar e colaborar. Nessa fase deve ser produzido um documento de especificação funcional do sistema, e as estimativas de esforço podem ser revistas.

Na *fase de design detalhado*, a equipe vai aprofundar a descrição das partes do sistema e tomar decisões sobre como elas serão implementadas. Essa fase produz o documento de especificação detalhado dos componentes do software.

Na *fase de implementação*, o software é implementado de acordo com a especificação detalhada.

A *fase de teste de unidade* tem como objetivo verificar se todas as unidades se comportam como especificado na fase de design detalhado. O projeto só segue em frente se todas as unidades passam em todos os testes.

A *fase de teste de integração* tem como objetivo verificar se o sistema se comporta conforme a especificação do design arquitetural.

Finalmente, a *fase de teste de sistema* verifica se o sistema satisfaz os requisitos especificados. Se o sistema passar nesses testes, estará pronto para ser entregue ao cliente.

A principal característica do Modelo V está na sua ênfase nos testes e validações simétricos ao design. Essas etapas, porém, podem ser incorporadas a outros modelos de processo.

Os pontos negativos desse modelo são os mesmos do Modelo Cascata puro, entre eles o fato de que mudanças nos requisitos geram muito retrabalho. Além disso, em muitos casos, os documentos produzidos no lado esquerdo do V são ambíguos e imprecisos, impedindo ou dificultando os testes necessários representados no lado direito.

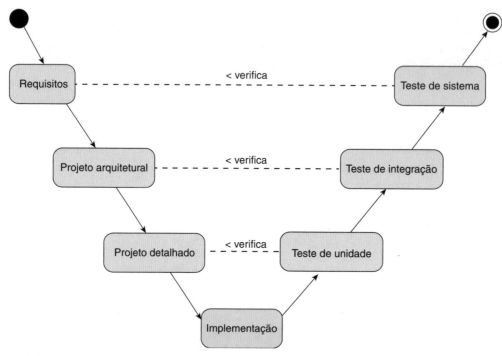

FIGURA 3.6 Modelo V.

3.5 MODELO W

Spillner (2002) apresenta uma variação ao Modelo V ainda mais voltada à área de testes: o *Modelo W*. A principal motivação para essa variação está na observação de que há uma divisão muito estrita entre as atividades construtivas do lado esquerdo do V e as atividades de teste no lado direito. Spillner propõe que o planejamento dos testes se inicie durante a fase construtiva, mesmo sendo executado depois, e que o lado direito do V não seja considerado apenas um conjunto de atividades de testes, mas também de depuração e reconstrução.

A figura resultante desse modelo assemelha-se graficamente a uma letra W (Figura 3.7), em que as fases interiores do braço esquerdo são as fases construtivas do Modelo V e as exteriores do mesmo braço são fases de preparação para o teste. Já no braço direito, as fases interiores são as fases de teste do Modelo V, e as exteriores são fases de depuração que implicam na detecção dos defeitos encontrados no teste e correção dos mesmos.

Uma das questões colocadas já na fase de requisitos diz respeito ao fato de eles serem ou não testáveis. Apenas requisitos que possam ser testados são aceitáveis ao final dessa fase. A mesma questão é colocada em relação à arquitetura na fase de design arquitetural. Arquiteturas simples devem ser fáceis de testar, caso contrário, talvez a arquitetura seja demasiadamente complexa e necessite ser refatorada. Na fase de projeto detalhado, a mesma questão se coloca em relação às unidades. Unidades coesas são mais fáceis de testar.

Spillner argumenta que envolver os responsáveis pelos testes já nas fases iniciais de desenvolvimento faz com que mais erros sejam detectados cedo e designs excessivamente complexos sejam simplificados.

O Modelo W, assim, incorpora o teste nas atividades de desenvolvimento desde seu início, e não apenas nas fases finais. Tal característica também é fortemente utilizada pelos métodos ágeis, que preconizam o uso do Desenvolvimento Dirigido pelo Teste (TDD – Test-Driven Development) que estabelece que o caso de teste deve ser produzido antes do código que será testado.

3.6 MODELO CASCATA COM SUBPROJETOS

O *Modelo Cascata com Subprojetos* (*Waterfall with Subprojects*) permite que algumas fases do Modelo Cascata sejam executadas em paralelo. Após a fase de design da arquitetura, o projeto pode ser subdividido de forma que vários subsistemas sejam desenvolvidos em paralelo por equipes diferentes ou pela mesma equipe em momentos diferentes.

A Figura 3.8 mostra um diagrama de atividades UML que representa o ciclo de vida Cascata com Subprojetos. Esse modelo é bem mais razoável de utilizar do que o Modelo Cascata puro, visto que o fato de quebrar o sistema em

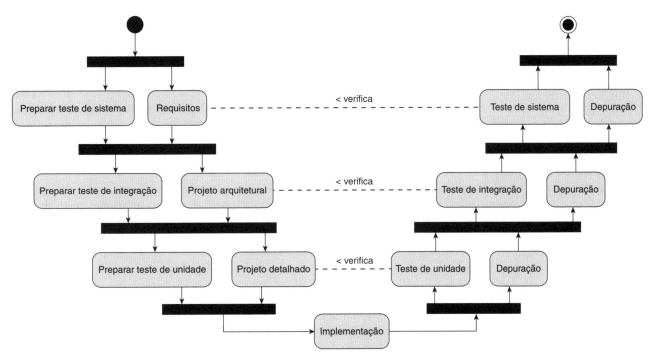

FIGURA 3.7 Modelo W.

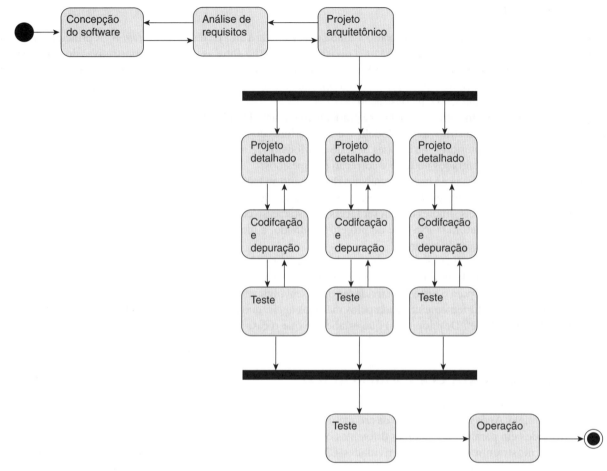

FIGURA 3.8 Modelo Cascata com Subprojetos.

subsistemas menores permite que subprojetos mais rápidos e fáceis de gerenciar sejam realizados. Essa técnica explora melhor as potencialidades de modularidade do projeto e, com ela, o progresso é visto mais facilmente, porque podem-se produzir várias entregas de partes funcionais do sistema à medida que elas ficam prontas.

A maior dificuldade relacionada com esse modelo está na possibilidade de surgirem interdependências imprevistas entre os subsistemas. O design arquitetônico deve ser bem feito, de forma a minimizar tais problemas. Além disso, esse modelo exige maior capacidade de gerência para impedir que sejam criadas inconsistências entre os subsistemas.

Além disso, a integração final de todos os subsistemas pode ser um problema, caso as interdependências não tenham sido adequadamente gerenciadas. Modelos de desenvolvimento ágeis preferem a integração contínua de pequenos pacotes de funcionalidade a grandes fases de integração no final do desenvolvimento.

Apesar disso, esse modelo oficializou uma prática bastante razoável em desenvolvimento de sistemas, que é "dividir para conquistar", pois é relativamente mais fácil conduzir um processo de desenvolvimento de vários subsistemas parcialmente dependentes do que o de um grande sistema completo. Inclusive, o desenvolvimento de subprojetos sequencialmente pode ser entendido como um ancestral do desenvolvimento iterativo, uma das grandes características dos métodos ágeis e do Processo Unificado.

3.7 MODELO CASCATA COM REDUÇÃO DE RISCO

O *Modelo Cascata com Redução de Risco* (*Waterfall with Risk Reduction*) procura resolver um dos principais problemas do BDUF, que é a dificuldade de ter uma boa definição dos requisitos do projeto nas fases iniciais. Esse modelo, basicamente, acrescenta uma fase de redução de riscos antes do início do processo em cascata.

O objetivo do modelo é a redução do risco com os requisitos. A tônica é a utilização de técnicas que garantam que os requisitos serão os mais estáveis possíveis. Algumas das técnicas utilizadas durante a fase de redução de risco são:

- *Desenvolver protótipos de interface com o usuário*: nesse caso, o modelo por vezes é chamado "Cascata com Prototipação". Essa técnica realiza uma das sugestões de Royce: fazer duas vezes. A elaboração de um protótipo antes de comprometer recursos com o desenvolvimento de um sistema real permite que questões relacionadas com requisitos e organização da arquitetura do sistema sejam analisadas e resolvidas.
- *Desenvolver* storyboards *com o usuário*: a técnica de *storyboards* (GOMES et al., 2007) utiliza imagens para descrever situações de uso do sistema. É similar à técnica de cenários (JACOBSON, 1995), mas em geral os cenários são apenas resultado de dinâmica de grupo e documentados por texto.
- *Conduzir vários ciclos de entrevistas com o usuário e o cliente*: em vez de realizar apenas uma entrevista e obter os requisitos a partir dela, a técnica especifica que o cliente deve sempre receber um retorno sobre os requisitos levantados a cada entrevista e fazer uma validação contínua destes. Durante o processo de validação, uma nova entrevista poderá esclarecer aspectos confusos ou detalhar aspectos ainda muito gerais.
- *Filmar os usuários utilizando os sistemas antigos, sejam eles informatizados ou não*: a análise dos filmes poderá ajudar a compreender os fluxos de trabalho dos usuários. A vantagem dos filmes reais sobre os *storyboards* e os cenários está no fato de que, normalmente, a atuação nos filmes não pode ser supersimplificada nem falsificada pelos usuários. A desvantagem está no fato de que nem sempre surgem todos os fluxos de exceção ou variantes de um processo do usuário.
- *Utilizar extensivamente quaisquer outras práticas de eliciação de requisitos*: a área de levantamento ou eliciação de requisitos é, por si só, uma área de pesquisa altamente frutífera dentro da Engenharia de Software. Quaisquer técnicas novas ou antigas que possam ajudar o analista a compreender e a modelar adequadamente os requisitos são bem-vindas.

A Figura 3.9 apresenta graficamente o Modelo Cascata com Redução de Risco. A espiral de redução de risco é uma fase extra que pode ser colocada à frente de qualquer variação do Modelo Cascata: *Sashimi*, Cascata com Subprojetos, Modelo V etc. Ela não precisa ficar restrita aos requisitos do projeto; pode ser aplicada a quaisquer outros riscos identificados. Esse tipo de modelo é adequado a projetos com muitos riscos significativos. A espiral de redução de risco é uma forma de a equipe garantir alguma estabilidade ao projeto antes de comprometer muitos recursos na sua execução.

Como principais desvantagens podem-se citar a dificuldade de definir um cronograma preciso para a fase espiral, bem como as demais desvantagens do Modelo Cascata e suas variantes.

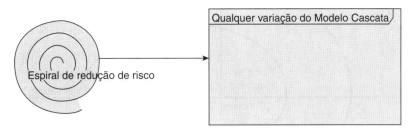

FIGURA 3.9 Modelo Cascata com Redução de Risco.

3.8 MODELO ESPIRAL

O *Modelo Espiral* (*Spiral*) foi originalmente proposto por Boehm (1986) e é fortemente orientado à redução de riscos. A proposta de Boehm não foi a primeira a apresentar a ideia de ciclos iterativos, mas foi a primeira a realmente explicar por que as iterações eram necessárias. O projeto é dividido em subprojetos, cada qual abordando um ou mais elementos de alto risco, até que todos os riscos identificados tenham sido tratados.

Pode-se dizer que, de certa forma, o Modelo Espiral também atende à recomendação de Royce (1970) de que o projeto fosse desenvolvido, pelo menos, duas vezes para que as lições aprendidas na primeira vez pudessem ser aproveitadas na segunda. O Modelo Espiral é uma forma de realizar essas iterações de forma mais organizada, iniciando com pequenos protótipos e avançando para projetos cada vez maiores.

O conceito de risco é definido de maneira abrangente e pode envolver desde requisitos mal compreendidos até problemas tecnológicos, incluindo arquitetura, desempenho, dispositivos eletromecânicos etc. (Capítulo 8).

Depois que os principais riscos foram mitigados, o Modelo Espiral prossegue de forma semelhante ao Modelo Cascata ou uma de suas variantes. A Figura 3.10 apresenta a definição clássica desse ciclo, a partir da qual seu nome foi escolhido.

A ideia desse ciclo é iniciar com miniprojetos, abordando os principais riscos, e então expandir o projeto através da construção de protótipos, testes e replanejamento, de forma a abarcar os riscos identificados. Após a equipe ter adquirido um conhecimento mais completo dos potenciais problemas com o sistema, passará a desenvolver um ciclo final semelhante ao do Modelo Cascata.

No início do processo espera-se que a equipe explore os riscos, construa um plano para gerenciar os riscos, planeje e concorde com uma abordagem para o ciclo seguinte. Cada volta no ciclo (ou iteração) faz o projeto avançar um nível em entendimento e mitigação de riscos.

Cada iteração do modelo envolve seis passos:

- Determinar inicialmente os objetivos, alternativas e restrições relacionadas com a iteração que vai se iniciar.
- Identificar e resolver riscos relacionados com a iteração em andamento.
- Avaliar as alternativas disponíveis. Nessa fase, podem ser utilizados protótipos para verificar a viabilidade de diferentes alternativas.
- Desenvolver os artefatos (possivelmente entregas) relacionados com essa iteração e certificar-se de que estão corretos.

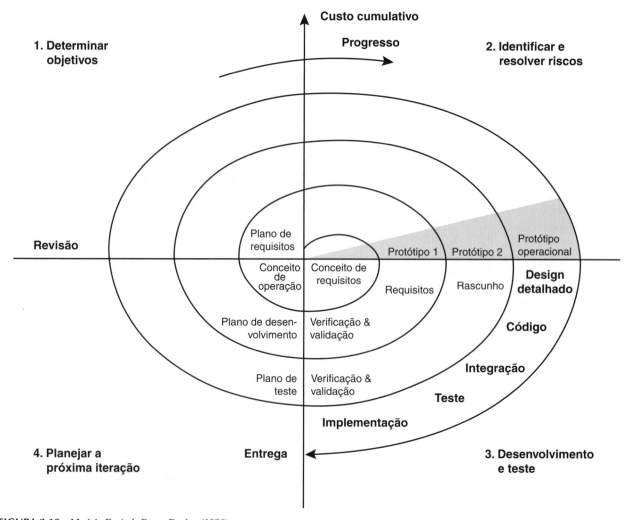

FIGURA 3.10 Modelo Espiral. *Fonte*: Boehm (1986).

- Planejar a próxima iteração.
- Obter concordância em relação à abordagem para a próxima iteração, caso se resolva realizar uma.

Uma das vantagens do Modelo Espiral é que as primeiras iterações são as mais baratas do ponto de vista de investimento de tempo e recursos e, também, aquelas que resolvem os maiores problemas do projeto. A escolha dos riscos a serem mitigados é feita em função das necessidades de projeto. O método não preconiza este ou aquele risco, então, as atividades concretas nessas fases iniciais podem variar muito de projeto para projeto.

À medida que os custos aumentam, porém, o risco diminui, o que é altamente desejável em projetos de envergadura. Se o projeto não puder ser concluído por razões técnicas, isso será descoberto cedo. Além disso, o modelo possui fases bem definidas, o que permite o acompanhamento objetivo do desenvolvimento.

O modelo não provê a equipe com indicações claras sobre a quantidade de trabalho esperada a cada ciclo, o que pode tornar o tempo de desenvolvimento nas primeiras fases bastante imprevisível. Além disso, o movimento complexo entre as diferentes fases ao longo das várias iterações da espiral exige uma gerência complexa e eficiente.

Esse ciclo de vida é bastante adequado a projetos complexos, com alto risco e requisitos pouco conhecidos, como projetos de pesquisa e desenvolvimento (P&D). Não se recomenda esse ciclo de vida para projetos de pequeno e médio porte ou com requisitos estáveis e conhecidos.

Segundo Schell (2008), o Modelo Espiral é bastante adequado para a área de jogos eletrônicos, nos quais, em geral, os requisitos não são conhecidos sem que protótipos tenham sido testados e os riscos se apresentam altos, tanto do ponto de vista tecnológico quanto do ponto de vista da usabilidade do sistema.

3.9 MODELO DE PROTOTIPAÇÃO EVOLUCIONÁRIA

Em geral, distinguem-se duas abordagens de prototipação:

- *Throw-away* (*descartável*), que consiste na construção de protótipos que são usados unicamente para estudar aspectos do sistema, entender melhor seus requisitos e reduzir riscos. O protótipo, depois de cumprir essas finalidades, é descartado (CRINNION, 1991).
- *Cornerstone* (*pedra fundamental*), que consiste na construção de protótipos que também são usados para estudar aspectos do sistema, entender melhor seus requisitos e reduzir riscos. O protótipo será parte do sistema final, ou seja, ele vai evoluindo até se tornar um sistema que possa ser entregue (BUDDE et al., 1992).

O *Modelo de Prototipação Evolucionária* (*Evolutionary Prototyping*) (BROOKS, 1975) baseia-se na técnica de prototipação *cornerstone*, que exige um planejamento de protótipos muito mais cuidadoso do que a técnica *throw-away*, porque, se não forem consertados, os defeitos nos protótipos iniciais serão propagados ao sistema final.

O Modelo de Prototipação Evolucionária sugere que a equipe de desenvolvimento trabalhe com o cliente os aspectos mais visíveis do sistema, na forma de protótipos (em geral de interface), até que o produto seja aceitável. A Figura 3.11 apresenta o diagrama de atividades UML simplificado para esse modelo.

A principal diferença entre este modelo e o Codificar e Consertar reside no fato de que na Prototipação Evolucionária cada protótipo é construído com um ou mais objetivos de verificação e validação, sejam requisitos, interfaces, funcionalidades ou regras de negócio, enquanto no caso do Codificar e Consertar, tenta-se aleatoriamente chegar ao produto final por tentativa e erro.

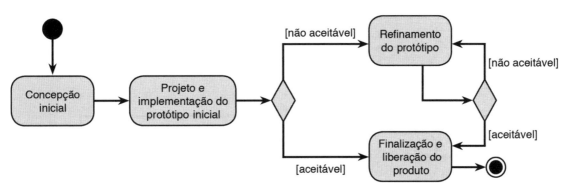

FIGURA 3.11 Modelo Prototipação Evolucionária.

Esse modelo pode ser particularmente interessante se for difícil fazer o cliente comunicar os requisitos. Nesse caso, um protótipo do sistema será uma ferramenta mais fácil para o analista se comunicar com o cliente e chegar a um acordo sobre o que deve ser desenvolvido.

Esse modelo também pode ser interessante quando nem a equipe nem o cliente conhecem bem os requisitos do sistema. Pode ser difícil elaborar requisitos quando não se sabe exatamente o que é necessário sem ver o software funcionando e sendo testado.

Entretanto, o modelo não é muito bom em relação à previsão de tempo para desenvolvimento ou em relação à gerência do projeto, já que é difícil avaliar quando cada fase foi efetivamente realizada. O projeto que seguir esse modelo pode até regredir para o Modelo Codificar e Consertar. Para evitar isso, deve-se garantir que o processo efetivamente obtenha uma concepção real do sistema, com requisitos definidos da melhor forma possível e um projeto realista antes de iniciar a codificação propriamente dita.

3.10 MODELO ENTREGAS EM ESTÁGIOS

O *Modelo Entregas em Estágios* (*Staged Deliveries*) ou *Implementação Incremental* é uma variação mais bem estruturada do Modelo de Prototipação Evolucionária, embora também seja considerado uma variação do Modelo Cascata com Subprojetos. A principal diferença entre este modelo e o modelo de prototipação está no fato de que a prototipação vai organizar seus ciclos basicamente em torno da ideia de refinamentos sucessivos, iniciando com protótipos mais abstratos e incorporando aspectos mais concretos ao longo das iterações. Já o modelo de entrega em estágios organiza seus ciclos em torno de entregas de partes do sistema. Assim, neste caso, não se trata de entregar protótipos, mas de entregar partes do sistema completas e finalizadas, que não precisarão mais ser refinadas.

A abordagem é interessante, porque haverá vários pontos de entrega e o cliente poderá acompanhar mais diretamente a evolução do sistema. Não existe, portanto, o problema do Modelo Cascata, em que o sistema só é entregue quando totalmente acabado.

A Figura 3.12 mostra o diagrama de atividades UML para o modelo. Assim que o design arquitetural estiver completo, será possível iniciar a implementação e a entrega de partes funcionais do produto.

Uma das principais vantagens desse modelo (ELLIS, 2010) é o fato de colocar funcionalidades úteis nas mãos do cliente antes de completar o projeto. Se os estágios forem planejados cuidadosamente, funcionalidades importantes estarão disponíveis muito mais cedo do que com outros ciclos de vida. Além disso, esse modelo provê entregas mais cedo e de forma contínua, o que pode aliviar um pouco a pressão de cronograma colocada na equipe.

Entretanto, esse modelo não funcionará se as etapas não forem cuidadosamente planejadas nos níveis a seguir:

- *Técnico*: as dependências técnicas entre os diferentes módulos entregáveis devem ser cuidadosamente verificadas. Se um módulo tem dependências com outro, possivelmente o segundo deverá ser entregue antes deste, ou então técnicas de prototipação como a construção de *stubs* (Subseção 13.1.4) poderão ser necessárias.
- *Gerencial*: deve-se procurar garantir que os módulos sejam efetivamente significativos para o cliente. Será menos útil entregar funcionalidades parciais que não possam produzir nenhum trabalho consistente. Além disso, o cliente poderá ter suas prioridades em relação a quais funcionalidades são mais importantes e mais urgentes.

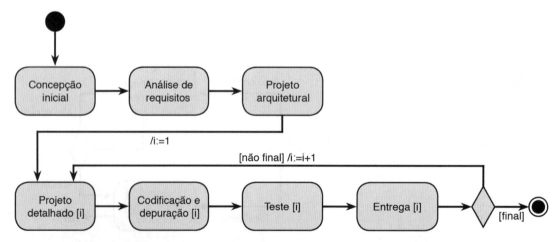

FIGURA 3.12 Modelo Entregas em Estágios.

Para essa técnica funcionar, é necessário que os requisitos sejam bem compreendidos e o planejamento seja efetivo. Ela também pode ser considerada uma precursora dos modelos iterativos, como UP e métodos ágeis.

Também se recomenda que o gerente de projeto, neste caso, seja bastante experiente, para que possa justamente perceber e planejar as atividades de desenvolvimento nos níveis técnico e gerencial.

3.11 MODELO ORIENTADO A CRONOGRAMA

O *Modelo Orientado a Cronograma* (*Design to Schedule*) é similar ao Modelo Entregas em Estágios, exceto pelo fato de que, ao contrário deste último, não se sabe *a priori* quais funcionalidades serão entregues a cada ciclo.

O Modelo Orientado a Cronograma prevê que os ciclos terminarão em determinada data e apenas as funcionalidades implementadas até ali serão entregues. É importante priorizar, portanto, as funcionalidades, de forma que as mais importantes sejam abordadas e entregues primeiro, enquanto as menos importantes fiquem para depois. A Figura 3.13 apresenta esse modelo.

Na figura, a cada iteração, desenvolve-se um conjunto de requisitos, tomando primeiro aqueles que ainda não tiverem sido abordados. Encerra-se o projeto quando o tempo limite for atingido ou quando todos os requisitos tiverem sido atendidos. Espera-se que, mesmo que não tenha sido possível atender a todos os requisitos, pelo menos os que ficaram de fora sejam os menos importantes.

Esse modelo é uma boa estratégia para garantir que haverá algum produto disponível em determinada data, se isso for absolutamente imprescindível, o que faz dele um modelo apropriado para quando existe uma data limite para a entrega, que é intransferível. Porém, se a equipe é altamente confiante na sua capacidade de previsão de esforço (se planeja e cumpre prazos constantemente), essa abordagem não trará necessariamente maiores vantagens. O modelo é especialmente útil quando a equipe tem dificuldade em prever e cumprir um cronograma no longo prazo.

Uma das desvantagens desse modelo é que, caso nem todas as funcionalidades sejam entregues, a equipe terá perdido tempo analisando-as nas etapas iniciais.

Em relação ao Processo Unificado e aos métodos ágeis, esse modelo difere na forma como concebe as iterações. No Modelo Orientado a Cronograma, a duração das iterações não é estabelecida *a priori*. Já nos modelos mais modernos se estabelece uma duração fixa para as iterações e se tenta implementar um conjunto de funcionalidades dentro dos prazos fixos estabelecidos. Dessa forma, é mais fácil verificar se o projeto está andando bem ou atrasando. Mas, para que isso funcione, é necessário ser capaz de estimar o esforço necessário para desenvolvê-lo (Capítulo 7).

3.12 MODELO ENTREGA EVOLUCIONÁRIA

O *Modelo Entrega Evolucionária* (*Evolutionary Delivery*) é uma combinação da Prototipação Evolucionária (Seção 3.9) com a Entrega em Estágios (Seção 3.10). Nesse modelo, a equipe também desenvolve uma versão do produto, mostra ao cliente e cria novas versões baseadas no *feedback* dado por ele.

O quanto esse modelo se aproxima da Prototipação Evolucionária ou da Entrega em Estágios depende do grau em que se pretende acomodar as modificações solicitadas no *feedback*:

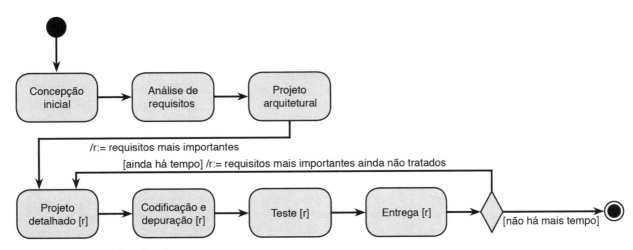

FIGURA 3.13 Modelo Orientado a Cronograma.

- Se a ideia é acomodar todas ou a grande maioria das modificações, então a abordagem tende mais para a Prototipação Evolucionária.
- Se, entretanto, as entregas continuarem sendo executadas de acordo com o planejado e as modificações acomodadas aos poucos nas entregas, então a abordagem se parece mais com a Entrega em Estágios.

Assim, esse modelo permite ajustes que lhe deem um pouco da flexibilidade do Modelo de Prototipação Evolucionária, ao mesmo tempo que se tenha o benefício do planejamento da Entrega em Estágios.

As diferenças entre esse modelo e os anteriores está mais na ênfase do que nas atividades relacionadas. No Modelo de Prototipação Evolucionária, a ênfase está nos aspectos visíveis do sistema. Na Entrega Evolucionária, porém, a ênfase está nas funcionalidades mais críticas do sistema.

De certa maneira, o Processo Unificado e os modelos ágeis implementam essa flexibilidade ao permitir que, ao planejar cada iteração, o gerente de projeto escolha se vai abordar um *caso de uso* (equivalente a um conjunto de requisitos) conforme planejado, um *risco* que precisa ser mitigado ou uma *requisição de modificação*, baseando-se em suas prioridades.

3.13 MODELOS ORIENTADOS A FERRAMENTAS

Chama-se *Modelo Orientado a Ferramentas* (*Design to Tools*) qualquer modelo baseado no uso intensivo de ferramentas de prototipação e geração de código, que permitem a rápida produção de sistemas executáveis a partir de especificações em alto nível, como *jCompany* (ALVIM, 2008) ou *WebRatio* (CERI et al., 2003) ambas acessíveis a partir dos QR codes. É uma abordagem extremamente rápida de desenvolvimento e prototipação, mas é limitada pelas funcionalidades oferecidas pelas ferramentas específicas.

Assim, conforme mostrado na Figura 3.14, requisitos só são atendidos quando a ferramenta de produção permite atender à funcionalidade requerida. Se as ferramentas forem cuidadosamente escolhidas, entretanto, pode-se conseguir implementar grande parte dos requisitos rapidamente.

Essa abordagem pode ser combinada com outros modelos de processo. A prototipação necessária no Modelo Espiral, por exemplo, pode ser feita com ferramentas de geração de código para produzir protótipos rapidamente.

3.14 LINHAS DE PRODUTO DE SOFTWARE

Uma *Linha de Produto de Software* (*Software Product Line* – SPL) consiste em um conjunto de sistemas de software que compartilham características comuns gerenciadas de maneira a satisfazer as necessidades específicas de um segmento de mercado ou missão particular e que foram desenvolvidos a partir de um núcleo comum de forma sistemática.

Segundo Northrop (2008), as SPLs podem ser vistas como uma evolução das estratégias de reutilização na indústria de software. Essas estratégias seriam caracterizadas pela reutilização de *sub-rotinas* nos anos 1960, *módulos* nos anos 1970, *objetos* nos anos 1980, *componentes* nos anos 1990 e *serviços* nos anos 2000. Porém, enquanto as abordagens citadas são meramente

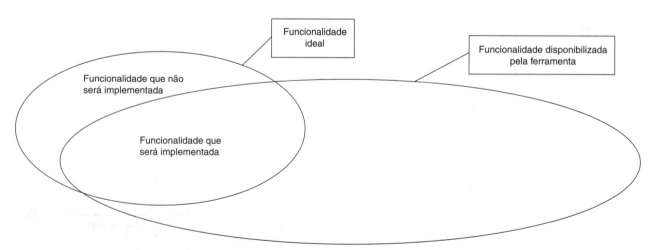

FIGURA 3.14 Como ficam os requisitos em Modelos Orientados a Ferramentas.

técnicas, o reúso obtido com SPL consiste em uma abordagem estratégica para a indústria de software. Dessa forma, o reúso deixa de ser realizado de forma imprevisível e *ad hoc* para ser incorporado sistematicamente aos processos produtivos.

Segundo Weiss e Lay (1999), o uso de uma tecnologia como SPL só se torna financeiramente praticável a partir de certo ponto na escala do número de produtos (Figura 3.15). Segundo Rombach (2005), o investimento em uma SPL começa a compensar a partir do terceiro produto gerado.

A técnica tem a ver com o desenvolvimento de vários produtos diferenciados, mas com características comuns a partir de um núcleo comum. Assim, SPL não se aplica a situações nas quais um único produto é desenvolvido ou vários produtos não relacionados são desenvolvidos.

A SPL trata de famílias de produtos como sistemas relacionados com uma mesma área (software para eventos esportivos, por exemplo) ou personalizações planejadas. Então, se o número de produtos for pequeno, o investimento para criar e gerenciar uma SPL não se justifica. Mas, para famílias de produtos a partir de certo tamanho, a técnica pode ser a melhor escolha, pois permite o gerenciamento de versões e a otimização do processo produtivo. A implantação de uma SPL exige mudanças de gerência, forma de desenvolvimento de software, organização estrutural e de pessoal, abordagem de negócio da empresa e, principalmente, na concepção arquitetônica dos produtos. A escolha da arquitetura é fundamental para se obter as funcionalidades corretas com as propriedades desejadas. Uma arquitetura ruim poderá ser causa de fracasso não só em iniciativas de SPL, mas em qualquer projeto de software.

Northrop (2008) destaca, entre todas as novas disciplinas relacionadas com SPL, três atividades essenciais:

- Desenvolvimento de um núcleo de ativos de produtos (*core asset*).
- Desenvolvimento de produtos.
- Gerência.

Não há uma ordem predefinida para a execução dessas atividades. Muitas vezes, o produto é produzido a partir do núcleo de ativos; noutras, o núcleo de ativos é gerado a partir de produtos já existentes, ou estes podem ser desenvolvidos em paralelo.

A Figura 3.16 apresenta um diagrama de comunicação UML que esquematicamente mostra a organização do desenvolvimento usando SPL.

Ao contrário de outras figuras neste capítulo, que na maioria dos casos indicavam as dependências entre atividades, esta mostra três grupos de pessoas interagindo de forma não sequencial. Internamente, as equipes podem usar os processos que lhes parecerem mais adequados para o desenvolvimento dos ativos e dos produtos; mas esta comunicação entre os diferentes grupos deve ocorrer de forma constante para que a SPL apresente bons resultados.

3.14.1 Desenvolvimento do núcleo de ativos

O objetivo da atividade de *desenvolvimento do núcleo de ativos* é estabelecer um potencial para a produção de produtos de software. O núcleo de ativos é o conjunto de elementos que podem ser reusados na SPL. Esse reúso nem sempre ocorre da mesma forma, por isso talvez precisem ser identificados pontos de variação. *Pontos de variação* são as características dos elementos que podem variar de um reúso para outro. Em geral, consistem em um conjunto de restrições às quais suas eventuais instanciações devem se conformar. Além disso, não se apresentam apenas como módulos de software a serem reusados, mas também incluem um conjunto de instruções sobre como proceder ao seu reúso.

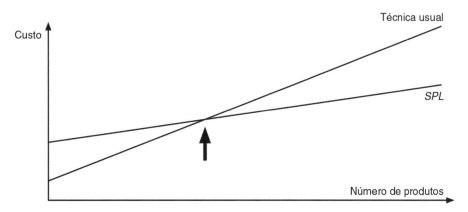

FIGURA 3.15 Custo/benefício de SPL.

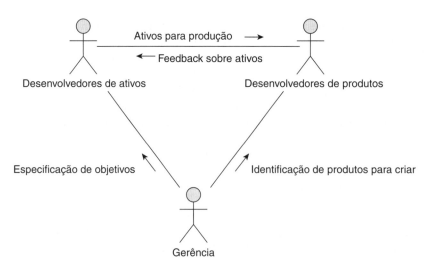

FIGURA 3.16 Organização do Desenvolvimento com SPL. *Fonte*: Adaptado de McGregor (2004).

O desenvolvimento do núcleo de ativos, assim como as outras duas atividades, é iterativo. Ele ocorre sob a influência de certos fatores ambientais, que são definidos assim:

- *Restrições de produto*: quais são as coisas em comum e as especificidades dos produtos que constituem a SPL? Quais características de comportamento elas provêm? Quais são as expectativas de mercado e de tecnologia? Quais padrões se aplicam? Quais são suas limitações de performance? Quais limitações físicas (interfaces com sistemas externos, por exemplo) elas devem observar? Quais são os requisitos de qualidade (como segurança e disponibilidade)?
- *Restrições de produção*: qual é o prazo esperado para disponibilização de um novo produto? Quais ferramentas de produtividade serão disponibilizadas? Quais padrões de processo de desenvolvimento serão adotados?
- *Estratégia de produção*: a SPL será construída de forma proativa, reativa ou como uma combinação das duas? Como será a estratégia de preço? Os componentes-chave serão produzidos ou comprados?
- *Ativos preexistentes*: quais ativos da organização podem ser usados na SPL? Existem tanto bibliotecas, frameworks, componentes, *web services* produzidos internamente quanto obtidos fora?

Em relação à estratégia de produção, ela é *proativa* quando os componentes que serão reusados são planejados antes do desenvolvimento dos produtos em si. Por outro lado, ela é *reativa* quando durante o desenvolvimento dos produtos percebe-se oportunidades de desenvolvimento de componente reusáveis.

As saídas da atividade de desenvolvimento de núcleo de ativos podem ser definidas assim:

- *Escopo da SPL*: é uma descrição dos produtos que a SPL é capaz de produzir. Essa descrição pode ser uma simples lista ou uma estrutura de similaridades e diferenças. Se o escopo for muito grande, os produtos vão variar demais, haverá poucos pontos em comum e pouca economia no processo produtivo.
- *Base de ativos*: é a base para a produção da SPL. Nem todo ativo é necessariamente usado em todos os produtos. Entretanto, todos eles devem ter uma quantidade de oportunidades de reúso que justifiquem seu gerenciamento na base de ativos. Cada ativo deve ter anexado um processo que especifica como ele deve ser usado na produção de novos produtos.
- *Plano de produção*: um plano de produção prescreve como os produtos serão produzidos a partir dos ativos. Ele inclui o processo de produção.

3.14.2 Desenvolvimento do produto

O *desenvolvimento do produto* depende de três insumos: o escopo da SPL, o núcleo de ativos e o plano de produção com a descrição do produto individual.

A atividade de desenvolvimento de produto é iterativa e integrada com as outras duas atividades (desenvolvimento do núcleo de ativos e gerência). As entradas para essa atividade são:

- A descrição de um produto em particular, frequentemente expresso como um *delta* ou variação a partir de alguma descrição genérica de produto contida no escopo da SPL.
- O escopo da SPL, que indica se é viável incluir um novo produto na linha.
- O núcleo de ativos a partir do qual o produto é construído.

- O plano de produção, que detalha como o núcleo de ativos pode ser usado para produzir o produto.

Já as saídas previstas para a atividade de desenvolvimento do produto incluem:

- O produto em si, podendo consistir em um ou mais sistemas personalizados.
- O *feedback* para o processo produtivo, que permite capitalizar lições aprendidas e melhorar o processo.
- Novos ativos, que podem ser gerados ou identificados durante a produção de um produto específico.
- Novas restrições de produto, semelhantes às já definidas na Subseção 3.14.1.

3.14.3 Gerência de SPL

A atividade de gerência, como em qualquer processo de produção de software, desempenha um papel crítico nas SPL. Atividades e recursos devem ser atribuídos e então coordenados e supervisionados. A gerência, tanto em nível de projeto quanto em nível organizacional, deve estar comprometida com a SPL.

A gerência organizacional identifica a estratégia de negócio e de oportunidades com a SPL. Pode ser considerada a responsável pelo sucesso ou pelo fracasso de um projeto.

Já a gerência técnica deve acompanhar as atividades de desenvolvimento, verificando se os padrões são seguidos, se as atividades são executadas e se o processo pode ser melhorado.

As três disciplinas (desenvolvimento do núcleo e ativos, desenvolvimento do produto e gerência) são organizadas de forma dinâmica, e sua adoção pode se dar de diferentes formas em diferentes empresas. Algumas empresas iniciam pela produção do núcleo de ativos (*abordagem proativa*); outras tomam produtos existentes e identificam as partes em comum para produzir o núcleo (*abordagem reativa*). Northrop (2004) apresenta um conjunto de orientações para empresas que desejam adotar SPLs.

As duas abordagens mencionadas podem ser atacadas incrementalmente, isto é, pode-se iniciar com um núcleo de ativos pequeno e ir gradativamente aumentando tanto o núcleo de ativos quanto o número de produtos.

Uma excelente leitura para aprofundar aspectos práticos de SPL está disponível no site do SEI (ver o QR code). Nas descrições das práticas de engenharia, de gerência e organizacionais são destacadas as diferenças fundamentais entre os processos usuais e os processos envolvendo SPLs.

Capítulo 4

Modelos Ágeis

Este capítulo apresenta modelos que têm menos ênfase nas definições de atividades e processos e mais ênfase na pragmática e nos fatores humanos e ambientais do desenvolvimento. Os *métodos ágeis*, antigamente conhecidos também como *processos leves*, estão em franco desenvolvimento e várias abordagens podem ser encontradas na literatura e na indústria. Neste capítulo são apresentados alguns métodos representativos, iniciando com *Scrum* (Seção 4.1), que é de longe o modelo ágil mais utilizado hoje no mundo. O capítulo segue com a apresentação de *Lean* (Seção 4.2) e Kanban (Seção 4.3), modelos ágeis surgidos na indústria automobilística e adaptados para o desenvolvimento de software. Em seguida é apresentado XP ou *eXtreme Programming* (Seção 4.4) que, embora seja pouco usado em sua forma pura, é bastante popular como um complemento para equipes que utilizam Scrum, já que suas práticas usualmente são compatíveis e complementares. O capítulo encerra com a apresentação de FDD – *Feature Driven Development* (Seção 4.5) e *Crystal* Clear (Seção 4.6) que embora sejam importantes do ponto de vista histórico e filosófico, são relativamente menos utilizados na prática.

Os modelos ágeis de desenvolvimento de software seguem uma filosofia diferente da filosofia dos modelos prescritivos. Em vez de apresentar uma "receita de bolo", com fases ou tarefas a serem executadas, eles focam valores humanos, ambientais e sociais.

Apesar de os métodos ágeis serem usualmente mais leves, ou seja, menos burocráticos, é errado entendê-los como modelos de processo simplistas. Não se trata apenas de simplicidade, mas de focar mais nos resultados do que no processo. Pode-se pensar, como metáfora, em como organizar uma padaria: a *padaria prescritiva* tem receitas detalhadas para fazer diversos tipos de pães e os padeiros devem segui-las. Não precisam ser ótimos padeiros, desde que sigam a receita. Quando um pão não dá certo, tenta-se descobrir o porquê, e a forma de evitar o fracasso passa a ser incorporada no processo como uma nova atividade ou regra. Já a *padaria ágil* não tem receitas predefinidas, mas tem excelentes padeiros, equipamentos e ingredientes, e estes padeiros seguem regras de trabalho que foram aprendidas com a experiência. Com esta estrutura espera-se que os padeiros sejam capazes de produzir os melhores pães.

Os princípios dos modelos ágeis foram claramente colocados no *Manifesto ágil* (acessível pelo QR code) e assinados por 17 pesquisadores da área, entre os quais Kent Beck, Jim Highsmith, Ken Schwaber, Martin Fowler, Alistair Cockburn e Robert Martin. O manifesto estabelece:

- Indivíduos e interações estão acima de processos e ferramentas.
- Software funcionando está acima de documentação abrangente.
- Colaboração do cliente está acima de negociação de contrato.
- Responder à mudança está acima de seguir um plano.

Isso não significa que os modelos ágeis não valorizem processos, ferramentas, documentação, contratos e planos. Quer dizer apenas que esses elementos terão *mais sentido* e *mais valor* depois que indivíduos, interações, software funcionando, colaboração do cliente e resposta às mudanças *também* forem considerados importantes. É importante grifar estes pontos porque ainda há pessoas que acreditam que ser ágil é abandonar planejamento, modelagem, documentação e ferramentas. Não é nada disso: ser ágil é valorizar as coisas que realmente importam para que todo o resto faça mais sentido.

Processos bem estruturados de nada adiantam se as pessoas não os seguem; software bem documentado também não adianta se não satisfaz os requisitos ou não funciona, e assim por diante. Mas se as pessoas seguem os processos definidos, eles podem ajudar muito; se o software satisfaz os requisitos, sua documentação também é importante, e assim por diante.

O manifesto ágil é complementado pelos 12 princípios a seguir:

- Nossa maior prioridade é satisfazer o cliente através da entrega rápida e contínua de software com valor.
- Mudanças nos requisitos são bem-vindas, mesmo nas etapas finais do projeto. Processos ágeis usam a mudança como um diferencial competitivo para o cliente.
- Entregar software frequentemente, com intervalos que variam de duas semanas a dois meses, preferindo o intervalo mais curto.
- O pessoal de negócios (*business people*) e desenvolvedores devem trabalhar juntos diariamente durante o desenvolvimento do projeto.
- Construa projetos em torno de indivíduos motivados. Dê a eles o ambiente e o suporte e confie que eles farão o trabalho.
- O meio mais eficiente e efetivo de tratar a comunicação entre/para a equipe de desenvolvimento é a conversa "cara a cara".
- Software funcionando é a medida primordial de progresso.
- Modelos ágeis promovem desenvolvimento sustentado. Os financiadores, usuários e desenvolvedores devem ser capazes de manter o ritmo indefinidamente.
- Atenção contínua à excelência técnica e bom design melhoram a agilidade.
- Simplicidade – a arte de maximizar a quantidade de trabalho não feito – é essencial.
- As melhores arquiteturas, requisitos e projetos emergem de equipes auto-organizadas.
- Em intervalos regulares, a equipe reflete sobre como se tornar mais efetiva e então ajusta seu comportamento de acordo com essa meta.

Um conjunto significativo de modelos atuais é considerado ágil. Alguns são até muito diferentes entre si, mas praticamente todos consideram os princípios mencionados como pontos fundamentais em seu funcionamento.

Quando se trata de popularidade, porém, há um modelo dominante no mundo: *Scrum*. Um estudo realizado continuamente denominado *Annual State of Agile Survey* (ver o QR code) indicou em 2018 quais são os modelos ágeis mais usados pelos respondentes da pesquisa. Dentre estes, *Scrum* aparece com 56%, a combinação entre *Scrum* e XP com mais 6%, combinações híbridas de vários modelos aparecem com 14%, *Scrumban*, uma combinação de *Scrum* com *Kanban*, com 8%, *Kanban* puro com 5% e outras, incluindo *Iterative Development*, *Spotify*, *Lean Startup* e *XP* puro com valores entre 1% e 3%. Isso coloca *Scrum* e suas combinações como líder absoluto entre os modelos ágeis, com cerca de 70% de adoção somando a forma pura e combinada, de acordo com a pesquisa. XP e *Kanban* aparecem também como importantes modelos em suas versões puras, mas especialmente quando combinados com *Scrum*. Assim, nas próximas seções apresentaremos com detalhe esses modelos bem como discorreremos sobre suas possíveis combinações.

4.1 SCRUM

Scrum é um modelo ágil para a gestão de projetos que procura fazer com que as equipes de desenvolvimento se tornem hiperprodutivas. A concepção inicial de *Scrum* deu-se a partir do artigo de Takeuchi e Nonaka (1986), que apresentava como exemplo o modelo de produção de automóveis da Honda. O modelo *Scrum*, porém, pode ser adaptado a várias outras áreas, incluindo produção de software. No artigo original havia vários conceitos compatíveis com a filosofia *Lean* (Seção 4.2), mas os autores nunca assumiram explicitamente alguma influência direta entre estes trabalhos.

Na área de desenvolvimento de software, o *Scrum* deve sua popularidade inicialmente ao trabalho de Schwaber. Uma boa referência para quem deseja adotar o método é o livro de Schwaber e Beedle (2001), que apresenta o método de forma completa e sistemática. Existe também um documento mantido atualizado na Internet (ver o QR code) que é o Guia do *Scrum* (SCHWABER & SUTHERLAND, 2016). Segundo os autores, trata-se de um documento definitivo, embora em constante evolução, sobre o que é e o que não é Scrum.

Segundo Schwaber e Sutherland, Scrum não é um processo, mas um *framework* com o qual pessoas podem abordar problemas complexos e adaptativos, como o desenvolvimento de software, enquanto entregam, de forma produtiva e criativa, produtos com o maior valor possível.

Assim, o Scrum não é composto por descrições de processos, como no caso dos modelos prescritivos. O Scrum é composto pelos seus papéis, artefatos, reuniões e regras, como veremos nas subseções a seguir.

Scrum como modelo para desenvolvimento de software foi imaginado especificamente para lidar com os seguintes problemas recorrentes:

- *Lei de Ziv*: especificações nunca serão totalmente completas.
- *Lei de Humphrey*: o usuário nunca saberá o que ele quer até que o sistema esteja em uso (e talvez nem assim).
- *Lema de Wegner*: um sistema interativo nunca será totalmente especificado e nem poderá ser totalmente testado (analogia ao Teorema de Goedel).
- *Lema de Langdon*: software evolui mais rapidamente à medida que ele se aproxima de regiões caóticas, desde que não se perca o controle para o caos.

Os pilares que sustentam o Modelo *Scrum* são transparência, inspeção e adaptação. *Transparência* indica que os aspectos importantes do projeto devem ser visíveis para os interessados. Assim, clientes devem ser capazes de acompanhar o estágio do desenvolvimento da forma mais dinâmica possível. Ao mesmo tempo, os desenvolvedores devem ser capazes de perceber as necessidades do cliente bem como o grau em que a equipe o está satisfazendo.

Inspeção deve ser sempre possível no sentido de que qualquer trabalho feito por alguém possa ser inspecionado por outro. O objetivo da inspeção não é punitivo, mas sim de certificar que o trabalho foi bem feito ou de corrigir eventuais desvios.

Adaptação é necessária porque o processo de desenvolvimento é um amadurecimento durante o qual requisitos vão sendo naturalmente descobertos ou atualizados. Assim, as regras de Scrum procuram justamente facilitar essa adaptação sempre que ela for necessária.

4.1.1 Papéis

A equipe que desenvolve um projeto usando *Scrum* é denominada *Scrum team* (equipe *Scrum*), e é formada por três papéis apenas:

- O *Scrum master*[1] (mestre de *Scrum*), que deve ser uma pessoa com profundo conhecimento sobre a forma de aplicar as regras de *Scrum* na prática. Esse papel não é equivalente ao de um gerente que pode existir em outros modelos, mesmo ágeis. *Scrum* considera que não deve haver um gerente, já que as equipes são auto-organizadas. Assim, o *Scrum master* é uma espécie de servidor-líder, facilitador e solucionador de conflitos. Mesmo o aspecto de liderança dele não se dá no sentido de decidir quais requisitos devem ser abordados, nem de como as atividades de desenvolvimento devem ser feitas; sua liderança se refere tão somente a mostrar para a equipe como o *Scrum* deve ser aplicado e indicar possíveis desvios em relação aos pilares de transparência, inspeção e adaptação do modelo. Ele é o guardião das regras de *Scrum*.
- O *product owner* (PO – dono do produto), ou seja, a pessoa responsável pelo projeto em si. Tem, entre outras atribuições, a de indicar quais são os requisitos mais importantes a serem tratados em cada *sprint*. O PO (pronuncia-se "pi-ou") é o responsável pelo ROI (*return of investment* – retorno do investimento) e por conhecer e avaliar as necessidades do cliente. Em sua atividade ele pode e deve sempre ouvir a equipe de desenvolvimento e quaisquer outros interessados e, no final, deverá identificar quais atividades trarão mais valor para o cliente com o menor custo possível. Seu papel é fundamental especialmente nas reuniões de planejamento, já que decisões mal planejadas podem levar o projeto a amargar prejuízos.
- O *development team*, que é a equipe de desenvolvimento. Segundo o guia de *Scrum*, essa equipe não deve ser dividida em papéis como analista, designer, programador ou testador, pois todos interagem para desenvolver o produto em conjunto.

Tanto o *Scrum master* quanto o *product owner* podem ser ou não membros do *development team*. Recomenda-se que o tamanho de um *development team* varie de três a nove pessoas. Nesse limite, só estão incluídos o *Scrum master* e o *product owner* se eles também fizerem parte do *development team*, ou seja, se eles, além das suas responsabilidades específicas, também contribuírem com atividades de desenvolvimento.

Dentro do *development team* o único papel reconhecido pelo modelo é o de *desenvolvedor*. O modelo considera que a equipe deve ser formada por pessoas com habilidades suficientes para realizar em conjunto tudo o que for necessário para a

---

1. Frequentemente, nomes de papéis e artefatos em *Scrum* e outros modelos ágeis são grafados em maiúsculas, como *Scrum Master*. Porém, entendemos que pelas regras gramaticais isso deve ser evitado. Apenas o nome do modelo, por ser nome próprio, será então grafado com maiúscula neste texto. Por outro lado, mantivemos a maioria dos termos em inglês, pois eles são assim conhecidos no Brasil.

46 PARTE | I Processo de desenvolvimento de software

produção do produto, mas o modelo não separa atividades e papéis específicos como geralmente é feito. O *Scrum* também não reconhece subequipes dentro da equipe de desenvolvimento, sem exceções.

Considera-se que a equipe precisa ter no mínimo três pessoas pois senão haverá pouca oportunidade de interação e não mais do que nove pessoas porque, neste caso, medidas de organização mais complexas precisarão ser tomadas e a aplicação do modelo se torna mais difícil na prática. Projetos que exijam equipes maiores podem se valer de recursos de escalabilidade que serão explicados mais adiante.

4.1.2 Artefatos do *Scrum*

Os principais artefatos do *Scrum* são o *product backlog*, o *sprint backlog* e o *incremento*, que serão explicados nas subseções a seguir. O objetivo destes artefatos é principalmente promover a comunicação e a transparência em relação ao estado do produto que está sendo desenvolvido.

4.1.2.1 Product Backlog

As funcionalidades a serem implementadas em cada projeto são mantidas em uma lista chamada *product backlog*. Os itens dessa lista são usualmente identificados como *histórias de usuário*, ou seja, descrições feitas pelo próprio usuário de como ele se vê usando o produto. Essas descrições correspondem a uma primeira abordagem aos requisitos de um projeto. Opcionalmente, também podem ser usados outros elementos mais elaborados como casos de uso que correspondem a uma forma mais sistematizada de apresentar histórias de usuário e que usualmente são produzidos por analistas a partir das descrições do usuário.

De qualquer forma, o *product backlog* deve ser considerado um artefato dinâmico que está sempre em atualização. Inclusive após a entrega final do produto ele pode continuar evoluindo, pois quaisquer requisições de manutenção ou evolução do produto, como novas funcionalidades, poderão ser organizadas neste artefato.

Um dos princípios do manifesto ágil é usado aqui: *adaptação* em vez de planejamento. Então o *product backlog* não precisa ser detalhado no início do projeto, pois haverá atividades de refinamento dele ao longo do projeto. Pode-se iniciar apenas com as funcionalidades mais evidentes, para depois, à medida que o projeto avançar, tratar novas histórias de usuário que forem sendo descobertas. Isso, porém, não significa fazer um levantamento inicial excessivamente superficial. Deve-se tentar obter com o cliente o maior número possível de informações sobre suas necessidades antes de iniciar o desenvolvimento. Mas espera-se que aquelas que efetivamente surgirem no início dessa interação tenham maior relevância do que outras que forem descobertas mais adiante.

O *product backlog* consiste em uma lista com campos cuja composição varia muito conforme a referência bibliográfica. Mas segundo o guia oficial de *Scrum* de Schwaber e Sutherland, os campos obrigatórios são: *descrição*, *ordem*, *estimativa* e *valor*. A Tabela 4.1 apresenta um pequeno exemplo de como poderia ser este artefato para uma livraria on-line.

A *descrição* deve ser uma frase simples e possivelmente curta que explique qual a necessidade do cliente que o item representa. Comumente, trata-se de histórias de usuário, mas não apenas referentes à criação de novas funcionalidades como também de sua alteração ou eliminação. Como a descrição dos itens em um *product backlog* pode mudar com o tempo, recomenda-se adicionar também um campo com um identificador numérico para o item (campo *Id*), para que se possa rastreá-lo mesmo se sua descrição mudar.

Usualmente, uma história de usuário é descrita do ponto de vista de um papel de usuário no sistema. Assim, elas, frequentemente são descritas da forma "como um usuário *de tal tipo*, eu gostaria de...". Por exemplo, "como um administrador eu gostaria de visualizar a lista de todos os usuários do sistema" ou "como um usuário sem cadastro eu gostaria de poder me cadastrar no sistema".

A *ordem* seria a prioridade do item, sendo que os primeiros da lista costumam ser aqueles cujo desenvolvimento é considerado mais urgente. Aqui há autores que recomendam que em vez de usar números de prioridade, como 1º, 2º, 3º etc., sejam atribuídos valores de importância, como 10, 20, 30 etc., sendo que os itens mais importantes são aqueles com valor mais alto. Usar intervalos maiores entre os números (10 em 10, como no exemplo) permite inserir itens com importância intermediária no futuro, como 15, 17, 25 etc. Além disso, se um item com prioridade maior do que o primeiro da lista for descoberto, no caso de números de prioridade, ele terá prioridade zero? Com valores de importância bastará escolher um número mais alto do que o mais alto usado até então. Porém, se o *product backlog* for registrado em uma ferramenta computacional, essa questão se torna irrelevante pois a própria ferramenta pode reorganizar as prioridades quando houver alguma inserção na lista.

A *estimativa* quantifica o esforço necessário para transformar a história em produto acabado segundo a *definição de feito* (DoD – *definition of done*). O valor da estimativa é dado em *pontos de histórias* (PH). Veja mais detalhes na Seção 7.2.

Já o *valor* indica o quanto a história gera de retorno para o cliente. Esse valor tanto pode ser numérico (financeiro, por exemplo), como estimado em escala-camiseta com valores como pequeno, médio e grande. Usualmente espera-se que itens com grande valor para o cliente tenham prioridade mais alta, especialmente se sua estimativa de esforço for baixa. Mas esse nem sempre é o caso. Muitas vezes, itens de menor valor precisam ser priorizados pois eles geram conhecimento que a equipe precisa ter para, então, produzir os itens de maior valor. Isso é particularmente importante no caso de itens que implicam mitigação de riscos de projeto.

4.1.2.2 Sprint Backlog

Além do *product backlog*, o *Scrum* propõe o uso de um *sprint backlog*. Pode-se dizer que os dois *backlogs* têm naturezas diferentes:

- O *product backlog* apresenta requisitos de alto nível, normalmente representados como histórias de usuário e, portanto, bastante voltados às necessidades diretas do cliente.
- Já o *sprint backlog* apresenta um detalhamento desses requisitos de forma mais voltada à maneira como a equipe vai desenvolvê-los.

O *product backlog* é uma tabela usualmente única para um projeto que vai evoluindo ao longo do desenvolvimento e, até mesmo, da manutenção do software. Já o *sprint backlog* é uma tabela que é reinicializada a cada iteração (*sprint*).

O *sprint backlog* deve conter o plano da iteração. Nele, a equipe vai fazer constar as atividades que devem ser desenvolvidas para transformar em produto feito um ou mais itens do *product backlog* escolhidos como objetivos da iteração.

Há uma reunião específica chamada *sprint planning meeting* para a inicialização do *sprint backlog* a cada início de *sprint*. Mas, ao longo da iteração, novas atividades podem ser adicionadas pela equipe de desenvolvimento, *desde que* dentro do escopo. Eventualmente atividades também podem ser removidas, mas se essa remoção reduzir o escopo deve haver concordância do *product owner*.

Há diferentes recomendações sobre o que constar no *sprint backlog*. Geralmente, ele traz na primeira coluna as histórias de usuário que foram selecionadas, seguida de uma segunda coluna na qual constam as tarefas necessárias para transformar cada história em produto feito.

A terceira coluna poderá conter então as tarefas em andamento, que são transferidas da segunda coluna, e a quarta coluna terá as tarefas feitas, de acordo com a *definição de feito* (DoD). Algumas equipes, porém, poderão adicionar outras colunas, como, por exemplo, uma coluna intermediária "a revisar" entre a coluna das tarefas em andamento e as tarefas feitas. Isso será particularmente útil para manter a equipe dentro do princípio de que tudo o que é feito deve ser revisado. Mais adiante no texto será explicado como as equipes trabalham com o *sprint backlog*.

A Tabela 4.2 mostra um exemplo de *sprint backlog* com dois objetivos retirados do *product backlog* da Tabela 4.1.

Embora existam várias ferramentas, usualmente gratuitas, para elaboração de *sprint backlog*, observa-se (a partir da literatura e da experiência prática) que a maioria das equipes ainda prefere usar quadros brancos e *post-its* coloridos de papel para gerenciar seu *sprint backlog*. Um exemplo é mostrado na Figura 4.1. Nestes casos, registros históricos dos quadros são mantidos a partir de fotografias tiradas deles diariamente.

TABELA 4.1 Exemplo de *product backlog*

Id	Descrição	Ordem	Estimativa	Valor
3	Como usuário anônimo eu gostaria de poder visualizar a lista de livros à venda.	1	2	alto
8	Como usuário identificado eu gostaria de poder comprar livros on-line.	2	5	alto
9	Como usuário identificado eu gostaria de poder cadastrar um novo endereço de entrega.	3	1	médio
17	Como responsável pelo estoque eu gostaria de poder visualizar a quantidade de cada livro em estoque.	4	1	médio
13	Como gerente de vendas eu gostaria de poder visualizar relatórios semanais ou mensais de vendas por livro.	5	3	médio
11	Como usuário identificado eu gostaria de poder cancelar um pedido recém realizado.	6	2	baixo

48 PARTE | I Processo de desenvolvimento de software

4.1.2.3 Incremento e DoD

O *incremento* consiste no resultado de todo o trabalho realizado durante uma *sprint*. Usualmente trata-se de um novo estado para o produto no qual os objetivos da *sprint* foram incorporados.

É fundamental que a equipe, juntamente com os demais interessados, especialmente o *product owner*, tenham um entendimento comum e objetivo sobre o que significa estar *feito* ou *pronto*. Em inglês, isso é denominado DoD ou *definition of done*. Por exemplo, algumas equipes poderão considerar o produto feito quando ele passar em todos os testes exploratórios. Outras equipes poderão considerar feito apenas quando o incremento também incluir testes automatizados. Outros ainda poderão exigir que o produto seja aprovado em uma inspeção de código, de forma a eliminar problemas de estilo e padronização que usualmente não são capturados no teste.

Enfim, existem muitas possibilidades em relação ao entendimento do que significa que um produto está feito, mas o importante é que a equipe e os demais interessados tenham um entendimento comum sobre isso.

4.1.3 Eventos do *Scrum*

Um dos pilares que sustentam o *Scrum* são seus eventos. O modelo prevê quatro tipos de reunião e apenas um tipo de iteração de desenvolvimento chamada *sprint*. As reuniões são as de planejamento da *sprint*, avaliação do produto, avaliação da equipe e a reunião diária em pé.

Todos esses cinco eventos seguem a técnica de *timeboxing*, ou seja, sua duração é estabelecida previamente e deve ser rigorosamente respeitada pela equipe.

4.1.3.1 Sprint

Sprint é o ciclo de desenvolvimento de poucas semanas de duração sobre o qual se estrutura o *Scrum*. Durante a *sprint*, cabe ao *product owner* manter o *sprint backlog* atualizado, indicando as tarefas já concluídas e aquelas ainda por concluir, preferencialmente mostradas em um gráfico atualizado diariamente e à vista de todos.

A cada dia pode-se descobrir que tarefas que não foram inicialmente previstas eram necessárias para implementar as histórias de usuário do *sprint*. Essas novas tarefas devem ser colocadas na coluna de tarefas por fazer. Porém, novas histórias de usuário não podem ser adicionadas durante o *sprint* pelo *product owner*; apenas tarefas contidas no escopo já definido, mas não previstas. Por exemplo, se a equipe tem como objetivo desenvolver a história de usuário "fazer pedido", o *product owner* não pode adicionar outras histórias de usuário como "veicular campanha de marketing", mas a equipe pode adicionar atividades incluídas em "fazer pedido" que ela própria não tenha previsto na reunião de planejamento, como, por exemplo, "projetar banco de dados de pedidos" ou "prototipar interface de pedidos".

A cada dia, também, pode-se avaliar o andamento das atividades, contando a quantidade de atividades por fazer e a quantidade de atividades terminadas, o que vai produzir o diagrama *sprint burdown* (Subseção 4.1.4).

4.1.3.2 Sprint Planning Meeting

No início de cada *sprint* é feito um *sprint planning meeting*, reunião na qual a equipe prioriza os elementos do *product backlog* a serem implementados e transfere esses elementos do *product backlog* para o *sprint backlog*. Esses elementos correspondem à lista de funcionalidades a serem implementadas no ciclo que se inicia, ou seja, o escopo da iteração.

TABELA 4.2 Exemplo de *sprint* backlog

Objetivo	A fazer	Em andamento	A revisar	Feito
3. Como usuário anônimo eu gostaria de poder visualizar a lista de livros à venda	- Realizar teste exploratório - Programar teste automatizado	- Programar consulta ao BD	- Programar interface	- Revisar requisitos - Desenhar interface
8. Como usuário identificado eu gostaria de poder comprar livros on-line	- Desenhar interface - Programar interface com operadora de cartão de crédito - Programar funções de consulta e compra - Programar interface - Realizar teste exploratório - Programar teste automatizado	- Revisar requisitos		

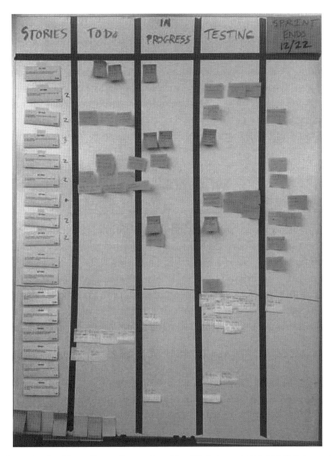

FIGURA 4.1 Exemplo concreto de *sprint backlog*. *Fonte*: Logan Ingalls – Task board, CC BY 2.0, https://commons.wikimedia.org/w/index.php?curid=19838361.

A equipe se compromete a desenvolver as funcionalidades, e o *product owner* se compromete a não trazer novas funcionalidades durante o mesmo *sprint*. Se novas funcionalidades fora do escopo forem descobertas, deverão ser abordadas em *sprints* posteriores.

O *sprint backlog* é inicializado com as histórias de usuário (primeira coluna), retiradas do *product backlog*. A equipe, então, se reúne para determinar quais são as atividades de desenvolvimento necessárias para implementar cada uma das histórias de usuário. Essa lista de atividades é usada para inicializar a segunda coluna "tarefas a fazer" do *sprint backlog*. À medida que as atividades vão sendo feitas, verificadas e terminadas, os *post-its* correspondentes vão sendo movidos para a coluna da direita.

4.1.3.3 Sprint Review e Sprint Retrospective

Ao final de cada *sprint*, a equipe deve realizar uma *sprint review meeting* (ou *sprint demo*) para verificar o que foi feito e, então, partir para uma nova *sprint*. A *sprint review meeting* é a demonstração e a avaliação do produto da *sprint*. Nesta reunião é fundamental que o cliente ou seus representantes que tenham autoridade para homologar requisitos estejam presentes, pois será o momento de verificar se o produto efetivamente satisfaz não só a definição de feito, mas também os requisitos inicialmente estabelecidos. Além disso, será o momento de validar através da observação do produto se os requisitos inicialmente estabelecidos de fato representam as reais necessidades dos interessados.

Outra reunião que pode ser feita ao final de uma *sprint* ou no início da próxima é a *sprint retrospective*, cujo objetivo é avaliar a equipe e os processos (impedimentos, problemas, dificuldades, ideias novas etc.). Este é o momento em que a equipe vai refletir sobre seus métodos de trabalho, enfatizando práticas que deram certo e devem ser mantidas e refletindo como melhorar práticas que demonstraram ser insuficientes ou inadequadas.

A rigor, uma reunião de reflexão pode também ser convocada a qualquer momento, mesmo durante uma *sprint*, caso a equipe verifique que o processo de trabalho está prejudicando a obtenção dos objetivos da *sprint* e precisa ser melhorado.

4.1.3.4 Daily Scrum

O *Scrum* sugere que a equipe realize uma reunião diária, chamada *daily scrum*, na qual o objetivo é fazer cada membro da equipe falar sobre o que fez no dia anterior, o que vai fazer no dia seguinte e, se for o caso, o que o impede de prosseguir.

Essas reuniões devem ser rápidas. Por isso, sugere-se que sejam feitas com as pessoas em pé em frente ao *sprint backlog* ou a um quadro de anotações. Além disso, recomenda-se que sejam feitas sempre no mesmo horário e no mesmo local. A reunião deve ser limitada a no máximo 15 minutos e deve iniciar pontualmente no horário previsto, mesmo que alguns participantes ainda não tenham chegado.

É desse formato de reunião em pé (*scrum*), semelhante ao que jogadores de alguns esportes fazem nos intervalos, que vem o nome do método.

4.1.4 Sprint Burndown Chart

Um artefato que não é considerado parte do núcleo do *Scrum*, mas que mesmo assim é bastante usado, é o *sprint burndown chart*. O diagrama consiste basicamente em uma linha que indica a quantidade de trabalho por fazer. A cada dia, a quantidade de tarefas por fazer ou o somatório do seu número de pontos de história é totalizado e o valor correspondente é desenhado no gráfico. Um exemplo de *sprint burndown chart* é mostrado na Figura 4.2.

O gráfico é atualizado todos os dias, do início até o final da *sprint*, e espera-se, numa situação ideal, que a quantidade de tarefas por fazer gradualmente diminua até ficar completamente zerada ao final da *sprint*.

Porém, quando as histórias de usuário não foram bem compreendidas e/ou as tarefas não foram bem planejadas, ou ainda, quando a equipe atribui a si mesma tarefas extras, além das inicialmente previstas, a quantidade de tarefas por fazer pode aumentar ao invés de diminuir ao longo do tempo.

Mar (2006) analisa as linhas de tarefas por fazer, identificando sete tipos de comportamentos de equipes conforme seus *sprint burndown chart*:

- *Fakey-fakey*: caracteriza-se por uma linha reta e regular que indica que provavelmente a equipe não está sendo muito honesta, porque o mundo real é bem complexo e dificilmente projetos se comportam com tanta regularidade (Figura 4.3).
- *Late-learner*: indica um acúmulo de tarefas até perto do final da *sprint* (Figura 4.4). É típico de equipes iniciantes que ainda estão tentando aprender o funcionamento do *Scrum*. Essas equipes, só no final da *sprint*, percebem que tarefas que deviam ter sido planejadas no escopo não o foram. É muito provável que essas equipes não consigam atingir os objetivos da *sprint* pois, por não serem capazes de prever tarefas, podem ter sido muito otimistas em relação ao tempo necessário para produzir o incremento.
- *Middle-learner*: indica que a equipe pode estar amadurecendo e começando mais cedo as atividades de descoberta e, especialmente, os testes necessários (Figura 4.5). Essa equipe ainda poderá ter problemas no final da *sprint*, mas possivelmente bem menos do que os *late-learner*.
- *Early-learner*: indica uma equipe que procura, logo no início da *sprint*, descobrir todas as necessidades e depois desenvolvê-las gradualmente até o final do ciclo (Figura 4.6). Eles não são necessariamente capazes de identificar todas as tarefas na *sprint planning meeting*, mas em poucos dias terão uma visão bem mais completa das tarefas necessárias e terão tempo para fazer os ajustes para que a *sprint* termine no prazo certo e com seus objetivos atingidos.
- *Plateau*: indica uma equipe que vai descobrindo novas tarefas ao longo da *sprint*, o que acaba levando o ritmo de desenvolvimento a um platô (Figura 4.7). Para cada tarefa feita uma nova tarefa é descoberta e assim, embora a equipe esteja trabalhando, existe a impressão de que o trabalho não está saindo do lugar.
- *Never-never*: indica uma equipe que acaba tendo surpresas desagradáveis no final de uma *sprint* (Figura 4.8). Subitamente, uma quantidade grande de tarefas necessárias é descoberta quando se achava que os objetivos já estavam praticamente atingidos.
- *Scope increase*: indica uma equipe que no início da *sprint* percebe um súbito aumento na carga de trabalho por fazer (Figura 4.9). Usualmente, a solução nesses casos é tentar renegociar o escopo da *sprint* com o *product owner*, mas não se descarta também uma finalização ou cancelamento da *sprint* para que seja feito um replanejamento do *product backlog*.

A diferença entre o *scope increase* e o *early-learner* é que no segundo caso a equipe ainda terá condições de terminar a *sprint* com sucesso ao fazer ajustes ao longo da iteração. Mas, no caso do *scope increase*, a equipe não será capaz de cumprir estes compromissos, sendo então necessário renegociar escopo e eventualmente até cancelar a *sprint*, o que não é um evento muito agradável, mas eventualmente pode ser necessário para que a equipe se reorganize e replaneje as *sprints*.

Algumas equipes também poderão adicionar ao gráfico o *burn up*, ou seja, o índice de atividades efetivamente finalizadas, de acordo com a DoD.

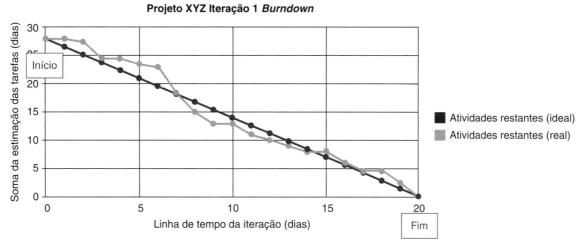

FIGURA 4.2 Exemplo de *sprint burndown chart*. *Fonte*: I8abug – Own work, CC BY-SA 3.0, https://commons.wikimedia.org/w/index.php?curid=15511814.

4.1.5 Funcionamento Geral do *Scrum*

O funcionamento geral do modelo *Scrum* pode ser entendido a partir do resumo apresentado na Figura 4.10. Basicamente, o lado esquerdo da figura mostra o *product backlog*, com as histórias de usuário, que devem ser priorizadas e ter sua complexidade estimada. As histórias mais importantes são, assim, selecionadas durante a *sprint planning meeting*, até que o número de pontos de história se aproxime da capacidade de produção da equipe durante o *sprint*. Cada ponto de história implica um dia de trabalho por pessoa. Assim, uma *sprint* de duas semanas (dez dias de trabalho) com três pessoas teria a capacidade de acomodar trinta pontos de história.

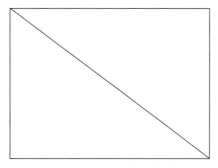

FIGURA 4.3 *Fakey-fakey*.

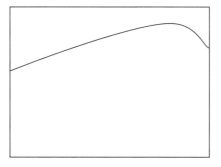

FIGURA 4.4 *Late-learner*.

Ainda durante a *sprint planning meeting*, as histórias de usuário selecionadas devem ser detalhadas em atividades de desenvolvimento, ou seja, as tarefas do *sprint backlog* devem ser identificadas.

A *sprint* se inicia e, a cada 24 horas, deve acontecer uma *Scrum daily meeting*, conforme indicado no círculo menor da figura.

Ao final da *sprint* deverá haver a *sprint review meeting*, para avaliar o produto do trabalho (incremento), e, eventualmente, a *sprint retrospective*, para avaliar os processos de trabalho. Assim, se aprovado, o produto (parcial ou final) poderá ser entregue ao cliente. Não sendo essa a *sprint* final, o ciclo é reiniciado.

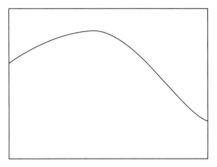

FIGURA 4.5 *Middle-learner.*

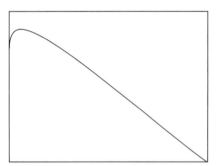

FIGURA 4.6 *Early-learner.*

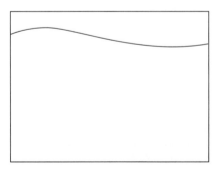

FIGURA 4.7 *Plateau.*

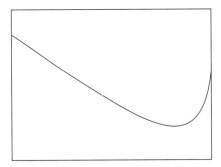

FIGURA 4.8 *Never-never.*

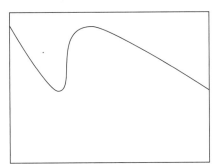

FIGURA 4.9 *Scope increase.*

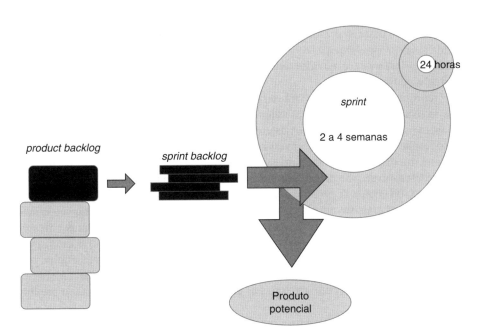

FIGURA 4.10 Funcionamento geral do *Scrum*.

4.1.6 LeSS – Large Scale Scrum

No caso de projetos muito grandes, é possível aplicar o conceito de *Scrum of Scrums* (COHN, 2007), em que vários *Scrum teams* trabalham em paralelo e cada um contribui com uma pessoa para a formação do *Scrum of Scrums*, quando então as várias equipes são sincronizadas. Essa pessoa não precisa necessariamente ser o *product owner* ou *Scrum master*. Pode ser qualquer membro da equipe.

Mais recentemente, o *Scrum* em grande escala foi sistematizado em um framework conhecido como *LeSS*, ou *Large Scale Scrum* (LARMAN & VODDE, 2016). O modelo é baseado em *Scrum* e especialmente no *Scrum of Scrums* como forma de organizar o trabalho com várias equipes.

LeSS parte do princípio de que usar um modelo complexo e aplicar apenas partes dele em projetos mais simples é um grande erro estratégico. Assim, a ideia é iniciar com um modelo simples e enxuto como o *Scrum* e adicionar apenas os elementos necessários para que o trabalho possa ser realizado com equipes maiores e projetos mais complexos.

A ideia, entretanto, não é aumentar o tamanho do *development team*, que deve continuar a ser limitado a nove pessoas, mas, sim, criar vários *development teams* que trabalharão em paralelo durante as *sprints*.

O modelo prevê a existência de um único *product backlog* e um único *product owner* que vai selecionar objetivos para as *sprints* de cada equipe. As equipes então elaboram seus *sprint backlogs* específicos e passam a trabalhar. Já um *Scrum master* pode atender de uma a três equipes de desenvolvimento.

Há também um *product owner* para todo o projeto. Toda a priorização passa pelo *product owner*, mas a clarificação ocorre tanto quanto possível diretamente entre as equipes ou entre elas e outros interessados.

Deve-se fazer o refinamento do *product backlog* (PBR – *product backlog refinement*) em uma reunião geral para aumentar o conhecimento compartilhado e explorar oportunidades de coordenação quando há itens fortemente correlacionados ou a necessidade de uma aprendizagem mais ampla. O *product owner* não deve trabalhar sozinho no refinamento do *product backlog*; ele deve ser sempre apoiado pelas equipes e interessados.

Existe uma única *sprint* em nível de produto na qual todas as equipes trabalham em paralelo. Mas cada equipe tem e gerencia o seu próprio *sprint backlog*.

O *sprint planning meeting* consiste em duas partes: o *sprint planning one* é uma reunião geral de todas as equipes; já o *sprint planning two* é feito separadamente para cada equipe, embora se recomende que as reuniões sejam simultâneas e em ambientes próximos, caso interações ainda sejam necessárias.

O *sprint planning one* é feito com representantes de cada equipe ou, se possível, com as equipes completas. Juntos eles tentam selecionar os itens do *product backlog* que cada equipe vai trabalhar na próxima *sprint*.

A iteração entre as equipes ocorre com as reuniões de *Scrum of Scrums*, realizadas com um representante de cada equipe, na qual questões de alinhamento entre as equipes são identificadas da mesma forma que as questões de alinhamento entre os membros de uma equipe são identificadas no *daily meeting*.

Deve-se preferir coordenação descentralizada e informal em vez de coordenação centralizada. A coordenação de esforços entre equipes é decidida pelas próprias equipes. É prevista uma reunião de todas as equipes apenas no final de uma *sprint* para a revisão do produto (*sprint review*) e reuniões separadas de retrospectiva para cada equipe. Há, assim, uma única *sprint review* envolvendo todas as equipes.

Em relação a *sprint retrospective*, cada equipe fará sua própria reunião de retrospectiva após a *sprint* e, em seguida, haverá uma reunião de retrospectiva geral, com um representante de cada equipe para tratar de questões envolvendo as relações entre as equipes e também para trocas de experiências entre as equipes. A meta de perfeição para as equipes é melhorar a DoD de forma que isso resulte em produtos entregáveis ao fim de cada *sprint* ou até mais frequentemente.

O modelo aponta como fundamental que as equipes sejam divididas em função das histórias de usuário, ou funcionalidades, que cada uma vai desenvolver. Não devem ser criadas equipes especializadas, como, por exemplo, equipe de banco de dados, equipe de interface ou equipe de programação.

O modelo enfatiza que *LeSS* consiste em aumentar *Scrum* usando *Scrum*, ou seja, não são criados novos artefatos, papéis ou processos para que o modelo funcione. As equipes trabalham em paralelo, mas não subdividem o projeto entre elas; todas trabalham no produto como um todo. Existe um único *product owner* e uma *sprint* única para todas as equipes. Larman e Vodde argumentam que, quando um projeto é subdividido entre as equipes por área de negócio, por exemplo, cada equipe vai procurar otimizar o produto considerando sua subárea, mas, assim, o produto como um todo não será otimizado. Então, eles propõem que todas as equipes possam pensar em todo o produto, e não apenas em partes especializadas.

Essa organização é recomendada para projetos com dois a oito *development teams* trabalhando em paralelo. Essa abordagem é também conhecida como *smaller LeSS*. Para projetos que demandam mais do que oito equipes, recomenda-se a abordagem *LeSS Huge*.

4.1.7 *LeSS Huge*

Segundo Larman e Vodde (2016), *LeSS Huge* chegou a ser aplicado em um projeto que envolveu milhares de desenvolvedores e gerou dezenas de milhões de linhas de código em C + +, além de hardware especializado. Em relação a *smaller LeSS*, em *LeSS Huge*, o que permanece igual é:

- Um único *product backlog*.
- Uma única definição de feito (DoD).
- Um único incremento de produto potencialmente entregável.
- Um *product owner* (geral).
- Uma *sprint* com todas as equipes trabalhando em paralelo para gerar um único incremento.

O que muda:

- *Mudança de papel*: passam a existir *product owners* por área de requisitos.
- *Mudanças de artefatos*: passam a existir áreas de requisitos no *product backlog* ou *product backlogs* por área de requisitos.
- *Mudanças em reuniões*: o *LeSS Huge* é um conjunto de execuções de *sprints* LeSS por área de requisitos.

A principal mudança filosófica no caso de *LeSS Huge* vem da observação de que equipes do tipo *Scrum team* podem ser bem organizadas em *Scrums of Scrums* desde que o número de equipes não passe de oito. Acima desta quantidade de equipes será necessário dividir o projeto em áreas de requisitos.

Essa divisão deve ser elaborada pelo *product owner* geral e ela não é fixa, podendo mudar ao longo do projeto, embora não se espere mudanças muito frequentes. O modelo não recomenda que as equipes sejam divididas por área técnica, mas sim por áreas de requisitos, sempre do ponto de vista do cliente. Não são recomendadas, então, equipes especializadas em interface, arquitetura, banco de dados etc. Assim, caso se esteja elaborando um projeto de software na área comercial, por exemplo, pode-se ter equipes especializadas em sistemas de vendas, de recursos humanos, de marketing etc.

Cada área de requisitos terá também seu próprio *product owner* (APO – *area product owner*) que tem as mesmas atribuições do PO, mas dentro de uma área de requisitos delimitada. O conjunto dos APOs mais o PO forma o *product owner team*, que ajuda o PO a tomar decisões sobre priorização de requisitos no *product backlog* geral.

4.2 LEAN

Lean é entendido por muitos como uma filosofia de produção que se propõe a eliminar desperdícios, gerar valor com eficiência e aproveitar ao máximo o potencial humano em projetos.

Lean surgiu na indústria automobilística, mas também acabou sendo adaptado para a produção de software, sendo conhecido hoje como LSD ou *Lean Software Development*. Esse termo foi cunhado por Poppendieck e Poppendieck (2003).

A filosofia *Lean* se baseia em sete princípios:

- Eliminar o desperdício.
- Amplificar a aprendizagem.
- Decidir o mais tarde possível.
- Entregar o mais rápido possível.
- Empoderar a equipe.
- Construir integridade.
- Ver o todo.

O princípio de *eliminação de desperdício* ou de *lixo*, aplica-se na indústria de software pela identificação e eliminação de todo documento e trabalho que não seja importante para a produção do resultado desejado. Assim, o foco está em eliminar atividades parcialmente realizadas, retrabalho, requisitos desnecessários e soluções desnecessariamente complexas.

O desperdício precisa ser identificado e depois eliminado. Assim, código não terminado que não pode ser executado e muitas vezes será abandonado é considerado desperdício. Papelada e documentação que não é consultada e não agrega valor ao produto é considerada desperdício. Microgerenciamento que não agrega efetivamente algum valor ao trabalho dos desenvolvedores é desperdício. Software com defeitos é considerado desperdício. E assim por diante.

Em relação a *amplificar a aprendizagem*, o *Lean* considera que o desenvolvimento de software é um processo iterativo de aprendizagem sobre o produto e sobre o seu uso. Muitas vezes se diz que nem o cliente sabe exatamente o que ele quer; assim, o modelo prega a realização de interações que sejam as mais curtas possíveis para que o *feedback* possa ser gerado e as partes envolvidas cheguem ao conhecimento mais perfeito possível sobre como o produto realmente deve ser.

O princípio de *decidir o mais tarde possível* procura evitar que decisões, por exemplo, de design ou tecnologia, sejam tomadas muito cedo, antes que as verdadeiras necessidades realmente possam ser conhecidas. Deve-se procurar trabalhar o essencial, mantendo todas as possibilidades em mente até que realmente haja razões para escolher uma ou outra opção. Tomar decisões cedo que depois precisarão ser modificadas é contraprodutivo.

Considera-se que nos tempos atuais não é o mais forte que sobrevive, mas o mais rápido. Assim, quanto mais rapidamente a empresa conseguir liberar uma versão do produto funcionando sem maiores falhas, mais rapidamente ela conseguirá obter *feedback* dos interessados e, se necessário, incorporar este *feedback* ao produto. Este princípio de *entregar o mais rápido possível* vai fazer com que a equipe prefira sempre as iterações mais curtas e um contato constante com os interessados, para evitar atrasos ou entregas pouco frequentes, o que pode também gerar desperdícios.

Algumas pessoas ainda acreditam que cabe ao gerente decidir como os subordinados devem fazer o seu trabalho. Talvez isso funcione em algumas indústrias, mas dificilmente dá certo em áreas complexas como a construção de software. O princípio *Lean* de *empoderar a equipe* segue o princípio ágil que diz que você deve contratar pessoas competentes e deixar que elas façam o próprio trabalho. O gerente não deve fazer planos sozinho nem distribuir tarefas; a própria equipe deve fazer isso trabalhando com transparência e compartilhando pontos de vista.

Um gerente pode incentivar o progresso, avaliar possíveis desvios e corrigir rumos, mas não deve microgerenciar a equipe. Os membros da equipe não devem ser vistos apenas como recursos humanos, da mesma forma que computadores são recursos físicos; as pessoas precisam de motivação, confiança e tranquilidade para realizar um trabalho de alto nível.

Na relação com o cliente, a equipe desenvolvedora deve *desenvolver integridade* como um princípio. O cliente irá perceber integridade na medida que prazos forem cumpridos e produtos forem entregues com qualidade aceitável. Para isso, é necessário também que as entregas sejam feitas de forma contínua e não em grandes lotes cuja integridade é difícil de avaliar.

Equipes *Lean* também devem ser incentivadas a *ver o todo* e não apenas partes do sistema que estão desenvolvendo. Este princípio é também aceito por modelos como *LeSS*, que propõem que não devem existir equipes especializadas em aspectos técnicos ou arquiteturais do sistema, mas sim que todas as equipes devem ter a visão do todo e a possibilidade de trabalhar em qualquer parte do sistema.

Assim como *LeSS* é uma versão escalável de *Scrum*, também existe pelo menos uma versão escalável de *Lean*, que se denomina SAFe, ou *Scaled Agile Framework*. SAFe é marca e propriedade da empresa Scaled Agile, Inc. mas é disponibilizado gratuitamente no *link* representado no QR code ao lado.

Frequentemente a filosofia *Lean* é também incorporada ao modelo *Kanban*, apresentado na Seção 4.3.

4.3 KANBAN

Kanban é um modelo de gerenciamento de produção que antecede em muitos anos outros modelos ágeis para produção de software. Os conceitos do método surgem nos anos 1940, quando a Toyota começou a estudar formas de otimizar a operacionalização de produção em supermercados (OHNO, 1988).

O modelo de gerenciamento *Kanban* é ainda mais simples do que o *Scrum*. Não há necessariamente reuniões e papéis como no *Scrum*. O *Kanban* sugere que você tome o processo que atualmente usa na empresa e comece com ele. Você vai passar a usar o quadro *Kanban* para representar os estados das atividades com o processo atual.

Há duas diferenças fundamentais entre o *Kanban* e o *Scrum*:

- No *Kanban* não existem necessariamente *sprints* ou iterações, o processo é contínuo e vai produzindo entregáveis à medida que os itens vão ficando prontos.
- No *Kanban* existe um limite de tarefas que podem aparecer em cada coluna. Pode-se, por exemplo, limitar o número de atividades em andamento, ou limitar as atividades na fila de espera para teste. As colunas ou mesmo células podem ter limites diferentes umas das outras. A ideia é que se a fila de teste, por exemplo, está cheia, você deve executar algum teste para desafogá-la antes de produzir uma nova tarefa que vai entrar na fila de teste quando pronta.

Além dessas duas diferenças, o *Kanban* também propõe que as atividades sejam priorizadas, sendo que as mais importantes devem ocupar o topo das colunas. Pode-se trabalhar adicionalmente com cartões coloridos, sendo que o vermelho indica a prioridade mais alta, o amarelo a média e o verde a mais baixa.

Os quatro princípios fundamentais do *Kanban* são:

- *Comece com o que você faz agora*. A ideia é aproveitar processos que já existem fazendo-os evoluir e melhorar e não promover mudanças muito radicais na forma de trabalho da organização.
- *Concorde em buscar mudanças evolucionárias*. A equipe deve estar engajada no processo de melhoria e a mudança deve ser gradual.
- *Inicialmente, respeite os papéis, responsabilidades e cargos atuais*. O *Kanban* não sugere papéis, como o *Scrum* e outros modelos, então os papéis existentes podem ser mantidos inicialmente.
- *Incentive atos de liderança em todos os níveis*. Também uma forma de manter a equipe engajada e participativa no processo de mudança.

Esses princípios também se traduzem em seis práticas fundamentais de *Kanban*:

- *Visualizar o fluxo de trabalho*. O quadro de *Kanban* permite que se possa visualizar o que há por fazer, o que está sendo feito e o que já foi feito.
- *Limitar a quantidade de trabalho em andamento (WIP - Work in Progress)*. A própria estrutura do quadro, com número máximo de itens por coluna, favorece esta limitação. A ideia é evitar que atividades se acumulem em determinados gargalos e deixem de receber o encaminhamento. Por exemplo, pode haver vinte atividades de desenvolvimento, mas apenas quatro podem ficar na fila de teste. Assim, antes de desenvolver uma quinta atividade, será necessário que pelo menos uma das quatro existentes seja encaminhada para o teste, o que vai desafogar a fila.
- *Gerenciar e medir o fluxo*. Com a visualização do processo de trabalho fica mais fácil também fazer sua mensuração. Pode-se usar com *Kanban* o *burndown chart*, como no caso de *Scrum*.
- *Tornar as políticas do processo públicas*. Há várias formas de organizar o processo de trabalho com *Kanban*. A vantagem do uso do quadro é que esse processo pode ser desenhado e redesenhado de forma que toda equipe possa participar e entender o que está acontecendo na organização.
- *Implementar* loops *de feedback*. Com a possibilidade de mensuração do processo também é possível avaliar sua efetividade. Mas não é só isso, também é necessário buscar sempre o *feedback* em relação ao retorno do investimento, ou seja, se as atividades realmente estão gerando valor para os interessados e não apenas sendo executadas.
- *Usar modelos para reconhecer oportunidades de melhoria*. *Kanban* segue o princípio *kaizen*, que significa "melhoria contínua". Assim, aplicar *Kanban* significa estar sempre atento às oportunidades de evolução e melhoria. Um processo estagnado é um processo ruim. *Kanban*, como todos os modelos ágeis, propõe que os processos estejam sempre evoluindo.

Um livro de referência para quem pretende usar *Kanban* é o de Anderson (2010), que descreve a evolução do modelo a partir de aplicações reais em projetos da Microsoft desde 2004. Outra boa referência mais recente é Brechner (2015).

4.3.1 Quadros e Cartões *Kanban*

Kanban basicamente significa "sinal" ou "sinalização" em japonês e o modelo se estrutura exatamente sobre um cartaz com cartões do tipo *post-it*, conforme mostrado na Figura 4.11. O *sprint backlog* do *Scrum* é um exemplo de quadro *Kanban*.

Usualmente inicia-se com apenas três colunas no quadro *Kanban*: "por fazer", "sendo feito" e "feito". Mas, dependendo do processo que a organização adota, outras colunas podem ser adicionadas, como, por exemplo, "em prototipação", "aguardando teste" ou "em homologação".

Em relação aos itens que constam nos cartões nos quadros *Kanban*, pelo menos três tipos podem ser identificados: épicos, histórias de usuário e tarefas. Os *épicos* são os grandes objetivos, que se estruturam através de um conjunto de *histórias de usuário*, as quais por sua vez se estruturam em *tarefas*. Observe que aqui há uma diferença em relação ao *Scrum*, que separa em dois quadros: os épicos e histórias de usuário no *product backlog* e as tarefas organizadas por história de usuário no *sprint backlog*.

O quadro *Kanban* também pode ser dividido horizontalmente em raias. A divisão pode atender a qualquer critério que a equipe de desenvolvimento considere útil. Pode-se, por exemplo, dividir os fluxos de atividades por épico ou história de usuário. Ou pode-se também dividir por tipo de tarefa, como, por exemplo, tarefas de desenvolvimento, mitigação de risco e correção de *bugs*.

Uma vez que as raias são ortogonais às colunas que definem o estado dos itens, formam-se então células na intersecção de cada raia e cada coluna. Essas células podem ter limites de itens distintos. Por exemplo, pode-se limitar as atividades de desenvolvimento a quatro simultâneas e as atividades de correção de *bugs* a 10 simultâneas.

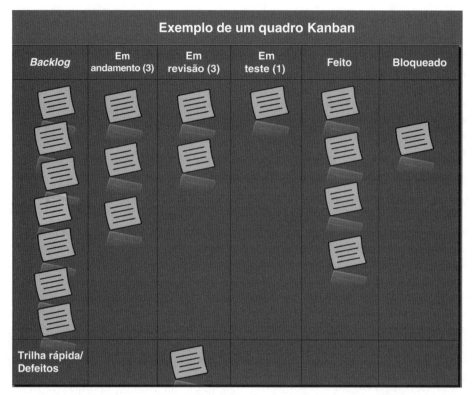

FIGURA 4.11 Exemplo de quadro *Kanban*. *Fonte*: Dr. Ian Mitchell – Own work, CC BY-SA 2.5, https://commons.wikimedia.org/w/index.php?curid=20245783.

4.3.2 *Scrumban*

Pode-se considerar que, pela sua simplicidade inicial, *Kanban* é um excelente modelo de entrada para organizações que desejam adotar métodos ágeis. À medida que a organização começa a se acostumar às mudanças na forma de gerenciar a produção, ela pode decidir pela adoção de modelos mais completos, como *Scrum*, por exemplo.

Existe inclusive uma vertente denominada *Scrumban* (LADAS, 2009) que combina as características dos dois modelos. Inicialmente *Scrumban* foi pensado como um modelo intermediário que seria aplicado enquanto uma organização que usa *Scrum* procura explorar a filosofia *Kanban*, mas hoje é considerado um modelo à parte onde o gerenciamento do processo se dá de acordo com as regras de *Scrum*, mas a visão de melhoria do processo ocorre de acordo com a filosofia *Kanban*.

Assim, *Scrumban* terá as reuniões previstas por *Scrum*, mas também terá as limitações de itens nos quadros, conforme proposto por *Kanban*. *Scrumban* adiciona ao modelo *Scrum* a limitação do WIP (trabalho em andamento) originária de *Kanban*. Isso dá mais controle às atividades realizadas pela equipe, eliminando um possível *stress* ocasionado pela aproximação dos prazos fatais de uma *sprint* e ao mesmo tempo garantindo que o fluxo de trabalho seja contínuo, com itens evoluindo da coluna "por fazer" para a coluna "feito" de forma organizada e sem acumular tarefas nas colunas intermediárias.

Pode-se argumentar que *Scrum* é mais adequado para desenvolvimento de produtos, quando ao final de cada *sprint* um incremento deve ser entregue, enquanto *Kanban* é mais adequado para oferta de serviços, como, por exemplo, manutenção de produtos de software, quando as demandas são contínuas e não organizadas em *sprints*. Como *Scrumban* procura manter o aspecto de entregas contínuas de *Kanban*, então também se pode concluir que sua aplicação primordial se dá em situações de manutenção, onde o trabalho é dirigido pela demanda.

Algumas das principais diferenças entre *Scrumban*, *Scrum* e *Kanban* estão listadas na Tabela 4.3.

TABELA 4.3 Diferenças entre *Kanban*, *Scrum* e *Scrumban*

Aspecto	Kanban	Scrum	Scrumban
Papéis	Não há	*Product owner, Scrum master e development team*	A equipe e quaisquer papéis que se façam necessários
Reuniões diárias	Não há	*Daily meeting*	Usadas para garantir o trabalho contínuo e reduzir o tempo de ociosidade dos membros da equipe
Review* e *retrospective	Não há	As duas reuniões são prescritas no final das *sprints*	Podem ser feitas na medida do necessário para aprimorar o conhecimento e o processo
Fluxo de trabalho	Contínuo	*Sprints*	Contínuo, mas iterações regidas por *timeboxing* podem ser usadas eventualmente
Artefatos	Quadro *Kanban*	*Product backlog* e *sprint backlog*	Quadro *Kanban*
Equipes	Não menciona	Equipes multifuncionais focadas em requisitos	Equipes podem ser especializadas tecnicamente
WIP	Controlada pelo estado do quadro *Kanban*	Controlada pelo conteúdo da *sprint*	Controlada pelo estado do quadro *Kanban*

4.4 XP – *EXTREME PROGRAMMING*

Programação Extrema, ou XP (*eXtreme Programming*), é um modelo ágil, inicialmente adequado a equipes pequenas, baseado em uma série de valores, princípios e regras. O XP surgiu nos Estados Unidos no final da década de 1990. Seu criador foi Kent Beck, que descreveu em um livro (BECK, 1999) sua experiência na gerência de um projeto que procurava analisar as melhores formas de aplicar a tecnologia de orientação a objetos em projetos, usando como objeto de estudo sistemas de folha de pagamento da Chrysler.

Entre os principais valores de XP podemos citar:

- *Simplicidade*: muitas vezes, analistas generosos incluem requisitos que os clientes não necessariamente pediram. XP sugere como valor a simplicidade, ou seja, a equipe deve se concentrar nas funcionalidades efetivamente necessárias, e não naquelas que *poderiam* ser necessárias, mas de cuja necessidade real ainda não se tem evidência.
- *Respeito*: respeito entre os membros da equipe, assim como entre a equipe e o cliente, é um valor dos mais básicos, que dá sustentação a todos os outros. Se não houver respeito, a comunicação falha e o projeto afunda.
- *Comunicação*: em desenvolvimento de software, a comunicação é essencial para que o cliente consiga dizer aquilo de que realmente precisa. O XP preconiza comunicação de boa qualidade, preferindo encontros presenciais em vez de videoconferências, videoconferências em vez de telefonemas, telefonemas em vez de *e-mails*, e assim por diante. Ou seja, quanto mais pessoal e expressiva a forma de comunicação, melhor.
- *Feedback*: o projeto de software é reconhecidamente um empreendimento de alto risco. Cientes disso, os desenvolvedores devem buscar obter *feedback* o quanto antes para que eventuais falhas de comunicação sejam corrigidas o mais rapidamente possível, antes que os danos se alastrem e o custo da correção seja alto.
- *Coragem*: pode-se dizer que a única coisa constante no projeto de um software é a necessidade de mudança. Para os desenvolvedores XP, é necessário confiar nos mecanismos de gerenciamento da mudança para ter coragem de abraçar as inevitáveis modificações em vez de simplesmente ignorá-las por estarem fora do contrato formal ou por serem muito difíceis de acomodar.

A partir desses valores, uma série de princípios básicos é definida:

- *Feedback* rápido.
- Presumir simplicidade.
- Mudanças incrementais.
- Abraçar mudanças.
- Trabalho de alta qualidade.

Então, o XP preconiza mudanças incrementais e *feedback* rápido, além de considerar a mudança algo positivo, que deve ser entendido como parte do processo. Além disso, o XP valoriza o aspecto da qualidade, pois considera que pequenos ganhos a curto prazo pelo sacrifício da qualidade não são compensados pelas perdas a médio e a longo prazo.

60 PARTE | I Processo de desenvolvimento de software

A esses princípios pode-se adicionar ainda a *priorização de funcionalidades mais importantes*, de forma que, se o trabalho não puder ser todo concluído, pelo menos as partes mais importantes terão sido. Segue-se neste caso o Princípio de Pareto, ou Princípio 80/20, que sugere que os 20% mais importantes dentre os requisitos produzem cerca de 80% da funcionalidade realmente necessária.

4.4.1 Práticas XP

Para aplicar XP, é necessário seguir uma série de práticas que dizem respeito ao relacionamento com o cliente, a gerência do projeto, a programação e os testes. Considera-se, via de regra, a existência de 12 práticas principais que são detalhadas nas subseções a seguir. Essas práticas podem ser classificadas em quatro grupos principais:

- *Feedback*: inclui as práticas de (1) jogo de planejamento, (2) programação em pares, (3) desenvolvimento dirigido por teste e (4) equipe coesa.
- *Processo contínuo*: inclui as práticas de (5) integração contínua, (6) entregas pequenas, e (7) excelência técnica.
- *Compreensão compartilhada*: inclui as práticas de (8) metáfora de sistema, (9) padrões de codificação, (10) design simples e (11) posse coletiva do código.
- *Bem-estar dos desenvolvedores*: inclui a prática de (12) ritmo sustentável.

As práticas XP não são consenso entre os desenvolvedores e pesquisadores. Keefer (2003) afirma, entre outras coisas, que as práticas nem sempre são aplicáveis, que o estilo de trabalho não é escalável para equipes maiores e que a programação em pares acaba sendo uma atividade altamente cansativa, que só é praticável se sua duração for mantida em períodos de tempo relativamente curtos.

Além disso, Tolfo e Wazlawick (2008) demonstram que a cultura organizacional, em especial seus aspectos mais profundos, que são os valores assumidos e praticados pelas pessoas independentemente do que esteja escrito nos quadros de missão e visão da empresa, é determinante no sentido de oferecer um ambiente fértil ou hostil à implementação de métodos ágeis, em especial o XP.

4.4.1.1 Jogo de Planejamento

A prática conhecida como *jogo de planejamento* (*planning game*) estabelece que, semanalmente, a equipe deve se reunir com o cliente para priorizar as funcionalidades a serem desenvolvidas. Cabe ao cliente identificar as principais necessidades e à equipe de desenvolvimento estimar quais podem ser implementadas na iteração que se inicia. Ao final da iteração, essas funcionalidades são entregues ao cliente. Esse tipo de modelo de relacionamento com o cliente é adaptativo, em oposição aos contratos rígidos usualmente estabelecidos.

O jogo de planejamento é uma reunião que pode ser comparada ao *sprint planning meeting* do *Scrum*. Porém, sua estrutura é mais detalhada. A reunião usualmente tem duas partes. A primeira parte consiste no *planejamento de entregas*, onde se vai procurar prever quais histórias de usuário serão entregues nas iterações mais próximas a seguir. É muito importante que o usuário ou cliente esteja presente nesta reunião. A segunda parte usualmente consiste no *planejamento da iteração*, onde as atividades dos desenvolvedores ao longo da próxima iteração serão planejadas. Nessa reunião, a participação do cliente ou usuário não é necessária.

Tanto o planejamento de entregas quanto o planejamento da iteração se dividem em três fases: exploração (*exploration*), concordância (*agreement*) e direção (*steering*).

Na fase de *exploração no planejamento de entregas* inicialmente o cliente/usuário é convidado a escrever uma ou mais histórias de usuário. Essas histórias devem ser feitas por ele sem que haja sugestões ou interferência dos desenvolvedores. Cada história de usuário é registrada em um cartão. Em seguida, os desenvolvedores poderão analisar cada história e fazer sua estimação de esforço em pontos de história. Se necessário, os desenvolvedores poderão também propor *spikes*, que são protótipos que visam reduzir algum risco tecnológico ou de requisitos explorando o problema de forma pontual. Usualmente, *spikes* são códigos descartáveis que, depois de auxiliar na compreensão de um risco, são jogados fora. Opcionalmente, também, histórias de usuário que ficaram tão complexas ou vagas que impeçam a equipe de fazer estimativas confiáveis, devem ser divididas em histórias menores, para que possam ser efetivamente analisadas.

Na fase de *concordância no planejamento de entregas* são determinados os custos, benefícios e impacto no cronograma de cada uma das histórias. Para isso, o cliente deve separar as histórias de usuário em três grupos de acordo com o valor para o negócio: *histórias críticas*, sem as quais o negócio não funciona ou não faz sentido, *histórias significativas*, que não são críticas, mas são consideradas importantes por agregar valor ao negócio e *histórias que poderia ser bom ter*, que são aquelas sem valor significativo para o negócio, mas que mesmo assim o cliente deseja que sejam eventualmente consideradas para inclusão.

Em seguida, ainda na mesma fase, os desenvolvedores devem classificar as histórias por risco, segundo a escala alto/médio/baixo. Mais detalhes sobre análise de risco são apresentados no Capítulo 8, mas por ora pode-se mencionar uma abordagem simples para classificação de riscos baseada na complexidade, volatilidade e completeza da história. As perguntas a serem feitas são: a história de usuário será de difícil implementação? É provável que a descrição dessa história mude à medida que procedermos à análise e desenvolvimento? Existem detalhes da história de usuário que não são conhecidos? Quanto mais positivas forem as respostas a estas perguntas, maior o risco que a história de usuário encerrará.

Na sequência da fase, caso a equipe ainda não tenha feito isso em reuniões anteriores, ela deverá estabelecer sua capacidade de trabalho (número de desenvolvedores e duração das iterações) e, assim, alocar as histórias de usuário em função de seu valor para o cliente e seu risco no planejamento das iterações.

A fase de *direção no planejamento de entregas* inicia com a revisão do planejamento feito por todos e eventual correção de rumos. Mas esta fase continua ao longo da iteração. À medida que o desenvolvimento avança, correções no plano de entregas podem e devem ser feitas. Usualmente a necessidade dessas correções é detectada pela equipe e negociada com o cliente. O nome "direção" vem da comparação com o processo de dirigir um automóvel em uma estrada, no qual, ao longo do percurso, correções são feitas para manter o veículo no traçado.

Passando agora para o planejamento da iteração, as fases são as mesmas, mas o que ocorre nelas é diferente. Na fase de *exploração no planejamento da iteração* os desenvolvedores vão analisar cada história de usuário e identificar as tarefas de desenvolvimento necessárias para transformá-las em produto entregável. Essas tarefas são anotadas em cartões de tarefa e sua duração deve ser estimada em pontos de história. Se as tarefas forem longas demais para uma estimação confiável, elas devem ser subdivididas. Por outro lado, se forem curtas demais (menos de um ponto de história), devem ser combinadas.

Pode-se usar neste momento a técnica de *planning poker*, na qual, após uma descrição e debate sobre a tarefa e sua complexidade, cada membro da equipe vai escrever o valor em pontos de história que ele estima para esta tarefa. Cada um escreve um valor e o esconde de forma que ninguém saiba quanto cada um estimou. Quando todos concluírem, os valores são abertos. Caso todos os valores sejam muito próximos, chegou-se a um consenso. Caso haja valores discrepantes, aquele que propôs o valor mais baixo e aquele que propôs o valor mais alto são convidados a explicar suas razões. Após o debate, repete-se a estimativa, com cada membro escrevendo um valor em um papel, sem o conhecimento dos outros. Abre-se novamente os valores e pode-se então ter chegado a um novo consenso ou continuar a discrepância. Caso a discrepância continue, pode-se repetir as rodadas até chegar ao consenso ou aplicar a fórmula $E = (E_{pessimista} + E_{otimista} + 4 \times E_{médio})/6$, que estabelece o esforço em pontos de história como a média ponderada na qual o otimista e o pessimista entram com peso 1 cada e a média dos demais com peso 4.

Na fase de *concordância do planejamento da iteração* as tarefas serão distribuídas entre os programadores. Neste momento, os programadores podem revisar as estimativas de tempo de acordo com suas próprias expectativas. Deve-se buscar uma distribuição uniforme de esforço entre os desenvolvedores, de forma que nenhum fique sobrecarregado ou ocioso. Além disso, cada desenvolvedor deve realisticamente estimar quantas horas produtivas ele efetivamente tem ao longo da iteração; horas gastas em reuniões e outras atividades que não sejam relacionadas com o desenvolvimento do produto não devem ser consideradas. Assim, as atividades que ele alocar para si devem ter um esforço estimado compatível com as horas que ele espera ter disponíveis na iteração.

Observe que esta atividade de distribuição das tarefas entre os desenvolvedores diferencia o XP de *Scrum* e *Kanban*, sendo que XP propõe uma distribuição prévia das atividades entre eles enquanto os outros modelos mencionados atribuem inicialmente uma única atividade a cada desenvolvedor, atribuindo outras de forma contínua à medida que estas vão sendo concluídas.

A fase de *direção no planejamento de iteração* também ocorre ao longo da iteração. Nela, um desenvolvedor vai pegar um dos cartões de atividade atribuídos a ele, juntamente com um colega que será seu par (não precisa ser necessariamente o mesmo sempre). Se necessário, o par de desenvolvedores vai fazer o design da tarefa, criando modelos, diagramas e descrições que forem necessários para um melhor entendimento do trabalho a ser feito. Na sequência, a tarefa é desenvolvida usando-se a técnica de desenvolvimento dirigido por teste (Seção 13.6). Finalmente, o par fará o teste de sistema, que consiste em avaliar se o produto desenvolvido atende aos requisitos especificados na história de usuário e em quaisquer outros meios.

4.4.1.2 Programação em Pares

A prática de *programação em pares* (*pair programming*) propõe que a programação seja sempre feita por duas pessoas em cada computador. Enquanto um (o motorista ou *driver*) usa o computador para escrever programas, o outro (navegador ou *navigator*) deve ajudar corrigindo rumos e sugerindo melhores práticas de codificação. Com isso, o código gerado terá sempre sido verificado por, pelo menos, duas pessoas, reduzindo drasticamente a possibilidade de erros.

Estudos indicam que usualmente a prática de programação em pares aumenta o esforço de desenvolvimento, pois duas pessoas realizam o trabalho que geralmente é feito por apenas uma. Porém, nem sempre este aumento é de 100%, como

62 PARTE | I Processo de desenvolvimento de software

seria de esperar, havendo situações em que apenas 15% de aumento é observado. Porém, a principal razão a favor desta prática reside no fato de que o código produzido é frequentemente de qualidade muito superior ao que uma única pessoa teria feito; isso porque o código já estará revisado por duas pessoas e experiências são trocadas entre os membros da equipe com muito mais facilidade quando esta prática é bem conduzida (COCKBURN & WILLIAMS, 2001).

Em relação às combinações de pares entre programadores experientes ou iniciantes, outro estudo (LUI & CHAN, 2005) apresenta os seguintes resultados:

- *Experiente* × *experiente*: este seria um cenário ideal, com duas pessoas experientes trocando experiências; porém, na prática, acaba não criando muitas oportunidades de inovação, pois os dois acabam não questionando práticas bem estabelecidas.
- *Novato* × *novato*: este cenário apresenta resultados muito melhores do que dois novatos trabalhando sozinhos. Porém, não é também o mais indicado, pois novatos poderão demorar muito a desenvolver o mesmo nível de habilidade de um experiente. Assim, eles vão acabar reinventando a roda.
- *Experiente* × *novato*: este acaba sendo o melhor cenário para ambos, pois o experiente poderá orientar e corrigir o novato e ao mesmo tempo o novato poderá questionar as práticas estabelecidas pelo experiente, abrindo caminho para possíveis inovações.

Um risco que se corre com a abordagem de colocar um novato junto com um experiente é que o novato poderá assumir uma atitude passiva, apenas ouvindo e aceitando as opiniões do experiente. Este fenômeno, conhecido como "observe o mestre", deve ser desencorajado.

Outro risco que ocorre em qualquer dos cenários é o desligamento (*shut-down*) de um dos membros do par. Assim, quando o motorista monopoliza o trabalho e efetivamente não aceita as contribuições do navegador, o navegador poderá facilmente interessar-se mais pelas redes sociais, uma garrafa de café ou mesmo o balançar das folhas das árvores pela janela, desligando-se assim do trabalho a ser feito.

4.4.1.3 Desenvolvimento Dirigido por Teste

A prática de *desenvolvimento dirigido por teste* (*test-driven development*) se consolidou como uma boa prática em toda a indústria de software, e não apenas nos projetos orientados por XP. A rigor, a ideia é desenvolver o código de teste de uma função antes de implementar a função. Além disso, quando o comportamento de uma função precisa ser alterado, o procedimento consiste em primeiro alterar o conjunto de testes para abranger o novo comportamento e só depois proceder às modificações na função.

Na Seção 13.6 são apresentadas mais informações sobre esta importante prática de desenvolvimento de software. Sua principal motivação reside no fato de fazer os programadores pensarem sobre a funcionalidade antes de começarem a escrever o código que vai implementar a funcionalidade.

4.4.1.4 Equipe Coesa

A prática de *equipe coesa* (*whole team*) considera que o cliente faz parte da equipe de desenvolvimento e a equipe deve ser estruturada de forma que eventuais barreiras de comunicação sejam eliminadas.

Destaca-se que na literatura XP o cliente não é necessariamente aquele que paga pelo sistema, mas aquele que usa o sistema. Outras literaturas poderão chamar *cliente* aquele que paga e *usuário* aquele que usa. Assim, convém ter em mente o verdadeiro significado da palavra *cliente* no ambiente XP.

Na Subseção 4.6.6, no contexto do modelo *Crystal Clear*, a discussão sobre esta prática é um pouco mais aprofundada.

4.4.1.5 Integração Contínua

A prática de *integração contínua* (*continuous integration*) estabelece que não se deve esperar até o final de uma iteração para integrar uma nova funcionalidade que acaba de ser desenvolvida. Assim que estiver viável, ela deverá ser integrada ao sistema e testada para evitar surpresas mais tarde.

Há modelos como Cascata com Subprojetos que preveem uma integração do tipo *big bang*, onde vários módulos de um sistema desenvolvidos separadamente passam por uma longa fase de integração. Essa fase acaba sendo longa porque usualmente essa integração faz surgir muitos erros de compatibilidade entre módulos que precisam ser detectados e consertados.

Outros modelos, como RUP, preveem integrações ao final de cada iteração. Isso reduz o problema do Cascata com Subprojetos, mas, segundo a filosofia XP, ainda não é bom o suficiente. Assim, com XP, integrações poderão ocorrer a qualquer momento, e serão feitas não por um especialista em integrações, mas pelo mesmo par de programadores que desenvolveu o incremento que está sendo considerado maduro o suficiente para integrar a versão completa do sistema.

4.4.1.6 Entregas Pequenas

A prática de *entregas pequenas* (*small releases*) propõe que a liberação de pequenos incrementos do sistema pode ajudar o cliente a testar as funcionalidades de forma contínua. O XP leva esse princípio ao extremo, sugerindo versões ainda menores do que as de outros processos incrementais, como RUP e *Scrum*.

Enquanto esses modelos preveem incrementos gerados em períodos mínimos de duas semanas, XP recomenda como padrão a geração de incrementos uma vez por semana, abrindo exceções em casos de maior complexidade para duas e nunca mais do que três semanas. Enquanto isso, *Scrum* e RUP consideram aceitáveis iterações de até oito semanas, dependendo das características da equipe e do projeto.

4.4.1.7 Excelência Técnica

A prática de *excelência técnica* (*design improvement*) estabelece que não basta o código funcionar, ele tem que ser claro e elegante. Porém, outra prática, a de design simples, estabelece que não se deve implementar agora aquilo que ainda não é necessário. Essa filosofia de fazer o mínimo necessário, por vezes, leva a um design simplista que precisa ser arrumado.

Se o design for simplista, poderão ocorrer problemas como código repetido, alta coesão entre classes e baixo acoplamento, o que compromete a manutenção desse código.

Assim, a prática de excelência técnica complementa a de design simples estabelecendo que quando se detecta esse tipo de falhas no design deve-se proceder à refatoração do código. Ela permite manter a complexidade do código em um nível gerenciável, além de ser um investimento que traz benefícios em médio e longo prazo.

Usualmente, quem trabalha com modelos ágeis e segue esta prática tem como lema "refatore sem pena".

4.4.1.8 Metáfora de Sistema

A prática de *metáfora de sistema* (*system metaphor*) estabelece que é preciso conhecer a linguagem do cliente e seus significados. A equipe deve aprender a se comunicar com o cliente na linguagem que ele compreende.

Além disso, a equipe deve manter entre si essa mesma linguagem; nomes de classes, funções, variáveis etc. devem significar algo do ponto de vista do negócio, para que quem for ler o código ou documentação saiba imediatamente de que conceito de negócio se trata. Foi-se o tempo em que Fortran permitia nomes de variáveis com no máximo dois caracteres. Assim, deve-se evitar usar a, b, c, x_1 e x_2 como nomes de variáveis e preferir palavras ou expressões mais significativas.

4.4.1.9 Padrões de Codificação

A prática de *padrões de codificação* (*coding standards*) sugere que a equipe deve estabelecer e seguir padrões de codificação, de forma que o código pareça ter sido todo desenvolvido pela mesma pessoa, mesmo que tenha sido feito por dezenas delas.

Nomes de variáveis, funções, classes, uso de *snake_case* ou *CamelCase*, espaço de endentação e até a escolha de certas estruturas de programação em detrimento de outras podem ser definidos por padrões. Aplicam-se os padrões nas situações em que há mais de uma forma de escrever o mesmo código.

Exemplos de padrões gerais de linguagens são o *Java Code Conventions* de 1997 (ver o primeiro QR code) e o PEP 8 – *Style Guide for Python Code* (ver o segundo QR code), ambos gratuitamente disponíveis na Internet.

64 **PARTE** | **I** Processo de desenvolvimento de software

Embora seja recomendado que as equipes sigam os padrões mais aceitos da linguagem que utilizam, sem alterar suas regras, elas podem e devem, sempre que necessário, criar novas regras nas situações em que sintam necessidade e as regras gerais sejam omissas.

O objetivo final é que o código seja autodocumentado e de entendimento relativamente fácil, se comparado a código obscuro ou fora de padrão.

4.4.1.10 Design Simples

Design simples (*simple design*) implica atender à funcionalidade solicitada pelo cliente sem sofisticar desnecessariamente. Deve-se fazer aquilo de que o cliente precisa, não o que o desenvolvedor gostaria que ele precisasse. Por vezes, design simples pode ser confundido com design fácil. Nem sempre o design simples é o mais fácil de se implementar, e o design fácil pode não atender às necessidades ou gerar problemas de arquitetura.

Por exemplo, um design pode estar demasiadamente complexo por ter sido feito sem cuidado ou por ter sido alterado várias vezes. Neste caso, seria mais fácil deixá-lo como está, mas a prática de design simples exige que ele seja refatorado para que sua complexidade interna seja simplificada.

De acordo com essa prática, quando um desenvolvedor for implementar uma funcionalidade ele sempre deve se perguntar se há alguma maneira mais simples de implementá-la, e, se houver, deve fazer desta forma. Além disso, a prática de programação dirigida por teste reforça este princípio ao estabelecer que uma vez que os testes tenham sido definidos, deve-se implementar o código mais simples possível que passe nos testes, sem nenhuma outra característica.

4.4.1.11 Posse Coletiva do Código

A prática de *posse coletiva do código* (*collective code ownership*) estabelece que o código não tem dono e não é necessário pedir permissão a ninguém para modificá-lo.

Outros modelos, como FDD, por exemplo, que também é considerado ágil, estabelecem o contrário: cada classe tem um dono e um desenvolvedor só pode modificá-la com permissão do dono.

Segundo XP, porém, isso pode criar gargalos no processo de desenvolvimento. Não só gargalos de permissão (vá que o dono da classe esteja de férias) como também gargalos de conhecimento, já que, neste caso, programadores se especializam em suas classes e pouca colaboração acaba acontecendo entre eles.

Essa prática, porém, não pode ser estabelecida simplesmente como um bom princípio a ser buscado; ela precisa ser suportada por tecnologia adequada e outras práticas. Para funcionar, a prática de posse coletiva do código precisa de um bom sistema de controle de versões, teste automatizado e integração contínua de código. Caso contrário ela pode se tornar um problema para os desenvolvedores.

4.4.1.12 Ritmo Sustentável

A prática de *ritmo sustentável* (*sustainable pace*) indica que a equipe deve trabalhar com qualidade um número razoável de horas por dia (não mais de oito). Trabalhar horas extras não é proibido, mas também não é recomendado. Se em uma semana houver horas extras, recomenda-se que na outra não haja.

Esta prática se baseia na constatação de que equipes cansadas são pouco produtivas. Assim, se uma equipe se acostuma a fazer horas extras, ela passa a produzir menos durante todo o dia e, no fim, essas horas a mais nada ou muito pouco adicionam à produtividade da equipe.

A viabilidade desta prática ocorre pelo fato de que o XP se estrutura em ciclos curtos de entrega. Assim, é pouco provável que em entregas curtas de pequenos incrementos do produto exista a necessidade de colocar a equipe em horas extras para terminar as tarefas. Já em equipes que fazem entregas de grandes pacotes em períodos de tempo mais longos (vários meses) podem sofrer dessa síndrome do *deadline*, que ocorre quando a equipe vê o prazo se aproximar e ainda há muito trabalho a ser feito.

4.4.2 Regras XP

Auer, Meade e Reeves (2003) argumentam que XP é um modelo que não se define nem pelos seus valores nem pelas suas práticas. Os valores de XP são os mesmos do manifesto ágil; assim, eles não são suficientes para diferenciar XP de *Scrum*, por exemplo. Já as práticas XP são algumas vezes muito vagas. Por exemplo, o significado que "equipe coesa" tem para uma equipe pode ser bem diferente do que é para outra; em um caso, pode-se ter o cliente efetivamente participando do trabalho na mesma sala diariamente, e em outro caso o cliente poderia estar acessível por telefone e fazer algumas reuniões presenciais na semana.

Assim, segundo os autores, o que define XP são suas regras. As Subseções 4.4.2.1 e 4.4.2.2 procuram resumir as regras propostas por eles, as quais se dividem em dois grupos: *regras de engajamento* e *regras de funcionamento*. Já as subseções a seguir apresentam o resumo das regras XP elaboradas por Wells (2009) (acessível pelo QR code ao lado), que as categoriza em *regras de planejamento*, de *gerenciamento*, de *design*, de *codificação* e de *teste*.

4.4.2.1 Regras de Engajamento

Auer, Meade e Reeves (2003) explicam que as *regras de engajamento* definem as condições iniciais para que uma equipe trabalhe com XP. Fazendo um paralelo com o basebol, as regras de engajamento iriam definir o tamanho e forma do campo, o número de jogadores na equipe etc. Já, as *regras de funcionamento*, apresentadas na subseção a seguir, definem como o jogo deve transcorrer. Assim, as regras de engajamento propostas por eles são:

- Uma equipe XP consiste em um grupo de pessoas que se reúne para desenvolver um produto de software. Esse produto pode ou não ser parte de um produto maior. Pode haver diversos papéis na equipe, mas, pelo menos, dois são necessários: o cliente e o desenvolvedor.
- O cliente deve definir e continuamente ajustar os objetivos e prioridades, baseando-se em informações fornecidas pelos desenvolvedores e outros participantes. Objetivos são definidos em termos de *o quê* e não de *como*.
- O cliente está sempre disponível e fornece informações sob demanda para ajudar os desenvolvedores a formar estimativas ou fornecer os produtos necessários. O cliente é uma parte integrante da equipe.
- Em qualquer momento, qualquer membro da equipe deve ser capaz de mensurar o progresso da equipe na direção dos objetivos do cliente.
- A equipe deve atuar como uma *rede social efetiva*, o que significa que deve haver comunicação honesta que leva à aprendizagem contínua, grau mínimo de separação entre o que é necessário para que a equipe faça progresso e as pessoas ou recursos que podem atender essas necessidades e alinhamento de autoridade e responsabilidade.
- *Timeboxing* é usado para identificar segmentos de esforço de desenvolvimento e cada segmento não deve durar mais de um mês.

Muitas dessas regras certamente também são compartilhadas por outros modelos ágeis com maior ou menor rigor.

4.4.2.2 Regras de Funcionamento

As *regras de funcionamento* de XP indicam como o modelo deve funcionar na prática uma vez que a estrutura esteja montada. Em resumo, as regras são:

- O trabalho produzido deve ser continuamente validado pelo teste.
- Escreva os testes de unidade antes do código, programe em pares e refatore o código para atender aos padrões de codificação enquanto estiver trabalhando nas prioridades do cliente.
- Todo o código escrito para uso potencial no produto deve passar em todos os testes de unidade, expressar claramente cada conceito, não conter duplicação e não conter partes supérfluas.
- A posse do código é coletiva. Todos os membros da equipe têm autoridade para modificar o código e, para cada tarefa, ao menos duas pessoas têm o entendimento necessário para realizá-la.

Estas regras, especialmente as duas últimas, diferenciam XP de outros modelos ágeis. A rigor, dentre os principais modelos, explicados neste capítulo, apenas XP adota a programação em pares como um princípio fundamental. Essa prática, como já foi comentado, pode não ser unanimidade, mas ela de fato elimina o gargalo do *especialista* na equipe, ou seja, aquela pessoa que não pode ser desligada porque só ela sabe como trabalhar com determinado trecho do código. Com XP sempre haverá dois especialistas no mínimo para cada parte do código.

66 PARTE | I Processo de desenvolvimento de software

4.4.2.3 Regras de Planejamento

Wells (2009) também vai além das práticas XP ao apontar um conjunto extenso e bastante objetivo de regras para XP. Ele divide as *regras de planejamento* em cinco grandes grupos: planejamento, gerência, design, codificação e teste. Nessa subseção e nas seguintes, essas regras são apresentadas.

O *planejamento* é composto pelas atividades que ocorrem antes do início de um projeto ou iteração. Durante o planejamento, a equipe analisa o problema, seus riscos e alternativas, prioriza atividades e planeja como o desenvolvimento e as entregas vão acontecer. As regras de planejamento são:

- *Escrever histórias de usuário*: elas são usadas no lugar do documento de requisitos. Ao contrário dos casos de uso, que são definidos pelos analistas, as histórias de usuário devem ser escritas pelos próprios usuários, considerando-se que elas definem itens prioritários que eles precisam para o sistema. Elas podem ser usadas para definir os testes de aceitação (Subseção 13.2.4). A equipe deve estimar se a história pode ser implementada em uma, duas ou três semanas. Tempos maiores do que esses significam que a história deve ser subdividida em duas ou mais histórias. Menos de uma semana significa que a história está em um nível de detalhamento muito alto e precisa ser combinada com outras. Como as histórias são escritas pelo cliente, espera-se que não sejam contaminadas com aspectos técnicos.
- *O planejamento de entregas cria o cronograma de entregas*: é feita uma reunião de planejamento de entregas para delinear o projeto como um todo. É importante que os técnicos tomem as decisões técnicas e o cliente tome as decisões de negócio. Deve-se estimar o tempo de cada história de usuário em termos de semanas de programação ideais (uma semana de programação ideal é aquela em que uma pessoa trabalha todas as horas da semana unicamente em um projeto, dedicando-se apenas a ele) e priorizar as histórias mais importantes do ponto de vista do cliente. Essa priorização pode ser feita com histórias impressas em cartões, que devem ser movidos na mesa ou em um quadro para indicar as prioridades. As histórias são agrupadas em iterações, que só são planejadas pouco antes de serem iniciadas.
- *Faça entregas pequenas frequentes*: entregas de funcionalidades completas e usáveis devem ocorrer com frequência. Algumas equipes entregam software diariamente, o que pode ser um exagero. No pior dos casos, as entregas deveriam acontecer a cada uma ou duas semanas. A decisão de colocar a entrega em operação ou não é do cliente.
- *O projeto é dividido em iterações*: prefira iterações de uma a duas semanas. Não planeje as atividades com muita antecedência; deixe para planejá-las pouco antes de elas se iniciarem. Planejamento *just in time* é uma forma de estar sempre sintonizado com as mudanças de requisitos e arquitetura. Não tente implementar coisas que virão depois. Leve os prazos a sério. Acompanhe a produtividade. Se perceber que não vai vencer o cronograma, convoque uma nova reunião de planejamento de entregas e repasse algumas entregas para outros ciclos. Concentre-se em completar as tarefas em vez de deixar várias coisas inacabadas.
- *O planejamento da iteração inicia cada iteração*: no planejamento que inicia cada iteração, selecionam-se as histórias de usuário mais importantes a serem desenvolvidas e partes de sistema que falharam em testes de aceitação, as quais são quebradas em *tarefas de programação*. As tarefas serão escritas em cartões, assim como as histórias de usuário. Enquanto as histórias de usuário estão na linguagem do cliente, as tarefas de programação estão na linguagem dos desenvolvedores. Cada desenvolvedor que seleciona uma tarefa estima quanto tempo ela demorará a ser concluída. Tarefas devem ser estimadas em um, dois ou três dias ideais de programação. Tarefas mais curtas que um dia devem ser combinadas, e tarefas mais longas do que três dias devem ser divididas.

4.4.2.4 Regras de Gerenciamento

O *gerenciamento* do projeto ocorre durante sua execução. O gerenciamento busca, basicamente, garantir que as atividades sejam realizadas no prazo, dentro do orçamento e com a qualidade desejada. As regras de *gerenciamento XP* são:

- *Dê à equipe um espaço de trabalho aberto e dedicado*: é importante eliminar barreiras físicas entre os membros da equipe para melhorar a comunicação. Sugere-se colocar os computadores em um espaço central para a programação em pares e mesas nas laterais da sala para que pessoas que precisam trabalhar a sós não se desconectem do ambiente. Inclua uma área para as reuniões em pé, com um quadro branco e uma mesa de reuniões.
- *Defina uma jornada sustentável*: trabalhar além da jornada normal é desgastante e desmoralizante. Se o projeto atrasar, é melhor reprogramar as tarefas em uma *release planning meeting*. Descubra a velocidade ideal para sua equipe e atenha-se a ela. Não tente fazer uma equipe trabalhar na velocidade de outra. Faça planos realistas.
- *Inicie cada dia com uma reunião em pé*: em uma reunião típica, nem sempre todos contribuem, mas pelo menos ouvem. Mantenha o mínimo de pessoas o mínimo de tempo em reuniões. As reuniões em pé não são perda de tempo, mas uma

forma rápida de manter a equipe sincronizada, pois cada um dirá o que fez no dia anterior, o que vai fazer no dia atual e o que o impede de prosseguir.

- *A velocidade do projeto é medida*: conta-se ou estima-se quantos pontos de histórias de usuário e/ou tarefas de programação são desenvolvidos em cada iteração. A cada encontro de planejamento de iteração, os clientes podem selecionar um conjunto de histórias de usuário cujo número total de pontos seja aproximadamente igual à estimativa de velocidade do projeto. O mesmo vale para os programadores em relação às tarefas de programação. Isso permite que a equipe se recupere de eventuais iterações difíceis. Aumentos e diminuições de velocidade são esperados.
- *Mova as pessoas*: a mobilidade de pessoas em projetos é importante para evitar a perda de conhecimento e gargalos de programação. Ficar na dependência de um único funcionário é perigoso. Deve-se evitar criar ilhas de conhecimento, porque elas são suscetíveis a perda. Se precisar de conhecimento especializado, contrate um consultor por prazo determinado.
- *Conserte XP quando for inadequado*: não hesite em mudar aquilo que não funciona em XP. Isso não significa que se pode fazer qualquer coisa. As regras devem ser seguidas até que se perceba que elas precisam ser mudadas de modo que todos os desenvolvedores devem saber o que se espera deles e o que eles podem esperar dos outros. Assim, a existência de regras é a melhor forma de garantir isso.

4.4.2.5 Regras de Design

Em desenvolvimento de software, *design* pode ser uma palavra com vários significados indo desde o desenho das interfaces gráficas até a estrutura interna do código. As regras de design de XP estão mais ligadas a este segundo significado. Elas são:

- *Adote a simplicidade*: um design simples sempre é executado mais rapidamente do que um design complexo. Porém, a simplicidade é subjetiva e difícil de ser medida. Então, é a equipe que deve decidir o que é simples. Uma das melhores formas de obter simplicidade em um design é levar a sério o *Design Pattern* "Coesão Alta" (WAZLAWICK, 2015), porque ele vai levar a elementos de sistema (classes, módulos, métodos, componentes etc.) mais fáceis de se compreender, modificar e estender. Recomendam-se algumas qualidades subjetivas para determinar a simplicidade de um design:
  - *Testabilidade*: o sistema deve poder ser quebrado em unidades testáveis, como casos de uso, fluxos, operações de sistema, classes e métodos. Assim, podem-se escrever testes de unidade para verificar se o código está correto.
  - *Browseabilidade*: podem-se encontrar os elementos do design quando se precisa deles. Bons nomes e uso de boas disciplinas de modelagem, como polimorfismo, herança e delegação, ajudam nisso.
  - *Compreensibilidade e explicabilidade*: a compreensibilidade é uma qualidade subjetiva, porque um sistema pode ser bastante compreensível para quem está trabalhando nele, mas difícil para quem está de fora. Então, essa propriedade pode ser definida em termos de quão fácil é explicar o sistema para quem não participou de seu desenvolvimento.
- *Escolha uma metáfora de sistema*: uma boa metáfora de sistema ajuda a explicar seu funcionamento a alguém que está fora do projeto. Deve-se evitar que a compreensão sobre o sistema resida em pilhas de documentos. Nomes significativos e padrões de nomeação de elementos de programa devem ser cuidadosamente escolhidos e seguidos para que fragmentos de código sejam efetivamente reusáveis.
- *Use cartões CRC durante reuniões de projeto*: trata-se de uma técnica para encontrar responsabilidades e colaborações entre objetos. A equipe se reúne em torno de uma mesa e cada membro recebe um ou mais cartões representando instâncias de diferentes classes. Uma atividade (operação ou consulta) é simulada e, à medida que ela ocorre, os detentores dos cartões anotam responsabilidades do objeto (no lado esquerdo do cartão) e colaborações do objeto (no lado direito do cartão). A documentação dos processos pode ser feita com diagramas de sequência ou de comunicação da UML.
- *Crie* spikes *para reduzir riscos*: riscos de projeto importantes devem ser explorados de forma definitiva e exclusiva, ou seja, deve ser buscada uma *spike* para o problema identificado. Uma *spike* é, então, um desenvolvimento ou teste projetado especificamente para analisar e, se possível, resolver um risco. Caso o risco se mantenha, deve-se colocar um par de programadores durante uma ou duas semanas trabalhando exclusivamente para examiná-lo e mitigá-lo. A maioria das *spikes* não será aproveitada no projeto, podendo ser classificada como uma das formas de prototipação *throw-away*.
- *Nenhuma funcionalidade é adicionada antes da hora*: deve-se evitar a tentação de adicionar uma funcionalidade desnecessária só porque seria fácil fazer isso no momento e deixaria o sistema "melhor". Apenas o *necessário* deve ser feito no sistema. Desenvolver o que não é necessário é jogar tempo fora. Manter o código aberto a possíveis mudanças futuras tem a ver com simplicidade de design, mas adicionar funcionalidade ou flexibilidade desnecessária sempre

68 PARTE | I Processo de desenvolvimento de software

deixa o design mais complexo e tem o efeito de uma bola de neve. Requisitos futuros só devem ser considerados quando estritamente exigidos pelo cliente. Flexibilidade em design é bom, mas toma tempo de desenvolvimento. Deve-se decidir quais requisitos efetivamente merecem ter uma implementação flexível.

- *Use refatoração sempre e onde for possível*: refatore sem pena. O XP não recomenda que se continue usando design antigo e ruim só porque ele funciona. Devem-se remover redundâncias, eliminar funcionalidades desnecessárias e rejuvenescer designs antiquados.

4.4.2.6 Regras de Codificação

Certamente a codificação é a principal atividade em desenvolvimento de software porque ela efetivamente gera o produto, enquanto a maioria das outras atividades servem apenas para dar suporte a esta. Assim, as regras relacionadas com a *codificação* de programas são:

- *O cliente está sempre disponível*: o XP necessita que o cliente esteja disponível, de preferência pessoalmente, ao longo de todo o processo de desenvolvimento. Entretanto, em razão do longo tempo de duração de um projeto, a empresa-cliente pode ser tentada a associar a ele um funcionário pouco experiente ou um estagiário. Contudo, ele não serve. Precisa ser um especialista, que deverá escrever as histórias do usuário, bem como priorizá-las e negociar sua inclusão em iterações. Pode parecer um investimento alto no tempo dos funcionários, mas isso é compensado pela ausência de necessidade de um levantamento de requisitos detalhado no início, bem como pelo fato de que não será entregue um sistema inadequado.
- *O código deve ser escrito de acordo com padrões aceitos*: os padrões de codificação mantêm o código compreensível e passível de refatoração por toda a equipe. Além disso, um código padronizado e familiar encoraja a sua posse coletiva.
- *Escreva o teste de unidade primeiro*: em geral, escrever o teste antes do código ajuda a escrever o código melhor. O tempo para escrever o teste e o código passa a ser o mesmo que se gastaria para escrever apenas o código, mas assim se obtém um código de melhor qualidade e é uma forma de garantir que ele continue correto mesmo após mudanças posteriores.
- *Todo código é produzido por pares*: embora pareça contrassensual, duas pessoas trabalhando em um computador podem produzir quase tanto código quanto duas pessoas trabalhando separadamente, mas em pares elas produzem com mais qualidade. Embora seja recomendado que haja um programador mais experiente, a relação não deve ser de professor-aluno, mas de colaboração entre iguais.
- *Só um par faz integração de código de cada vez*: a integração em paralelo pode trazer problemas de compatibilidade imprevistos, pois duas partes do sistema que nunca foram testadas juntas acabam sendo integradas sem serem testadas. Deve haver versões claramente definidas do produto. Então, para que equipes trabalhando em paralelo não tenham problemas na hora de integrar seu código ao produto, elas devem esperar sua vez. Devem-se estabelecer turnos de integração que sejam obedecidos.
- *Integração deve ser frequente*: os desenvolvedores devem integrar o código ao repositório em curtos períodos de tempo. Postergar a integração pode agravar o problema de todos estarem trabalhando em versões desatualizadas do sistema.
- *Defina um computador exclusivo para integração*: esse computador funciona como uma ficha de exclusividade (*token*) para a integração. A existência dele no ambiente de trabalho permite que toda a equipe veja quem está integrando uma funcionalidade e que funcionalidade é essa. O resultado da integração não deve passar nos testes de unidade de forma que se obtenha estabilidade em cada versão, além de localidade nas mudanças e possíveis erros. Se os testes de integração falharem, essa unidade deverá ser depurada. Se a atividade de integração levar mais de dez minutos, isso significa que a unidade ainda precisa de alguma depuração adicional antes de ser integrada. Nesse caso, a integração deve ser abortada, retornando o sistema à última versão estável, e a depuração da unidade deve continuar sendo feita pelo par fora do ambiente de integração.
- *A posse do código deve ser coletiva*: não devem ser criados gargalos pela existência de donos de código. Todos devem ter autorização para modificar, consertar ou refatorar partes do sistema. Para isso funcionar, os desenvolvedores devem sempre desenvolver os testes de unidade com o código, seja novo, seja modificado. Dessa forma, existe sempre uma garantia de que o software vai satisfazer as condições de funcionamento. Também deve-se manter o código sob rigoroso controle de versão, para que eventuais modificações inadequadas possam ser desfeitas. Não ter um dono de partes do sistema também diminui o impacto da perda de membros da equipe.

4.4.2.7 Regras de Teste

Por fim, as regras referentes ao teste do software em XP são:

- *Todo código deve ter testes de unidade* (Subseção 13.2.1): esse é um dos pilares do XP. Inicialmente, o desenvolvedor XP deve obter um *framework de teste de unidade*, como, por exemplo, *jUnit*, para Java ou o *unittest*, que já vem com o pacote da linguagem Python. Depois, para cada nova funcionalidade, ele escreve primeiro o teste de unidade e depois implementa a funcionalidade. Testes de unidade favorecem a posse coletiva do código, porque o protegem de ser acidentalmente danificado.
- *Todo código deve passar pelos testes de unidade antes de ser entregue*: exigir isso ajuda a garantir que sua funcionalidade seja corretamente implementada. Os testes de unidade também favorecem a refatoração, porque protegem o código de mudanças de funcionalidade indesejadas. A modificação de uma funcionalidade deverá ser sempre precedida da modificação dos testes de unidade correspondentes.
- *Quando um erro de funcionalidade é encontrado, testes de aceitação são criados*: um erro de funcionalidade identificado exige que testes de aceitação (ou seja, testes nos quais o cliente vai avaliar o sistema) sejam criados para proteger o sistema. Assim, os clientes podem explicar claramente aos desenvolvedores o que eles esperam que seja modificado para corrigir o erro.
- *Testes de aceitação são executados com frequência e os resultados são publicados*: testes de aceitação são criados a partir das histórias de usuário. Durante uma iteração, as histórias de usuário selecionadas serão traduzidas em testes de aceitação. Esses testes são do tipo *funcional* (Seção 13.5) e representam uma ou mais funcionalidades desejadas. Testes de aceitação devem ser automatizados de forma que possam ser executados com frequência.

4.5 FDD – FEATURE-DRIVEN DEVELOPMENT

FDD ou *Feature-Driven Development* (*Desenvolvimento Dirigido por Funcionalidade*) é um método ágil que enfatiza o uso de orientação a objetos. Esse modelo foi apresentado, em 1997, por Peter Coad e Jeff de Luca como a evolução de um processo mais antigo denominado *Método Coad* (COAD, DE LUCA & LEFEBVRE, 1997). A rigor, Coad teve mais influência nos aspectos de modelagem orientada a objetos e de Luca, um gerente de projetos, com as técnicas de gerenciamento enxuto, incremental e iterativo. Duas atualizações importantes do modelo foram apresentadas por Palmer e Mac Felsing (2002) e Anderson (2004).

De todos os modelos ágeis originais, este é o que mais se parece com um processo prescritivo, pois é dividido em fases com etapas para as quais são descritas atividades, entradas e saídas. FDD talvez possa ser identificado com os assim chamados *processos leves*, coisa que já não acontece com a maioria dos outros modelos ágeis que, por não terem atividades sequenciadas, entradas e saídas, não podem ser considerados processos.

O FDD possui apenas duas grandes fases:

- *Concepção e planejamento*: implica pensar um pouco (em geral de uma a duas semanas) antes de começar a construir.
- *Construção*: desenvolvimento iterativo do produto em ciclos de uma a duas semanas.
- A fase de concepção e planejamento possui três etapas:
- DMA – *Desenvolver Modelo Abrangente*, em que se preconiza o uso da modelagem orientada a objetos.
- CLF – *Construir Lista de Funcionalidades*, em que se pode aplicar a decomposição funcional para identificar as funcionalidades que o sistema deve disponibilizar.
- PPF – *Planejar por Funcionalidade*, em que o planejamento das iterações rápidas é feito em função das funcionalidades identificadas.

Já a fase de construção incorpora duas etapas:

- DPF – *Detalhar por Funcionalidade*, que corresponde a realizar o design orientado a objetos do sistema.
- CPF – *Construir por Funcionalidade*, que corresponde a construir e testar o software utilizando linguagem e técnica de teste orientadas a objetos.

A estrutura geral do modelo FDD pode ser representada conforme a Figura 4.12. Cada uma das cinco etapas é descrita nas subseções a seguir.

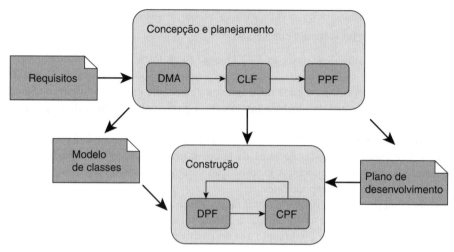

FIGURA 4.12 Estrutura geral do modelo FDD.

4.5.1 DMA – Desenvolver Modelo Abrangente

A primeira fase se inicia com o desenvolvimento de um modelo de negócio abrangente, seguido do desenvolvimento de modelos mais específicos (de domínio). Estabelecem-se grupos de trabalho formados por desenvolvedores e especialistas de domínio. Os vários modelos específicos assim desenvolvidos são avaliados em um *workshop* e uma combinação deles é formada para ser usada como modelo da aplicação.

Os modelos de negócio e de domínio são representados por diagramas de classes e sua construção deve ser liderada por um modelador com experiência em orientação a objetos. Depois, esse modelo de classes ou modelo conceitual passará a ser refinado na etapa DPF (Detalhar por Funcionalidade).

Para iniciar o desenvolvimento do modelo abrangente, é necessário que alguns papéis já tenham sido definidos, especialmente os de arquiteto líder, programadores líderes e especialistas de domínio.

As atividades individuais que compõem essa etapa são:

- *Formar a equipe de modelagem*: atividade obrigatória sob a responsabilidade do gerente de projeto. As equipes devem ser montadas com especialistas de domínio, clientes e desenvolvedores. Deve haver rodízio entre os membros das equipes, de forma que todos possam ver o processo de modelagem em ação.
- *Estudo dirigido sobre o domínio*: atividade obrigatória sob responsabilidade da equipe de modelagem. Um especialista de domínio deve apresentar sua área de domínio para a equipe, especialmente os aspectos conceituais.
- *Estudar a documentação*: atividade opcional sob responsabilidade da equipe de modelagem. A equipe estuda a documentação que eventualmente estiver disponível sobre o domínio do problema, inclusive sistemas legados.
- *Desenvolver o modelo*: atividade obrigatória sob responsabilidade das equipes de modelagem específicas. Grupos de até três pessoas vão trabalhar para criar modelos candidatos para suas áreas de domínio. O arquiteto líder pode considerar apresentar às equipes um modelo-base para facilitar seu trabalho. Ao final, as equipes apresentam seus modelos, que são consolidados em um modelo único.
- *Refinar o modelo de objetos abrangente*: atividade obrigatória sob responsabilidade do arquiteto líder e da equipe de modelagem. As decisões tomadas para o desenvolvimento dos modelos específicos de domínio poderão afetar a forma do modelo geral do negócio, que deve então ser refinado.

O resultado dessas atividades deve ser verificado pela própria equipe de modelagem (verificação interna) e também pelo cliente ou pelos especialistas de domínio (verificação externa).

As saídas esperadas desse conjunto de atividades são:

- O *modelo conceitual*, apresentado como um diagrama de classes e suas associações.
- *Métodos e atributos*, eventualmente identificados para as classes.
- *Diagramas de sequência ou máquina de estados* para as situações que exigirem esse tipo de descrição.
- *Comentários sobre o modelo* para indicar por que determinadas decisões de design foram tomadas em vez de outras.

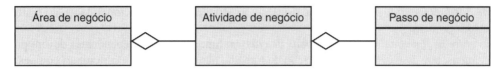

FIGURA 4.13 Estrutura conceitual da lista de funcionalidades.

As técnicas para construir esses diagramas de classes, sequência e máquina de estados podem ser encontradas detalhadamente nos Capítulos 2 a 8 de Wazlawick (2015).

4.5.2 CLF – Construir Lista de Funcionalidades

A etapa CLF, ou *construir lista de funcionalidades*, vai identificar as funcionalidades que satisfazem os requisitos. A equipe vai decompor o domínio em *áreas de negócio*, conforme a etapa DMA. As áreas de negócio serão decompostas em *atividades de negócio* e estas, por sua vez, em *passos de negócio* (Figura 4.13). O processo é relativamente parecido com uma análise de casos de uso, na qual as áreas de negócio correspondem a casos de uso de negócio, as atividades de negócio a casos de uso de sistema e os passos de negócio às transações de casos de uso de sistema.

Para iniciar as atividades é necessário que os especialistas de domínio, programadores líderes e arquiteto líder estejam disponíveis.

A etapa é composta por uma única atividade: *construir a lista de funcionalidades*, a qual é obrigatória e de responsabilidade da equipe da lista de funcionalidades (formada pelos programadores líderes da etapa anterior).

Assim, a equipe vai listar as funcionalidades em três níveis:

- *Áreas de negócio* oriundas das atividades de DMA. Por exemplo, "vendas".
- *Atividades de negócio* que são a decomposição funcional das áreas de negócio. Por exemplo, registrar pedido, faturar pedido, registrar pagamento de venda etc.
- *Passos de atividades de negócio* que são a descrição sequencial das funcionalidades necessárias para realizar as atividades de negócio. Por exemplo, identificar cliente para pedido, registrar produto e quantidade do pedido, aplicar desconto padrão ao pedido etc.

As funcionalidades não devem ser ações realizadas sobre tecnologia (como "abrir janela" ou "acessar menu"), mas ações que tenham significado para o cliente, independentemente de tecnologia. Boas funcionalidades devem poder ser nomeadas como uma instância da tríade *ação/resultado/objeto*. Por exemplo, "apresentar total das vendas no mês" ou "registrar concordância do contratado".

Espera-se que o tempo para implementação de uma funcionalidade nunca seja superior a duas semanas, sendo esse um limite absoluto, já que o tempo esperado seria de poucos dias. Funcionalidades com esforço estimado de menos de um dia não precisam ser consideradas na lista de funcionalidades, mas possivelmente serão parte de outras mais abrangentes. Por outro lado, quando uma funcionalidade parece levar mais de duas semanas para ser desenvolvida (por uma pessoa), ela deve ser quebrada em funcionalidades menores.

A avaliação dessa atividade também pode ser feita de forma interna pela equipe de lista de funcionalidades ou, externamente, pelos usuários, clientes e especialistas de domínio.

As saídas dessa atividade são:

- Lista de áreas de negócio.
- Para cada área, uma lista de atividades de negócio dentro da área.
- Para cada atividade, uma lista de passos de atividade ou funcionalidades que permitem realizar a atividade.

4.5.3 PPF – Planejar por Funcionalidade

A etapa PPF, ou *planejar por funcionalidade*, ainda na primeira fase do FDD, visa gerar o plano de desenvolvimento para a fase seguinte, que é formada por várias iterações. O planejamento vai indicar quais atividades de negócio da lista definida em CLF serão implementadas e quando. O planejador deve levar em consideração os seguintes aspectos para agrupar e priorizar as atividades de negócio:

72 PARTE | I Processo de desenvolvimento de software

- *Complexidade das funcionalidades*: em função do risco, as atividades com funcionalidades de maior complexidade devem ser tratadas primeiro.
- *Dependências entre as funcionalidades em termos de classes*: funcionalidades dependentes devem preferencialmente ser abordadas juntas, pois isso evita a fragmentação do trabalho nas classes entre as diferentes equipes.
- *Carga de trabalho da equipe*: deve ser usado um método de estimativa (Capítulo 7) para que seja conhecido o esforço para a implementação de cada atividade ou funcionalidade, e o trabalho deve ser atribuído à equipe em função de sua capacidade e dessa estimativa.

Ao contrário de outros métodos ágeis, o FDD propõe que a posse das classes seja atribuída aos programadores líderes, ou seja, cada um se responsabiliza por um subconjunto das classes. Então, ao fazer a divisão da carga de trabalho, em geral se estará definindo também a posse das classes.

A entrada para as atividades dessa etapa consiste na lista de funcionalidades construída em CLF.

São quatro as atividades da etapa PPF:

- *Formar a equipe de planejamento*: atividade obrigatória de responsabilidade do gerente do projeto. Essa equipe deve ser formada pelo gerente de desenvolvimento e pelos programadores líderes.
- *Determinar a sequência de desenvolvimento*: atividade obrigatória de responsabilidade da equipe de planejamento. A equipe deve determinar o prazo de conclusão do desenvolvimento de cada uma das atividades de negócio. Esse prazo deve ser determinado em função de mês e ano, ou seja, de prazos mensais. A sequência de desenvolvimento deve ser construída levando-se em consideração os fatores a seguir:
  - Priorizar as atividades com funcionalidades mais complexas ou de alto risco.
  - Alocar juntas atividades ou funcionalidades dependentes umas das outras, se possível.
  - Considerar marcos externos, quando for o caso, para a criação de *releases*.
  - Considerar a distribuição de trabalho entre os proprietários das classes.
- *Atribuir atividades de negócio aos programadores líderes*: atividade obrigatória de responsabilidade da equipe de planejamento e vai determinar quais programadores líderes serão proprietários de quais atividades de negócio. Essa atribuição de propriedade deve ser feita considerando-se os critérios a seguir:
  - Dependência entre as funcionalidades e as classes das quais os programadores líderes já são proprietários.
  - A sequência de desenvolvimento.
  - A complexidade das funcionalidades a serem implementadas em função da carga de trabalho alocada aos programadores líderes.

Atribuir classes aos desenvolvedores: atividade obrigatória de responsabilidade da equipe de planejamento que deve atribuir a propriedade das classes aos desenvolvedores. Essa atribuição é baseada em:
- Distribuição de carga de trabalho entre os desenvolvedores.
- Complexidade das classes (priorizar as mais complexas ou de maior risco).
- Intensidade de uso das classes (priorizar as classes altamente usadas).
- Sequência de desenvolvimento.

A verificação das atividades é feita unicamente de forma interna. A própria equipe de planejamento faz uma autoavaliação para verificar se as atividades foram desenvolvidas adequadamente.

O resultado ou artefato de saída das atividades é o *plano de desenvolvimento*, que consiste em:

- Prazos (mês e ano) para a conclusão do desenvolvimento referente a cada uma das atividades de negócio.
- Atribuição de programadores líderes a cada uma das atividades de negócio.
- *Prazos (mês e ano) para a conclusão do desenvolvimento referente a cada uma das áreas de negócio* (isso é derivado da última data de conclusão das atividades de negócio incluídas na respectiva data).
- Lista dos desenvolvedores e das classes das quais eles são proprietários.

Finda esta fase, o projeto entra nas iterações de desenvolvimento, nas quais duas etapas se alternam: *Detalhar por Funcionalidade* e *Construir por Funcionalidade*, as quais são explicadas nas próximas duas subseções.

4.5.4 DPF – Detalhar por Funcionalidade

A etapa DPF, ou *detalhar por funcionalidade*, é a primeira executada na fase iterativa do FDD. Ela consiste basicamente em produzir o design de implementação da funcionalidade, que costuma ser realizado por diagramas de sequência ou comunicação (WAZLAWICK, 2015).

A atividade de detalhamento é realizada para cada funcionalidade identificada dentro das atividades de negócio. A atribuição do trabalho aos desenvolvedores é feita pelo programador líder, que poderá considerar, para tanto, a conexão entre as funcionalidades ou ainda a posse (propriedade) das classes envolvidas.

Como entrada, as atividades dessa etapa necessitam que o planejamento da etapa anterior tenha sido concluído. As atividades de DPF são:

- *Formar a equipe de funcionalidades*: atividade obrigatória de responsabilidade do programador líder. O programador líder cria um pacote de funcionalidades a serem trabalhadas e, em função das classes envolvidas com essas funcionalidades, define a equipe de funcionalidades com os proprietários dessas classes. O programador líder também deve atualizar o controle de andamento de projeto, indicando que esse pacote de funcionalidades está sendo trabalhado.
- *Estudo dirigido de domínio*: atividade opcional de responsabilidade do especialista de domínio. Se a funcionalidade for muito complexa, o especialista de domínio deve apresentar um estudo dirigido sobre a funcionalidade no domínio em que ela se encaixa. Por exemplo, uma funcionalidade como "calcular impostos" pode ser bastante complicada e merecerá uma apresentação detalhada por um especialista de domínio antes que os desenvolvedores comecem a projetá-la.
- *Estudar a documentação de referência*: atividade opcional de responsabilidade da equipe de funcionalidades. Dependendo da complexidade da funcionalidade, pode ser necessário que a equipe estude documentos disponíveis, como relatórios, desenhos de telas, padrões de interface com sistemas externos etc.
- *Desenvolver os diagramas de sequência*: atividade opcional de responsabilidade da equipe de funcionalidades. Os diagramas necessários para descrever a funcionalidade podem ser desenvolvidos. Assim como outros artefatos, devem ser submetidos a um sistema de controle de versão (Seção 10.2). Decisões de design devem ser anotadas.
- *Refinar o modelo de objetos*: atividade obrigatória de responsabilidade do programador líder. Com o uso intensivo do sistema de controle de versões, o programador líder cria uma área de trabalho a partir de uma cópia das classes necessárias do modelo, disponibilizando essa cópia para a equipe de funcionalidades. Esta, por sua vez, terá acesso compartilhado à cópia, mas o restante do pessoal não, até que ela seja salva como uma nova versão das classes no sistema de controle de versões. Então, a equipe de funcionalidades deverá adicionar métodos, atributos, associações e novas classes que forem necessárias.
- *Escrever as interfaces* (*assinatura*) *das classes e métodos*: atividade obrigatória sob responsabilidade da equipe de funcionalidades. Utilizando a linguagem de programação alvo da aplicação, os proprietários das classes escrevem as interfaces das classes, incluindo os atributos e seus tipos, além da declaração dos métodos, incluindo tipos de parâmetros e retornos, exceções e mensagens.

A verificação do produto dessas atividades é feita por avaliação interna de inspeção do design. Essa avaliação deve ser feita pela própria equipe de funcionalidades, mas outros membros do projeto podem participar dela. Após o aceite do produto final, uma lista de atividades é gerada para cada desenvolvedor (lembrando que, até aqui, apenas assinaturas dos métodos foram definidas e eles ainda precisam ser efetivamente implementados), e a nova versão das classes é gravada (*commit*) no sistema de controle de versões.

A saída desta etapa é um *pacote de design* inspecionado e aprovado. Esse pacote consiste em:

- Uma capa com comentários que descreve o pacote de forma suficientemente clara.
- Os requisitos abordados na forma de atividades e/ou funcionalidades.
- Os diagramas de sequência.
- Os projetos alternativos (se houver).
- O modelo de classes atualizado.
- As interfaces de classes geradas.
- A lista de tarefas para os desenvolvedores, gerada em função dessas atividades.

Passa-se em seguida para a etapa de finalização, na qual o código é efetivamente construído.

4.5.5 CPF – Construir por Funcionalidade

A etapa CPF, ou *construir por funcionalidade*, também executada dentro da fase iterativa do FDD, tem como objetivo a produção do código para as funcionalidades identificadas. A partir do design gerado pela etapa anterior e de acordo com o cronograma definido pelo programador líder, os desenvolvedores devem construir e testar o código necessário para cada classe atribuída. Após a inspeção do código pelo programador líder, ele é salvo no sistema de controle de versão e passa a ser considerado *build*.

A entrada para essas atividades é o pacote de design gerado na etapa anterior.

74 PARTE | I Processo de desenvolvimento de software

As atividades envolvidas são:

- *Implementar classes e métodos*: atividade obrigatória sob responsabilidade da equipe de funcionalidades. É realizada pelos proprietários de classes em colaboração uns com os outros.
- *Inspecionar o código*: atividade obrigatória sob responsabilidade da equipe de funcionalidades. Uma inspeção do código pode ser feita pela própria equipe ou por analistas externos, mas é sempre coordenada pelo programador líder e pode ser feita antes ou depois dos testes de unidade.
- *Teste de unidade*: atividade obrigatória sob responsabilidade da equipe de funcionalidades. Os proprietários de classes definem e executam os testes de unidade de suas classes para procurar eventuais defeitos ou inadequação a requisitos. O programador líder poderá determinar testes de integração entre as diferentes classes quando julgar necessário.
- *Promover à versão atual (build)*: atividade obrigatória sob responsabilidade do programador líder. À medida que os desenvolvedores vão reportando sucesso nos testes de unidade, o programador líder poderá promover a versão atual de cada classe individualmente à *build*, não sem antes passar pelos testes de integração.

A verificação do produto de trabalho é feita internamente pelo programador líder e pela equipe de funcionalidades. Os resultados ou saídas dessas atividades são:

- Classes que passaram com sucesso em testes de unidade e integração e foram, por isso, promovidas à versão atual (*build*).
- Disponibilização de um conjunto de funcionalidades com valor para o cliente.

A partir da finalização estas atividades e produção das saídas o processo retorna à etapa DPF – detalhar por funcionalidade, para abordar as funcionalidades planejadas para a iteração seguinte.

4.6 *CRYSTAL CLEAR*

Crystal Clear é um método ágil criado por Alistair Cockburn em 1997. Ele pertence à família de métodos *Crystal*, mais ampla, iniciada em 1992 (COCKBURN, 2004). Os outros métodos são conhecidos como *Yellow*, *Orange*, *Orange-Web*, *Red*, *Maroon*, *Diamond* e *Sapphire*. *Clear* é o primeiro método da família.

A escolha da cor a ser usada como método de desenvolvimento depende basicamente do tamanho da equipe de desenvolvimento e do tipo de risco associado ao projeto. *Clear* é recomendado para equipes de até 6 pessoas, *yellow* para até 20, *orange* até 40, *red* até 80 e *maroon* até 200. Para equipes acima de 200 pessoas recomenda-se *diamond* ou *sapphire*.

Na escala de risco também se considera que quanto maior este for mais escura deve ser a cor. A escala de risco inicia com desconforto, passando por perdas financeiras aceitáveis, perdas financeiras importantes e risco a vida humana.

À medida que cresce o tamanho da equipe e do risco do projeto, os métodos vão ficando cada vez mais formais. Assim, *Crystal Clear* é o mais ágil de todos.

Crystal Clear é, portanto, uma abordagem ágil adequada a equipes pequenas (de no máximo seis pessoas) que trabalham juntas (na mesma sala ou em salas contíguas). Em geral, a equipe é composta por um designer líder e por mais dois a cinco programadores. O método propõe, entre outras coisas, o uso de radiadores de informação, como quadros e murais à vista de todos, acesso fácil a especialistas de domínio, eliminação de distrações, cronograma de desenvolvimento baseado na técnica de *timeboxing* e ajuste do método quando necessário

Segundo Cockburn (2004), a família *Crystal* é centrada em pessoas (*human powered*), ultraleve e na medida (*stretch to fit*):

- *Centrada em pessoas*: significa que o foco para o sucesso de um projeto está em melhorar o trabalho das pessoas envolvidas. Enquanto outros métodos podem ser centrados em processo, em arquitetura ou em ferramenta, *Crystal* é centrado em pessoas.
- *Ultraleve*: significa que independentemente do tamanho do projeto, a família *Crystal* fará o possível para reduzir a burocracia, a papelada e o *overhead*, que existirão na medida suficiente para as necessidades do projeto.
- *Na medida*: significa que o design começa com algo menor do que se pensa que seja preciso e, depois, é aumentado apenas o suficiente para suprir as necessidades. Parte-se do princípio de que é mais fácil e barato aumentar um sistema do que cortar coisas que já foram feitas, mas são desnecessárias.

Os sete pilares do método são listados a seguir. Os três primeiros são condições *sine qua non* do método; os outros quatro são recomendados para levar a equipe à zona de conforto em relação a sua capacidade de desenvolver software de forma adequada:

- *Entregas frequentes*: as entregas ao cliente devem acontecer no máximo a cada dois meses, com versões intermediárias.

- *Melhoria reflexiva*: os membros da equipe devem discutir frequentemente se o projeto está no rumo certo e comunicar descobertas que possam impactar o projeto.
- *Comunicação osmótica*: a equipe deve trabalhar em uma única sala para que uns possam ouvir a conversa dos outros e participar dela quando julgarem conveniente. Considera-se uma boa prática interferir no trabalho dos outros. O método propõe que os programadores trabalhem individualmente, mas bem próximos uns dos outros. Isso pode ser considerado um meio-termo entre a programação individual e a programação em pares, pois cada um tem a sua atribuição, mas todos podem se auxiliar mutuamente com frequência.
- *Segurança pessoal*: os desenvolvedores devem ter certeza de que poderão falar sem medo de repreensões. Quando as pessoas não falam, suas fraquezas viram fraquezas da equipe.
- *Foco*: espera-se que os membros da equipe tenham dois ou três tópicos de alta prioridade nos quais possam trabalhar tranquilamente, sem receber novas atribuições.
- *Acesso fácil a especialistas*: especialistas de domínio, usuários e cliente devem estar disponíveis para colaborar com a equipe de desenvolvimento.
- *Ambiente tecnologicamente rico*: o ambiente de desenvolvimento deve permitir testes automáticos, gerenciamento de configuração e integração frequente.

Considera-se que aplicar *Crystal Clear* tem mais a ver com adquirir as qualidades mencionadas do que seguir procedimentos. As subseções a seguir aprofundam cada um destes pilares.

4.6.1 Entregas Frequentes

As vantagens de *entregas frequentes* como forma de redução de risco em um projeto de software são indiscutíveis, e os ciclos de vida modernos aderem a esse princípio.

Na maioria das vezes em que se fala em entregas frequentes, imaginam-se sistemas feitos sob medida para um cliente conhecido e interessado em dar *feedback* para o processo de desenvolvimento, mas nem sempre o software é feito para esse tipo de cliente. Muitos sistemas desenvolvidos hoje são distribuídos pela Internet; então a comunidade de usuários pode não ser totalmente conhecida. Nesses casos, a tática de efetuar entregas (disponibilização de versões) com muita frequência (por exemplo, semanal) pode ser irritante para alguns usuários. De outro lado, diminuir a frequência das entregas pode fazer que a equipe de desenvolvimento perca um importante *feedback*. A solução, nesse caso, é definir um conjunto de usuários amigáveis que não se importem em receber versões com frequência maior do que os usuários normais.

Se usuários amigáveis não forem encontrados, a sugestão é que o ciclo de desenvolvimento seja finalizado como se a entrega fosse ser feita, ou seja, uma falsa entrega deve ser criada, com toda a formalidade, como se fosse uma entrega verdadeira, mas não deve ser disponibilizada aos usuários.

Uma *iteração*, que possivelmente produz uma entrega, não deve ser confundida com uma *integração*. A integração pode ocorrer de hora em hora, sempre que algum programador tiver criado uma nova versão de um componente que possa ser integrado ao sistema. Já a iteração pressupõe o fim de um ciclo de atividades predefinidas e controladas, incluindo várias integrações ao longo do ciclo. Para *Crystal Clear*, é importante que o fim de uma iteração seja marcado com uma *celebração*, pois, assim, a equipe ganhará ritmo emocional com a sensação de etapa concluída. Afinal, ela é formada por pessoas, e não máquinas.

Crystal Clear assume que uma iteração possa durar de uma hora a três meses. Contudo, o mais comum é que as iterações durem de duas semanas a dois meses. O importante é que seja usada a técnica de *timeboxing* e que o prazo final das iterações não seja mudado, pois um atraso levará a outros e o ritmo emocional da equipe poderá baixar. Uma estratégia melhor é manter o prazo, deixar a equipe disponibilizar aquilo que for possível naquele intervalo de tempo e, depois, se necessário, replanejar as iterações seguintes.

Algumas equipes poderão tentar usar a técnica de requisitos fixos (*requirements locking*), ou seja, assumir que durante uma iteração os requisitos ou suas prioridades não poderão mudar. Isso permitirá à equipe saber que poderá completar suas atribuições sem mudanças de rumo no meio do processo. Normalmente, porém, em ambientes não hostis e bem-comportados, não é necessário estabelecer isso como regra, pois acaba acontecendo naturalmente.

É importante frisar que entregas frequentes têm a ver com entregar software ao cliente, e não simplesmente completar iterações. Algumas equipes poderão fazer que cada iteração corresponda a uma entrega; outras entregarão software a cada duas, três ou quatro iterações; outras ainda definirão no calendário datas específicas para iterações que produzirão entregas. Em todos os casos, não basta a equipe fazer iterações rápidas; é necessário entregar software com frequência pois senão, nesse meio-tempo, o cliente não terá dado nenhum *feedback* sobre o que foi desenvolvido.

4.6.2 Melhoria Reflexiva

Uma das coisas que podem fazer um projeto que está falhando dar a volta por cima é a *melhoria reflexiva*. Essa prática indica que a equipe deve se reunir, discutir o que está e o que não está funcionando, avaliar formas de melhorar o que não está funcionando e, o que é mais importante, colocar mudanças em prática. Não é necessário gastar muito tempo com essa atividade. Poucas horas por mês normalmente são suficientes.

É interessante observar que muitos projetos enfrentam grandes dificuldades já nas primeiras iterações. Entretanto, o que poderia levar a uma catástrofe logo de início deve ser considerado um ponto de partida para reflexão e aprimoramento das práticas (refletir e melhorar). De outro lado, caso esses problemas não sejam seriamente abordados logo no início, poderão minar o projeto rapidamente e desmoralizar a equipe de forma que se tornará impossível retomar o ritmo, o que fatalmente levará ao cancelamento do projeto.

As mudanças que precisam ser feitas, às vezes, envolvem pessoas, outras vezes, tecnologia, e, em outras, as práticas de projeto da equipe. A sugestão de *Crystal Clear* é que, a cada semana, mensalmente ou uma ou duas vezes por ciclo de desenvolvimento, a equipe se reúna em um *workshop* de reflexão ou retrospectiva de iteração para discutir as coisas que estão funcionando e aquelas que não estão funcionando. É preciso ser feita uma lista das coisas que serão mantidas e daquelas que devem mudar. Essas listas devem ser colocadas à vista de todos para que sejam gravadas e efetivamente mudadas nas iterações seguintes.

4.6.3 Comunicação Osmótica

Comunicação osmótica é aquela em que a informação deve fluir pelo ambiente, ou seja, as pessoas devem ser capazes de ouvir a conversa das outras e intervir, se desejarem, ou continuar seu trabalho. Isso costuma ser obtido quando se colocam todos os desenvolvedores em uma mesma sala. Além disso, é importante que as telas dos computadores sejam acessíveis, pois em alguns casos é interessante que um pequeno grupo possa se reunir em frente a um computador para visualizar problemas e dar sugestões. Assim, devem ser evitados designs de sala que impeçam esse tipo de visualização.

Segundo Cockburn (2004), quando a comunicação osmótica ocorre, as questões e respostas fluem naturalmente pelo ambiente e, surpreendentemente, com pouca perturbação para a equipe. Ele coloca a seguinte questão: "Leva mais de trinta segundos para a sua pergunta chegar aos olhos e ouvidos de alguém que possa respondê-la?". Se a resposta for sim, o projeto pode enfrentar dificuldades.

A comunicação osmótica tem custo baixo, mas é altamente eficiente em termos de *feedback*, pois os erros são corrigidos antes de se tornarem problemas mais sérios e a informação é disseminada rapidamente.

Embora a comunicação osmótica seja valiosa também para projetos e equipes de grande porte, fica cada vez mais difícil obtê-la nessas condições. Pode-se tentar deixar as equipes em salas próximas, mas, ainda assim, a comunicação osmótica só vai ocorrer entre pessoas da mesma sala. Outra possibilidade, no caso de equipes grandes ou distribuídas, seria utilizar ferramentas de comunicação, como videoconferência e *chat on-line*, de forma que as questões sejam colocadas de uma pessoa para a outra, mas vistas por toda a equipe.

Um problema que pode surgir com a comunicação osmótica é o excesso de ruído na sala ou um fluxo de informação muito grande dirigido ao desenvolvedor mais experiente. Porém, equipes conscientes acabam se autorregulando e autodisciplinando para evitar tais problemas. Isolar o programador líder em outra sala acaba não sendo uma boa solução, pois, se ele é o mais experiente, é natural que acabe sendo muito requisitado, e esse é exatamente o seu papel: ajudar os demais programadores a crescer. Ter o programador líder na mesma sala onde trabalha a equipe é uma estratégia denominada *expert in the earshot* (especialista ao alcance do ouvido). Porém, sempre existem situações extremas. Se o programador líder for tão requisitado pela equipe que não consegue mais fazer avanços em seu próprio trabalho, deverá reservar para si horários em que não estará disponível para a equipe. Essa técnica é denominada "cone de silêncio". O horário deve ser estabelecido de acordo com a necessidade e respeitado por todos.

4.6.4 Segurança Pessoal

Segurança pessoal tem relação com o fato de que as pessoas podem falar sobre coisas que estão incomodando sem temer represálias ou reprimendas. Segundo Cockburn (2004), isso envolve, entre outras coisas, dizer ao gerente que o cronograma não é realístico, que o design de um colega precisa melhorar ou até mesmo que ele precisa tomar banho com mais frequência. A segurança pessoal é muito importante, porque com ela a equipe consegue descobrir quais são suas fraquezas e repará-las. Sem ela, as pessoas não vão falar e as fraquezas vão continuar minando a equipe.

A segurança pessoal é um passo na direção da *confiança*, que consiste em dar ao outro poder sobre si mesmo. Algumas pessoas confiam no outro até que uma prova em contrário as faça rever essa confiança; outras evitam confiar até que tenham segurança de que o outro não vai prejudicá-las.

Existem várias formas pelas quais uma pessoa pode prejudicar outras no ambiente de trabalho ou até mesmo prejudicar o trabalho. Há pessoas que mentem, pessoas que são incompetentes, pessoas que sabotam o trabalho dos outros tanto ativamente quanto por não lhes fornecer informações ou orientações importantes quando necessário. Considerando essas formas de prejuízo, pode ser pedir demais às pessoas de uma equipe que simplesmente confiem umas nas outras. Assim, é mais fácil iniciar com comunicação franca, em que cada uma dirá o que a incomoda e a equipe vai regular ações e comportamentos a partir disso.

Segundo Cockburn (2004), estabelecer confiança envolve expor as pessoas a situações em que outros poderiam prejudicá-las e mostrar que isso não acontece. Por exemplo, um chefe pode expor um erro no design de um desenvolvedor e, em vez de puni-lo, dar-lhe suporte para que corrija o erro, mostrando que isso é parte do processo de autodesenvolvimento.

É importante mostrar que as pessoas não serão prejudicadas mesmo se demonstrarem ignorância sobre algum assunto em relação a sua área de conhecimento, ressaltando que lacunas de conhecimento sempre são oportunidades para aprender mais.

Além disso, é importante conscientizar as pessoas a interpretarem a forma de os outros se comunicarem como não agressivas, mesmo durante uma discussão. Uma discussão pode ser motivo para uma briga, mas em um ambiente saudável deve ser uma forma de confrontar diferentes pontos de vista. Mesmo que não haja consenso, o respeito pela opinião do outro deve prevalecer mesmo se for contra as próprias convicções. As pessoas devem ouvir umas às outras com boa vontade, e opiniões diversas sempre devem ser interpretadas como possibilidades ou oportunidades de aprender algo.

Isso tudo é importante para que as pessoas percebam que, com a ajuda dos outros, poderão resolver melhor problemas complexos do que se tentassem sozinhas.

A confiança é reforçada pelo princípio de entregas frequentes, porque, no momento de uma entrega, será possível ver quem realmente fez seu trabalho e quem falhou. Com segurança pessoal, todos poderão falar de seus problemas e limitações nos *workshops* de melhoria reflexiva, para que as falhas sejam minimizadas ou eliminadas no futuro.

4.6.5 Foco

Foco implica primeiramente saber em que se vai trabalhar e, depois, contar com tempo, espaço e paz de espírito para fazer o trabalho. Saber quais são as prioridades é algo usualmente determinado pela gerência. O tempo e a paz de espírito vêm de um ambiente de trabalho onde as pessoas não são arrancadas de suas atividades para realizar outras, muitas vezes sem relação com o que se faz originalmente.

Apenas definir prioridades para os desenvolvedores não é suficiente. Deve-se permitir a eles efetivamente concentrar-se nessas atividades. Um desenvolvedor interrompido de sua linha de raciocínio para apresentar relatórios ou demos de última hora, participar de reuniões ou consertar defeitos recém-descobertos gastará vários minutos para retomar sua linha de raciocínio após a interrupção. Se essas interrupções acontecerem várias vezes ao dia, não é incomum que o desenvolvedor passe a ficar ocioso nos intervalos, apenas esperando a próxima interrupção – se ele for interrompido sempre que estiver retomando o ritmo de trabalho, logo vai perceber a futilidade de tentar se concentrar.

Note-se, porém, que esse princípio não contradiz o da comunicação osmótica. No caso da comunicação osmótica, cada um decide se deseja parar o que está fazendo para responder a alguma pergunta ou auxiliar alguém. Isso costuma tomar poucos segundos ou, no máximo, alguns minutos. Contudo, uma tarefa de última hora, trazida de forma coercitiva ao desenvolvedor que tenta se concentrar em seu trabalho, é diferente: é uma interrupção que poderá afastá-lo do trabalho por muitos minutos ou até mesmo horas.

Sem dúvida, podem ocorrer interrupções de alta prioridade, mas são poucas as tarefas que não podem esperar algumas horas ou até mesmo alguns dias para serem realizadas. Ou seja, o importante é saber qual é a real urgência da tarefa e colocá-la em seu devido lugar na lista de prioridades. E, a não ser que seja algo realmente muito importante, a tarefa atual não deve ser interrompida. A nova tarefa deverá ficar na pilha de prioridades aguardando a finalização da tarefa atual para então ser iniciada.

Pessoas que trabalham em vários projetos ao mesmo tempo dificilmente farão algum progresso em qualquer um deles. Segundo Cockburn (2004), pode-se gastar até uma hora e meia para retomar a linha de pensamento quando se passa de um projeto a outro.

Gerentes de projeto experientes concordam que uma pessoa consegue ser efetiva em um ou dois projetos simultaneamente, mas, quando assume um terceiro projeto, ela passa a não ser efetiva nos três.

Quando um desenvolvedor está atulhado com vários projetos e atividades simultâneas, a solução gerencial é definir a lista de prioridades e qual é a atividade (ou atividades) que deve ser terminada o quanto antes. Enquanto ele estiver focado nessa atividade, as outras vão aguardar sua vez.

78 PARTE | I Processo de desenvolvimento de software

Quando a empresa faz rodízio de funcionários entre projetos (o que é saudável), uma das formas de manter o foco nas atividades é garantir que cada um deles fique um tempo mínimo (por exemplo, dois dias) num projeto antes de ser realocado para outro. Isso dá ao funcionário a tranquilidade de saber que seu esforço inicial para entrar no ritmo do projeto não será bruscamente interrompido antes que ele tenha oportunidade de produzir algo de valor.

4.6.6 Acesso Fácil a Especialistas

Não há dúvida de que o *acesso fácil a especialistas* ajuda muito o desenvolvimento de um projeto de software, uma vez que, embora os desenvolvedores sejam especializados em sistemas, não o são *naquele* que estão desenvolvendo. Infelizmente, essa característica não é das mais fáceis de se obter em um projeto.

Os usuários e clientes serão necessários antes, durante e depois do desenvolvimento. *Antes* para apresentar os requisitos e os objetivos de negócio, *durante* para esclarecer dúvidas que invariavelmente surgem ao longo do desenvolvimento, *depois* para validar o que foi desenvolvido.

Cockburn (2004) afirma que, no mínimo uma hora por semana seria essencial para que um especialista no domínio, usuário ou cliente estivesse disponível para responder às dúvidas da equipe de desenvolvimento. Mais tempo do que isso seria certamente salutar; menos, poderia levar o projeto a ter sérios problemas.

Outro problema relacionado com isso é o tempo que uma dúvida dos desenvolvedores leva para ser resolvida. Se uma dúvida demorar para ser respondida, os desenvolvedores poderão incorporar ao código sua melhor estimativa (*best shot*) e depois se esquecer disso. Assim, o sistema só vai mostrar que tem uma não-conformidade bem mais adiante, quando for liberado para uso pelo cliente.

Para evitar que dúvidas importantes demorem muito a ser respondidas é fundamental que, se o especialista não puder estar fisicamente presente no ambiente de desenvolvimento todas as horas da semana, exista uma forma de comunicação imediata com ele, como a videoconferência ou o telefone.

Cockburn (2004) também indica três principais estratégias para ter acesso fácil a especialistas:

- *Reuniões uma ou duas vezes por semana com usuário e telefonemas adicionais*: o usuário dará muitas informações importantes à equipe nas primeiras semanas. Depois, a necessidade que a equipe terá dele vai diminuir gradativamente. Um ritmo natural vai se constituindo com o usuário informando requisitos e avaliando o software desenvolvido a cada iteração. Alguns poucos telefonemas adicionais durante a semana ajudarão a equipe a não investir tempo e esforços na direção errada.
- *Um ou mais especialistas permanentemente na equipe de desenvolvimento*: essa é uma situação mais difícil de ser conseguida. As opções são colocar a equipe para trabalhar dentro da empresa-cliente ou coalocada com algum usuário.
- *Enviar desenvolvedores para trabalhar como* trainees *com o cliente por algum tempo*: por mais estranha que essa opção possa parecer, ela é bastante válida, pois os desenvolvedores terão uma visão muito clara do negócio do cliente e entenderão como o sistema que vão desenvolver poderá ajudar a melhorar seu modo de trabalho.

Uma coisa importante, nesse aspecto, é entender que não existe um único tipo de usuário. Há os clientes, que usualmente são as pessoas que pagam pelo sistema; os gerentes de alto e baixo escalão; os especialistas de domínio (aqueles que conhecem ou definem as políticas); e os usuários finais (os que efetivamente usam o sistema). É importante que a equipe de desenvolvimento tenha acesso a cada um deles no momento certo e entenda seus conceitos e necessidades.

4.6.7 Ambiente Tecnologicamente Rico

Uma equipe, para estar na zona de conforto de desenvolvimento, deve ter um *ambiente tecnologicamente rico*, não apenas linguagens de programação e ferramentas para desenhar diagramas, mas os três pilares de um bom ambiente de desenvolvimento de software: *teste automatizado, sistema de gerenciamento de configuração* e *integração frequente*.

Uma equipe será produtiva de fato quando conseguir fazer integrações frequentes de versões automaticamente controladas e testadas. Dessa forma, o processo de geração de novas versões de um sistema poderá levar poucos minutos e a confiabilidade nessa integração será bastante alta.

O teste automatizado não pode ser considerado propriedade essencial de um processo de desenvolvimento, porque as equipes que fazem testes manuais também conseguem produzir com qualidade. Mas a automatização do teste poupa tanto tempo e dá tanta tranquilidade aos desenvolvedores que é um movimento muito importante em direção à zona de conforto.

O teste automatizado implica que a pessoa responsável pelo teste possa, a qualquer momento, iniciá-lo e sair para fazer outra coisa enquanto ele é realizado. Não deve haver necessidade de intervenção humana no teste. Os resultados poderão até mesmo ser publicados na Web ou na intranet, de forma que todos os desenvolvedores possam acompanhar em tempo real o que está sendo testado e os resultados disso.

Além disso, deve ser possível combinar sequências de testes individuais para gerar um conjunto de teste completo para o sistema, que poderá, eventualmente, ser rodado nos fins de semana para garantir que novos defeitos não sejam inadvertidamente introduzidos.

O sistema de gerenciamento de configuração também ajuda a equipe a trabalhar com mais tranquilidade, pois caminhos que eventualmente são seguidos, mas não se mostram tão promissores quanto pareciam no início, podem ser desfeitos sem maiores consequências (Capítulo 10).

Quanto mais frequentemente a equipe fizer a integração de partes do sistema, mais rapidamente os erros serão detectados. Deixar de realizar integrações frequentes faz com que erros se acumulem e, dessa forma, comecem a se multiplicar, e um conjunto de erros é muito mais difícil de consertar do que cada um deles.

Não há uma resposta definitiva sobre qual deve ser a frequência de integração, assim como não há uma resposta única sobre a duração das iterações. Caberá à equipe avaliar a forma mais orgânica de fazer as integrações, mas sempre lembrando que postergá-las muito tempo poderá gerar problemas.

Capítulo 5

UP – Processo Unificado

Este capítulo apresenta o *Processo Unificado*, uma importante referência como modelo de desenvolvimento de software. Embora seu uso, na prática, não seja tão significativo quanto se imaginou que seria há vinte anos, ele incorpora muitas das boas práticas de engenharia de software aprendidas nas últimas décadas e apresenta tanto vertentes ágeis quanto prescritivas e orientadas a ferramentas. Assim, seu estudo, ainda hoje, pode ser considerado relevante.

Inicialmente, são explicadas suas *características* principais (Seção 5.1) e, em seguida, suas *quatro fases* originais (Seção 5.2). Na sequência, algumas implementações específicas do Processo Unificado são apresentadas, iniciando por RUP (Seção 5.3), a mais conhecida de todas. EUP (Seção 5.4) é uma implementação que acrescenta aspectos empresariais que não constam na definição original do processo. Já o RUP-SE (Seção 5.5) é uma implementação orientada a sistemas complexos de grande porte. OUM (Seção 5.6) é uma implementação para uso específico com ferramentas proprietárias. Finalmente, as implementações ágeis DAD (Seção 5.7) e *OpenUP* (Seção 5.8) são brevemente apresentadas.

O Processo Unificado (UP – Unified Process) foi criado a partir da experiência de três pioneiros da orientação a objetos nos anos 1990 (JACOBSON, BOOCH & RUMBAUGH, 1999), sendo o resultado de muitos anos de experiência acumulada em projetos, notações e processos. Os modelos existentes na época, Objectory de Jacobson, OMT de Rumbaugh e o Método Booch, foram combinados, refinados e complementados por Per Kroll e especialmente Philippe Kruchten (KROLL & KRUCHTEN, 2003; KRUCHTEN, 2003).

O UP é o primeiro modelo de processo inteiramente adaptado ao uso com a UML (Unified Modeling Language), desenvolvida pelo mesmo grupo. Sua concepção foi baseada nas práticas de maior retorno de investimento (ROI) do mercado.

As atividades do UP são bem definidas no seguinte sentido:

- Elas têm uma descrição clara e precisa.
- Apresentam responsáveis.
- Nelas são determinados artefatos de entrada e saída.
- São determinadas dependências entre as atividades.
- Seguem um modelo de ciclo de vida bem definido.
- São acompanhadas de uma descrição sistemática de como podem ser executadas com as ferramentas disponibilizadas (procedimentos).
- Preconizam o uso da linguagem UML.

As atividades incluem *workflows*, que são grafos que descrevem as dependências entre diferentes atividades. Os *workflows* estão associados às disciplinas do Processo Unificado, que variam de implementação para implementação.

O RUP é considerado a principal implementação do Processo Unificado, pois foi definido pelos próprios criadores do UP. Mas existem outras implementações importantes, a maioria das quais varia na maneira como as diferentes disciplinas são definidas e organizadas. As implementações também podem variar na importância que dão a diferentes artefatos. As implementações ágeis do UP, por exemplo, simplificam as disciplinas e reduzem o número de artefatos esperados.

O número de implementações do UP é bastante grande, já que cada empresa pode implementar o modelo de acordo com suas necessidades. Algumas das principais implementações são abordadas neste capítulo, mas com maior detalhamento para RUP.

5.1 CARACTERIZAÇÃO DO PROCESSO UNIFICADO

UP é mais do que um processo, é um *framework* extensível para a concepção de processos, podendo ser adaptado às características específicas de diferentes empresas e projetos. As principais características do UP são:

- Dirigido por casos de uso.
- Centrado na arquitetura.
- Iterativo e incremental.
- Focado em riscos.

Essas características serão discutidas nas próximas subseções.

5.1.1 Dirigido por Casos de Uso

O *caso de uso* é um processo compreendido do ponto de vista do usuário. Para o UP, o conjunto de casos de uso deve definir e esgotar *toda a funcionalidade possível* do sistema. Wazlawick (2015) apresenta várias técnicas para identificar casos de uso de boa granularidade.

Os casos de uso são úteis para várias atividades relacionadas com o desenvolvimento de um sistema, entre elas:

- *Definição e validação da arquitetura do sistema*: em geral, classes e atributos são obtidos a partir dos textos dos casos de uso expandidos.
- *Criação dos casos de teste*: os casos de uso podem ser vistos como um roteiro para o teste de sistema e de aceitação, em que as funcionalidades são testadas do ponto de vista do cliente.
- *Planejamento das iterações*: os casos de uso são priorizados e o esforço para desenvolvê-los é estimado de forma que cada iteração desenvolva certo número deles (Seção 6.5).
- *Base para a documentação do usuário*: os casos de uso são descrições de fluxos normais de operação de um sistema, bem como de fluxos alternativos representando o tratamento de possíveis exceções nos fluxos normais. Essas descrições são uma excelente base para iniciar o manual de operação do sistema, pois todas as funcionalidades possíveis estarão descritas aqui de forma estruturada e completa.

Porém, a aplicação mais fundamental do caso de uso no desenvolvimento de sistemas é a incorporação dos requisitos funcionais de forma organizada. Cada passo dos fluxos principal e alternativos de um caso de uso corresponde a uma função do sistema. Requisitos não funcionais podem ser anotados juntamente com os casos de uso ou seus passos, e requisitos suplementares são anotados em um documento à parte.

5.1.2 Centrado na Arquitetura

O UP preconiza que deve ser desenvolvida uma sólida arquitetura de sistema. As funcionalidades aprendidas com a elaboração dos diversos casos de uso devem ser integradas a essa arquitetura de forma incremental.

A arquitetura, inicialmente, pode ser compreendida como o conjunto de classes, possivelmente agrupadas em componentes ou pacotes, que realizam as operações definidas pelo sistema. A arquitetura é uma estrutura que provê funcionalidades. Os casos de uso são a descrição dos processos que realizam ou usam essas funcionalidades. Assim, a arquitetura existe para que as funcionalidades sejam possíveis.

A arquitetura é basicamente um modelo que define a estrutura da informação, suas possíveis operações e sua organização em componentes ou até mesmo em camadas e partições.

Segundo o UP, a cada iteração devem-se incorporar à arquitetura existente as funcionalidades aprendidas com a análise de cada um dos casos de uso abordados no ciclo. Assim, fazendo-se a priorização dos casos de uso a partir dos mais críticos ou complexos para os mais triviais e simples, desenvolve-se, em um primeiro momento, todos os elementos de maior risco para a arquitetura, não deixando muitas surpresas para depois.

5.1.3 Iterativo e Incremental

Assim como nos métodos ágeis, o UP preconiza o desenvolvimento baseado em iterações de duração fixa, em que, a cada iteração, a equipe incorpora à arquitetura as funcionalidades necessárias para realizar os casos de uso abordados.

Cada iteração produz um incremento no design do sistema, seja produzindo mais conhecimento sobre seus requisitos e arquitetura, seja produzindo um código executável. Espera-se que, em cada iteração, todas as disciplinas previstas sejam executadas com maior ou menor intensidade (ver Figura 5.1). Então, assim como nos métodos ágeis, cada iteração vai implicar executar todas as atividades usuais de desenvolvimento de software.

5.1.4 Focado em Riscos

Em função das priorizações dos casos de uso mais críticos nas primeiras iterações, pode-se dizer que o UP é focado em riscos. Se esses casos de uso são os que apresentam maior risco de desenvolvimento, então devem ser tratados o quanto antes para que esse risco seja resolvido enquanto o custo para tratá-lo ainda é baixo e o tempo disponível para lidar com as surpresas é relativamente grande.

Esse tipo de abordagem (tratar primeiro os problemas mais difíceis) tem sido um valor incorporado a vários modelos de desenvolvimento modernos. Os requisitos ou casos de uso de maior risco são os mais imprevisíveis. Assim, estudá-los

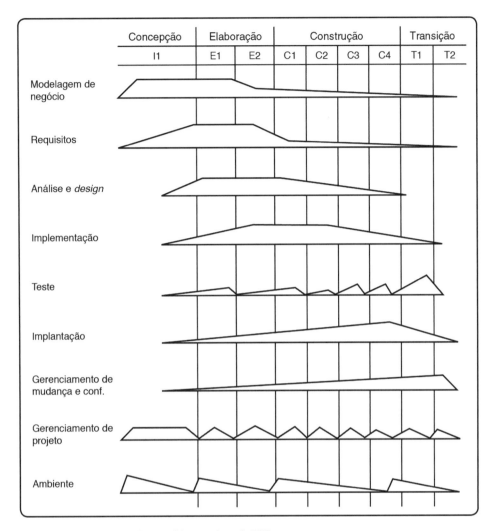

FIGURA 5.1 Diferentes ênfases de cada disciplina nas diferentes fases do RUP.

primeiramente, além de garantir maior aprendizado sobre o sistema e decisões arquiteturais mais importantes, vai fazer que riscos positivos ou negativos sejam dominados o mais cedo possível (um risco positivo é, por exemplo, o sistema ser mais simples do que inicialmente imaginado).

5.2 FASES DO PROCESSO UNIFICADO

O Processo Unificado divide-se em quatro grandes fases:

- *Concepção* (*inception*): trata-se da elaboração de uma visão em abrangência do sistema. Nessa fase são levantados os principais requisitos, um modelo conceitual preliminar é construído, bem como são identificados os casos de uso de alto nível, que implementam a funcionalidade requerida pelo cliente. Na fase de concepção calcula-se o esforço de desenvolvimento dos casos de uso e constrói-se o plano de desenvolvimento, composto por um conjunto de iterações nas quais são acomodados os casos de uso. Pode haver alguma implementação e teste, caso seja necessário elaborar protótipos para redução de riscos.
- *Elaboração* (*elaboration*): nessa fase as iterações têm como objetivo, predominantemente, detalhar a análise, expandindo os casos de uso, para obter sua descrição minuciosa e situações excepcionais (fluxos alternativos). O modelo conceitual preliminar será transformado em um modelo definitivo, cada vez mais refinado, sobre o qual serão aplicados padrões de design e uma descrição funcional poderá ser feita, bem como o design lógico e físico do sistema. Código será gerado e testado, especialmente para confirmar que as decisões de design arquitetural são factíveis. Contudo, essas atividades não

84 PARTE | I Processo de desenvolvimento de software

são as que vão ocupar a maior parte do ciclo iterativo, pois haverá proporcionalmente mais carga de trabalho em análise e design do que em codificação e teste.

- *Construção* (*construction*): a fase de construção possui iterações nas quais os casos de uso mais complexos já foram detalhados e incorporados à arquitetura, que por isso já pode ser considerada estabilizada. Assim, as atividades de suas iterações consistem predominantemente na geração de código final e testes do sistema. Com a automatização da geração de código e a introdução de modelos de desenvolvimento dirigidos por teste, pressupõe-se que um bom design possa dar origem rapidamente a um código de alta qualidade.

- *Transição* (*transition*): a fase de transição consiste na implementação do sistema no ambiente final, com a realização de testes de operação. Também é feita a transferência de dados de possíveis sistemas antigos para o novo sistema e o treinamento de usuários, bem como outras adaptações, que variam de caso a caso. Nessa fase pode haver ainda alguma revisão de requisitos, design e código, mas não se espera que seja muito significativa.

Uma das características do UP é o fato de que, a cada fase, um macro-objetivo (*milestone*) é atingido. Ao final da fase de concepção, o objetivo é ter entendido o escopo do projeto e planejado seu desenvolvimento. Ao final da fase de elaboração, os requisitos devem ter sido extensivamente compreendidos e uma arquitetura estável deve ter sido definida. Ao final da fase de construção, o sistema deve estar programado e testado. Ao final da fase de transição, o software deve estar instalado e sendo usado pelos usuários finais (WEST, 2002). As próximas subseções apresentam um detalhamento sobre estas quatro fases.

5.2.1 Concepção

No Processo Unificado, a fase de *concepção* não deve ser muito longa. Recomenda-se um período de duas semanas a dois meses, dependendo da dimensão relativa do projeto.

Nessa etapa os requisitos de projeto são analisados da melhor forma possível, em abrangência, e não em profundidade. É importante que o analista perceba claramente a diferença entre as necessidades lógicas e tecnológicas do cliente e os projetos de implementação que ele poderia fazer. A ideia é que o analista não polua a descrição dos requisitos com decisões tecnológicas de implementação que não foram expressamente requisitadas pelo cliente.

O UP espera que, nessa fase, sejam estabelecidos também os casos de uso de sistema. Os casos de uso de sistema são a única expressão dos requisitos, não havendo outro documento de requisitos, exceto para os suplementares. De posse de um conjunto significativo de casos de uso, a equipe deve proceder como nas fases iniciais de planejamento do *Scrum* ou do XP, priorizando os casos de uso mais complexos e críticos em detrimento dos mais simples e triviais.

Na fase de concepção, a equipe deve produzir estimativas de esforço. A partir desse cálculo, deve-se fazer um planejamento de longo prazo, procurando acomodar os casos de uso de acordo com sua prioridade nos diferentes ciclos durante o processo de desenvolvimento. Contudo, esse planejamento não precisa ser muito detalhado.

Apenas a primeira iteração deve ter um planejamento mais detalhado, com atividades determinadas de acordo com o processo em uso e os tempos, responsáveis e recursos para a execução de cada atividade bem definidos. As demais iterações só deverão ter seu planejamento detalhado pouco antes de serem iniciadas.

A fase de concepção envolve também o estudo de viabilidade, pois, ao final dela, analisadas as questões tecnológicas, de orçamento e de cronograma, a equipe deve decidir se é viável prosseguir com o projeto.

O marco final (*milestone*) da fase de concepção é conhecido como LCO (Lifecicle Objective Milestone – marco do ciclo de vida).

5.2.2 Elaboração

A fase de *elaboração* consiste no detalhamento da análise e da realização do projeto para o sistema como um todo. A elaboração ocorre em iterações, com partes de design sendo desenvolvidas e integradas ao longo de cada iteração. Os principais objetivos dessa fase, segundo Ambler e Constantine (2000), são:

- Produzir uma arquitetura executável confiável para o sistema.
- Desenvolver o modelo de requisitos até completar pelo menos 80% dele.
- Desenvolver um projeto geral para a fase de construção.
- Garantir que as ferramentas críticas, processos, padrões e regras estejam disponíveis para a fase de construção.
- Entender e eliminar os riscos de alta exposição do projeto.

Essa fase permite analisar o domínio do problema de forma mais refinada e definir uma arquitetura mais adequada e sólida. Além disso, a priorização dos casos de uso mais complexos permitirá eliminar ou mitigar os elementos do projeto que apresentam maior risco.

Assim, embora o Processo Unificado também trabalhe com a perspectiva de acomodação de mudanças, procura minimizar seu impacto mitigando riscos e elaborando uma arquitetura o mais próximo possível do necessário para que as funcionalidades requeridas possam ser desenvolvidas.

A fase de elaboração é caracterizada pela exploração dos casos de uso mais complexos, que vão precisar de mais trabalho de análise do que de implementação neste momento, já que será necessário entender e modelar seu funcionamento. À medida que esses casos de uso são estudados e desenvolvidos, a arquitetura do sistema vai se formando. Espera-se que, depois disso, a análise de casos de uso mais simples e a implementação final de todos eles não chegue a impactar muito na arquitetura.

O marco final (*milestone*) da fase de elaboração é conhecido como LCA (Lifecycle Architecture Milestone – marco da arquitetura).

5.2.3 Construção

Na fase de *construção*, um produto completo e usável deve estar desenvolvido, testado e adequado para uso pelo usuário final. Essa fase é realizada em ciclos iterativos e o projeto é desenvolvido também de forma incremental, com novas funcionalidades sendo adicionadas ao sistema a cada iteração.

Segundo Ambler e Constantine (2000a), os principais objetivos da fase de construção são:

- Descrever os requisitos que ainda faltam.
- Dar substância ao design do sistema.
- Garantir que o sistema atenda às necessidades dos usuários e que se encaixe no contexto geral da organização.
- Completar o desenvolvimento dos componentes e testá-los, incluindo tanto o software quanto sua documentação.
- Minimizar os custos de desenvolvimento pela otimização dos recursos.
- Obter a qualidade adequada o mais rápido possível.
- Desenvolver versões úteis do sistema.

A fase de construção caracteriza-se pela implementação final de toda funcionalidade do sistema, incluindo casos de uso de alta e baixa complexidade. Como os casos de uso mais complexos já foram estudados na fase anterior, o esforço de análise e design será menor nessa fase, ficando a maior parte do trabalho concentrada na implementação e teste dos componentes da arquitetura.

O marco final (*milestone*) da fase de construção é conhecido como IOC (Initial Operational Capability Milestone – marco da capacidade operacional inicial).

5.2.4 Transição

A fase de *transição* consiste na colocação do sistema em uso no ambiente final. São necessários testes de aceitação e operação, treinamento de usuários e transição de dados a partir de sistemas antigos, que podem ser capturados automaticamente ou digitados.

Nessa fase, também poderá haver a execução do sistema em paralelo com sistemas legados para verificar sua adequação.

Após a conclusão da fase de transição, o sistema entra em produção e evolução, ou seja, depois de aceito e colocado em operação no ambiente final, ele passa a receber atualizações periódicas de forma a corrigir possíveis erros ou implementar novas funcionalidades necessárias (ver Capítulo 14).

O marco final (*milestone*) da fase de transição é conhecido como PR (Product Release Milestone – marco da entrega do produto).

5.3 RUP – IBM RATIONAL UNIFIED PROCESS

A mais detalhada e mais antiga implementação do UP é conhecida como *RUP* (*IBM Rational Unified Process*). Ela foi desenvolvida principalmente por Kruchten a partir de modelos de desenvolvimento anteriores criados por Booch, Rumbaugh e Jacobson e de outras tecnologias adquiridas pela Rational, empresa na qual eles trabalhavam. A Rational tornou-se subsidiária da IBM em 2003 e, por isso, o nome do modelo passou a ser prefixado com "IBM", embora a sigla, na grande maioria das publicações ainda permaneça a mesma. A versão RUP é tão importante que algumas vezes é confundida ou considerada sinônima de UP.

Ainda antes de pertencer à IBM, a empresa Rational adquiriu, em 1997, várias outras empresas: Verdix, Objectory, Requisite, SQA, Performance Awareness e Pure-Atria. A partir da experiência acumulada dessas empresas, a Rational estabeleceu algumas práticas, que seriam a base filosófica para o novo modelo de processo, mais tarde conhecido como RUP (KRUCHTEN, 2003):

86 PARTE | I Processo de desenvolvimento de software

- *Desenvolver iterativamente tendo o risco como principal fator de determinação de iterações*: é preferível conhecer todos os requisitos antes de iniciar o desenvolvimento propriamente dito, mas em geral isso não é viável, de forma que o desenvolvimento iterativo orientado à redução de risco é bastante adequado.
- *Gerenciar requisitos*: deve-se manter controle sobre o grau de incorporação dos requisitos do cliente ao produto.
- *Empregar uma arquitetura baseada em componentes*: quebrar um sistema complexo em componentes não só é necessário como inevitável. A organização permite diminuir o acoplamento, o que possibilita testes mais confiáveis e maior possibilidade de reúso.
- *Modelar software de forma visual com diagramas*: UML é indicada como padrão de modelagem de diagramas.
- *Verificar a qualidade de forma contínua*: o processo deve ser o mais orientado a testes quanto for possível. Se for o caso, utilizam-se técnicas de desenvolvimento orientado a testes, como TDD, ou *Test-Driven Development* (BECK, 2003).
- *Controlar as mudanças*: a integração deve ser contínua e gerenciada adequadamente com o uso de um sistema de gerenciamento de configuração (Capítulo 10).

RUP é um produto que, entre outras coisas, inclui uma base de dados com *hyperlinks* com vários artefatos e *templates* necessários para usar bem o modelo. Assim, o processo como um todo é descrito a partir de um hipertexto que associa atividades, artefatos e responsáveis em *workflows* de dependência. Mais do que isso, RUP é um modelo fortemente orientado a ferramentas de modelagem e gerência de ciclo de vida. Essas ferramentas, bem como a certificação para seu devido uso são fornecidas pela IBM.

5.3.1 Os Blocos de Construção do RUP

O RUP é baseado em um conjunto de elementos básicos (*building blocks*) identificados da seguinte forma:

- *Quem*: um *papel* define um conjunto de habilidades necessário para realizar determinadas atividades.
- *O quê*: o *produto do trabalho* (*work product*) define algo produzido por alguma atividade, como diagramas, relatórios ou código funcionando, ou seja, os *artefatos*.
- *Como*: uma *atividade* descreve uma unidade de trabalho atribuída a um papel que produz determinado conjunto de artefatos.
- *Quando*: os *workflows* são grafos que definem as dependências entre as diferentes atividades.

As disciplinas RUP, como requisitos, análise e design, implementação etc., são os contêineres para os quatro elementos mencionados, ou seja, cada disciplina é determinada a partir de um ou mais *workflows*, que estabelecem dependências entre as atividades, as quais são realizadas por pessoas representando papéis e produzindo ou transformando artefatos bem definidos.

5.3.1.1 Papéis

Segundo Kruchten (2003), um *papel* define um conjunto de comportamentos e responsabilidades para uma pessoa ou grupo de pessoas que trabalham como uma equipe. O comportamento é expresso através de um conjunto de atividades exercidas por esse papel, as quais devem ser coesas. Essas responsabilidades e atividades também são expressas em função dos artefatos que esses papéis criam ou alteram.

Papéis não são pessoas específicas nem cargos. A mesma pessoa pode exercer vários papéis em diferentes momentos, em um mesmo dia, no mesmo projeto. São descritos detalhadamente diferentes papéis de analista, desenvolvedor, testador, gerente e outros.

Os papéis de *analista* estão relacionados principalmente com o contato com o futuro usuário ou cliente do sistema. As pessoas que os representam devem ser capazes de entender quais são as necessidades do sistema e criar descrições que sejam compreensíveis para os designers, desenvolvedores e testadores. Além de criarem essas descrições, devem garantir sua qualidade e especialmente sua adequação às reais necessidades e conformidade com normas e padrões estabelecidos.

Os papéis de *desenvolvedor* incluem aqueles que transformam os requisitos em produto, como por exemplo: o implementador, o integrador, o revisor de código, o arquiteto de software etc.

Os papéis de *testador* incluem várias responsabilidades que vão desde a identificação das melhores técnicas de teste (designer de teste) até sua execução na forma de testes manuais (testador).

Os papéis de *gerente* estão relacionados especialmente com as atividades de planejamento, controle e organização do projeto. Eles incluem ainda um papel de engenheiro de processo, que aqui funciona tipicamente como o engenheiro de software conforme definido no primeiro capítulo deste livro.

Finalmente, o modelo também identifica outros papéis não classificados nos grupos anteriores como interessados, desenvolvedor de curso, artista gráfico etc.

5.3.1.2 Atividades

Atividades são unidades de trabalho executadas por um indivíduo que exerce um papel dentro do processo (KRUCHTEN, 2003). Toda atividade deve produzir um resultado palpável em termos de criação ou alteração consistente em artefatos, como modelos, elementos (classes, atores, código etc.) ou planos. Em RUP, toda atividade é atribuída a um papel específico.

Assim como nos métodos ágeis, uma atividade não deve ser nem muito curta (durar poucas horas) nem muito longa (durar vários dias). Sugere-se pensar em atividades que possam ser realizadas em períodos de um a três dias, porque essa duração facilita o seu acompanhamento.

A mesma atividade pode ser repetida sobre o mesmo artefato, o que é normal ao longo das iterações. Contudo, não é repetida necessariamente pela mesma pessoa, embora possa ser pelo mesmo papel. Por exemplo, a arquitetura do sistema pode ser refinada e revisada diversas vezes ao longo das iterações.

5.3.1.3 Artefatos

Um *artefato* pode ser um diagrama, modelo, elemento de modelo, texto, código-fonte, código executável etc., ou seja, qualquer tipo de produto criado ao longo do processo de desenvolvimento de software.

Assim, artefatos podem ser compostos por outros artefatos, como uma classe contida no modelo conceitual, por exemplo, ambos sendo artefatos. Como os artefatos mudam com o passar do tempo, é fundamental submetê-los a um controle de versões. Porém, normalmente esse controle é exercido no artefato de mais alto nível, e não em elementos individuais.

Os artefatos são as entradas e as saídas para as atividades. Em geral, o objetivo de uma atividade é criar artefatos ou promover alterações consistentes e verificáveis em artefatos.

Artefatos de saída ainda podem ser classificados em *entregas*, que são artefatos entregues ao cliente.

Artefatos (especialmente os de texto) também podem ser definidos por *templates*, isto é, modelos de documentos que dão forma geral ao artefato.

Do ponto de vista do Processo Unificado, o artefato não deve ser entendido simplesmente como um documento acabado no estilo dos relatórios de revisão final dos marcos do Modelo Cascata. Os artefatos no UP e, consequentemente, no RUP são documentos dinâmicos que podem ser alterados a qualquer momento e, por isso, são mantidos sob controle de versão.

O RUP não encoraja a produção de papel. Sugere-se que todos os artefatos sejam mantidos e gerenciados por uma ferramenta adequada, de forma que sua localização e versão corrente sempre sejam conhecidas e acessíveis por quem de direito.

Ao contrário do XP, que incentiva a posse coletiva, RUP sugere que cada artefato tenha um dono ou responsável. Embora outros tenham acesso, apenas o responsável pode alterar um artefato ou conceder a outros o direito de fazer alterações.

Os artefatos não são produzidos de forma exclusiva em uma ou outra fase do RUP, já que este é um processo iterativo. O que se espera é que a maioria dos artefatos seja iniciada na fase de concepção e refinada ao longo do projeto, sendo finalizada na fase de implantação. Também se espera que os artefatos iniciais, como requisitos e design, sejam finalizados mais cedo do que os artefatos finais, como os de implementação e de implantação.

5.3.1.4 Workflows

As atividades a serem executadas dentro de cada disciplina são definidas a partir de grafos direcionados chamados *workflows*. Um *workflow* define um conjunto de atividades e um conjunto de papéis responsáveis por uma atividade. Além disso, o *workflow* indica as dependências entre as diferentes atividades, ou seja, quais atividades dependem logicamente de outras atividades para serem executadas. Essa dependência pode ocorrer em diferentes níveis de intensidade, sendo, porém, algumas absolutamente necessárias e outras meramente sugeridas.

O RUP define três tipos de *workflow*:

- *Workflow núcleo* (*core*): define a forma geral de condução de uma dada disciplina.
- *Workflow detalhe*: apresenta um refinamento do *workflow* núcleo, indicando atividades em um nível mais detalhado, bem como artefatos de entrada e saída de cada atividade.
- *Planos de iteração*: consistem em uma instanciação do processo para uma iteração específica. Embora o RUP tenha uma descrição geral dos *workflows* para cada atividade, elas costumam ocorrer de forma diferente em projetos diferentes e até mesmo em ciclos diferentes dentro do mesmo projeto. Assim, o plano de iteração consiste em especificar atividades concretas a serem realizadas de fato dentro de uma iteração planejada.

5.3.1.5 Outros Elementos

Além dos elementos mencionados anteriormente, o RUP apresenta outros elementos que auxiliam na aplicação do processo a um projeto. Esses elementos são:

88 PARTE | I Processo de desenvolvimento de software

- *Procedimentos* (*guidelines*): as atividades são apresentadas nos *workflows* de forma mnemônica, mais para servir de lembrança do que para orientar. Contudo, os procedimentos mostram um detalhamento dessas atividades para que não apenas pessoas acostumadas ao processo, mas também os novatos possam saber o que fazer. No RUP, os procedimentos são basicamente regras, recomendações e heurísticas sobre como executar a atividade. Elas devem focar também na descrição dos atributos de qualidade dos artefatos a serem feitos, como o que é um bom caso de uso, uma classe coesa etc.
- *Templates*: são modelos ou protótipos de artefatos e podem ser usados para criar os respectivos artefatos. Devem estar disponíveis na ferramenta usada para criar e gerenciar o artefato. Exemplos de *template*s são os modelos de documento do Microsoft Word e os próprios *workflows*, especificados em uma ferramenta apropriada, que podem ser usados como modelos para a criação dos planos de iteração.
- *Mentores de ferramenta*: consistem em uma descrição detalhada de como realizar uma atividade em uma ferramenta específica. Enquanto as descrições das atividades e até mesmo dos procedimentos no RUP devem ser razoavelmente independentes de tecnologia para que possam ser interpretados em diferentes ferramentas, os mentores devem ser preferencialmente construídos como um tutorial na própria ferramenta, mostrando como usá-la.

5.3.2 Disciplinas

Como foi visto, o UP preconiza que diferentes disciplinas sejam definidas, cada qual descrevendo uma possível abordagem ao problema de gerenciar o desenvolvimento de um sistema. As disciplinas do UP englobam diferentes atividades e papéis relacionados por área de especialidade, e suas implementações variam de acordo com o número e a descrição dessas disciplinas.

Particularmente, o RUP conta com seis disciplinas de projeto e três disciplinas de suporte. As disciplinas de projeto são:

- Modelagem de negócio.
- Requisitos.
- Análise e design.
- Implementação.
- Teste.
- Implantação.

E as disciplinas de suporte são:

- Gerenciamento de mudança e configuração.
- Gerenciamento de projeto.
- Ambiente.

Cada uma dessas disciplinas aparece com uma ênfase diferente ao longo das fases e dos ciclos iterativos no RUP. A Figura 5.1 apresenta graficamente as ênfases ao longo do ciclo de vida RUP para as disciplinas de projeto e suporte.

A Figura 5.1 é também chamada *Arquitetura do RUP*. Embora os nomes das disciplinas até lembrem as fases do Modelo Cascata, elas não são executadas de forma sequencial, visto que o RUP é um processo iterativo: suas quatro fases são sequenciais, mas as disciplinas ocorrem de forma simultânea dentro de cada fase.

5.3.2.1 Gerenciamento de Projeto

Segundo Kruchten (2003), gerenciar um projeto consiste em balancear objetivos que competem entre si, gerenciar riscos e superar restrições com o objetivo de obter um produto que atenda às necessidades dos clientes (que pagam pelo desenvolvimento) e dos usuários finais.

Os objetivos da disciplina de *gerenciamento de projeto* são indicar como planejar o projeto como um todo (Seção 6.4), como planejar cada iteração individual (Seção 6.5), como gerenciar os riscos do projeto (Capítulo 8) e como monitorar o progresso (Capítulo 9). Entretanto, o RUP não trata os seguintes aspectos:

- Gerenciamento de pessoas, incluindo contratação e treinamento.
- Gerenciamento de orçamento.
- Gerenciamento de contratos.

Tais aspectos são cobertos por uma extensão de RUP, a *Enterprise Unified Process* – EUP (Seção 5.4).

A disciplina de gerenciamento de projeto produz planos. No RUP, o planejamento ocorre em dois níveis: plano de fase (ou projeto) e planos de iteração.

O *plano de fase* ou *plano de projeto* procura delinear o tempo total de desenvolvimento, duração e esforço das fases, número de ciclos e objetivos gerais de cada ciclo. Ele é controlado e mensurado pelos componentes a seguir:

- *Plano de medição* (*measurement plan*): estabelece as métricas a serem usadas para definir o andamento do projeto ao longo de sua execução (Seção 9.5).
- *Plano de gerenciamento de riscos*: detalha como os riscos serão tratados ao longo do projeto, criando atividades de mitigação e monitoramento de riscos e atribuindo responsabilidades quando necessário.
- *Lista de riscos*: lista ordenada dos riscos conhecidos e ainda não resolvidos, em ordem decrescente de importância, juntamente com planos de mitigação e contingência quando for o caso.
- *Plano de resolução de problemas*: descreve como problemas identificados ao longo do projeto devem ser reportados, analisados e resolvidos (Subseção 9.4.2).
- *Plano de aceitação de produto*: descreve como o produto será avaliado pelo cliente para verificar se satisfaz suas necessidades. O plano deve incluir a identificação dos testes de aceitação.

O plano de fase não precisa ser longo. Em geral, algumas poucas páginas são suficientes para a maioria dos projetos. Ele deve fazer referência ao documento de visão geral do sistema para esclarecimento sobre os objetivos do sistema e seu contexto.

Os *planos de iteração* são mais detalhados do que o plano de fase. Cada plano de iteração inclui um cronograma de atividades atribuídas a responsáveis, com recursos alocados, prazos e dependências.

Em geral, há um plano de iteração sendo seguido enquanto o plano da iteração seguinte vai sendo delineado para ser finalizado ao final do ciclo corrente.

Para definir um plano de iteração, sugere-se observar os elementos a seguir:

- Uma *lista de casos de uso*, que, pelo plano da fase, devem ser finalizados na iteração corrente.
- Uma *lista dos riscos* que devem ser tratados na iteração corrente.
- Uma *lista das modificações* que devem ser incorporadas ao produto na iteração corrente (defeitos e erros encontrados ou mudanças de funcionalidade).

Todas as listas mencionadas devem ser ordenadas da mais importante para a menos importante, de forma que, se a iteração for muito mais trabalhosa do que o esperado, os itens menos importantes possam ser deixados para iterações posteriores.

O plano de iteração costuma ser apresentado como um diagrama Gantt (Subseção 6.5.6) e deve indicar para cada membro da equipe as atividades em que estará envolvido, seu início e final. Os aspectos de planejamento de projeto, medição e gerenciamento de riscos serão abordados respectivamente nos Capítulos 6, 7 e 8.

5.3.2.2 Modelagem de Negócio

A *modelagem de negócio* consiste em estudar e compreender a organização-alvo e seus processos, visto que o sistema a ser desenvolvido não será um produto isolado, mas parte orgânica do funcionamento dessa organização. Os objetivos dessa disciplina são:

- Entender a estrutura e a dinâmica da organização-alvo na qual o software será utilizado.
- Entender os problemas atuais na organização-alvo e identificar potenciais melhorias que podem ser produzidas com o software.
- Certificar-se de que clientes, usuários e desenvolvedores tenham um conhecimento comum da organização-alvo.
- Derivar os requisitos para dar suporte a essas melhorias.

Um dos pontos críticos para o sucesso de um projeto de desenvolvimento de software é o seu financiamento. Para que o cliente se mantenha interessado no desenvolvimento de um produto, ele deve estar sempre convencido de que esse investimento representará uma vantagem para ele, e não uma despesa inútil. A compreensão do modelo de negócio é fundamental para que a equipe de desenvolvimento permaneça sintonizada com essa compreensão e mantenha o cliente interessado.

Outro aspecto importante da modelagem de negócio é aproximar as equipes de engenharia de negócio e engenharia de software, de forma que os reais problemas e necessidades da organização sejam entendidos, analisados e solucionados com tecnologia da informação.

Essa disciplina, porém, nem sempre é necessária. Em alguns casos, quando o objetivo do projeto é simplesmente adicionar algumas funcionalidades a um sistema que não abrange um número significativo de pessoas, a modelagem de negócio pode ser desnecessária. Ela é mais importante quando mudanças significativas de comportamento são introduzidas para um grupo de pessoas. Nesse caso, a compreensão do negócio e as consequências da instalação de um novo sistema devem ser estudadas e conhecidas.

A modelagem de negócio pode ter ainda diferentes graus de ênfase, em função das necessidades do projeto no qual a equipe vai se engajar. Kruchten (2003) identifica seis cenários de complexidade crescente em termos de necessidade de modelagem de negócio:

- *Organograma*: pode-se querer apenas construir um organograma da organização para saber quais são os setores e as responsabilidades. Nesse caso, a modelagem de negócio em geral acontece apenas na fase de concepção.
- *Modelagem de domínio*: se o objetivo for construir aplicações para gerenciar e apresentar informação, então faz-se a modelagem de negócio com a modelagem do domínio, ou seja, um modelo de informação estático em que os *workflows* da empresa não são considerados. A modelagem de domínio costuma ser feita nas fases de concepção e elaboração.
- *Uma empresa, vários sistemas*: pode-se chegar ao ponto de desenvolver toda uma família de sistemas para uma empresa. Nesse caso, a modelagem de negócio vai tratar não apenas de um sistema, mas de vários projetos, e poderá inclusive ser tratada como um projeto à parte. Ela ajudará a descobrir os requisitos dos sistemas individuais, bem como a determinar uma arquitetura comum para a família de sistemas.
- *Modelo de negócio genérico*: se o objetivo for a construção de um ou mais aplicativos que sirvam a um grupo de empresas, então a modelagem de negócio poderá ser útil para ajudar a alinhar as empresas a uma visão de negócio, ou, se isso não for possível, obter uma visão de negócio em que as especificidades das empresas seja visível.
- *Novo negócio*: se uma organização resolve iniciar um novo negócio e todo um conjunto de sistemas de informação precisa ser desenvolvido para dar suporte a ele, então um esforço significativo de modelagem de negócio deve ser realizado. Nesse caso, o objetivo da modelagem de negócio não é apenas encontrar requisitos, mas verificar a viabilidade efetiva do novo negócio. Assim, a modelagem de negócio nessa situação costuma ser um projeto à parte.
- *Renovação*: se uma organização resolve renovar completamente seu modo de fazer negócio, então a modelagem de negócio será um projeto à parte, executado em várias etapas: visão do novo negócio, engenharia reversa do negócio existente, engenharia direta do novo negócio e instalação do novo negócio.

Ao contrário do modelo de caso de uso de sistema, cujos atores são os usuários do sistema, o modelo de caso de uso de negócio modela a empresa inteira como um sistema, e os atores são as pessoas e organizações que se relacionam (fazem negócios) com ela. Da mesma forma, os objetos de negócio não são necessariamente instâncias de classes de um sistema, mas departamentos, pessoas e sistemas inteiros que operam dentro da empresa (KROLL & KRUCHTEN, 2003).

O modelo de casos de uso de negócio pode ser usado para gerar o modelo de casos de uso de sistema. Objetos de negócio ativos possivelmente serão atores ou sistemas-atores no modelo de casos de uso de sistema, e os processos de negócio possivelmente serão quebrados em processos individuais que serão identificados como casos de uso de sistema. Exemplos podem ser encontrados em Kroll e Kruchten (2003) e Wazlawick (2015). A vantagem de se iniciar com o modelo de negócio, na maioria das vezes, é conseguir perceber mais claramente o sistema a ser desenvolvido no contexto geral da empresa.

5.3.2.3 Requisitos

Requisitos são a expressão mais detalhada sobre aquilo de que o usuário ou cliente precisa em termos de um produto de software. A disciplina de requisitos RUP, entretanto, trata não apenas dos requisitos (necessidades expressas pelo cliente), mas também do design da interface do sistema (uma possível solução para as necessidades apresentadas).

Os objetivos dessa disciplina são (KRUCHTEN, 2003):

- Estabelecer e manter concordância com o cliente e outros interessados sobre o que o sistema deve fazer, incluindo o porquê.
- Fornecer aos desenvolvedores melhor compreensão sobre os requisitos do sistema.
- Delimitar o escopo do sistema, ou seja, o que pertence e o que não pertence a ele.
- Prover uma base para o planejamento técnico das iterações.
- Prover uma base para a estimação de custo e tempo de desenvolvimento.
- Definir uma interface com usuário focada em suas necessidades e objetivos.

Deve-se salientar que RUP preconiza o uso da UML; assim, requisitos em RUP são expressos como casos de uso de sistema.

5.3.2.4 Análise e Design

Análise implica o estudo mais aprofundado do problema. Os requisitos são detalhados e incluídos em modelos de análise, como o conceitual, o de interação e o funcional. Já o design consiste em apresentar uma possível solução tecnológica para o modelo de análise. Os modelos de design podem ser o modelo dinâmico, de interface, de persistência, além de outros. Wazlawick (2015) apresenta muitas informações sobre como realizar essa disciplina do RUP.

Para o RUP, a disciplina de análise e design tem como característica principal a modelagem, ou seja, a transformação dos requisitos em modelos úteis para a geração de código. Boa parte da análise considera apenas a funcionalidade, mas não as restrições, especialmente as tecnológicas. Ou seja, a análise concentra-se no sistema ideal, independentemente de tecnologia, e o design, por sua vez, vai lidar com essas questões mais físicas.

Na fase de concepção poderá ser feita a *síntese arquitetural*, que é uma prova de conceito de que a arquitetura é viável. No início da elaboração será, então, definida uma arquitetura candidata inicial, possivelmente baseada nessa prova de conceito. Com RUP espera-se que a arquitetura candidata desenvolvida na Elaboração seja um protótipo executável do tipo pedra-fundamental. Nas iterações subsequentes, a ênfase mudará para a adição ou o refinamento de funcionalidades sobre a arquitetura, que vai se estabilizando até a fase de construção.

5.3.2.5 Implementação

Implementar é mais do que simplesmente produzir um código. Implica também organizar esse código em componentes ou pacotes, definir possíveis camadas de implementação, realizar testes de unidade e integrar o código de forma incremental.

Apenas o teste de unidade é tratado na disciplina de implementação. Os demais tipos de teste, inclusive os de integração, são tratados na disciplina de teste.

Em cada iteração, o plano de integração deve indicar quais sistemas serão implementados e em que ordem eles serão integrados. O responsável pelo subsistema definirá a ordem em que as classes serão implementadas (Subseção 13.2.2).

Se os implementadores encontrarem erros de design, deverão submeter um *feedback* de retrabalho sobre o design.

5.3.2.6 Teste

A disciplina de *teste* no RUP exclui os testes de unidade, que são executados pelo programador na disciplina de implementação. O propósito da disciplina de testes é:

- Verificar a interação entre objetos.
- Verificar se todos os componentes foram integrados adequadamente.
- Verificar se todos os requisitos foram corretamente implementados.
- Verificar e garantir que defeitos tenham sido identificados e tratados antes da entrega do produto final.
- Garantir que todos os defeitos tenham sido consertados, retestados e estancados.

No RUP, a disciplina de teste é executada ao longo de todos os ciclos, o que facilita a detecção prematura de erros de requisitos e de implementação. Diferentemente das demais, a disciplina de teste visa encontrar as fraquezas do sistema, isto é, verificar como e quando o sistema poderia falhar.

A disciplina de teste é detalhadamente explorada no Capítulo 13 e está fortemente relacionada com a noção de qualidade de software (Capítulo 11). Basicamente, a qualidade é uma característica que dificilmente pode ser adicionada a um sistema apenas no final de sua produção; ela precisa estar presente todo o tempo. A disciplina de teste é, assim, exercitada em todas as fases do projeto para manter essa qualidade.

5.3.2.7 Implantação

O propósito da disciplina de *implantação* é a produção de versões (*releases*) do produto a serem entregues aos usuários finais. Entre outras atividades, incluem-se a produção do software, seu empacotamento, instalação, migração de dados e apoio aos usuários (treinamento e suporte).

Apesar de a disciplina de implantação se concentrar na fase de transição, quando o produto definitivo está sendo entregue, podem existir várias *releases* ao longo do projeto, em que produtos preliminares podem ser entregues mesmo nas fases de elaboração ou construção.

Existem vários tipos de implantação de software, conforme a maneira como ele é distribuído. Vão desde sistemas personalizados a serem implantados diretamente nos computadores do cliente até softwares disponibilizados para *download* pela internet. A diferença entre os casos consiste no grau de envolvimento da empresa desenvolvedora do software com a instalação do produto no ambiente final.

Dependendo do tipo de implantação, diferentes artefatos poderão ser ou não necessários. O artefato principal, em todos os casos, é a *release*, ou seja, a versão final do software, que poderá ser composta pelos artefatos a seguir:

- O software executável.
- Artefatos de instalação, como *script*s, ferramentas, arquivos, informação de licenciamento e orientações.

- Notas sobre a versão (*release notes*), descrevendo-a para o usuário final.
- Material de suporte, como manuais de operação e de manutenção do sistema.
- Material de treinamento.

No caso de software empacotado para venda em prateleira, os artefatos a seguir poderão ser necessários:

- *Lista de materiais*: lista completa dos itens incluídos no produto.
- *Arte do produto*: parte do empacotamento que permite a identificação visual do produto.

Outros artefatos importantes da disciplina de implantação, mas que não são usualmente enviados ao cliente, são os resultados dos testes.

5.3.2.8 Gerenciamento de Mudança e Configuração

A disciplina de *gerenciamento de mudança e configuração* tem como principal objetivo manter a integridade do conjunto e artefatos produzidos ao longo do projeto. Muito esforço é despendido na produção desses artefatos e, por isso, eles devem ser rastreáveis e disponíveis para reúso futuro. No RUP, a disciplina lida com três diferentes subáreas:

- *Gerenciamento de configuração*: responsável pela estruturação sistemática dos produtos. Artefatos como documentos e diagramas devem estar sob controle de versão, e mudanças feitas devem ser visíveis e localizáveis. Também é necessário manter um registro de dependências ou rastreabilidade entre os artefatos, de forma que artefatos relacionados sejam atualizados quando necessário.
- *Gerenciamento de requisições de mudança*: a área de CRM (*Change Request Management*) cuidará do controle das requisições de mudança em artefatos que produzem suas diferentes versões. Nem todas as requisições de mudança são efetivamente realizadas; elas dependem de uma decisão de gerência que considere custos, impacto e a real necessidade da mudança.
- *Gerenciamento de status e medição*: requisições de mudança têm *status* como: *novo*, *atribuído*, *retido*, *concluído* e *entregue*. Elas também podem ter atributos como *causa*, *fonte*, *natureza*, *prioridade* etc. O gerenciamento de *status* coloca todos esses atributos em um sistema de informação, de modo que o andamento de cada solicitação seja verificável a todo momento pelo gerente do projeto.

Essas três dimensões formam o chamado *Cubo CCM* (*Configuration and Change Management*), que indica a forte inter-relação entre as três subáreas.

O gerenciamento de mudança e configuração é uma tarefa árdua que talvez seja impossível de se realizar sem as ferramentas adequadas. Existem implementações livres de sistemas de controle de versões, como Git (ver o QR code), que são bastante populares. Mais detalhes sobre essa disciplina são apresentados no Capítulo 10.

5.3.2.9 Ambiente

A disciplina de *ambiente* trata principalmente da configuração do próprio processo a ser usado para desenvolver o projeto. Em função do processo específico escolhido, essa disciplina deve também tratar das ferramentas de apoio necessárias para que a equipe tenha sucesso no projeto.

Se uma equipe tenta implementar RUP integralmente, sem perceber que na verdade ele é um *framework* para adaptação de processos, poderá ficar com a impressão de que se trata de um processo altamente complexo (o que de fato é) e quase impraticável. É necessário, normalmente, que um especialista em RUP avalie o escopo do projeto e a realidade da equipe para decidir quais elementos do RUP precisam ser usados para que sua adoção seja facilitada (ver também Seção 12.5).

Em relação à *disciplina de ambiente*, convém mencionar que ela não se refere ao produto, como as outras, mas à engenharia do processo em si, visando o seu aprimoramento.

5.4 EUP – ENTERPRISE UNIFIED PROCESS

O *Enterprise Unified Process*, ou EUP, foi originalmente definido como uma extensão de RUP por Ambler e Constantine nos anos 1999 e, posteriormente, refinado por Ambler, Nalbone e Vizdos (2005). Desde 2013 o modelo tem sido evoluído de forma a ser mais uma complementação do modelo DAD (Seção 5.7) do que de RUP propriamente dito.[1]

O modelo EUP vê o desenvolvimento de software não apenas como um projeto a ser executado, mas como algo intrínseco ao ciclo de vida da própria empresa. A principal motivação para sua proposição foi o fato de que RUP considera o projeto de desenvolvimento como um processo fechado em si próprio, sem levar em conta que projetos são desenvolvidos no contexto de empresas e que as atividades das empresas não se limitam apenas ao desenvolvimento pontual de projetos.

Assim, EUP considera que o ciclo de vida do produto de software não se limita às quatro fases originais do processo unificado. Ele adiciona então duas novas fases após a transição, que são a fase de *produção* (*production*) e *desativação* (*retirement*). Durante a produção, o sistema estará em uso e possivelmente em manutenção e evolução. Já a fase de desativação indica os processos necessários para tirar um sistema de uso, possivelmente substituindo-o por um novo.

Além dessas duas fases, várias novas disciplinas relacionadas com as rotinas de empresa foram adicionadas. Essas disciplinas contemplam os aspectos da empresa que transcendem ao escopo dos projetos individuais.

Outra nova disciplina de suporte adicionada pelo EUP é a disciplina de *operação e suporte*, considerada fundamental durante a fase de produção. Assim, as oito novas disciplinas adicionadas às do RUP pelo EUP são:

- *Operação e suporte*: esta disciplina indica como o sistema deve ser mantido em operação, como as necessidades dos usuários devem ser atendidas e como devem ser preparados e executados os planos de recuperação de desastre.
- *Modelagem de negócio de empresa*: o RUP já apresenta uma disciplina de modelagem de negócio, mas do ponto de vista do sistema a ser desenvolvido, ou seja, da empresa cliente. A modelagem de negócio de empresa do EUP porém consiste na realização de atividades que buscam entender e aprimorar o próprio negócio da empresa desenvolvedora ou prestadora de serviços.
- *Gerenciamento de portfólio*: um portfólio é uma coleção de projetos de software em andamento e concluídos. A ideia é inicialmente identificar projetos que a empresa já tem em andamento ou concluídos e depois preparar um plano para manter e evoluir este portfólio.
- *Arquitetura de empresa*: a arquitetura de empresa define como ela trabalha. Essa disciplina é especialmente útil se a empresa possui muitos produtos de software. Deve haver consistência na forma como eles são desenvolvidos, negociados e entregues. Uma arquitetura de empresa eficiente promove a consistência entre os diferentes projetos e sistemas desenvolvidos pela empresa. Linhas de produto de software são um exemplo de prática que pode ser empregada em uma arquitetura de empresa. Mais detalhes em McGovern et al. (2003).
- *Reúso estratégico*: o reúso estratégico vai além do reúso que se consegue dentro de um único projeto. Ele se estende entre diferentes projetos. Esse tipo de reúso costuma produzir mais valor do que o reúso simples dentro de um único projeto. Poucas empresas conseguem realmente realizar reúso efetivo; para que isso ocorra é necessário olhar os projetos da empresa como um todo e então se preparar para reúso estratégico e não apenas incidental.
- *Gerenciamento de pessoas*: essa disciplina define uma abordagem para gerenciamento de recursos humanos da área de tecnologia de informação. É preciso gerenciar o pessoal, contratar, demitir, substituir, alocar pessoas a projetos e investir em seu crescimento.
- *Administração de empresa*: essa disciplina define como a empresa cria, mantém, gerencia e entrega produtos e serviços de forma segura. Assim, os papéis ligados a esta disciplina são o de administrador de rede, de instalações, de segurança e de informações.

---

1. No momento em que a 2ª edição deste livro estava sendo revista, um recado na página oficial de EUP (enterpriseunifiedprocess.com/, consultado em 19 de setembro de 2018) avisa que em breve a documentação do processo seria atualizada para refletir a evolução de EUP para um modelo baseado em DAD (Disciplined Agile Delivery).

- *Melhoria de processo de software*: essa disciplina trata da adequação e evolução do processo de software para a empresa como um todo, não apenas da adequação do processo a cada projeto (veja também a Seção 12.5).

As principais razões que podem ser citadas para a adoção deste modelo são relacionadas com empresas que têm dificuldades em gerenciar seu próprio negócio e em manter seus produtos em funcionamento e evolução.

5.5 RUP-SE – RATIONAL UNIFIED PROCESS-SYSTEMS ENGINEERING

O RUP-SE é uma extensão do modelo RUP para Engenharia de Sistemas (CANTOR, 2003). Em outras palavras, é uma versão de RUP especialmente adequada para o desenvolvimento de sistemas de grande porte, envolvendo software, hardware, pessoas e componentes de informação.

O modelo inclui um *framework* de arquitetura que permite considerar o sistema a partir de diferentes perspectivas (lógica, física, informacional etc.). Isso pode ser bastante útil quando se deseja demonstrar ou discutir aspectos de um sistema com diferentes interessados (cliente, analistas, programadores, engenheiro de informação etc.).

O RUP-SE é especialmente adequado a projetos:

- grandes o suficiente para comportar várias equipes de desenvolvimento trabalhando em paralelo;
- que necessitam de desenvolvimento concorrente de hardware e software;
- cuja arquitetura é impactada por questões relativas à implantação;
- que incluem a reengenharia de uma infraestrutura de tecnologia de informação para dar suporte à evolução do negócio.

O *framework* é disponibilizado como um *plugin*, ou anexo, ao modelo RUP original (ver o QR code). Ele basicamente introduz novos artefatos, bem como modificações nos papéis e nas disciplinas RUP para a criação destes artefatos (RATIONAL SOFTWARE, 2001). Em especial, é adicionado o papel de engenheiro de sistemas, cuja responsabilidade é o projeto e especificação de hardware, bem como a implantação do sistema completo.

Existe uma preocupação especial com a arquitetura do sistema, que deve ser cuidadosamente considerada de acordo com, pelo menos, cinco pontos de vista:

- *Empresa*: relação entre os recursos da empresa e o sistema. Diz respeito às atividades dos trabalhadores, instalação e suporte logístico.
- *Computação*: decomposição lógica do sistema como um conjunto coerente de subsistemas UML que colaboram para gerar o comportamento do sistema. Diz respeito à funcionalidade adequada para realizar os casos de uso, sistema extensível e manutenível, reúso interno e boa coesão e conectividade.
- *Engenharia*: distribuição de recursos para suportar as funcionalidades. Diz respeito às características físicas do sistema serem adequadas para hospedar as funcionalidades e satisfazer os requisitos suplementares (requisitos não funcionais gerais do sistema).
- *Informação*: dados gerenciados pelo sistema. Diz respeito ao sistema ser capaz de armazenar os dados e ter capacidade suficiente para fornecer acesso adequado a estes.
- *Processo*: *threads* de controle que realizam os elementos computacionais. Diz respeito ao sistema ter particionamento de processamento suficiente para suportar as necessidades de concorrência e confiabilidade.

No mais, o modelo se concentra em explicar como esses diferentes pontos de vista podem ser capturados e representados por diferentes diagramas da UML ao longo do processo de desenvolvimento.

5.6 OUM – ORACLE UNIFIED METHOD

O *Oracle Unified Method*, ou OUM (ORACLE, 2009), é um *framework* de processo de desenvolvimento de software iterativo e incremental adequado ao uso com produtos Oracle: bancos de dados, aplicações e *middleware*.

OUM é uma implementação do Processo Unificado que suporta, entre outras características, Service Oriented Architecture (SOA), Enterprise Integration, software personalizado, gerenciamento de identidade (Identity Management – IdM),

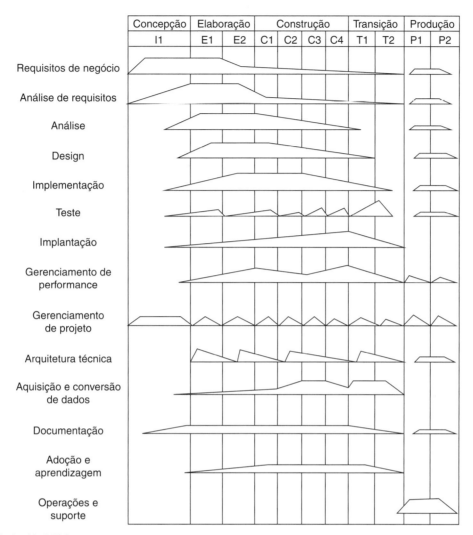

FIGURA 5.2 Ciclo de vida OUM.

governança, risco e adequação (Governance, Risk and Compliance – GRC), segurança de banco de dados, gerenciamento de *performance* e inteligência empresarial.

A Figura 5.2 apresenta esquematicamente o ciclo de vida OUM, que é composto por cinco fases e 14 disciplinas (ORACLE, 2007).

Em relação ao RUP, observa-se a introdução da fase de produção, com o mesmo significado que tem no EUP, e também a eliminação das disciplinas de ambiente e gerenciamento de configuração. Além disso, a disciplina RUP de Análise e Design é dividida em duas partes. Novas disciplinas também são acrescentadas:

- Gerenciamento de performance.
- Arquitetura técnica.
- Aquisição e conversão de dados.
- Documentação.
- Adoção e aprendizagem.
- Operações e suporte.

OUM é, ao mesmo tempo, uma instanciação do Processo Unificado e um modelo orientado a ferramentas (Seção 3.13). Em resumo, as disciplinas OUM podem ser assim caracterizadas:

96 PARTE | I Processo de desenvolvimento de software

- *Requisitos de negócio*: os requisitos de negócio da nova aplicação ou de sua evolução são identificados e modelados. As principais saídas dessa disciplina são objetivos e metas de negócio, e a lista de requisitos funcionais e não funcionais.
- *Análise de requisitos*: os requisitos são organizados em um modelo de casos de uso. As principais saídas são o modelo de caso de uso, protótipos de interface e descrição em alto nível da arquitetura do sistema.
- *Análise*: o modelo de casos de uso é usado para a descoberta dos conceitos e seus atributos e associações, formando assim o modelo conceitual, ou modelo de classes de análise. As principais saídas são o modelo conceitual e a revisão da arquitetura de sistema.
- *Design*: o modelo de análise é instanciado em um modelo de design derivado da arquitetura inicial, que, além de informações sobre classes e funcionalidades, vai indicar os aspectos técnicos da implementação, a maioria dos quais é mencionada nos requisitos suplementares (não funcionais). As principais saídas são modelo de design, arquitetura detalhada e modelo de implantação (*deployment*).
- *Implementação*: visa produzir os elementos de código necessários para o funcionamento do sistema, bem como os testes de unidade. As principais saídas são a versão do software, pronta para os testes de sistema, e a arquitetura do software, enriquecida com os aspectos de implementação.
- *Teste*: os testes de sistema e de aceitação devem ser feitos para garantir a qualidade e conformação do sistema aos requisitos. As principais saídas são os casos de teste e a versão do sistema validada.
- *Gerenciamento de performance*: são atividades integradas de garantia de qualidade da aplicação em relação aos requisitos suplementares de *performance*.
- *Arquitetura técnica*: sua meta é criar uma arquitetura que dê suporte à visão de negócios da empresa. Ela é fundamental para sistemas distribuídos e não triviais, como os sistemas com grande número de acessos.
- *Aquisição e conversão de dados*: em geral, novos sistemas substituirão outros, sejam manuais, sejam informatizados, e seus dados precisarão ser adquiridos ou convertidos de alguma forma. Normalmente, não é um processo simples, por isso, OUM acrescenta essa disciplina.
- *Documentação*: as ferramentas Oracle dão suporte à produção de documentação-chave ao longo do projeto.
- *Adoção e aprendizagem*: focam o uso e a aceitação de novas práticas associadas às novas ferramentas ou à evolução das antigas.
- *Transição*: inclui as atividades necessárias para a instalação do produto.
- *Operações e suporte*: essa disciplina trata do monitoramento e resposta aos problemas do sistema, atualização e correção de defeitos.

Uma das características do OUM é que não existe um fim abrupto após a fase de transição. A fase de operação é vista como a continuação natural do projeto, e vários requisitos de baixa prioridade que eventualmente não foram implementados até a fase de transição poderão sê-lo durante a operação.

5.7 DAD – DISCIPLINED AGILE DELIVERY

DAD ou *Disciplined Agile Delivery* é considerada o fundamento de um *framework* mais amplo denominado *Disciplined Agile Framework*. Ela é definida pelos seus autores (AMBLER & LINE, 2012) como uma abordagem ágil híbrida centrada em pessoas e orientada a aprendizagem. Além disso, considera-se que ela define um ciclo de vida que mitiga risco e entrega valor, além de ser dirigida por objetivos, escalável e sensível à empresa (*enterprise aware*).

DAD vem sendo desenvolvida por Scott Ambler desde 2009. Este autor anteriormente desenvolveu o modelo AUP (*Agile Unified Process*), que desde 2006 foi descontinuado por ele, embora ainda seja usado em vários lugares. Enquanto AUP era explicitamente uma implementação ágil do Processo Unificado, o mesmo já não se pode dizer de DAD. Segundo Ambler, DAD é uma abordagem híbrida que estende *Scrum* com estratégias consolidadas de Modelagem Ágil (AM), *eXtreme Programming* (XP), Processo Unificado (UP), *Kanban*, *Lean* e vários outros métodos.

Uma das principais argumentações refere-se às lacunas que modelos como *Scrum* deixam em relação ao desenvolvimento de software. *Scrum* aborda muito bem o gerenciamento do processo, mas é completamente omisso em relação às estratégias de modelagem e produção de código. É nestas lacunas que DAD coloca sua atenção e apresenta sugestões.

DAD propõe 10 papéis que são divididos em primários e secundários. Os papéis primários são:

- Líder de equipe
- *Product owner*
- *Architecture owner*
- Membro de equipe
- Interessado

E os papéis secundários são:

- Especialista
- Testador independente
- Especialista de domínio
- Especialista técnico
- Integrador

Considera-se que os papéis primários são aqueles que atuam no projeto praticamente todo o tempo, enquanto os papéis secundários são atuantes de forma mais esporádica.

Em relação a um possível questionamento sobre o número de papéis, já que o *Scrum* tem apenas três, Ambler justifica dizendo que como DAD aborda vários aspectos do desenvolvimento sobre os quais Scrum é omisso, é natural que mais papéis apareçam.

5.8 OPENUP – OPEN UNIFIED PROCESS

Anteriormente conhecido como Basic Unified Process (BUP) ou OpenUP/Basic, o Open Unified Process (OpenUP) é uma implementação aberta do UP desenvolvida como parte do Eclipse Process Framework (EPF).

A primeira versão do modelo, conhecida como BUP, foi originada pela IBM, que abriu a definição de uma versão mais leve do RUP. Entre 2005 e 2006, essa versão foi abraçada pela Fundação Eclipse e passou a ser um de seus projetos.

O OpenUP aceita, embora de forma simplificada, a maioria dos princípios do Processo Unificado. Porém, é um método independente de ferramenta (embora a plataforma Eclipse forneça várias ferramentas úteis para ele) e de baixa cerimônia, ou seja, não são exigidos grande precisão e detalhes nos documentos.

O processo se baseia em quatro princípios:

- *Colaboração* para alinhar interesses e compartilhar entendimentos.
- *Evolução* para continuamente obter *feedback* e melhorar.
- *Balanceamento* de prioridades que competem entre si de forma a maximizar valor para os interessados.
- *Foco* na articulação da arquitetura.

O ciclo de vida também é estruturado em quatro fases, como no UP. Essas fases são igualmente divididas em iterações, mas aqui as equipes se auto-organizam para planejar cada uma delas. O esforço pessoal é organizado em microincrementos que representam pequenas unidades de trabalho que produzem um ritmo mais fino e mensurável para o projeto.

Em relação ao RUP, a maioria das práticas opcionais foi eliminada e outras foram mescladas. O resultado é um processo mais simples, mas ainda fiel aos princípios de RUP.

Em OpenUP, cada prática pode ser adotada como um princípio independente que agrega valor à equipe. Dessa forma, as práticas podem ser adotadas de forma progressiva, ao longo de vários projetos. Além disso, como nos modelos de software livre de código aberto, novas práticas podem ser sugeridas pela comunidade e passar a ser adotadas se houver interesse de outros.

Parte II

Planejamento e gerência de projetos

Esta parte do livro aborda os seguintes tópicos do SWEBOK: Gerenciamento de Engenharia de Software, Gerenciamento de Configuração de Software e outros aspectos de Prática Profissional da Engenharia de Software que não são abordados na Parte 1.

A área de gerenciamento, neste livro, é subdividida em duas grandes áreas: planejamento e gerenciamento propriamente dito. Assim, o Capítulo 6 inicia esta parte apresentando os conceitos relacionados com o planejamento de um projeto de software.

O planejamento, em desenvolvimento de software, necessita de estimativas de esforço que são muito particulares dessa área. O Capítulo 7, portanto, apresenta técnicas para que um planejador consiga calcular, antes de iniciar um projeto, quanto tempo vai levar para ele ser concluído e quanto vai custar. Dessa forma, minimizará um dos maiores problemas nessa indústria, que é a imprevisibilidade, já que em geral os projetos atrasam e custam mais do que o previsto.

O Capítulo 8 apresenta outro subtema da área de planejamento e gerenciamento, que é o tratamento dos riscos de projeto. É sabido que projetos falham em atingir seus objetivos por conta de riscos que não são devidamente tratados. Assim, esse capítulo mostra como o assunto pode ser abordado de forma organizada para que os riscos sejam mantidos sob controle e os projetos possam ser bem-sucedidos.

O Capítulo 9 apresenta os aspectos de condução de um projeto de software, ou seja, de seu gerenciamento. Entre outras coisas, esse capítulo apresenta técnicas para que um gerente de projeto consiga manter seu projeto nos trilhos e possa se recuperar de desastres, caso eles ocorram, da forma mais organizada possível.

O Capítulo 10 trata de um aspecto da gerência de projeto de software que merece atenção especial: o gerenciamento de configuração e mudança. Essa prática deve ser fortemente incentivada nas empresas de software, porque permite aumento de produtividade e segurança no processo de desenvolvimento, reduzindo riscos inerentes importantes do projeto.

Capítulo 6

Planejamento

Este capítulo apresenta os principais conceitos de planejamento de projeto de software, iniciando com algumas reflexões sobre *seleção de projetos* (Seção 6.1), um passo importante a ser tomado antes de se iniciar qualquer ação. Depois será conceituado o *termo de abertura* de um projeto (Seção 6.2). Em seguida (Seção 6.3) é apresentada uma ferramenta para concepção de negócio, o *Business Model Canvas*. A Seção 6.4 apresenta conceitos relacionados com a *declaração de escopo* de um projeto. Na sequência, é mostrado como *planejar um projeto* que adota um modelo de processo iterativo (Seção 6.5), ou seja, o planejamento de longo prazo, e também como *planejar uma iteração* (Seção 6.6), ou planejamento detalhado de curto prazo.

Já foi visto que o desenvolvimento de software e as atividades relacionadas estruturam-se a partir de um modelo de processo, escolhido pelo engenheiro de software para servir à organização. A partir desse modelo de processo, a empresa usualmente vai instanciar um processo próprio de desenvolvimento a ser seguido e constantemente aprimorado pela equipe de desenvolvimento, sob supervisão ou orientação do engenheiro de software.

Cabe agora discutir a prática de um processo para produzir um produto, ou seja, como planejar e executar um *projeto* de desenvolvimento de software.

Neste capítulo é considerado que o modelo de processo utilizado é iterativo, o que inclui o Processo Unificado, a grande maioria dos modelos ágeis e mesmo algumas variações iterativas do Modelo Cascata, como Entrega em Estágios. Assim, dois níveis de planejamento serão abordados:

- *Planejamento de fase ou projeto*: de longa duração e mais genérico.
- *Planejamento de iteração*: de curta duração e mais detalhado.

Boa parte da literatura de planejamento de projetos em geral não considera esses dois níveis de planejamento, que, embora típicos de projetos de desenvolvimento de software, não são ainda tão comuns em outras áreas.

6.1 SELEÇÃO DE PROJETOS

Uma empresa de desenvolvimento de software vai executar um projeto que normalmente servirá a outra organização ou grupo de usuários. Em geral, existe mais de uma possibilidade de projeto, e nem sempre todas elas podem ser desenvolvidas. Assim, a empresa desenvolvedora deverá pesar alguns pontos antes de decidir iniciar um projeto:

- A empresa tem competência para desenvolver esse tipo de produto?
- A empresa está dando conta dos projetos atuais, ou seja, tem folga operacional para assumir um novo projeto?
- O cliente é conhecido e confiável?
- O produto dará um bom retorno financeiro?

Essas e outras perguntas normalmente são avaliadas pela gerência superior da empresa antes de ela assumir um compromisso para o desenvolvimento de um projeto.

De outro lado, a empresa-cliente não tem recursos ilimitados, e os projetos de desenvolvimento de sistemas poderão competir entre si ou com outros projetos que necessitem de investimento. Assim, o compromisso da empresa-cliente com o projeto de desenvolvimento de software possivelmente será afetado pelos fatores a seguir (XAVIER, 2011):

- Retorno financeiro em relação ao investimento.
- Grau de incremento da participação da empresa no mercado.
- Melhoria da imagem da empresa.
- Utilização de capacidade ociosa.
- Aquisição de novas tecnologias.

As empresas-cliente tenderão a pontuar essas e outras questões antes de se comprometerem com o desenvolvimento de um projeto.

102 PARTE | II Planejamento e gerência de projetos

No caso de desenvolvimento de software para o mercado em geral (COTS – Commercial off the Shelf), as mesmas questões consideradas pela empresa-cliente deverão ser consideradas pela empresa-desenvolvedora, já que é ela que vai investir seus recursos para gerar um produto que poderá ter ou não sucesso.

6.2 TERMO DE ABERTURA

Havendo comprometimento entre as duas organizações, ou a decisão da empresa desenvolvedora de COTS de que o projeto será iniciado, isso deve ser oficializado em um *termo de abertura* (*project charter*).

O PMBOK (*Project Management Book of Knowledge*) é uma das principais referências hoje em termos de planejamento e gerenciamento de projetos. Segundo esta publicação (PMI, 2017), o termo de abertura deverá conter ou referenciar documentos externos com as informações a seguir:

- *Objetivo e justificativa do projeto.* Por que vamos investir neste projeto?
- *Descrição em alto nível do projeto.* O que vamos fazer?
- *Requisitos de alto nível que satisfazem os principais interessados.* A quem vamos atender e que valor vamos entregar?
- *Nomeação do gerente de projeto e definição do nível de autoridade conferida.* Por exemplo, ele pode usar os recursos sem aprovação superior? Pode contratar pessoal?
- *Cronograma de marcos* (milestones) *resumido.* Quando vamos entregar o quê?
- *Definição dos papéis e responsabilidades das partes interessadas.* Quem faz o quê?
- *Organização funcional do projeto.* Quem responde a quem?
- *Premissas ou hipóteses.* São perguntas para as quais ainda não se tem resposta, mas que são aceitas, a princípio, para iniciar o projeto. Por exemplo, haverá um especialista disponível na tecnologia X?
- *Restrições.* Quais limites existem para nossos objetivos? O que não pode ou não deve ser feito?
- *Estudo de viabilidade* (*business case*) indicando o retorno previsto, seja ele financeiro ou não.
- *Orçamento* previsto em linhas gerais.

O termo de abertura deverá ser aprovado e assinado por um gerente de nível superior ao gerente de projeto, pois isso é o que lhe dará autoridade para iniciar o projeto.

6.3 BUSINESS MODEL CANVAS

Uma ferramenta que tem se tornado bastante popular para a construção do *business case* é o *Business Model Canvas* (OSTERWALDER & PIGNEUR, 2011). Com ele, o projeto é organizado em uma estrutura de quadro com divisões na qual vão ser identificados os segmentos de clientes, a proposta e valor para cada um deles, os meios de comunicação e entrega desta proposta de valor bem como a estrutura de custos e lucro (Figura 6.1).

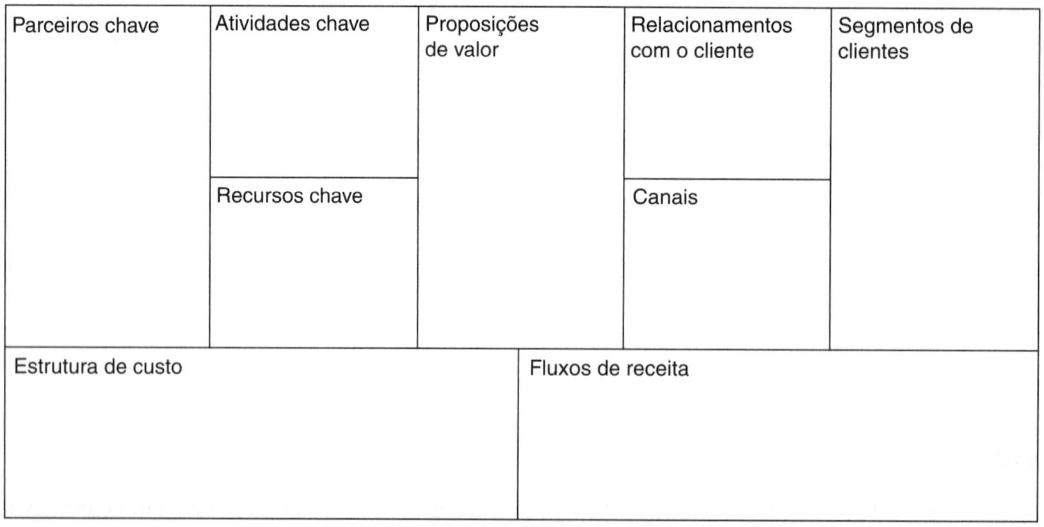

Parceiros chave	Atividades chave	Proposições de valor	Relacionamentos com o cliente	Segmentos de clientes
	Recursos chave		Canais	
Estrutura de custo		Fluxos de receita		

FIGURA 6.1 *Business Model Canvas.*

O canvas é basicamente uma ferramenta de pensamento e colaboração. A ideia é que os participantes do projeto procurem preencher suas áreas com *post-its* nos quais palavras ou expressões curtas são usadas.

O lado direito do canvas indica qual o produto ou serviço que está sendo proposto; já o lado esquerdo indica a estrutura necessária para que esta proposição se torne realidade.

O campo *segmentos de clientes* deve conter um ou mais tipos de clientes para os quais o negócio vai gerar valor. Justifica-se identificar diferentes grupos de clientes se:

- suas necessidades em termos de valor são diferentes;
- são alcançados por canais de distribuição diferentes;
- exigem tipos diferentes de relacionamento;
- têm lucratividade substancialmente diferente, como, por exemplo, clientes que usam o produto de forma gratuita e clientes que pagam pelo uso;
- estão dispostos a pagar por aspectos diferentes da proposta de valor.

Outro campo muito importante é a *proposta de valor* em si, ou seja, o que esse projeto entrega de valor para seus segmentos de clientes. O projeto ajuda a resolver algum problema? Atende a alguma necessidade?

Nem todo segmento de cliente estará interessado exclusivamente em propostas de valor financeiras. Há vários tipos de valor que podem ser gerados por um produto ou serviço, como, por exemplo, novidade, desempenho, personalização, fazer o que deve ser feito, design, marca ou status, preço, redução de custo, mitigação de risco, acessibilidade, conveniência ou usabilidade.

Em relação aos canais de atendimento, é necessário observar quais são as formas de atendimento aos clientes. Isso pode implicar na existência ou não de equipes de venda, lojas parceiras, plataformas Web etc. Em geral, as fases de canal identificam cinco momentos distintos:

- *Conhecimento*. Como potenciais clientes chegam a conhecer nosso produto ou serviço?
- *Avaliação*. De que forma ajudamos o potencial cliente a reconhecer nossa proposta de valor?
- *Compra*. De que forma permitimos que nosso cliente compre nosso produto ou serviço?
- *Entrega*. Como nosso produto ou serviço alcançará o cliente?
- *Pós-venda*. Como fornecemos apoio ao nosso cliente após a entrega do produto ou serviço.

No campo de *relacionamento com clientes* a ideia é descrever as formas como vamos nos relacionar com cada segmento de cliente. Estas formas podem variar desde assistência pessoal personalizada, até comunidades de práticas e serviços automatizados.

No campo *fontes de receita* deve-se indicar como cada segmento de cliente vai colaborar para a geração de receita. É possível gerar receita a partir de taxas de uso ou assinatura, venda de recursos, empréstimos, licenciamentos, comissões e até anúncios.

Os *recursos principais* indicam as principais necessidades físicas, humanas, intelectuais e financeiras para a realização do projeto.

As atividades-chave estão relacionadas com as principais iniciativas necessárias para que o produto seja construído e/ou que os serviços relacionados sejam disponibilizados.

As *parceiras principais* apontam empresas ou organizações que podem apoiar as atividades de produção, divulgação ou distribuição do produto ou serviço. Elas não são necessariamente clientes ou fornecedores, mas organizações cujos objetivos estejam alinhados ao do negócio que está se modelando. Os parceiros tanto podem beneficiar o novo negócio quanto se beneficiar pelo fato de estarem alinhados a ele.

A *estrutura de custos* indica quais os principais custos fixos e variáveis que a proposta de valor exige para que seja disponibilizada aos segmentos de clientes.

Assim, a ideia é que a equipe que vai elaborar o modelo de negócio para o novo produto ou serviço se reúna preferencialmente em frente a um quadro canvas e, utilizando *post-its*, discuta e organize as informações nos diferentes campos do canvas.

6.4 DECLARAÇÃO DE ESCOPO

Inicialmente, o planejador de um projeto deve estabelecer quais são seus objetivos. O produto nem sempre é apenas o software funcionando; outros elementos costumam ser necessários e desejáveis.

Sem definir claramente onde o projeto vai chegar, é muito difícil estabelecer um bom plano. Como escolher o caminho, se não se sabe aonde quer chegar? Infelizmente, muitos planejadores de projetos se esquecem dessa importante etapa. Por exemplo, o projeto termina com a entrega do software ou com a confirmação de sua plena utilização pelo cliente?

104 PARTE | II Planejamento e gerência de projetos

O objetivo de um projeto (e também das iterações) deve ser sempre um conjunto de artefatos, ou seja, coisas palpáveis. Um objetivo não pode ser descrito como "executar tal ação", porque isso não define um artefato palpável. "Gerar tal diagrama ou tal relatório" seria muito mais adequado nesse sentido, ou ainda "implementar este e aquele requisitos".

Segundo Xavier (2011), a declaração de escopo do projeto deve conter as informações a seguir:

- *Descrição do produto do projeto*: embora o termo de abertura já contenha uma definição do produto em alto nível, a declaração de escopo deverá refinar essa descrição. É importante mencionar que, normalmente, a declaração não pode relacionar características novas em relação ao termo de abertura. Se for necessária uma alteração de escopo em relação ao inicialmente previsto, isso deverá ser negociado entre as partes.
- *Principais entregas do projeto*: devem ser definidas as principais entregas do projeto, ou seja, os momentos em que o cliente estará recebendo algum tipo de entrega dos desenvolvedores. Normalmente, trata-se de versões implementadas do sistema, mas essa lista poderá incluir outros itens, como projeto, manuais, software de instalação, treinamento etc.
- *Objetivos do projeto*: itens quantificáveis que serão usados para determinar se o projeto foi um sucesso ou não. Os objetivos do projeto devem incluir pelo menos métricas relacionadas com prazo, custo e qualidade do produto. Objetivos não quantificáveis (por exemplo, "cliente satisfeito" ou "sistema fácil de usar") representam um fator de alto risco para a determinação do sucesso do projeto. Os objetivos devem ser claramente avaliáveis a partir de uma métrica definida. Devem ser evitados a todo custo objetivos vagos e de avaliação subjetiva, como "desenvolver tecnologia de última geração".
- *Critérios de aceitação do produto*: é preciso *definir* o processo e os critérios para que o produto, como um todo, seja aceito, e o projeto, finalizado.

Outras informações poderão ser adicionadas à declaração de escopo, se houver necessidade (por exemplo, principais riscos, tecnologias a serem usadas etc.). A declaração de escopo é o documento-base em que deve haver concordância entre o cliente e o gerente de projeto para que, a partir dele, o projeto como um todo possa ser planejado.

É importante mencionar que nesse momento, normalmente, ainda não foi feita uma análise de requisitos, portanto as informações aqui contidas são fruto de entendimentos prévios. Entende-se que a análise de requisitos que virá depois deverá aprofundar o escopo, mas não o aumentar em abrangência. Por exemplo, na análise de requisitos pode-se detalhar como será feito o processo de venda, mas, se não estava prevista a implementação de uma folha de pagamento na declaração de escopo, então, a necessidade de inclusão desse item tornará necessária a renegociação do escopo com o cliente.

6.5 PLANEJAMENTO DE PROJETO COM ITERAÇÕES

O objetivo do planejamento de projeto é criar um *plano* para o projeto como um todo. Entre outras coisas, é importante que o responsável por esse planejamento utilize as melhores ferramentas possíveis para avaliar a quantidade de esforço a ser despendido no projeto. Tal estimativa poderá dar origem tanto ao cronograma geral do projeto quanto à estimativa de seu custo total.

Considera-se que a declaração de escopo já definiu os objetivos do projeto e os critérios de aceitação do produto. Assim, as atividades necessárias ao planejamento de um projeto são:

- Estimar o *esforço total* para realizar o projeto.
- Em função do esforço total, calcular o *tempo linear* ideal e o *tamanho médio da equipe* para o projeto como um todo ou por fase.
- Estimar a *duração* e o *esforço* empregado nas diferentes fases do projeto.
- Estimar a *duração* e o *número de iterações*.

No Capítulo 7 são apresentadas algumas técnicas para estimar o esforço total necessário para desenvolver um projeto de software, bem como para estimar seu tempo linear e o tamanho médio da equipe. As subseções a seguir apresentam um detalhamento das outras duas atividades mencionadas.

6.5.1 Estimação da Duração e do Esforço nas Diferentes Fases do Projeto

Se o modelo de processo utilizado for iterativo, após estimar o esforço total do projeto, sua duração linear ideal e o tamanho médio da equipe (Capítulo 7), pode-se tentar refinar um pouco mais essa estimativa. O tamanho médio da equipe, por exemplo, não significa que sempre o mesmo número de desenvolvedores estará trabalhando no projeto. Em geral, há mais pessoas trabalhando nas fases de elaboração e construção do UP do que nas fases de concepção e transição.

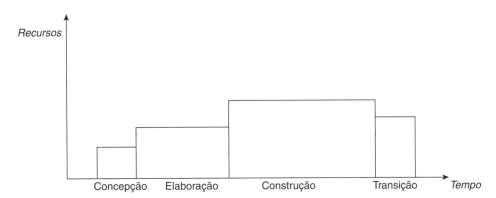

FIGURA 6.2 Perfil de duração e esforço típicos para um projeto usando UP.

A Figura 6.2 indica um perfil aproximado de tempo e esforço despendido em cada uma das fases do UP. Evidentemente, esse perfil pode ser alterado de acordo com as características de cada projeto ou das ferramentas de automatização de projeto, geração de código e teste que se utilize.

Essa figura considera que um projeto típico, de tamanho e esforço moderados, sem arquitetura predefinida e com poucos riscos críticos pode ser desenvolvido aproximadamente com as seguintes estimativas de tempo e esforço:

- *Concepção*: 10% do tempo e 5% do esforço
- *Elaboração*: 30% do tempo e 20% do esforço
- *Construção*: 50% do tempo e 65% do esforço
- *Transição*: 10% do tempo e 10% do esforço

Existe uma equação simples para encontrar o tempo linear ideal para um projeto baseado no esforço total. Se E é o esforço total em desenvolvedores-mês, então o tempo linear ideal T é dado por $T = 2{,}5 \times \sqrt[3]{E}$ Assim, aplicando-se essa equação, um projeto típico de desenvolvimento cujo esforço foi estimado em 40 desenvolvedores-mês deverá ter uma duração linear ideal de cerca de 8,5 meses.

A duração das fases calculada como a porcentagem de tempo definida anteriormente, aplicada à duração linear do projeto em meses, ficará assim:

- *Concepção*: 10% de 8,5, ou seja, cerca de 0,85 meses
- *Elaboração*: 30% de 8,5, ou seja, cerca de 2,55 meses
- *Construção*: 50% de 8,5, ou seja, cerca de 4,25 meses
- *Transição*: 10% de 8,5, ou seja, cerca de 0,85 meses

Já o cálculo do tamanho médio da equipe para cada fase deve ser feito da seguinte forma: toma-se o valor do esforço total estimado (40 desenvolvedores-mês) e aplica-se a porcentagem de esforço da fase, conforme definido anteriormente. Depois, divide-se o resultado pela duração linear da fase, conforme obtido. No exemplo, fica-se com:

- *Concepção*: 5% de 40, ou seja, 2 desenvolvedores-mês, o que, dividido por 0,85 meses, dá cerca de 2,35 desenvolvedores em média na fase.
- *Elaboração*: 20% de 40, ou seja, 8 desenvolvedores-mês, o que, dividido por 2,55 meses, dá cerca de 3,13 desenvolvedores em média na fase.
- *Construção*: 65% de 40, ou seja, 26 desenvolvedores-mês, o que, dividido por 4,25 meses, dá cerca de 6,11 desenvolvedores em média na fase.
- *Transição*: 10% de 40, ou seja, 4 desenvolvedores-mês, o que, dividido por 0,85 meses, dá cerca de 4,7 desenvolvedores em média na fase.

A Tabela 6.1 resume estes cálculos e resultados. Na tabela, E é o esforço total, T a duração linear total, $\%T_{fase}$ e $\%E_{fase}$ são respectivamente as porcentagens de tempo e esforço de cada fase e T_{fase}, E_{fase} e P_{fase} são, respectivamente, tempo linear, esforço e tamanho médio da equipe por fase.

Os valores em meses podem ser convertidos em semanas, bastando multiplicá-los por 4 (ou por 3,9, segundo alguns autores). Assim, a *concepção* teria cerca de 3,5 semanas, a *elaboração*, 10,2 semanas, a *construção*, 17 semanas e a *transição*, 3,5 semanas.

106 PARTE | II Planejamento e gerência de projetos

TABELA 6.1 Cálculo do tempo, esforço e tamanho de equipe para as fases de um projeto

E = 40, T = 8,5	$\%T_{fase}$	$T_{fase} = T * \%T_{fase}$	$\%E_{fase}$	$E_{fase} = E * \%E_{fase}$	$P_{fase} = E_{fase} / T_{fase}$
Concepção	10%	0,85	5%	2	2,35
Elaboração	30%	2,55	20%	8	3,13
Construção	50%	4,25	65%	26	6,11
Transição	10%	0,85	10%	4	4,7

Um valor fracionado de desenvolvedor como 2,35 indica uma média, ou seja, espera-se que uma parte da fase necessite de dois desenvolvedores e uma parte menor de três desenvolvedores. Isso também pode significar que, se apenas dois desenvolvedores estiverem disponíveis para a fase, possivelmente será necessário esticar mais o tempo, pois eles não darão conta do trabalho, ou ainda que, se três desenvolvedores estiverem disponíveis, talvez seja possível diminuir um pouco o tempo, pois haverá certa folga.

Além disso, algumas observações podem alterar esse perfil típico (KRUCHTEN, 2003):

- Se for necessário mais tempo para estabelecer o projeto, achar financiadores, fazer pesquisa de mercado ou construir provas de conceito, a fase de concepção deve ser prolongada.
- Se houver altos riscos técnicos ou de pessoal, ou se houver restrições de desempenho importantes e nenhuma arquitetura prévia definida, então a fase de elaboração deve ser prolongada, porque serão necessários mais ciclos de elaboração para definir a arquitetura e/ou mitigar os riscos conhecidos.
- Se essa não for a primeira geração do produto (pode ser um ciclo de evolução) e se não forem feitas maiores alterações na arquitetura, as fases de concepção e elaboração poderão ser encolhidas.
- Se o objetivo for atingir o mercado rapidamente por causa de concorrentes ou porque se está criando esse mercado, a fase de construção pode ser encolhida, e a fase de transição, aumentada. Assim, versões executáveis serão liberadas mais cedo e gradativamente no mercado.
- Se houver necessidade de uma transição complicada, como substituir um sistema em funcionamento sem interromper os serviços, ou no caso de domínios que exigem certificações ou regulamentos a serem avaliados (medicina, aeronáutica etc.), a fase de transição deve ser aumentada.

Assim, essas e outras questões devem ser avaliadas pelo planejador de projetos, que, a partir da previsão de esforço nominal, vai prever esforços específicos para as diferentes fases em seu projeto específico.

Entretanto, a principal fonte de informação para esse tipo de previsão deve ser sempre o histórico de medições da empresa desenvolvedora, pois, como cada empresa tem seu próprio estilo de trabalho, ferramentas e competências, diferentes valores de esforço nas diferentes fases poderão ser obtidos. Por exemplo, empresas que usam intensivamente modelos baseados em ferramentas e geração automática de código em geral terão uma fase de construção relativamente menor do que a fase de elaboração.

6.5.2 Estimação da Duração das Iterações

Uma iteração se inicia com planejamento e termina com uma nova versão do sistema disponibilizada internamente ou até mesmo um *release* ao cliente. A duração estimada de uma iteração no Processo Unificado ou métodos ágeis costuma variar de uma a oito semanas e depende basicamente da complexidade do projeto e da equipe.

Equipes pequenas com até cinco pessoas poderão fazer o planejamento juntas numa manhã de segunda-feira, executar o trabalho ao longo da semana e gerar um *release* na sexta-feira. Equipes um pouco maiores, entre seis e vinte pessoas poderão precisar de mais tempo, com iterações de pelo menos duas semanas

Equipes com mais de vinte pessoas precisarão de mais tempo para distribuir e sincronizar as atividades, até porque a carga de trabalho será naturalmente bem maior. Além disso, a geração do *release* tomará mais tempo, pois haverá um volume maior de partes a serem integradas e testadas. Assim, nesse caso, uma iteração de três a quatro semanas seria mais recomendável.

Equipes com mais de quarenta pessoas precisarão trabalhar em um ambiente muito mais formal e com mais documentação intermediária, de forma que o fluxo de informação será naturalmente mais lento. Dessa forma, um ciclo de cinco a oito semanas seria recomendável nesse caso.

Outros fatores que podem afetar a duração de uma iteração são:

- Quanto mais automatização no processo de geração de código e no ambiente de desenvolvimento em geral, mais curtas poderão ser as iterações.

- Quanto mais familiaridade a equipe tiver com o modelo de desenvolvimento e com as técnicas de análise e design, mais curtas poderão ser as iterações.
- Quanto mais crítico for o fator "qualidade" no desenvolvimento e quanto mais críticas forem as revisões e testes que precisarem ser feitos, mais longas deverão ser as iterações.

Via de regra, porém, as iterações devem ser as mais curtas possíveis. Assim, se uma equipe puder fazer iteraçõcs de uma ou duas semanas em função de seu tamanho e características, ela não deve optar por iterações mais longas, sob pena de perder agilidade e *feedback* que são possíveis com iterações mais curtas.

6.5.3 Número de Iterações

O *número de iterações* de um projeto dependerá do tempo linear a ser despendido, especialmente nas fases de elaboração e construção, dividido pelo tamanho previsto das iterações. Por exemplo, um projeto com iterações de duas semanas, cujas fases de elaboração e construção devem durar seis meses no total (24 semanas), terá doze ciclos de elaboração e construção.

A quantidade proporcional de ciclos de elaboração e de construção dependerá da necessidade de tratar assuntos ligados à estabilização da arquitetura. Assim, uma boa indicação de que muito trabalho na arquitetura será necessário é a proporção de casos de uso complexos em relação ao número total de casos de uso. Um sistema com poucos casos de uso complexos e muitos CRUDs e relatórios, possivelmente terá proporcionalmente menos atividades de arquitetura do que um sistema com muitos casos de uso complexos e poucos relatórios e CRUDs.

A Subseção 6.5.1 indica que a fase de elaboração ocupará aproximadamente 30% do tempo linear total e a fase de construção 50% do tempo linear total para projetos de complexidade média sem características especiais. Assim, para cada três iterações de elaboração haverá cinco iterações de construção.

Em geral, a fase de concepção não é organizada em iterações, a não ser que mais de um protótipo seja necessário ou que um número significativo de riscos muito importantes deva ser tratado antes de se iniciar a fase de elaboração. Deve-se lembrar, porém, que o objetivo da disciplina de implementação na fase de concepção não é produzir código funcionando, mas gerar rapidamente protótipos (se necessário) que ajudem a compreender melhor os verdadeiros requisitos do sistema.

A fase de transição também não costuma ser organizada em mais de uma ou duas iterações. Apenas transições muito complexas deverão ser organizadas em mais de uma iteração, com diferentes objetivos definidos para cada uma delas.

6.5.4 Definição dos Marcos ou Entregas

Uma vez definido o tamanho das iterações, o tamanho da equipe em cada fase e a duração de cada fase (em número de iterações), o planejador deverá retomar a declaração de escopo para definir os *marcos de projeto* e as *datas de entregas*. O Processo Unificado já estabelece marcos-padrão ao final de cada fase, mas convém que no plano de projeto esses marcos, bem como outros momentos importantes do projeto, sejam claramente identificados. Será considerado novamente o projeto do exemplo das seções anteriores, resumido na Tabela 6.2.

Note que, na Tabela 6.2, os arredondamentos procuraram fazer que as fases de elaboração e construção ficassem com um número par de semanas, em razão do fato de as iterações terem sido definidas com duas semanas. O arredondamento do número de desenvolvedores foi feito para cima nas fases de concepção e transição, porque o arredondamento da duração dessas fases foi feito para baixo. De outro lado, o arredondamento do número de desenvolvedores da fase de construção foi feito para baixo porque sua duração foi aumentada em uma semana. Apenas a fase de elaboração teve o número de desenvolvedores e o de duração arredondados para baixo, indicando que poderá haver algum aperto nessa fase ou que o planejador do projeto estima que a elaboração será um pouco mais simples do que em um projeto típico.

TABELA 6.2 Esforço e duração de um projeto típico por fase do UP

Fase	Duração (semanas)	Duração arredondada	Número médio de desenvolvedores	Número de desenvolvedores arredondado
Concepção	3,5	3	2,35	3
Elaboração	10,2	10	3,13	3
Construção	17	18	6,11	6
Transição	3,5	3	4,7	5
Total	34,2	34		

108 **PARTE | II** Planejamento e gerência de projetos

TABELA 6.3 Exemplo de plano de projeto simplificado com definição de entregas

Fase	Prazo (semana)	Desenvolvedores	Entregas
Concepção	3	3	Modelo de casos de uso preliminar para revisão.
Elaboração	5	3	Resolução de riscos e questões arquiteturais. (20%)
	7	3	Resolução de riscos e questões arquiteturais. (40%)
	9	3	Resolução de riscos e questões arquiteturais. (60%)
	11	3	Resolução de riscos e questões arquiteturais. (80%)
	13	3	Arquitetura estabilizada. (100%)
Construção	15	6	Incorporação de código final. (20%)
	17	6	Incorporação de código final. (30%)
	19	6	Incorporação de código final. (40%)
	21	6	Incorporação de código final. (50%)
	23	6	Incorporação de código final. (60%)
	25	6	Incorporação de código final. (70%)
	27	6	Incorporação de código final. (80%)
	29	6	Incorporação de código final. (90%)
	31	6	Todo o código finalizado. (100%)
Transição	34	5	Sistema instalado. Migração de dados concluída.

Um plano simplificado possível para esse projeto seria parecido com o da Tabela 6.3. Note que foram definidas iterações de duas semanas, exceto para as fases de concepção e transição. Não foram definidos ainda os objetivos específicos de cada uma das fases não-finais de elaboração e construção porque se admite que o planejamento possa ser dinâmico, ou seja, no início de cada iteração a equipe vai verificar quais os casos de uso, riscos ou solicitações de mudança de maior prioridade e estabelecê-los como objetivos da iteração. Porém, se alguma entrega intermediária se fizer necessária, como, por exemplo, ter um subsistema pronto antes do final da construção ou algum aspecto da arquitetura resolvido antes do final de elaboração, então objetivos prefixados ou marcos podem ser explicitamente estabelecidos.

Considera-se que a primeira iteração da fase de construção já irá herdar algum código construído durante a fase de elaboração. Assim, esse ciclo já prevê a conclusão de 20% do código ao seu final, enquanto os demais ciclos de construção adicionam somente 10% cada um a esse código.

Essas porcentagens são apenas estimativas aproximadas. Em um projeto real, elas poderiam ser substituídas por objetivos reais relacionados com casos de uso e riscos específicos a serem desenvolvidos e mitigados, respectivamente.

6.6 PLANEJAMENTO DE ITERAÇÃO

Concluído o planejamento do projeto, se este for feito com iterações, apenas a primeira iteração será planejada detalhadamente de início. Apenas quando essa iteração estiver em andamento deve-se iniciar o planejamento da segunda iteração, e assim por diante. Esta seção tratará do planejamento detalhado, ou seja, do planejamento das iterações.

Caso se esteja trabalhando com um método ágil, os objetivos da iteração serão definidos pelas histórias de usuário ou requisitos a serem implementados, conforme explicado no Capítulo 4. Já no caso do UP, os objetivos de uma iteração poderão ser de três tipos:

- Implementar total ou parcialmente um ou mais *casos de uso* de maior prioridade.
- Mitigar um *risco* conhecido de alta exposição (ou seja, um risco com alta probabilidade de ocorrer e alto impacto) gerando ou executando um plano de redução de probabilidade, redução de impacto ou ainda de recuperação de desastre caso o risco já tenha se tornado um problema concreto.
- Implementar total ou parcialmente uma ou mais *modificações* solicitadas. À medida que a arquitetura do sistema evoluir nas iterações, modificações poderão ser solicitadas em função da não adequação aos requisitos ou, ainda, à sua mudança. Incorporar essas solicitações de mudança ao software pode ser um dos objetivos de uma iteração.

Para cada caso de uso, risco ou modificação deve haver uma estimativa total de esforço de desenvolvimento. Os elementos serão selecionados considerando-se em primeiro lugar sua prioridade. A maior prioridade deve ser dada aos elementos mais complexos, de maior risco ou com os quais mais se possa aprender em relação à arquitetura do sistema. A sugestão é escolher em primeiro lugar:

- Casos de uso que representem os processos de negócio mais críticos para a organização, por exemplo, aqueles através dos quais a organização realiza seus objetivos, como obtenção de lucros ou atendimento aos seus clientes ou associados.
- Riscos de alta exposição, ou seja, com alto impacto e alta probabilidade de ocorrer.
- Modificações urgentes, como refatorações da arquitetura.

Considerados os elementos de maior prioridade, outros elementos de prioridade não tão alta, mas com certa afinidade, poderão ser colocados na mesma iteração por conveniência. O importante é que o esforço total estimado não ultrapasse a quantidade de desenvolvedores-mês que se pode alocar dentro da duração prevista da iteração.

Selecionados os elementos a serem tratados na iteração, deve-se estabelecer claramente qual o objetivo da iteração, ou seja, até que ponto os elementos selecionados deverão ser desenvolvidos. Um caso de uso, por exemplo, poderá ser desenvolvido até que todos os detalhes de seus fluxos sejam conhecidos apenas, ou até que o código final esteja totalmente desenvolvido. Um risco poderá ter um de seus componentes (probabilidade ou impacto) mitigado, ou os dois, até chegar a um grau de exposição média ou baixa. Uma solicitação de modificação poderá ser totalmente ou parcialmente atendida. Enfim, é importante que os objetivos da iteração sejam detalhados a ponto de poderem ser identificados os artefatos que serão produzidos ao final da iteração.

Na sequência, deve-se estabelecer a *WBS da iteração* (Subseção 6.6.1), ou seja, o conjunto de atividades que devem ser executadas para obter os artefatos que constituem o objetivo da iteração. Se o método de desenvolvimento for ágil, esse inventário de atividades será feito pela própria equipe de maneira mais informal.

Contudo, no caso de processos prescritivos, o inventário deve ser obtido a partir da instanciação dos *workflows* das disciplinas necessárias para a iteração. Cada atividade prevista no *workflow* deverá ser atribuída a uma pessoa com capacidade de exercer o papel previsto. As atividades deverão ter sua duração estimada e, em função de suas dependências, um diagrama PERT e/ou Gantt deverá ser construído (Subseções 6.6.4 e 6.6.5).

6.6.1   WBS – Work Breakdown Structure

A *WBS* (*Work Breakdown Structure*) ou EAP (Estrutura Analítica do Projeto) (TAUSWORTHE, 1980) apresenta as atividades que devem ser executadas para se atingir os objetivos determinados para o projeto (quando se vai planejar o projeto como um todo) ou iteração (no caso do planejamento por iterações).

Além da lista de atividades, é importante utilizar um método de estimação de esforço para prever a duração de cada atividade. Equipes ágeis farão a estimação possivelmente usando pontos de história enquanto equipes baseadas em outros modelos poderão usar, por exemplo, um conjunto de estimativas individualizadas por fase e ou por disciplina, de acordo com o método utilizado.

Se for usado um ciclo de vida prescritivo, os *workflows* podem indicar quais são as atividades a serem executadas e quais as dependências entre elas. Dependendo do processo adotado, o *workflow* poderá até indicar formas de estimativa de esforço para cada atividade individual.

Se for usado um método ágil, recomenda-se que a equipe decida quais atividades serão desenvolvidas. Isso não impede que equipes usando métodos ágeis se baseiem em *workflows* existentes, se o grupo entender que isso poderá ser útil ao projeto.

Seja qual for o modelo de processo adotado, a WBS pode ser definida em uma reunião de planejamento com toda a equipe para que as várias visões do projeto sejam pesadas no momento de se estabelecerem atividades e estimar esforço. No caso de Scrum, essa reunião seria a *sprint planning meeting*. O ideal, porém, é que uma WBS não seja iniciada do zero. Possivelmente existem projetos anteriores semelhantes ou *template*s do próprio processo para que a WBS seja elaborada a partir de experiências passadas.

É importante que cada atividade caracterize muito bem o produto de trabalho ou artefato de saída a ser entregue ao final. Se um processo for usado, ele próprio vai estabelecer esses artefatos.

A WBS é uma estrutura exaustiva, ou seja, ela deve incluir todas as atividades necessárias para a execução do projeto ou iteração. A WBS poderá ser estruturada como uma árvore, isto é, as atividades podem ser aglutinadas ou detalhadas estabelecendo-se uma árvore de decomposição entre elas. As atividades nas folhas dessa árvore são as atividades *terminais* e devem seguir a regra 8-80 especificada na Subseção 6.6.1.1.

É muito importante que o planejador do projeto determine artefatos de saída, e não meramente ações. Atividades devem necessariamente produzir algo palpável, e não apenas a execução de ações do responsável ou dos participantes. Tentar modelar um projeto baseado em ações pode levar ao detalhamento excessivo das atividades e, consequentemente, à impossibilidade

PARTE | II Planejamento e gerência de projetos

de gerenciar de modo adequado o trabalho. Então, a regra de ouro do planejamento é: *cada atividade deve gerar pelo menos um novo artefato palpável ou uma alteração consistente e objetivamente verificável em algum artefato existente.*

Não devem ser usados nomes vagos que deixem dúvida sobre o subproduto a ser gerado pela atividade. Devem-se usar substantivos para definir o subproduto, e não verbos. Por exemplo, deve-se usar "relatório de teste do módulo" em vez de "testar o módulo".

Estilos de WBS que preveem diferentes estágios de um artefato (por exemplo, *versão inicial, versão intermediária* e *versão final*) devem caracterizar exatamente o que esperam de cada uma dessas versões. Por exemplo, a versão inicial de um documento de requisitos poderia ter apenas uma lista de funções identificadas. Uma versão intermediária desse documento poderia exigir que as funções fossem agrupadas por similaridade e que requisitos não funcionais tivessem sido adicionados. Uma versão final do mesmo documento poderia exigir que ele estivesse organizado e revisado dentro de determinado padrão e que os requisitos tivessem sido verificados em relação a sua completeza e consistência por algum processo padrão definido.

6.6.1.1 Regra 8-80

Tarefas que, de acordo com as estimativas, levarão muito tempo para ser completadas devem ser subdivididas em tarefas mais curtas. Tarefas estimadas para levar pouco tempo devem ser aglutinadas com outras. A *regra 8-80* estabelece que nenhuma atividade terminal deve durar nem mais de oitenta horas (duas semanas ou dez dias de trabalho ideais), nem menos de oito horas (um dia de trabalho ideal).

Não se deve ter tarefas com duração muito longa, porque fica muito difícil gerenciá-las e acompanhar seu andamento. Também não se deve ter tarefas muito curtas, porque microgerenciá-las pode provocar um *overhead* de gerenciamento que, em vez de ajudar, vai atrapalhar o projeto.

Métodos como XP são ainda mais restritivos em relação ao tamanho das tarefas, pois exigem que sua duração seja de um a três dias ideais de trabalho, ou seja, de oito a 24 horas. Mas, embora isso seja mais restritivo, não contradiz a regra 8-80.

A WBS deve ser organizada, precisa e pequena o suficiente para que possa servir de base para a gerência do projeto durante a iteração sem ser um estorvo.

6.6.1.2 Regra dos Níveis e do Número Total de Atividades

Além de respeitar a regra 8-80, a estruturação de uma boa WBS não deve ter mais de três ou quatro níveis de decomposição de atividades. Os elementos terminais, ou seja, os elementos não decompostos (no nível mais baixo) são também chamados *pacotes de trabalho.*

O número total de pacotes de trabalho em uma WBS não deve ultrapassar o limite de duzentos elementos, embora cem já seja considerado um número muito alto.

Considerando que cada atividade terminal poderá ter no máximo oitenta horas, essa regra estabelece que, no pior dos casos, uma iteração ou projeto gerenciável deverá ter $80 \times 200 = 16.000$ horas de trabalho (mas o típico são iterações bem abaixo desse limite). Qualquer projeto ou iteração com carga horária maior do que essa, deve necessariamente ser subdividido em projetos ou iterações menores. Nesse sentido, as iterações de duas semanas dos métodos ágeis e do UP garantem que o número de horas total nunca seja muito grande. Com apenas oitenta horas de atividade por desenvolvedor em duas semanas, seriam necessários duzentos desenvolvedores trabalhando numa iteração para atingir tal limite. Acima disso (por exemplo, sessenta pessoas trabalhando em ciclos de oito semanas, ou seja, uma carga de 19.200 horas por ciclo), seria altamente recomendável a subdivisão do projeto e/ou da equipe com a aplicação, por exemplo, de modelos de grande escala como *Huge LeSS, Crystal Diamond* ou RUP-SE.

6.6.1.3 Regra dos 100%

A *regra dos 100%* estabelece que uma WBS deve incluir 100% de todo o trabalho que deve ser feito na iteração. Nenhum artefato será produzido se não estiver definido como saída de alguma das atividades da WBS e nenhuma atividade deixará de produzir algum artefato de saída.

A regra dos 100% vale em todos os níveis da hierarquia de decomposição da WBS. Além disso, quando uma atividade se decompõe em subatividades, o trabalho definido pela atividade será exatamente igual a 100% do trabalho definido nas subatividades (sempre em termos de artefatos de saída).

O subproduto que não estiver na WBS não será desenvolvido. Então, nenhum artefato pode ficar de fora da WBS quando for o momento de construí-lo ou revisá-lo. Se em algum momento um desenvolvedor estiver trabalhando em algo que não contribui para nenhum subproduto da WBS, ele estará trabalhando fora do escopo e será preciso decidir se o subproduto deverá ser incluído na WBS ou a atividade do desenvolvedor deverá ser revista.

6.6.2 Identificação dos Responsáveis por Atividade

Um *workflow* costuma definir que o responsável por uma atividade é um papel, ou seja, um tipo de pessoa com uma ou mais habilidades desejáveis. Quando uma iteração for planejada a partir desse *workflow*, deve-se atribuir as tarefas a pessoas reais que atendam ao perfil desejado.

Cada tarefa da WBS deverá ser atribuída a um responsável e possivelmente outros participantes podem ser indicados. Essas atribuições poderão ter efeito sobre o cronograma de projeto, pois, embora certas tarefas possam ser executadas em paralelo, não é possível fazê-lo assim caso estejam atribuídas ao mesmo responsável.

6.6.3 Identificação dos Recursos Necessários e Custo

É possível que a maioria das tarefas a serem executadas, além de recursos humanos (responsáveis e participantes), também tenha recursos físicos consumíveis ou não consumíveis a serem alocados.

No momento do planejamento da iteração é necessário prever e alocar o uso desses recursos. O custo de uma tarefa individual será, portanto, o custo das pessoas que se dedicam a ela somado ao custo dos recursos alocados.

6.6.4 Identificação das Dependências entre Tarefas

As dependências entre tarefas são dadas em função do *workflow* ou identificadas caso a caso pela equipe de planejamento. Em geral, essas dependências existem porque as entradas de uma tarefa são as saídas de outra. Não havendo essa condição, as tarefas podem ser executadas potencialmente em paralelo.

A partir da estruturação das tarefas, o planejador do projeto deverá estimar os tempos necessários para a execução de cada uma. Costuma ser difícil estimar tempo com grande precisão. Trabalha-se, então, com o *timeboxing* da iteração. O esforço total é o número de dias multiplicado pelo número de desenvolvedores. Devem-se determinar as sequências de tarefas mais difíceis primeiramente e alocar desenvolvedores a elas.

É necessário também verificar se as dependências entre as tarefas criam um caminho crítico (Subseção 6.6.4.2) cujo comprimento seja maior que a duração da iteração. Nesse caso, talvez seja necessário replanejar as tarefas de forma que o caminho crítico e quaisquer outros caminhos caibam no *timeboxing* da iteração. Depois, distribui-se o tempo restante para as outras tarefas. Eventuais erros para mais ou para menos nas estimativas podem compensar-se mutuamente.

6.6.4.1 Rede PERT

O grafo de dependências entre atividades com a duração prevista para cada tarefa constitui-se na *rede PERT* do projeto ou iteração.

Há várias ferramentas que permitem a elaboração quase automática de uma rede PERT, como Redmine (ver o primeiro QR code) e OpenProject (ver o segundo QR code). Com o uso destas ferramentas, em geral, basta que se definam o conjunto das atividades, suas dependências e sua duração, e a ferramenta calcula as datas de início e de finalização prováveis de cada atividade, conforme mostrado na Tabela 6.4.

112 PARTE | II Planejamento e gerência de projetos

TABELA 6.4 Exemplo de conjunto de atividades com suas durações e dependências

#	Tarefa	Duração (dias)	Predecessoras	Início	Término
1	Desenvolver visão geral do sistema	4		08/10/18	11/10/18
2	Eliciar necessidades dos interessados	5	1	15/10/18	19/10/18
3	Gerenciar dependências	2	1	15/10/18	16/10/18
4	Capturar vocabulário comum	1	3	17/10/18	17/10/18
5	Encontrar atores e casos de uso	1	2; 4	22/10/18	22/10/18
6	Estruturar o modelo de casos de uso	2	5	23/10/18	24/10/18
7	Priorizar os casos de uso	1	5	23/10/18	23/10/18
8	Detalhar os casos de uso	3	7	24/10/18	26/10/18
9	Modelar interface com usuário	3	8	29/10/18	31/10/18
10	Prototipar interface com usuário	6	9	01/11/18	09/11/18
11	Revisar requisitos	2	6; 10	12/11/18	13/11/18

Nessa tabela, o planejador preencheu as colunas "Nome", "Duração" e "Predecessoras" e a data de início da primeira atividade. Assim, a ferramenta será capaz de automaticamente preencher as colunas "Início" e "Término" para todas as demais atividades.

Um exemplo de rede PERT gerado a partir da WBS da Tabela 6.4 é apresentado na Figura 6.3. Essa rede considera apenas dias úteis de trabalho, ignorando sábados, domingos e feriados.

6.6.4.2 Caminho Crítico

Um conceito importante no diagrama PERT é o *caminho crítico*, que consiste no mais longo caminho que leva do início ao fim do projeto ou iteração. Esse caminho crítico é importante porque, se qualquer atividade prevista nele atrasar por algum motivo, todo o projeto vai atrasar. Esse é um caminho sem folga.

Entretanto, as atividades que não pertencem ao caminho crítico podem ser adiadas até certo limite sem prejuízo ao projeto como um todo. Na Figura 6.3, as atividades do caminho crítico são as atividades numeradas como: 1, 2, 5, 7, 8, 9, 10 e 11. As atividades que não estão no caminho crítico podem atrasar sem prejudicar o projeto como um todo até um certo limite. Por exemplo, a atividade 6 tem término previsto para o dia 24/10, mas devido ao caminho crítico não passar por ela, seus resultados só serão necessários em 12/11, quando a atividade 11 iniciar. Assim, ela pode ser postergada desde que termine antes do dia 12/11.

O caminho crítico pode não ser simplesmente uma única via, mas um caminho composto, ou seja, atividades paralelas podem estar no caminho crítico.

Quando uma atividade do caminho crítico atrasa, pode ser necessário acelerar alguma atividade posterior no caminho crítico para manter a iteração dentro do cronograma. A forma de obter essa aceleração será definida a critério do gerente de projeto ou da equipe ágil. Existem três opções usuais:

- *Aumentar a jornada da equipe*, o que não pode se transformar em rotina.
- *Aumentar o tamanho da equipe*, o que pode causar transtornos de gerência em função da colocação de pessoas novas no projeto, possivelmente com menos experiência. Essa abordagem nem sempre dá o resultado esperado.
- *Eliminar alguns objetivos (artefatos) ou características de artefatos da iteração*. Por exemplo, em vez de implementar três casos de uso, caso haja atrasos, implementam-se apenas dois, deixando para outra iteração a implementação do terceiro.

O aumento da jornada ou intensificação do foco pode ajudar a recolocar nos trilhos um projeto ou iteração atrasados, mas, se isso ocorrer com muita frequência, o moral da equipe vai baixar e, possivelmente, atrasos serão cada vez mais frequentes.

Já o aumento do tamanho da equipe costuma produzir apenas resultados positivos em médio prazo, ou seja, duas ou três iterações depois daquela em que um ou mais novos membros foram adicionados. Por isso, inicialmente, essa solução pode atrasar ainda mais o projeto.

A eliminação de artefatos ou características de artefatos, que são remanejados para a lista de mudanças solicitadas a fim de serem resolvidos oportunamente em uma iteração futura, costuma ser a recomendação mais acertada nesses casos.

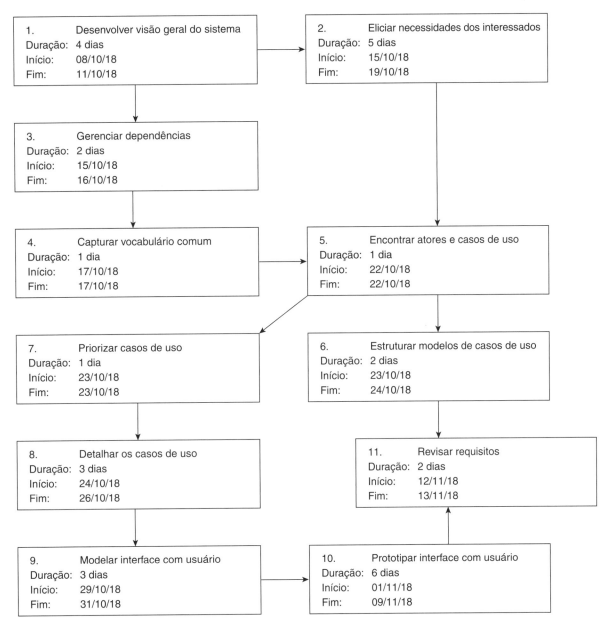

FIGURA 6.3 Uma rede PERT para as atividades da WBS.

Assim, a equipe se concentra em terminar algumas funcionalidades, obtém uma vitória relativa de curto prazo e consegue se reorganizar para retomar as funcionalidades faltantes em um momento de maior folga, de forma organizada.

6.6.5 Cronograma

Em geral, o *cronograma* do projeto é mostrado em um diagrama Gantt, que consiste em uma visualização do tempo linear transcorrido e da ocorrência das diferentes atividades ao longo desse tempo. Em relação ao diagrama PERT, o diagrama Gantt apresenta o andamento das atividades ao longo de uma linha de tempo, permitindo visualizar claramente as atividades que devem ser executadas a cada dia.

A Figura 6.4 mostra um diagrama Gantt para a rede PERT da Figura 6.3. Para que as atividades em paralelo como 2 e 3-4 possam, de fato, ser executadas ao mesmo tempo, elas devem ser alocadas a responsáveis diferentes. As atividades que pertencem ao caminho crítico estão em cor mais escura e as demais em cor mais clara.

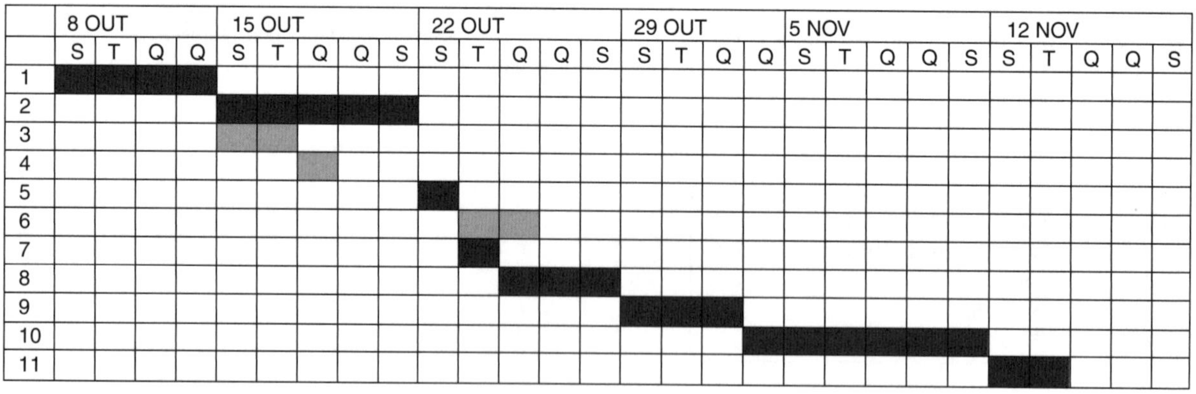

FIGURA 6.4 Diagrama Gantt para as atividades da WBS.

Essas atividades de planejamento, porém, de nada adiantarão se não forem levadas a sério pelos desenvolvedores e pelo próprio gerente. Os capítulos seguintes indicam como fazer para que as estimativas de tempo sejam efetivamente realistas e como se preparar para possíveis problemas ao longo do projeto. Além disso, é mostrado mais adiante como o gerente deve fazer para bem conduzir um projeto durante seu desenvolvimento.

Capítulo 7

Estimação de Esforço

Este capítulo apresenta algumas técnicas importantes e largamente usadas para estimar o esforço de desenvolvimento de software, porque não se pode planejar um projeto sem saber quanto tempo ele vai durar e quanto vai custar. Inicialmente (Seção 7.1), é apresentada a técnica paramétrica mais usada e padronizada no mundo, *Análise de Pontos de Função*. Na sequência, a Seção 7.2 apresenta a técnica de *Pontos de História*, bastante usada por equipes ágeis. Em seguida, na Seção 7.3, são apresentados os conceitos de contagens de linhas de código, KSLOC, o que leva à técnica COCOMO II ou CII, apresentada na Seção 7.4. O Capítulo 14, que trata das atividades de manutenção e evolução de software aborda também técnicas de estimação de esforço específicas para as atividades de manutenção.

Uma das questões fundamentais em um projeto de software é saber, antes de executá-lo, quanto esforço, em horas, dias ou meses de trabalho, será necessário para levá-lo a termo. Essa área, chamada *estimação de esforço*, conta com algumas técnicas que, apesar das críticas, têm apresentado resultados interessantes ao longo dos últimos anos.

A maioria das técnicas de estimação de esforço utiliza pelo menos um parâmetro como base, por isso elas são chamadas *técnicas paramétricas*. Já as que não usam parâmetros são denominadas de não paramétricas.

Um exemplo de técnica *não paramétrica* é a *estimação por especialista*. Neste caso, simplesmente pede-se a pessoas com bastante experiência em desenvolvimento de software que deem sua opinião sobre o tempo e esforço total de desenvolvimento. Dificilmente estimações precisas são obtidas por essa ou mesmo por outras técnicas, mas usualmente, quando se tem pelo menos uma ordem de magnitude para o tempo e esforço de desenvolvimento pode-se ir negociando escopo e cronograma ao longo do projeto com menos desgaste.

Existem também técnicas *paramétricas* baseadas em alguma medida objetiva que possa ser feita sobre o sistema que foi ou vai ser desenvolvido, como, por exemplo, o número de linhas do programa, seus requisitos, descritos como funções, casos de uso ou histórias de usuário.

As técnicas de pontos de função, pontos de caso de uso e pontos de história baseiam-se em um conjunto de requisitos, aos quais é atribuído um peso que determinará, a partir de certas transformações matemáticas, o esforço necessário para seu desenvolvimento.

Já as técnicas baseadas em linhas de código, como CII, necessitam de uma estimativa de quantas linhas de código deverão ser produzidas. Existem também mecanismos que permitem converter parâmetros como pontos de função em estimativas de linhas de código e vice-versa, fazendo com que as técnicas acabem sendo compatíveis entre si.

Neste capítulo, inicialmente, é descrita a técnica de pontos de função, devido ao seu largo uso. Na sequência são apresentadas as técnicas de pontos de história e CII. A descrição da técnica de *pontos de caso de uso*, que aparecia na primeira edição deste livro agora é descrita com mais detalhes no Capítulo 4 de Wazlawick (2015). Esta técnica, apesar de ser simples de aplicar e de ser compatível com UML e o Processo Unificado, ainda não dispõe de tanta comprovação empírica quanto CII e Análise de Pontos de Função.

7.1 ANÁLISE DE PONTOS DE FUNÇÃO

A *Análise de Pontos de Função* (APF), ou *Function Point Analysis* (ALBRECHT & GAFFNEY JR., 1983), é uma técnica paramétrica de estimativa de esforço para desenvolvimento de software que usa como parâmetro os conceitos de funções de dados e funções transacionais, que basicamente correspondem aos requisitos funcionais de um sistema.

A análise de pontos de função é aplicável, portanto, a partir do momento em que os requisitos funcionais do software tenham sido definidos. Esses requisitos serão convertidos em valores numéricos, que, depois de ajustados à capacidade da empresa desenvolvedora, representarão o esforço necessário para desenvolver o sistema. Assim, a medida obtida pela técnica é independente da linguagem de programação e da tecnologia empregada.

A APF pode ser aplicada para medir o tamanho de um sistema antes de desenvolvê-lo, de forma que seu custo seja previsto mais adequadamente. Além disso, pode ser aplicada também a processos de manutenção, permitindo estimar o esforço necessário para implantar determinada alteração no software, especialmente se for a adição de uma nova funcionalidade.

A técnica também pode ser usada para calcular o custo-benefício de software ou componentes de software comprados, uma vez que a divisão do preço do produto pelo número de pontos de função que ele implementa dá uma ideia de seu custo relativo. Então, o custo por ponto de função pode ser visto como um fator de normalização para a comparação de produtos de software.

Como é baseada em requisitos implementados, e não no número de linhas de código produzidas, a técnica é mais adequada para medir a produtividade de uma equipe de desenvolvimento, pois ferramentas de produtividade e reusabilidade permitirão implementar mais funcionalidades perceptíveis para o cliente com menos linhas de código sendo escritas.

Existem três níveis de contagem, dependendo da quantidade de informações que se tenha sobre o sistema, que são a *indicativa*, a *estimada* e a *detalhada*. Inicialmente apresentaremos a detalhada, que explora todos os conceitos relacionados com pontos de função e depois as duas outras formas de contagem que são simplificações desta.

Em relação ao *propósito* da contagem, existem três situações específicas que são:

- *Contagem para desenvolvimento de projeto*: é usada para estimar o esforço para o desenvolvimento de um novo projeto. Esta é a situação predominante nas descrições deste capítulo.
- *Contagem para melhoria de projeto*: é usada para a evolução de software, em que se contam as funcionalidades adicionadas, alteradas e removidas. A técnica é normalmente aplicável apenas para a manutenção adaptativa, já que a manutenção corretiva e a manutenção perfectiva são muito imprevisíveis (Seção 14.2).
- *Contagem de aplicação*: é usada para contar pontos de função de aplicações existentes. Pode ter vários objetivos, dentre eles estimar o tamanho funcional da aplicação de forma a relativizar outras métricas (Seção 9.5). Pode, por exemplo, ser mais realista conhecer o número de defeitos por ponto de função do que simplesmente o número de defeitos total do software.

A contagem de pontos de função segue um método composto pelos passos a seguir, que serão explicados detalhadamente mais adiante:

- Determinar o tipo de contagem (desenvolvimento, melhoria ou aplicação existente).
- Determinar os limites ou fronteiras da aplicação e o seu escopo.
- Identificar e atribuir valor em pontos de função para as funções de dados (arquivos lógicos internos e arquivos de interface externa).
- Identificar e atribuir valor em pontos de função para funções transacionais (entradas externas, consultas externas e saídas externas).

A técnica é divulgada e normatizada internacionalmente pelo IFPUG (International Function Point Users Group) e no Brasil pelo BFPUG (Brazilian Function Point Users Group). APF é reconhecida como métrica de software pela ISO na norma ISO/IEC 20926 – *Software Engineering – Function Point Counting Practices Manual*.

Além do método de contagem do IFPUG, existem outros dois métodos internacionalmente relevantes: NESMA, da associação holandesa de métricas, e Mark II (SYMONS, 1988), ou MK II, mantido pela associação inglesa de métricas. Ao contrário do manual de contagem do IFPUG, que deve ser comprado, os manuais dessas duas técnicas podem ser obtidos gratuitamente em seus sites, bastando, fazer registro gratuito na respectiva associação.

Neste capítulo, a apresentação baseia-se nas orientações do Ministério do Planejamento do Governo Brasileiro (BOMFIM & ANDRADE, 2015), que complementa as informações do manual de contagem do IFPUG com orientações adicionais e adota terminologia em língua portuguesa e do roteiro de métricas do SERPRO (HAZAN et al., 2010), visto que estes dois documentos são largamente utilizados como referência no território nacional para desenvolvimento de projetos na área pública e também privada. Mais detalhes e exemplos de aplicação da técnica podem ser encontrados nestes documentos acessíveis a partir dos QR codes.

7.1.1 Interpretação e Classificação de Requisitos como Funções

A APF é baseada na contagem de pontos para cada uma das funções do sistema. Primeiramente deve-se ter em mente que apenas funcionalidades visíveis para o usuário devem ser contadas. Então, não é todo e qualquer requisito que conta. Se um requisito menciona apenas algum cálculo interno, não deve ser contado como função, embora possivelmente vá aparecer como parte de alguma outra função visível para o usuário.

Apenas transferências de informação para dentro e para fora da fronteira do sistema (e arquivos de dados lógicos reconhecíveis pelo usuário) são consideradas funções.

Um requisito pode ter mais de uma função representada nele. Se o requisito trata, por exemplo, de manter um cadastro de clientes e de produtos, então, na verdade, são dois cadastros, que devem ser interpretados como dois arquivos individuais, cada qual com sua contagem de pontos. E mais ainda, cada cadastro vai comportar um certo número de funções transacionais para consultar e alterar seus registros, as quais são computadas individualmente.

Assim, um primeiro passo para o uso da técnica é tomar os requisitos, eliminar aqueles que são meramente funções internas (ou incorporá-los às funções a que eventualmente pertençam) e subdividir aqueles que representam mais de uma função, até obter uma lista de funções individuais visíveis para o usuário.

Embora trabalhos como o de Longstreet (2012) demonstrem como interpretar essas funções em termos de elementos de interface com o usuário, elas também podem ser identificadas nos requisitos funcionais, ou seja, na sua forma mais essencial e independente de tecnologia.

A técnica APF avalia as duas naturezas de funções:

- *Funções de dados*, ou seja, a representação estrutural dos dados, na forma de arquivos lógicos internos (ALI) e arquivos de interface externas (AIE).
- *Funções transacionais*, ou seja, a representação das transações sobre os dados, na forma de entradas externas (EE), consultas externas (CE) e saídas externas (SE).

As funções transacionais (EE, CE e SE) devem ser processos elementares, isto é, de único passo. Uma transação é a menor unidade de atividade que faça sentido do ponto de vista do usuário e, o que é mais importante, deixe o sistema em um estado consistente.

De outro lado, os ALI e AIE devem ser elementos complexos de informação reconhecíveis pelo usuário (ou seja, não são necessariamente representações físicas internas). São considerados arquivos internos e externos os elementos de informação que possam ser representados por classes do modelo conceitual ou tabelas do modelo relacional, por exemplo. Porém, apenas os principais arquivos que representam entidades reconhecíveis devem ser contados. Não se deve contar classes que não representem entidades, como classes de controle ou de interface. Também não se deve contar tabelas auxiliares em bancos de dados como tabelas que representam relações $n \times n$ ou dados temporários.

As subseções a seguir discutem em mais detalhes os cinco tipos de transações.

7.1.1.1 ALI – Arquivo Lógico Interno

Um *arquivo lógico interno* (ALI) pode ser considerado um elemento do modelo conceitual percebido pelo usuário e mantido internamente pelo sistema. Ele não pode ser parte de qualquer agregação ou composição. O arquivo lógico interno é uma informação complexa (uma classe, tabela, conceito ou entidade) do tipo AL, ou seja, uma classe que não é componente de outras classes, embora possa ter seus próprios componentes.

Arquivos lógicos internos (ALI) são aqueles mantidos pela própria aplicação, enquanto arquivos de interface externa (AIE) são aqueles usados pela aplicação, mas mantidos externamente por outras aplicações, por exemplo, dados obtidos através de um Web service externo à aplicação.

O que vai determinar se um arquivo é interno ou externo, portanto, é a definição da *fronteira* ou *borda do sistema*, ou seja, os limites daquilo que é considerado interno ao sistema que está sendo desenvolvido ou analisado e de outros sistemas. No caso de aplicações cliente/servidor, deve-se considerar que a borda do sistema engloba ambos os módulos, porque nenhum deles, isoladamente, se constitui em uma aplicação completa com significado para o usuário.

Aqui convém fazer uma ressalva, já que o método APF original diferencia os *registros lógicos* (RL), que correspondem a um subconjunto de dados reconhecível pelo usuário dentro de um arquivo lógico (AL), seja ele interno ou externo. Fazendo-se um paralelo com orientação a objetos, os RL seriam classes quaisquer, enquanto os AL seriam classes que *não* são componentes nem agregados de outras classes. Por exemplo, se um automóvel é composto por motor, carroceria e pneus, então apenas o conceito *Automóvel* seria considerado um AL, mas *Motor*, *Carroceria* e *Pneu* seriam RLs contidas neste AL.

Assim, um AL é uma classe que, caso participe de uma composição ou agregação, ocupa o lugar mais alto da hierarquia. Um AL pode *ter* componentes, mas não pode *ser* componente. Essa distinção é importante, porque o cálculo da complexidade

118 PARTE | II Planejamento e gerência de projetos

das funções transacionais (EE, SE e CE) é baseado em AL, enquanto o cálculo da complexidade das funções de dados (ALI e AIE) é baseado em RL. Resumindo, o cálculo de complexidade das funções transacionais contabiliza apenas as classes no mais alto nível de uma hierarquia de composição (AL), enquanto o cálculo de complexidade de funções de dados contabiliza quaisquer classes, inclusive as componentes (RL).

Arquivos lógicos internos e arquivos de interface externa, por definição, devem ser do tipo AL. RLs não são considerados funções de dados para efeito da contagem de pontos de função; são considerados apenas parâmetros para a definição da complexidade dos ALI ou AIE aos quais pertencem.

7.1.1.2   AIE – Arquivos de Interface Externa

Um Arquivo de Interface Externa (AIE) pode ser considerado um elemento do modelo conceitual percebido pelo usuário e mantido externamente por outras aplicações.

Um arquivo de interface externa é uma informação complexa (uma classe, tabela, conceito ou entidade) do tipo AL que é mantida em outras aplicações, ou seja, não é gerenciada pela aplicação para a qual se está contando pontos de função. Por exemplo, um sistema de caixa automático, que consulta informações de uma agência bancária, pode considerar que os dados do cliente e das suas contas bancárias são arquivos de interface externa, pois não são mantidos pela aplicação do caixa automático, sendo consultadas e alteradas através de uma interface externa.

Usualmente os ALI e AIE têm associadas funções transacionais CE, SE e EE que são contabilizadas à parte da função de dados em si.

7.1.1.3   EE – Entrada Externa

A *entrada externa* (EE) consiste em uma entrada de dados ou controle que tem como consequência a alteração do estado interno dos dados do sistema. Entradas externas podem ser sucedidas por mensagens de confirmação ou de erro, desde que elas não se configurem em consultas aos dados.

Entradas externas são, portanto, funções que pegam dados ou controle do usuário ou de outras aplicações e levam para dentro do sistema. A função deve ter como objetivo *incluir*, *alterar* ou *excluir* dados de forma direta (alterando os dados no sistema) ou indireta (solicitando a outra aplicação que faça a alteração nos dados). Por outro lado, dados passados pelo usuário com o único fim de servir de *parâmetro* para uma consulta ou saída, mas que não provoquem alteração no estado interno do sistema, não devem ser considerados entradas externas.

Um comando que passa o identificador de um registro (por exemplo, o CPF de um cliente) para excluir um conjunto de dados (por exemplo, excluir o cliente) pode ser considerado entrada externa, pois é um controle que remove dados, ou seja, faz uma mudança no estado interno das informações do sistema.

Assim, entradas externas são funções transacionais que incluem, alteram ou excluem informação no sistema. Seus argumentos são os dados passados como parâmetro para localizar os objetos a serem alterados ou excluídos e os parâmetros que correspondem aos novos valores para os objetos a serem criados e alterados, quando for o caso.

Algumas vezes, as operações de alteração e exclusão ocorrem em dois passos, ou seja, são precedidas de uma consulta. Essa consulta é contabilizada à parte, como uma CE. Por exemplo, um usuário que deseja fazer a alteração do cadastro de um cliente primeiramente entra com o CPF desse cliente e visualiza seus dados na tela (CE); em seguida, ele altera os dados que deseja e salva as novas informações (EE).

Além disso, se uma entrada externa puder produzir um conjunto de mensagens de erro, por conta de possíveis exceções, cada mensagem vai contar como um argumento da entrada externa (conforme será visto mais adiante). Essas mensagens não devem ser contabilizadas como saídas independentes.

7.1.1.4   SE – Saída Externa

Uma *saída externa* (SE) consiste em uma saída de dados que pode ser precedida ou não da entrada de parâmetros. Pelo menos um dos dados de saída deve ser derivado, ou seja, calculado.

Saídas externas são, então, funções que pegam dados de dentro do sistema e apresentam ao usuário ou enviam a outras aplicações em sua forma original ou transformada, sendo que pelo menos um valor derivado (calculado) deve existir para que seja uma saída externa.

As SE, portanto, são os fluxos de informação para fora do sistema. Não se conta como SE uma função que simplesmente pega dados do sistema e os apresenta da forma como estão (isso será contabilizado como uma consulta externa). Mas se houver qualquer tipo de operação matemática ou lógica sobre esses dados, então a função poderá ser considerada uma saída.

Uma saída externa também pode ter parâmetros. Por exemplo, passam-se o CPF de um cliente e uma data e, a partir desses parâmetros, se obtém um relatório de todas as vendas realizadas para esse cliente a partir da data definida e o seu total. Como a data e o CPF são usados para filtrar as vendas que devem aparecer no relatório e fazer a totalização, essa função deve ser considerada saída externa, e não meramente consulta externa.

7.1.1.5 CE – Consulta Externa

A *consulta externa* (CE) corresponde a uma saída de dados que pode ser precedida ou não da entrada de parâmetros. Os dados devem sair da mesma forma como estavam armazenados, sem transformações ou cálculos.

A consulta externa consiste na apresentação de dados da mesma forma como foram armazenados, sem cálculos ou transformações. Normalmente, a consulta inclui parâmetros de entrada para localizar os objetos da consulta.

Note que, quando da verificação da complexidade de todas as funções transacionais ou de dados, apenas a complexidade visível pelo usuário será considerada. A complexidade algorítmica interna não é aplicada às funções individuais, até porque, a princípio, ela pode ainda não ser conhecida nesse momento da análise dos requisitos.

7.1.2 UFP – Pontos de Função não Ajustados

Pontos de função não ajustados são a medida inicial de complexidade de um sistema. Seu valor corresponde à soma dos pontos de função atribuídos a cada uma das funções de dados ou transacionais. Se forem aplicados a eles os fatores de ajuste técnico eles se tornam pontos de função ajustados, os quais são vistos na Subseção 7.1.4.

Assim, uma vez determinado o tipo da função (transacional ou de dados), sua complexidade vai ser calculada a partir dos fatores a seguir:

- *Registro Lógico* (*RL*): corresponde a um subconjunto de dados reconhecível pelo usuário dentro de um ALI ou AIE (uma classe qualquer que represente uma entidade).
- *Arquivo Lógico* (*AL*): corresponde a um ALI ou AIE, usado em uma transação (uma classe que represente uma entidade e que não seja componente de outra).
- *Tipo de dados elementar* (*TDE*): corresponde a uma unidade de informação (um campo), a princípio indivisível e reconhecível pelo usuário; normalmente seria identificado como um campo de uma tabela, um atributo de uma classe ou um parâmetro de uma função.

A complexidade das funções transacionais EE, SE e CE é determinada pela quantidade de arquivos AL e dados TDE envolvidos. Já a complexidade das funções de dados ALI e AIE é determinada pela quantidade de registros RL e argumentos TDE.

No caso das entradas externas, os TDE podem ser os campos de entrada de informação, mensagens de erro e botões que podem ser pressionados, por exemplo.

No caso das saídas externas, os TDE podem ser os campos em um relatório, valores calculados, mensagens de erro e cabeçalhos de colunas que são lidos de um arquivo interno.

No caso das consultas externas, os TDE podem ser os campos usados para pesquisa e os campos mostrados como resposta à consulta. Se houver vários botões para fazer a consulta de maneira diferente, cada um deles também deve contar como um TDE.

Note que as saídas e consultas podem tanto ter dados de entrada (parâmetros) como dados de saída (resultados). Normalmente, as entradas externas só têm campos de entrada (a informação que se vai armazenar), mas as mensagens de erro potencialmente produzíveis por uma entrada também podem ser contabilizadas como um dado TDE.

A complexidade de uma função transacional é, portanto, calculada a partir da quantidade de AL e TDE envolvidos. O valor de #*AL* corresponde ao número de classes do modelo conceitual (que não são componentes ou agregados de outra classe) que contêm as informações de entrada e/ou saída como atributos. Por exemplo, se uma função de entrada passa uma data que será armazenada como atributo da classe *X* e um valor numérico que será armazenado como atributo de uma classe *Y*, então existem duas classes AL envolvidas e o valor de #*AL*, nesse caso, para efeito de cálculo da complexidade da função, é igual a 2.

Se os dois valores vão ser armazenados como atributos de uma mesma classe, ou como atributos de dois componentes de uma mesma classe, ou ainda como atributos de uma classe e um de seus componentes, então considera-se que há apenas um AL. Por exemplo, uma função que permite informar o número do chassis e o modelo dos pneus de um carro tem apenas um AL, já que *Carroceria* e *Pneu* são classes agregadas à classe *Automóvel*.

O segundo valor usado para calcular a complexidade de uma função transacional é o seu número de argumentos, #*TDE*, ou seja, a quantidade de valores individuais de entrada e/ou saída, independentemente das classes a que eles pertençam. Assim, por exemplo, uma função de entrada EE, que envia cinco valores diferentes ao sistema, terá cinco argumentos, e o valor de #TDE será igual a 5. Uma consulta CE que passa dois argumentos e recebe oito valores como retorno tem #TDE igual a 10.

Deve-se ainda saber que o que conta, no caso de TDE, é o *tipo* de valor. Caso a função envie ou receba uma lista de valores de um mesmo tipo, a lista conta uma única vez. Por exemplo, uma função que passar um nome de pessoa e uma lista de telefones terá dois argumentos (mesmo que essa lista tenha dez telefones, ela conta uma única vez). De outro lado, se algum

TABELA 7.1 Complexidade funcional de entradas externas (EE)

#AL	#TDE		
	1 a 4	5 a 15	16 ou mais
0 a 1	Baixa	Baixa	Média
2	Baixa	Média	Alta
3 ou mais	Média	Alta	Alta

TABELA 7.2 Complexidade funcional de saídas externas (SE) e consultas externas (CE)

#AL	#TDE		
	1 a 5	6 a 19	20 ou mais
0 a 1	Baixa	Baixa	Média
2 a 3	Baixa	Média	Alta
4 ou mais	Média	Alta	Alta

tipo de cálculo for feito com a lista de valores, então cada resultado de cálculo contará como um argumento diferente. Por exemplo, uma saída que apresente uma lista de notas, a média e o desvio-padrão dessas notas deverá ter considerado três TDE.

A Tabela 7.1 mostra como determinar a complexidade das entradas externas EE a partir dos AL e TDE. Já as saídas e consultas externas, SE e CE, têm sua complexidade determinada de acordo com a Tabela 7.2. Finalmente, os arquivos internos e externos, ALI e AIE, têm sua complexidade determinada em função de classes quaisquer (inclusive componentes de outras classes), ou seja, RL. Além do valor de RL, deve-se usar o valor de TDE, como no caso de funções transacionais, para determinar a complexidade das funções de dados. Deve ser, então, aplicada a Tabela 7.3.

Observe que o número mínimo de RL envolvido com um AL deve ser 1 porque uma classe que não tem nenhum componente pode ser considerada tanto AL quanto RL e, assim, essa classe tem necessariamente um RL envolvido, que é ela própria.

Depois de determinar a complexidade de cada função transacional e função de dados, pode-se obter seu número de pontos de função não ajustados *UFP* aplicando a Tabela 7.4.

TABELA 7.3 Complexidade funcional de arquivos lógicos internos (ALI) e arquivos de interface externa (AIE)

#RL	#TDE		
	1 a 19	20 a 50	51 ou mais
1	Baixa	Baixa	Média
2 a 5	Baixa	Média	Alta
6 ou mais	Média	Alta	Alta

TABELA 7.4 Pontos de função não ajustados por tipo e complexidade de função

Tipo de função	Complexidade funcional		
	Baixa	Média	Alta
EE	3	4	6
SE	4	5	7
CE	3	4	6
ALI	7	10	15
AIE	5	7	10

O número *UFP* de pontos de função não ajustados para o sistema como um todo será simplesmente a soma dos pontos de função não ajustados obtidos para cada uma das funções do sistema.

A identificação das funções transacionais e de dados de um sistema é o ponto-chave para determinar sua complexidade. Porém, muitas vezes, requisitos são incompletos ou muito genéricos para que uma boa contagem possa ser feita. Por isso, as técnicas de contagem indicativa e estimada podem ser usadas, conforme explicado adiante.

Porém, a própria técnica de pontos de função pode ajudar a melhorar a qualidade dos requisitos. Em primeiro lugar, ela precisa dos valores TDE; então será necessário verificar se os requisitos efetivamente listam todas as informações elementares necessárias para realizar cada função.

Em segundo lugar, a identificação de funções de dados e transacionais caminham juntas. Uma vez identificado um ALI ou AIE (classe), pode-se imaginar que pelo menos as transações mais básicas para esse arquivo devam existir. Essas transações, usualmente chamadas CRUD ou CRUDL (acrônimo para as cinco operações: *create*, *retrieve*, *update*, *delete* e *list*), implicam inclusão (EE), alteração (EE), remoção (EE), consulta (CE) e listagem (CE), nem sempre essas funções estão todas presentes na aplicação para cada arquivo lógico. É possível, por exemplo, que a aplicação crie um arquivo de dados no qual só se possa inserir e consultar, mas não alterar ou excluir dados. Deve-se sempre analisar quais funções transacionais realmente devem existir ou não para cada arquivo.

Além disso, nem sempre um arquivo sofre apenas transações tão básicas em seu ciclo de vida. Em uma livraria virtual, por exemplo, um livro não será apenas incluído, alterado, consultado e removido; em determinados momentos ele será colocado em oferta, reservado ou vendido. Essas transações podem ser consideradas simples alterações, já incluídas no CRUDL?

Se uma transação de alteração de um objeto, como "colocar em oferta", implica usar apenas um conjunto ou um subconjunto de TDE e os arquivos AL ou um subconjunto deles, já considerados na operação de alteração do CRUDL, então a alteração já é contemplada pelas transações CRUDL. Por exemplo, se colocar um livro em oferta implica simplesmente mudar o valor de um de seus atributos, o que já pode ser feito pela operação CRUDL de alteração, então "colocar um livro em oferta" não será uma nova função nem vai contar pontos de função, mas será considerado um caso especial da alteração de livro no CRUDL.

De outro lado, se a alteração implica usar dados TDE não incluídos no conjunto da operação de alteração ou ainda arquivos AL não incluídos na alteração do CRUDL, então a transação deverá ser considerada uma nova função e contar seus próprios pontos de função. Por exemplo, se "colocar livro em oferta" implica obter dados de um arquivo de ofertas padrão, o que não é feito quando da operação de alteração do CRUDL, então trata-se de uma nova função.

A título de exemplo de aplicação da técnica, considere a lista de requisitos a seguir:

- **R1:** O sistema deve permitir o gerenciamento (CRUDL) de informações sobre livros e usuários. Dos livros incluem-se título, ISBN, autor, número de páginas, editora e ano de publicação. Dos usuários incluem-se nome, documento, endereço, telefone e e-mail.
- **R2:** O sistema deve permitir o registro de empréstimos, em que são informados o documento do usuário e o ISBN de cada livro.
- **R3:** Quando um empréstimo for executado, o sistema deve armazenar as informações em uma tabela relacional, usando chaves estrangeiras para identificar o usuário e os livros.
- **R4:** Após o registro de um empréstimo, deve ser impresso um recibo com o nome do usuário, além de título e data de devolução prevista para cada livro, que deve ser calculada como a data atual somada ao prazo do livro.

Analisando-se o primeiro requisito, percebe-se que se trata de dois cadastros independentes com suas operações CRUDL. O segundo requisito é uma entrada externa. O terceiro requisito é uma função interna que não deve ser contabilizada. O quarto requisito será considerado uma saída externa, pois realiza um cálculo para obter a data de entrega em função da data atual e do prazo do livro. As funções a serem consideradas são apresentadas na Tabela 7.5.

Portanto, aplicando-se a técnica às funções identificadas nos requisitos mencionados, considerando que o modelo conceitual tenha as classes *Pessoa*, *Livro*, *Empréstimo*, *Editora* e *Autor*, sem nenhuma relação de agregação ou composição entre elas, chega-se a um cálculo de 57 pontos de função não ajustados.

Note que, se *Editora* e *Autor* não fossem considerados classes (arquivos lógicos), mas meramente campos a serem adicionados à classe *Livro*, a complexidade das funções relacionadas com Livro seria menor, pois haveria menos AL envolvidas. De outro lado, a consideração dessas informações como classes leva à conclusão de que os requisitos *ainda não estão completos*, pois as classes *Editora* e *Autor* deveriam ser consideradas cadastros e, portanto, funções de dados com suas respectivas operações CRUDL. Assim, após essa revisão nos requisitos, o número de pontos de função não ajustado deveria ser recalculado. Esse cálculo fica como sugestão de exercício para o leitor.

7.1.3 Contagem Indicativa e Estimada

Nem sempre, quando se vai fazer uma contagem de pontos de função, se tem à disposição informação detalhada sobre todas as funções de dados e transacionais, de forma que nem sempre a contagem detalhada é viável.

122 PARTE | II Planejamento e gerência de projetos

TABELA 7.5 Exemplo de identificação de funções de dados e transacionais a partir de requisitos

Função	Tipo	AL	RL	TDE	#AL	#RL	#TDE	Complex.	UFP
Classe Livro	ALI		Livro	Título, ISBN, autor, número de páginas, editora, ano de publicação, preço		1	7	Baixa	7
Inserir livro	EE	Livro, editora, autor		Título, ISBN, autor, número de páginas, editora, ano de publicação, preço	3		7	Alta	6
Alterar livro	EE	Livro		Preço	1		1	Baixa	3
Excluir livro	EE	Livro		Título, ISBN	1		2	Baixa	3
Consultar livro	CE	Livro, editora, autor		Título, ISBN, autor, número de páginas, editora, ano de publicação, preço	3		7	Média	4
Listar livros	CE	Livro, editora, autor		Título, ISBN, autor, número de páginas, editora, ano de publicação, preço	3		7	Média	4
Classe Pessoa	ALI		Pessoa	Nome, documento, endereço, telefone, *e-mail*		1	5	Baixa	7
Inserir usuário	EE	Pessoa		Nome, documento, endereço, telefone, *e-mail*	1		5	Baixa	3
Alterar usuário	EE	Pessoa		Nome, endereço, telefone, *e-mail*	1		4	Baixa	3
Excluir usuário	EE	Pessoa		Nome, documento	1		2	Baixa	3
Consultar usuário	CE	Pessoa		Nome, documento, endereço, telefone, *e-mail*	1		5	Baixa	3
Listar usuários	CE	Pessoa		Nome, documento	1		2	Baixa	3
Registrar empréstimo	EE	Pessoa, livro, empréstimo		Nome da pessoa, ISBN dos livros	3		2	Média	4
Imprimir recibo	SE	Pessoa, livro, empréstimo		Nome da pessoa, título do livro, data de hoje, prazo do livro, data de devolução	3		5	Baixa	4
TOTAL									**57**

Assim, na falta dessas informações detalhadas, pode-se trabalhar com a *contagem indicativa* ou a *contagem estimada*. As técnicas apresentadas aqui seguem as definições da NESMA, conforme apresentado por Bomfim e Andrade (2015).

Evidentemente, que contagens paramétricas baseadas em informações menos detalhadas tendem a ser menos precisas. Estudos realizados pela NESMA indicam que a diferença entre a contagem indicativa e a detalhada pode chegar a 50% nos piores casos. Mas, como foi salientado, na falta de maiores informações, é preferível ter alguma estimativa que depois possa ser ajustada do que não ter estimativa nenhuma.

A contagem indicativa, então, utiliza a penas o modelo conceitual como base para a estimação indicativa. Deve-se verificar apenas quantos ALI e AIE existem. A contagem indicativa pressupõe então que existam em média três EE (incluir, alterar e excluir), duas SE e uma CE para cada ALI e uma SE e uma CE para cada AIE. Assim, o número total de pontos de função não ajustados pode ser obtido simplesmente aplicando-se a fórmula:

$$UPF = 35 \times \#ALI + 15 \times \#AIE$$

Nessa fórmula, *#ALI* é o número de ALI e *#AIE* é o número de AIE presentes no modelo conceitual. No exemplo da seção anterior, como foram identificadas apenas duas transações ALI, o número de pontos de função na contagem indicativa seria $35 \times 2 = 70$, ou seja, 18,5% acima dos 57 pontos obtidos com a contagem detalhada. Mas considere que isto é apenas um pequeno exemplo no qual o número de transações é reduzidíssimo se comparado com aplicações reais nas quais é possível que as duas contagens sejam mais semelhantes.

A contagem estimada pode ser usada quando se tem um pouco mais de informação sobre as funções transacionais do sistema. Em especial, ela pode ser usada quando se conhece a lista das funções transacionais e de dados, mas não é possível ainda estimar sua complexidade.

Assim, todas as funções transacionais devem ser avaliadas como de complexidade média e todas as funções de dados como de complexidade baixa. Desta forma, considerando agora *#EE*, *#SE* e *#CE* o número de entradas, saídas e consultas externas, o número de pontos de função não ajustados pode ser calculado como:

$$UFP = \#EE \times 4 + \#SE \times 5 + \#CE \times 4 + \#ALI \times 7 + \#AIE \times 5$$

No exemplo da seção anterior, tem-se sete EE, um SE, quatro CE, dois ALI e nenhum AIE. Assim, a contagem estimada resulta em $7 \times 4 + 1 \times 5 + 4 \times 4 + 2 \times 7 + 0 \times 5 = 28 + 5 + 1\,6 + 14 + 0 = 63$. Assim, essa contagem fica apenas 10,5% acima da contagem detalhada. Novamente vale o comentário de que o exemplo é muito pequeno para que se possa tirar alguma conclusão estatística sobre os métodos de contagem. Trata-se apenas de um exemplo para mostrar como a contagem é feita. Porém, mesmo assim, é possível observar que os resultados pelo menos não são muito discrepantes, mesmo para um exemplo pequeno.

Desta forma, pode-se optar por um dos três tipos de contagem dependendo de quanta informação se tenha disponível sobre o sistema, especialmente no caso de sistemas que ainda vão ser desenvolvidos. Mas, deve-se, sempre que possível, optar pela contagem mais detalhada, já que ela tende a ser mais precisa.

7.1.4 AFP – Pontos de Função Ajustados

O governo brasileiro não utiliza os fatores de ajuste de pontos de função propostos pelo IFPUG em seus projetos. Esses fatores existem porque, dependendo do tipo de sistema, poderá ser mais difícil ou mais fácil desenvolver cada ponto de função. Sendo assim, poucas vezes esse tipo de análise acaba sendo utilizado no Brasil. Porém, caso a empresa desenvolvedora tenha interesse em saber de forma mais precisa se o projeto a ser desenvolvido é mais complexo ou mais simples que um projeto médio, poderá fazer o cálculo dos fatores de ajuste para descobrir se estes indicam um valor menor do que 1.0 (projeto mais simples) ou maior do que 1.0 (projeto mais complexo).

Por exemplo, um simples *front-end* para banco de dados terá suas funções desenvolvidas muito mais rapidamente do que um software para controle de um sistema de distribuição de energia elétrica. Porém, a funcionalidade dada por UFP, ou pontos de função não ajustados, não leva em consideração a complexidade técnica interna das funções, mas apenas a percepção que um usuário tem dela. Para chegar a valores de esforço de desenvolvimento mais realistas, portanto, será necessário ajustar esse valor a partir dos fatores técnicos.

A técnica de pontos de função sugere quatorze fatores de ajuste técnico, conhecidos como GSC (General Systems Characteristics). Todos têm o mesmo peso, e a eles deve ser atribuída uma nota de 0 a 5, em que 0 significa que o fator não tem nenhuma influência no projeto e 5 significa que o fator tem influência determinante no projeto, sendo os valores de 1 a 4 intermediários.

Os 14 GSC são (mais detalhes na Subseção 7.1.6):

- Comunicação de dados
- Processamento distribuído
- *Performance*
- Configuração do equipamento
- Volume de transações
- Entrada de dados *on-line*
- Interface com o usuário
- Atualização *on-line*
- Processamento complexo
- Reusabilidade
- Facilidade de implantação
- Facilidade operacional
- Múltiplos locais
- Facilidade de mudanças (flexibilidade)

A avaliação dos GSC é feita para o projeto como um todo (não para cada função). Então, como são quatorze GSC e cada um receberá uma nota de 0 a 5, o somatório das notas ficará entre 0 e 70. Esse valor ajustado é conhecido como *TDI* (grau total de influência):

$$TDI = 0,65 + (0,01 \times GSC)$$

Assim, o somatório dos GSC, multiplicado por 0,01 e somado a 0,65, vai fazer que TDI varie de 0,65 a 1,35. Esse valor é multiplicado pelo número de UFP para obter o AFP, ou número de pontos de função ajustados:

$$AFP = UFP \times TDI$$

Em um projeto no qual todos os fatores técnicos sejam mínimos (nota 0), o AFP será igual a 65% do valor nominal de UFP. Já em um sistema em que todos os fatores técnicos sejam máximos (nota 5) o AFP será igual a 135% do valor

124 **PARTE | II** Planejamento e gerência de projetos

nominal de UFP. Um sistema nominal seria aquele no qual todos os fatores técnicos têm nota 3, o que levaria o AFP a ser igual ao UFP.

7.1.5 Duração e Custo de um Projeto

Uma vez que o AFP do projeto tenha sido calculado, o esforço total será calculado multiplicando-se o AFP pelo índice de produtividade (*IP*) da equipe. Esse índice deve ser calculado para o ambiente local e pode variar muito em função do ambiente de trabalho, da experiência da equipe e de outros fatores.

Quando não é feito o ajuste de fatores técnicos, o esforço total é calculado diretamente sobre o UFP. Neste caso, deve-se considerar que diferentes linguagens de programação e diferentes tipos de projeto poderão determinar diferentes índices de produtividade. Assim, o esforço total do projeto é calculado como:

$$E = AFP \times IP$$

O *IP* de uma equipe pode ser calculado da seguinte forma: toma-se um projeto já desenvolvido, para o qual se saiba quanto esforço foi despendido. O esforço *E* pode ser contado em *desenvolvedor-mês, -semana, -dia,* ou *-hora*. O SERPRO utiliza a medida de *desenvolvedor-hora*.

Assim, se quatro pessoas trabalharam em tempo integral durante uma semana de quarenta horas, o valor do esforço total desta equipe é de 160 desenvolvedores-hora. Para saber o índice de produtividade *IP* individual médio dessa equipe, precisamos saber quantos pontos de função eles desenvolveram nesta semana. Se a equipe desenvolveu, por exemplo, três relatórios (SE) de complexidade média, serão $3 \times 5 = 15$ pontos de função desenvolvidos na semana. Assim, o *IP* em horas por ponto de função é calculado como $160 / 15 = 10,7$. Assim, essa equipe teve uma produtividade de 10,7 horas por ponto de função por desenvolvedor e seu *IP* é igual a 10,7 desenvolvedores-hora por ponto de função.

Se houver mais de um projeto disponível para cálculo, podem-se somar os *AFP* ou *UFP* de todos os projetos e dividir pelo esforço despendido em todos os projetos, obtendo sua média aritmética.

O SERPRO (HAZAN, 2010) apresenta como referência índices de produtividade considerados baixos, médios e altos para projetos com diferentes linguagens de programação. Da tabela original, bastante extensa, destacamos na Tabela 7.6 os valores para as oito linguagens mais populares em outubro de 2018, segundo a tabela TIOBE (https://www.tiobe.com/tiobe-index/).

Já o *custo* do projeto é calculado como o esforço total multiplicado pelo custo médio da hora do desenvolvedor e ambiente:

$$Custo = E \times Custo_{hora}$$

TABELA 7.6 Índices de produtividade esperados conforme a linguagem de programação

Linguagem	IP (horas por ponto de função)		
	Baixa	Média	Alta
Java	14	10	6
C	24	18	12
C + +	18	12	6
Python	18	14	8
Visual Basic	12	8	6
C#	17	12	7
PHP	15	10	5
JavaScript	16	12	8

Fonte: Hazan (2010).

Há um site (vide o QR code) que armazena editais brasileiros de contratação de software em que a medida de custo é o ponto de função. No site, pode-se consultar o órgão público que lançou o edital, o ano, o objeto do projeto, o número total de UFP e o valor estimado. Desta forma é possível saber para diferentes áreas e diferentes projetos quanto custou o ponto de função. O valor varia bastante, mas em geral o custo fica entre cem e mil reais por ponto de função.

O *tempo linear ideal* para desenvolvimento do projeto pode ser calculado de forma simplificada. Inicialmente, deve-se converter o esforço, se estiver em desenvolvedor-hora, para desenvolvedor-mês. Isso pode ser feito dividindo-se o esforço E por 160 (número aproximado de horas trabalhadas em um mês). Um projeto, por exemplo, de baixa complexidade (espera-se alta produtividade), com 10.000 pontos de função, a ser desenvolvido por uma equipe que usará a linguagem Java deverá, segundo a Tabela 7.6, trabalhar com produtividade de seis horas por ponto de função e, portanto, seriam 60.000 desenvolvedores-hora. O esforço em desenvolvedor-mês pode então ser calculado como $E_{mês} = E / 160 = 60.000 / 160 = 375$. Assim, o esforço total do projeto será de 375 desenvolvedores-mês.

Para chegar no tempo calendário ou tempo linear ideal para desenvolver o projeto, pode-se aplicar uma equação simples que consiste em obter a raiz cúbica do esforço (*obrigatoriamente* em desenvolvedores-mês) multiplicado por 2,5. Aplicando-se este cálculo ao projeto com 375 desenvolvedores-mês chega-se a $2,5 \times \sqrt[3]{375}$, ou seja, aproximadamente, 18 meses. Assim, a duração ideal do projeto seria de aproximadamente um ano e meio.

Para essa conta funcionar, entretanto, é necessário que o esforço E seja expresso em *desenvolvedor-mês*. O uso de outras unidades, como desenvolvedor-semana ou desenvolvedor-hora, vai provocar distorções no resultado devido ao uso da raiz cúbica.

Finalmente, o tamanho médio da equipe, ao longo de todo o desenvolvimento do projeto, será:

$$P = E/T$$

No exemplo, o tamanho médio da equipe seria dado por 375 / 18, ou seja, aproximadamente 21 pessoas. Porém, na prática, o tamanho da equipe poderá variar pois, como visto no Capítulo 6, usualmente projetos necessitam de menos pessoas nas suas fases iniciais e mais nas fases finais, especialmente durante a fase de Construção, caso se esteja usando o Processo Unificado como referência.

Além do tempo linear ideal, pode-se também falar em tempo mínimo de projeto, caso exista urgência para desenvolvê-lo e seja possível gastar mais recursos para tentar fazer isso num prazo mais curto. O tempo mínimo de um projeto pode ser calculado da seguinte forma:

$$T_{min} = 0,75 \times T$$

Assim, um projeto cujo tempo ideal é de 18 meses poderia ser acelerado até um tempo mínimo de 13,5 meses. Menos do que isso pode ser impossível.

Mas, se o projeto for desenvolvido em um tempo menor do que o ideal, espera-se que o esforço total seja maior do que o que foi inicialmente calculado. Assim, o custo total do projeto será mais caro e o tamanho médio da equipe também terá que ser maior do que E / T_{min}. Deve-se ter em mente que um projeto nessas condições estará sendo gerenciado em condições limite e, portanto, a princípio, apenas equipes muito experientes e organizadas teriam capacidade para dar conta desse ritmo de desenvolvimento. O modelo CII, apresentado na Seção 7.4, indica que uma redução de 25% no tempo linear de um projeto pode aumentar o seu esforço (E) total em 43%.

Todavia, de certa forma todas essas fórmulas são "mágicas", em razão da grande variedade de projetos e equipes de desenvolvimento de software. Antes de usá-las seriamente em uma empresa, convém sempre testá-las e ajustá-las para a realidade local.

TABELA 7.7 Atribuição de notas aos fatores de ajuste técnico

GSC	Nota	Característica que melhor define o sistema
Comunicação de dados	0	Aplicações que são somente processamento em *batch* ou que rodam isoladas em um PC.
	1	Aplicações em *batch*, mas com entrada de dados remota *ou* saída remota, por exemplo, pela Web.
	2	Aplicações em *batch* com entrada de dados remota *e* saída remota.
	3	Aplicações que incluem coleta de dados *on-line* ou *front-end* de teleprocessamento para um sistema em *batch* ou sistema de consultas.
	4	Aplicações que são mais do que um *front-end*, mas suportam um único tipo de protocolo de comunicação.
	5	Aplicações que são mais do que um *front-end* e suportam vários tipos de protocolos de comunicação.
Processamento distribuído	0	Aplicações que não ajudam na transferência de dados ou funções de processamento entre os componentes do sistema.
	1	Aplicações que preparam os dados para o processamento do usuário final em outro componente do sistema, tal como sistemas que geram dados para serem lidos em uma planilha ou arquivo de processador de texto.
	2	Aplicações que preparam dados para transferência e então transferem e processam os dados em outro componente do sistema (não para processamento do usuário final).
	3	Aplicações em que o processamento distribuído e a transferência de dados ocorrem *on-line* e apenas em uma direção.
	4	Aplicações em que o processamento distribuído e a transferência de dados ocorrem *on-line* e nas duas direções.
	5	Aplicações em que as funções são executadas dinamicamente no componente mais apropriado do sistema.
Performance	0	Nenhum requisito de *performance* especial foi definido pelo cliente.
	1	Requisitos de *performance* foram estabelecidos e revisados, mas nenhuma ação especial precisa ser realizada.
	2	O tempo de resposta e a taxa de transferência são críticos durante as horas de pico. Nenhum design especial para utilização de CPU é necessário. O prazo para a maioria dos processamentos é o dia seguinte.
	3	O tempo de resposta e a taxa de transferência são críticos durante o horário comercial. Nenhum design especial para utilização de CPU é necessário. Os requisitos de prazo de processamento com sistemas interfaceados são restritivos.
	4	Em adição, os requisitos de *performance* são suficientemente restritivos para que se necessite estabelecer tarefas de análise de *performance* durante a fase de design.
	5	Em adição, ferramentas de análise de *performance* devem ser usadas nas fases de design, desenvolvimento e/ou implementação para atender aos requisitos de *performance* do cliente.
Configuração do equipamento	0	Nenhuma restrição operacional implícita ou explícita é incluída.
	1	Restrições operacionais existem, mas são menos restritivas do que em uma aplicação típica. Nenhum esforço especial é necessário para satisfazer as restrições.
	2	São incluídas algumas considerações sobre tempo e segurança.
	3	Requisitos específicos de processador para uma parte específica da aplicação são incluídos.
	4	Restrições sobre operações estabelecidas requerem que a aplicação tenha um processador dedicado ou prioridade de tempo no processador central.
	5	Em adição, existem restrições especiais na aplicação em relação aos componentes distribuídos do sistema.

Volume de transações	0	Não são antecipados períodos de picos de transações.
	1	Períodos de picos de transações (por exemplo, mensal, semestral ou anualmente) são antecipados.
	2	Picos de transação semanais são antecipados.
	3	Picos de transação diários são antecipados.
	4	Altas taxas de transação são estabelecidas pelo cliente nos requisitos da aplicação ou nos acordos de nível de serviço, as quais são suficientemente altas para necessitar de atividades de análise de *performance* na fase de design.
	5	Em adição, requer-se o uso de ferramentas de análise de *performance* nas fases de design, desenvolvimento e/ou instalação.
Entrada de dados on-line	0	Todas as transações são processadas em modo *batch*.
	1	1 a 7% das transações são entradas de dados interativas.
	2	8 a 15% das transações são entradas de dados interativas.
	3	16 a 23% das transações são entradas de dados interativas.
	4	24 a 30% das transações são entradas de dados interativas.
	5	Mais de 30% das transações são entradas de dados interativas.
Interface com o usuário		As notas são atribuídas a partir de uma lista de itens que podem ser considerados ou não: • Ajuda navegacional (por exemplo, teclas de função, menus gerados dinamicamente etc.). • Menus. • Ajuda e documentação on-line. • Movimentação de cursor automatizada. • *Scrolling*. • Impressão remota (a partir de transações on-line). • Teclas de função predefinidas. • Tarefas em *batch* submetidas a partir de transações on-line. • Seleção por cursor na tela de dados. • Alto uso de cores e destaque visual em tela. • Cópias impressas de documentação de usuário de transações on-line. • Interface por mouse. • Janelas pop-up. • Minimização do número de janelas para realizar objetivos de negócio. • Suporte bilíngue (conta como quatro itens). • Suporte para mais de duas línguas (conta como seis itens).
	0	Nenhuma das opções anteriores.
	1	De uma a três das opções anteriores.
	2	De quatro a cinco das opções anteriores.
	3	Seis ou mais das opções anteriores, mas não há requisitos específicos relacionados com a eficiência de usuário final.
	4	Seis ou mais das opções anteriores e requisitos estabelecidos para a eficiência de usuário final são suficientemente fortes para requerer a inclusão de atividades de design para fatores humanos (por exemplo, minimizar a quantidade de cliques e movimentos de mouse, maximização de *defaults* e uso de *templates*).
	5	Seis ou mais das opções anteriores e requisitos estabelecidos para a eficiência de usuário são suficientemente fortes para requerer o uso de ferramentas e processos especiais para demonstrar que os objetivos foram atingidos.

(Continua)

TABELA 7.7 Atribuição de notas aos fatores de ajuste técnico *(Cont.)*

GSC	Nota	Característica que melhor define o sistema
Atualização online	0	Nenhuma atualização *on-line*.
	1	É incluída a atualização *on-line* para um a três arquivos. O volume de atualização é baixo e a recuperação é simples.
	2	A atualização *on-line* de quatro ou mais arquivos é incluída. O volume de atualização é baixo e a recuperação é simples.
	3	A atualização *on-line* dos principais arquivos lógicos internos é incluída.
	4	Em adição, proteção contra a perda de dados é essencial, e o sistema deve ser especialmente projetado para isso.
	5	Em adição, altos volumes de atualização trazem considerações de custo para o processo de recuperação. Procedimentos de recuperação altamente automatizados com intervenção mínima do operador são incluídos.
Processamento complexo		Os seguintes componentes são considerados para avaliação da complexidade do processamento da aplicação: • Controle cuidadoso (por exemplo, processamento especial de auditoria) e/ou processamento seguro específico da aplicação. • Processamento lógico extensivo. • Processamento matemático extensivo. • Muito processamento de exceções resultantes de transações incompletas que precisam ser reprocessadas, como transações de caixa-automático incompletas, causadas pela interrupção do teleprocessamento, valores de dados que faltam ou edições que falharam. • Processamento complexo para gerenciar múltiplas possibilidades de entrada e saída, como a multimídia ou a independência de dispositivos.
	0	Nenhuma das opções anteriores.
	1	Qualquer uma das opções anteriores.
	2	Quaisquer duas das opções anteriores.
	3	Quaisquer três das opções anteriores.
	4	Quaisquer quatro das opções anteriores.
	5	Todas as cinco opções anteriores.
Reusabilidade	0	Não há nenhuma preocupação para produzir código reusável.
	1	Código reusável é gerado para uso dentro da própria aplicação.
	2	Menos de 10% da aplicação deve considerar mais do que simplesmente as necessidades do usuário.
	3	10% ou mais da aplicação deve considerar mais do que as necessidades do usuário.
	4	A aplicação deve ser especificamente empacotada e/ou documentada para facilitar o reúso, e a aplicação deve ser personalizável pelo usuário em nível de código-fonte.
	5	A aplicação deve ser especificamente empacotada e/ou documentada para facilitar o reúso, e a aplicação deve ser personalizável por meio de manutenção de usuário baseada em parâmetros.
Facilidade de instalação	0	Nenhuma consideração especial foi estabelecida pelo usuário, e nenhum *setup* especial é necessário para a instalação.
	1	Nenhuma consideração especial foi estabelecida pelo usuário, mas um *setup* especial é requerido para a instalação.
	2	Requisitos de conversão e instalação foram estabelecidos pelo usuário, e guias de conversão e instalação devem ser fornecidos e testados. O impacto da conversão no projeto não é considerado importante.
	3	Requisitos de conversão e instalação foram estabelecidos pelo usuário, e guias de conversão e instalação devem ser fornecidos e testados. O impacto da conversão no projeto é considerado importante.
	4	Em adição à nota 2, ferramentas de conversão e instalação automática devem ser fornecidas e testadas.
	5	Em adição à nota 3, ferramentas de conversão e instalação automática devem ser fornecidas e testadas.

Facilidade operacional	0	Nenhuma consideração operacional especial, além dos procedimentos normais de *backup*, foi estabelecida pelo usuário.
	1-4	Um, alguns ou todos os itens a seguir se aplicam ao sistema (devem-se selecionar todos os que se aplicam. Cada item vale um ponto, exceto se for dito o contrário): • Processos efetivos de inicialização, backup e recuperação devem ser fornecidos, mas a intervenção do operador é necessária. • Processos efetivos de inicialização, backup e recuperação devem ser fornecidos, e nenhuma intervenção do operador é necessária (conta como dois itens). • A aplicação deve minimizar a necessidade de armazenamento em fitas (ou qualquer outro meio de armazenamento off-line). • A aplicação deve minimizar a necessidade de manuseio de papel.
	5	A aplicação é projetada para operar de forma não supervisionada. "Não supervisionada" significa que não é necessária nenhuma intervenção do operador do sistema, a não ser, talvez, na sua primeira inicialização ou desligamento final. Uma das características da aplicação é a recuperação automática de erros.
Múltiplos locais	0	Os requisitos do usuário não exigem a consideração da necessidade de mais do que um usuário ou instalação.
	1	A necessidade de múltiplos locais deve ser considerada no projeto, e a aplicação deve ser projetada para operar apenas em ambientes idênticos de hardware e software.
	2	A necessidade de múltiplos locais deve ser considerada no projeto, e a aplicação deve ser projetada para operar apenas em ambientes de hardware e software similares.
	3	A necessidade de múltiplos locais deve ser considerada no projeto, e a aplicação é projetada para operar em ambientes de hardware e software diferentes.
	4	O plano de documentação e suporte deve ser fornecido e testado para suportar a aplicação em múltiplos locais, e a aplicação é como descrita nas notas 1 e 2.
	5	O plano de documentação e suporte deve ser fornecido e testado para suportar a aplicação em múltiplos locais, e a aplicação é como descrita na nota 3.
Facilidade de mudanças (flexibilidade)		As seguintes características podem se aplicar ao software: Facilidades de consulta e relatórios flexíveis devem ser fornecidos para tratar consultas simples, por exemplo, operadores lógicos binários aplicados apenas a um arquivo lógico interno (conta como um item). • Facilidades de consulta e relatórios flexíveis devem ser fornecidos para tratar consultas de complexidade média, por exemplo, operadores lógicos binários aplicados a mais do que um arquivo lógico interno (conta como dois itens). • Facilidades de consulta e relatórios flexíveis devem ser fornecidos para tratar consultas de complexidade alta, por exemplo, combinações de operadores lógicos binários em um ou mais arquivos lógicos internos (conta como três itens). • Dados de controle de negócio são mantidos em tabelas gerenciadas pelo usuário e com processos interativos on-line, mas as mudanças só têm efeito no dia seguinte (conta como um item). • Dados de controle de negócio são mantidos em tabelas gerenciadas pelo usuário e com processos interativos on-line, e as mudanças têm efeito imediatamente (conta como dois itens).
	0	Nenhum item.
	1	Um item.
	2	Dois itens.
	3	Três itens.
	4	Quatro itens.
	5	Cinco itens ou mais.

Fonte: Longstreet (2018).

7.1.6 Detalhamento dos Fatores Técnicos

Nesta seção é detalhada a interpretação dos fatores técnicos que compõem o TDI (LONGSTREET, 2018) (ver o QR code) para que notas consistentes possam ser atribuídas. Cada fator é descrito, e a Tabela 7.7 pode ser usada como referência para atribuição de notas para cada fator.

O GSC *comunicação de dados* avalia o grau em que necessidades especiais de comunicação afetam o sistema. Sistemas isolados estariam no extremo inferior de avaliação; já os sistemas que fazem uso intensivo de dados obtidos em outros lugares e que enviam informação para muitos lugares diferentes, através de diferentes protocolos de comunicação, estariam no extremo oposto.

O fator *processamento distribuído* avalia o grau em que dados distribuídos são usados pela aplicação. No extremo inferior estão os sistemas que armazenam os dados todos no mesmo lugar ou que, havendo necessidade de transferir dados, nada fazem para automatizar essa transferência. No extremo superior estão as aplicações que distribuem o processamento dinamicamente entre diferentes nodos, escolhendo sempre o melhor nodo possível para efetuar o processamento específico.

O fator *performance* avalia o grau em que a eficiência do sistema precisa ser considerada em sua construção. Sistemas eficientes sempre são desejáveis, mas esse fator avalia o quanto a eficiência é crítica para o sistema, de forma que se invistam recursos de tempo e dinheiro para melhorar esse aspecto. Um sistema de agendamento de compromissos, por exemplo, poderia estar no extremo inferior, porque normalmente trabalha com quantidades de dados pequenas e algoritmos simples, de forma que a eficiência não será uma preocupação. No extremo superior poder-se-ia ter sistemas que trabalham com quantidades absurdamente grandes de dados e/ou precisam apresentar respostas muito rápidas, como um sistema que interpreta dados de geoprocessamento em tempo real ou um sistema de direção automática de veículos.

O fator *configuração do equipamento* avalia o grau em que o sistema necessita ser projetado para compartilhar recursos de processamento. No extremo inferior estão as aplicações nas quais não há nenhuma preocupação com o compartilhamento de hardware; no extremo superior estão as aplicações nas quais o hardware estará sendo compartilhado, enquanto existem restrições operacionais da aplicação em si.

O fator *volume de transações* avalia a quantidade de transações simultâneas esperada. Os limites inferior e superior podem variar em função do desenvolvimento tecnológico do hardware e das redes de comunicação. O que há dez anos poderia ter sido considerado difícil em termos de taxa de transações que hoje pode ser trivial. Então, é necessário que se avalie, em termos da tecnologia atual, qual seria a taxa de influência desse fator no desenvolvimento do produto. No limite inferior estariam sistemas com tão poucas transações que a tecnologia atual daria conta delas sem nenhuma preocupação extra. No extremo superior estariam sistemas no limite da tecnologia, os quais poderiam precisar de vários contêineres de processadores servidores para poder atender aos usuários (na casa de possíveis milhões de acessos simultâneos). Exemplos de sistemas com essa taxa de acesso são o Facebook® e o Google®.

O fator *entrada de dados on-line* avalia a porcentagem de informação que o sistema deve obter *on-line*, ou seja, dos usuários em tempo real. No extremo inferior estão os sistemas que tomam toda a informação necessária de arquivos ou repositórios. No extremo superior estão os sistemas nos quais a maioria das transações são entradas de dados *on-line*.

O fator *interface com o usuário* avalia o grau em que a aplicação será projetada para melhorar a eficiência do usuário final. Não ter preocupação nenhuma com isso leva o sistema ao limite inferior desse fator. Uma preocupação extrema em melhorar a eficiência do trabalho do usuário leva ao limite superior.

O fator *atualização on-line* avalia o percentual de arquivos internos que podem ser atualizados *on-line*. Se nenhum arquivo interno pode ser atualizado dessa forma, então deve-se atribuir nota mínima a esse fator. Quando todos os principais arquivos podem ser atualizados dessa forma e existem restrições especiais de volume e de segurança, então se está no extremo superior do fator.

O fator *processamento complexo* avalia o grau em que a aplicação utiliza processamento lógico ou matemático complexo. No extremo inferior estariam sistemas que apenas armazenam dados e eventualmente fazem algum tipo de soma ou produto; no outro extremo, estariam sistemas baseados em inteligência artificial e processamento numérico complexo nas áreas de Física e Engenharia.

O fator *reusabilidade* avalia em que grau a aplicação é projetada para ser reusável. No extremo inferior estão aplicações que são desenvolvidas sem nenhuma preocupação com reusabilidade e no extremo superior estão aplicações desenvolvidas para gerar vários componentes parametrizados reusáveis.

O fator *facilidude de instalação* avalia em que grau haverá preocupação em facilitar a instalação do sistema e a conversão dos dados. Um sistema para o qual não haja necessidade de conversão de dados e que deva ser instalado sem nenhuma automatização estará no limite inferior. Um sistema que deva se instalar automaticamente e converter automaticamente dados de sistemas legados estará no limite superior.

O fator *facilidade operacional* avalia em que grau a aplicação deverá fazer automaticamente processos de *startup*, recuperação de falhas e *backup*. Aplicações que não automatizem nada disso estão no limite inferior, e aplicações que automatizem totalmente os processos de operação estão no limite superior.

O fator *múltiplos locais* avalia o grau em que a aplicação é projetada para funcionar de forma distribuída. No limite inferior estão as aplicações isoladas *stand-alone* e no superior estão as aplicações formadas por diferentes módulos que rodam em máquinas geograficamente distribuídas ou dispositivos móveis.

O fator *facilidade de mudanças* (*flexibilidade*) avalia o grau em que a aplicação é projetada para facilitar mudanças lógicas e estruturais. Aplicações desenvolvidas sem esse tipo de preocupação estão no limite inferior, e aplicações projetadas para acomodar extensivamente mudanças futuras estão no limite superior.

A Tabela 7.7 apresenta as referências para aplicação das notas (entre 0 e 5) de cada um dos quatorze fatores de ajuste técnico.

Ressalta-se que mesmo que os fatores de ajuste não sejam usados em projetos medidos com UPF, seu cálculo pode ser muito interessante para indicar o quanto o projeto é mais complexo ou mais simples do que um projeto médio.

7.2 PONTOS DE HISTÓRIAS

Pontos de histórias (PH), ou *story points*, é a estimativa de esforço preferida (embora não exclusiva) de métodos ágeis como *Scrum* e XP. Um ponto de história não é uma medida de complexidade funcional, como os pontos de função ou pontos de caso de uso, mas uma medida de esforço relativa à equipe de desenvolvimento.

Por um lado, a técnica se aproxima muito da estimação por especialista, já que a equipe ágil usará hipóteses qualitativas e não quantitativas para estimar o esforço de cada história de usuário. Porém, a técnica tem a vantagem de poder ser aplicada a praticamente qualquer tipo de sistema, enquanto pontos de função se aplicam mais facilmente a sistemas do tipo comercial. Sistemas de outros tipos, como jogos ou sistemas científicos, poderão apresentar dificuldades imensas para a aplicação de pontos de função. Por exemplo, no caso de um jogo em realidade virtual em primeira pessoa, no caso de uma biblioteca de funções matemáticas ou no caso de um compilador, quais são as funções de dados e funções transacionais?

Segundo Kniberg (2007), uma estimativa baseada em pontos de histórias deve ser feita pela equipe. Inicialmente, pergunta-se à equipe quanto tempo X pessoas que se dedicassem unicamente a uma história de usuário levariam para terminá-la, gerando uma versão executável funcional. Se a resposta for, por exemplo, "três pessoas levariam quatro dias", então atribua à história $3 \times 4 = 12$ pontos de história. Pode-se usar aqui a técnica de jogo de planejamento (*poker planning*), conforme já explicado no Capítulo 4.

Assim, um ponto de história pode ser definido como o esforço de desenvolvimento de uma pessoa durante um dia ideal de trabalho, que consiste em uma pessoa dedicada de seis a oito horas a um projeto, sem interrupções nem atividades paralelas.

7.2.1 Atribuição de Pontos de Histórias

Nos métodos ágeis, a importância da estimativa normalmente está na comparação entre histórias, ou seja, mais importante do que saber quantos dias uma história efetivamente levaria para ser implementada é saber que uma história levaria duas vezes mais tempo do que outra para ser implementada. Por esse motivo, os pontos de histórias são atribuídos normalmente não como valores da série dos números naturais, mas como valores da série aproximada de números de Fibonacci. Um número de Fibonacci é definido como a soma dos dois números de Fibonacci anteriores na série (com exceção dos dois primeiros, que, por definição, são 1 e 1). Assim, o início da série de Fibonacci é constituído pelos números: 1, 1, 2, 3, 5, 8, 13, 21, 34, 55, 89, 144 etc. Porém, pode ser estranho mensurar pontos de histórias em 89 ou 34 pontos. Então, na prática, faz-se uma aproximação desses valores para uma série como 1, 2, 3, 5, 8, 15, 25, 40, 60, 100 etc. A ideia é que os pontos de história apresentem uma ordem de grandeza natural para o esforço, e não uma medida exata.

Outra opção para estimar pontos de histórias é usar o sistema "camiseta", com valores "pequeno", "médio" e "grande".

O procedimento de atribuição de pontos funciona assim: tomam-se da lista de histórias de usuário previamente preparada aquelas consideradas mais simples e atribuem-se a elas um ou dois pontos. Depois, sequencialmente, pegam-se outras mais complexas, inicialmente de três pontos, depois de cinco, e assim por diante. O motivo é que, para o ser humano, é muito mais fácil fazer medidas relativas do que medidas absolutas. Assim, é difícil, por exemplo, uma pessoa estimar o peso de um cavalo sem ter uma balança ou conhecimento prévio do valor. Mas uma pessoa consegue verificar facilmente que um cavalo pesa menos do que um elefante e mais do que um cachorro.

Felix (2009) comenta que a atribuição de pontos de histórias usualmente segue critérios subjetivos de complexidade, esforço e risco, sendo caracterizada por frases como:

- *Complexidade*: "Essa regra de negócio tem muitos cenários possíveis."
- *Esforço*: "Essa alteração é simples, mas precisa ser realizada em muitas telas."
- *Risco*: "Precisamos utilizar o *framework* X, mas ninguém na equipe tem experiência."

Na maioria dos modelos ágeis, o esforço precisa ser estimado pela equipe como um todo, e não por um gerente, porque é medida justamente a capacidade das pessoas de realizar as tarefas. Por isso, é necessário que as pessoas que vão fazer o trabalho efetivamente possam opinar e avaliar a carga de trabalho, que, depois de decidida, passará a ser um compromisso de desenvolvimento.

7.2.2 Medição de Velocidade

Pontos de histórias são usados por equipes ágeis para medir sua velocidade de projeto. Pode-se fazer um gráfico e deixar à vista de todos onde, a cada iteração, são medidos os pontos de histórias efetivamente desenvolvidos. Se essa velocidade começar a cair, a equipe deverá verificar o motivo. Vários motivos podem ser listados: desmotivação, erros de estimação, erros de priorização (a equipe começou a tratar histórias de usuário mais simples e deixou as mais complexas e arriscadas para depois) etc.

Em todo caso, quando se deseja aumentar a velocidade da equipe, é comum que se faça a aquisição de mais desenvolvedores para trabalhar nas iterações restantes. Também é natural que, enquanto os novos desenvolvedores estiverem se ambientando, a velocidade em PH seja reduzida para mais tarde aumentar. A Figura 7.1 mostra um exemplo de gráfico de velocidade de projeto em que, após a aquisição de novos membros para a equipe, há uma redução na velocidade em PH que é compensada após três iterações, quando então os novos membros da equipe passam a ser efetivamente produtivos.

Normalmente, um gráfico de velocidade é relativamente estável. Embora os valores possam variar de uma iteração para outra, sua derivada se mantém constante. Se houver medidas de melhoria de produtividade, pode-se esperar aumentos na

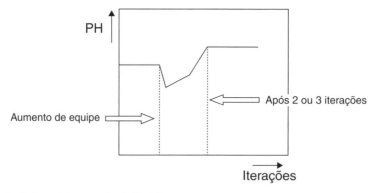

FIGURA 7.1 Gráfico de velocidade de projeto em pontos de histórias.

velocidade, ou seja, uma derivada positiva. Então, a principal utilidade do gráfico de velocidade consiste em ajudar a diagnosticar possíveis problemas de ambiente, caso a derivada se torne negativa, bem como verificar a efetividade de melhorias no processo produtivo.

7.3 SLOC E KSLOC

A técnica de estimação conhecida como LOC (Lines of Code) ou SLOC (Source Lines of Code) foi possivelmente a primeira a surgir e consiste em estimar o número de linhas de código que um programa deverá ter, normalmente com base na opinião de especialistas e no histórico de projetos passados.

Esse tipo de técnica surgiu numa época em que as linguagens de programação, como FORTRAN, eram fortemente orientadas a linhas de código. Naquele tempo, programas eram registrados em cartões perfurados, uma linha de código por cartão, de forma que a altura da pilha de cartões era uma medida bastante natural para o tamanho de um programa.

Rapidamente, a técnica evoluiu para a forma conhecida como KSLOC (Kilo Source Lines of Code), tendo em vista que o tamanho da maioria dos programas passou a ser medido em milhares de linhas. Uma unidade KSLOC, portanto, vale mil unidades SLOC. Além disso, também são usados os termos MSLOC para milhões de linhas e GSLOC para bilhões de linhas de código.

Hoje em dia, as linguagens de programação são muito mais flexíveis em relação a linhas de código, permitindo que vários comandos ocorram em uma única linha ou ainda que um comando seja dividido em várias linhas. Mesmo assim, a noção de linha de código continua sendo uma medida popular para complexidade de programas, que podem variar de 10 a 100.000.000 de linhas, com complexidade inerente diretamente proporcional na maioria das vezes.

De fato, a medida faz sentido quando se comparam ordens de magnitude. Um programa com 100.000 linhas possivelmente será mais complexo do que um programa com 10.000 linhas. Mas pouco se pode concluir ao se comparar um programa com 10.000 linhas e um programa com 11.000 linhas.

7.3.1 Estimação de KSLOC

Uma técnica para estimação de KSLOC é reunir a equipe para discutir o sistema a ser desenvolvido. Cada participante dará a sua opinião sobre a quantidade de KSLOC que será necessária para desenvolver o sistema.

Como no caso da técnica de *poker planning*, pode-se sugerir que cada participante anote em um papel o número de sua estimativa, sem que os outros vejam. Depois, todos abrem suas estimativas. Se houver estimativas muito acima ou muito abaixo das demais, os autores devem defender seu ponto de vista e o processo é repetido até que se chegue próximo a um consenso.

Porém, nem sempre a equipe chega a um valor de estimativa consensual. Neste caso, sugere-se que a equipe trabalhe com uma média ponderada entre os valores máximo, mínimo e médio, usando:

- O KSLOC *otimista*, ou seja, a estimativa mais baixa.
- O KSLOC *pessimista*, ou seja, a estimativa mais alta.
- O KSLOC *médio*, ou seja, a média das estimativas dos demais participantes, excetuando a mais alta e a mais baixa.

A partir desses valores, o KSLOC pode ser calculado assim:

$$KSLOC = (4 \times KSLOC_{médio} + KSLOC_{otimista} + KSLOC_{pessimista})/6$$

Essas estimativas devem ser comparadas com a informação real, ao final do projeto. Por isso, a equipe deve ter um *feedback* para ajustar futuras previsões. Por exemplo, um membro da equipe que costuma prever valores muito abaixo do real deverá perceber que está sendo muito otimista e tentar ajustar suas previsões para valores mais altos no futuro.

Uma técnica que pode ser empregada para ajustar a capacidade de previsão da equipe é tomar projetos já desenvolvidos, para os quais se saiba de antemão a quantidade de linhas, e exercitar a estimativa com a equipe, comparando mais tarde os valores reais com os valores estimados por seus membros.

Embora o objetivo seja acertar a previsão, isso na prática é quase impossível. Erros de previsão de 20% ou 30% não chegam a ser muito significativos, ou seja, é perfeitamente aceitável fazer uma previsão de 10.000 linhas para um projeto de 12.000 ou 13.000 linhas. Mas seria um problema caso a equipe fizesse uma previsão de 10.000 linhas para um projeto que, ao final, tivesse 30.000 ou 40.000 linhas (erro de 200 e 300%, respectivamente).

A medida de número de linhas, porém, ainda pode ser traiçoeira. Possivelmente, programadores experientes produzirão software com menos linhas do que programadores menos experientes, e diferentes linguagens de programação também

134 PARTE | II Planejamento e gerência de projetos

apresentam diferentes valores de produtividade por programador ou por ponto de função. Então, alguns cuidados devem ser tomados. Não se deve considerar SLOC uma boa medida de produtividade individual, pois, muitas vezes, a complexidade inerente de um programa vai muito além da quantidade de linhas: poucas linhas de código poderão realizar funcionalidades difíceis e complexas, enquanto muitas linhas poderão efetuar apenas funcionalidades triviais. É o caso de quem desenvolve software científico ou de inteligência artificial em contraponto com a produção de meros cadastros e relatórios.

Outra situação a considerar é o fato de que refatorações do software poderão remover muitas linhas de código inútil ou redundante, e isso não deve ser considerado uma produtividade negativa.

Assim, a medida do número de linhas de código pode ser útil no longo prazo ou para um projeto como um todo, mas seu uso para avaliar atividades diárias dos desenvolvedores ou em pequenas partes de projeto é bastante arriscado.

7.3.2 Como Contar Linhas de Código

Dependendo da linguagem de programação, pode-se perguntar o que efetivamente conta como linha de código. Em primeiro lugar convém distinguir o que são linhas físicas e linhas lógicas. Linhas *físicas* são todas as linhas do arquivo de texto que contém o código fonte e estas, evidentemente são muito fáceis de contar. Mas a maioria dos programadores, até por necessidade de obedecer a padrões de estilo, deixam linhas em branco em seus programas e estas efetivamente não podem ser consideradas para efeito de estimação de esforço. Assim, apenas linhas *lógicas*, ou seja, aquelas que contém comandos ou declarações são consideradas, usualmente, quando se trata de calcular KSLOC.

Mas ainda assim ficariam algumas dúvidas: "else" conta? Declaração de variável conta? Park (1992) apresenta, para várias linguagens de programação, os tipos de comandos que devem ser efetivamente contados e quais não devem ser contados como SLOC. A Tabela 7.8 apresenta uma versão revisada e atualizada dessas orientações (NGUYEN, DEEDS-RUBIN, TAN & BOEHM, 2007), mencionando linguagens como Java, que não existiam ainda em 1992.

A Tabela 7.8 apresenta, então, um resumo dessas orientações, indicando como efetuar a contagem de programas nas linguagens Java, C, C++ e C#. Na tabela, cada estrutura deve ser classificada em uma única categoria (linha da tabela)

TABELA 7.8 Padrão para contagem de SLOC em Java, C, C++ e C#

Precedência	Estrutura	Regra de contagem
1	Comandos de seleção: *if, else if, else,* operador "?", *try, catch, switch*	Conta uma vez cada ocorrência. Comandos aninhados são contados de forma similar.
2	Comandos de iteração: *for, while, do, while*	Conta uma vez cada ocorrência. A inicialização, a condição e o incremento da instrução *for* não contam, bem como quaisquer outras expressões opcionais do *for*.
3	Comandos de desvio: *return, break, goto, exit, continue, throw*	Conta uma vez cada ocorrência. Rótulos usados com comandos *goto* não contam.
4	Expressões: Chamada de função, atribuição, comando vazio	Conta uma vez cada ocorrência.
5	Outras expressões: Expressões que terminam com ";"	Conta uma vez cada ocorrência. Expressões consistindo unicamente em ";" dentro de comandos de iteração não contam.
6	Delimitadores de bloco {...}	Contam uma vez por par exceto se o fechamento for sucedido por ";", ou seja, "};". Chaves usadas com comandos de seleção e iteração não contam. Definição de função que necessariamente inclui delimitadores de bloco conta uma única vez.
7	Diretivas de compilação	Conta uma vez cada ocorrência.
8	Declaração de dados	Conta uma vez cada ocorrência. Isso inclui protótipos de função, declaração de variáveis e declarações *typedef*. Palavras chave como *struct* e *class* não contam.

seguindo a prioridade de cima para baixo, ou seja, se uma estrutura eventualmente pudesse ser classificada na linha quatro e também na linha cinco ela deve ser considerada classificada na linha quatro, que tem precedência maior.

O trabalho de Nguyen, Deeds-Rubin, Tan e Boehm (2007) apresenta em seu anexo tabelas com regras semelhantes para as linguagens PERL, JavaScript e SQL, as quais podem ser consultadas no original com o uso do QR code.

Assim, um programa como o apresentado na Tabela 7.9, deve contabilizar oito SLOC.

No caso de declaração de variáveis, se várias variáveis puderem ser declaradas em uma mesma expressão, no caso, se são todas do mesmo tipo, conta-se uma vez. Mas se são variáveis de tipo diferente, elas necessariamente têm que ser declaradas em expressões distintas e assim, conta-se uma vez para cada tipo de variável declarada.

7.3.3 Transformando Pontos de Função em KSLOC

Existem estudos (JONES, 1996) que apresentam uma relação entre o número de pontos de função não ajustados e o número de linhas de código que se pode esperar em média, conforme a linguagem de programação. Os resultados comparativos são apresentados em tabelas conhecidas como *backfiring* ou *backfire tables*.

TABELA 7.9 Exemplo de contagem de linhas de código lógicas em Java

	Contagem	Regra (precedência)
public class Fibonacci {	–	8
	–	
static long fibo(int n) {	1	6
if (n < 2) {	1	1
return n;	1	3
} else {	1	1
return fibo(n - 1) + fibo(n - 2);	1	3
}	–	
}	–	
	–	
public static void main(String[ ] args) {	1	6
	–	
// teste do programa. Imprime os 30 primeiros termos	–	
for (int i = 0; i < 30; i + +) {	1	2
System.out.print("(" + i + "):" + Fibonacci.fibo(i) + "\t");	1	5
}	–	
}	–	
	–	
}	–	
TOTAL	8	

TABELA 7.10 *Backfire table*

Linguagem	Média	Mediana	Melhor caso	Pior caso
Assembly	119	98	25	320
C	97	99	39	333
C++	50	53	25	80
C#	54	59	29	70
Java	53	53	14	134
Perl	24	15	15	60
SQL	21	21	13	37
Visual Basic	42	44	20	60

Fonte: http://www.qsm.com/resources/function-point-languages-table.

Uma versão mais recente e atualizada de *backfire table* é apresentada no site da organização QSM (Quantitative Software Management), que em sua versão 5.0 apresenta os resultados obtidos a partir de mais de dois mil projetos executados com pontos de função e linhas de código mensurados (ver o QR code). Das 126 linguagens de programação analisadas, 37 apresentaram dados suficientes para que conclusões estatisticamente relevantes pudessem ser apresentadas. Destas, algumas estão resumidas na Tabela 7.10.

Então, a tabela indica para cada linguagem de programação e seus projetos típicos quantas linhas lógicas de código se pode esperar para cada ponto de função e vice-versa.

Assim, um sistema desenvolvido ou a ser desenvolvido em Java que, pela técnica de Análise de Pontos de Função, tem seu tamanho estimado em mil pontos de função terá um tamanho em SLOC médio estimado em 53.000 linhas, sendo 14.000 no melhor caso e 134.000 no pior caso.

A técnica também pode ser usada para estimar o número de pontos de função equivalente de um sistema para o qual se conheça o número de KSLOC. Assim, por exemplo, um programa com 1.000.000 de linhas de código em Java deve em média implementar 1.000.000 / 53 = 18.868 pontos de função, ou 1.000.000 / 14 = 71.429 pontos de função no melhor caso, ou ainda 1.000.000 / 134 = 7.463 pontos de função no pior caso.

Certo cuidado tem que ser tomado ao se interpretar esta tabela. Ela não indica, por exemplo, que um sistema desenvolvido em C (média 97) terá metade das linhas de código se for desenvolvido em C++ (média 50). A tabela apresenta dados de projetos diferentes em cada linguagem. Assim, um projeto que é desenvolvido em SQL dificilmente também seria desenvolvido em Assembly e vice-versa.

7.4 COCOMO II

COCOMO (pronuncia-se "côcomo") ou *Constructive Cost Model* é um modelo de estimativa de esforço baseado em KSLOC. Sua primeira versão, conhecida como COCOMO 81, já é considerada obsoleta e foi substituída por COCOMO II, também conhecido como CII, em aplicações reais. A versão mais básica de COCOMO 81 é apresentada aqui porque sua simplicidade conceitual ajuda a esclarecer conceitos usados por outras técnicas. Além disso, ela pode ser usada como uma ferramenta de estimativa grosseira, caso a única informação disponível sobre o sistema seja o número de linhas de código.

O modelo COCOMO foi criado por Boehm (1981) a partir de um estudo empírico sobre 63 projetos na empresa TRW Aerospace. Os programas examinados tinham de duas a cem KSLOC e eram escritos em linguagens diversas, como Assembly e PL/I. Mais tarde, o modelo foi ajustado a partir de dados coletados de outros 161 projetos.

7.4.1 Modelo Básico de COCOMO 81

A implementação mais simples de COCOMO é capaz de calcular esforço, tempo e tamanho de equipe a partir de uma simples estimativa de KSLOC. Para o cálculo do esforço com COCOMO 81 deve-se considerar o tipo de projeto a ser desenvolvido:

- *Modo orgânico*: aplica-se quando o sistema a ser desenvolvido não envolve dispositivos de hardware e a equipe está acostumada a desenvolver esse tipo de aplicação, ou seja, sistemas de baixo risco tecnológico e baixo risco de pessoal.
- *Modo semidestacado*: aplica-se a sistemas com maior grau de novidade para a equipe e que envolvem interações significativas com hardware, mas sobre os quais a equipe ainda tem algum conhecimento, ou seja, sistemas nos quais a combinação do risco tecnológico e de pessoal seja média.
- *Modo embutido*: aplica-se a sistemas com alto grau de interação e diferentes dispositivos de hardware, ou que sejam embarcados, e para os quais a equipe tenha considerável dificuldade de abordagem. São os sistemas com alto risco tecnológico e/ou de pessoal.

Uma vez definido o modo, o modelo permite determinar as três informações básicas gerais sobre o sistema:

- O esforço estimado em desenvolvedor-mês: E.
- O tempo linear de desenvolvimento sugerido em meses corridos: T.
- O número médio de pessoas recomendado para a equipe: P.

O número de pessoas para a equipe será sempre dado por $P = E / T$. A medida parece simplista, porque aparentemente considera que a relação entre o número de pessoas e o tempo de projeto é linear. Mas o cálculo do esforço estimado (E) já leva em conta a não linearidade dessa relação, pois é uma função exponencial, como será visto adiante.

Além disso, é importante que nas fórmulas de COCOMO 81 e CII seja usada sempre a unidade *desenvolvedor-mês*. Variações como *desenvolvedor-semana*, *desenvolvedor-dia* ou *desenvolvedor-hora* poderão provocar distorções nos resultados, em razão do uso de exponenciais nas fórmulas.

Inicialmente, calcula-se o esforço (E) a partir da seguinte fórmula:

$$E = ab \times KSLOC^{bb}$$

Nessa fórmula, *ab* e *bb* são obtidos a partir da Tabela 7.11.

Já o tempo linear ideal recomendado para o desenvolvimento é dado por:

$$T = cb \times E^{db}$$

Nessa fórmula, *cb* e *db* são constantes também obtidas na Tabela 7.11.

Por exemplo, um projeto com KSLOC estimado em 20 (20.000 linhas de código) com baixo risco (modo orgânico) produzirá as seguintes estimativas:

$$E = 2,4 \times 20^{1,05} = 56 \text{ de senvolvedores-mês}$$
$$T = 2,5 \times 56^{0,38} = 11,5 \text{ meses}$$
$$P = 56 / 11,5 = 5 \text{ pessoas}$$

TABELA 7.11 Valores de *ab*, *bb*, *cd* e *db* em função do tipo de projeto

Tipo de projeto	ab	bb	cb	db
Orgânico	2,4	1,05	2,5	0,38
Semidestacado	3,0	1,12	2,5	0,35
Embutido	3,6	1,2	2,5	0,32

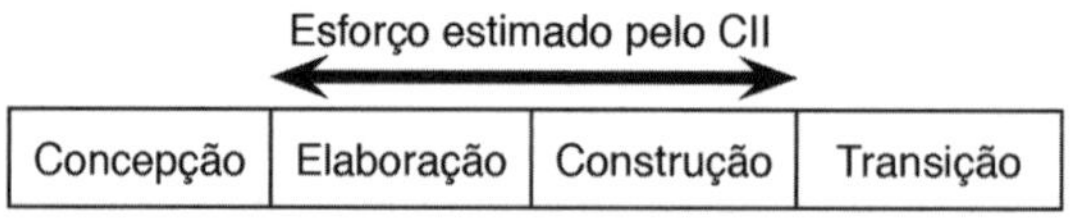

138 PARTE | II Planejamento e gerência de projetos

FIGURA 7.2 Região de estimação de esforço de CII.

Todos os valores são aproximados em razão das casas decimais, mas a conclusão do modelo COCOMO básico é que um projeto orgânico com previsão de 20.000 linhas de código será desenvolvido em cerca de 1 ano por uma equipe de cerca de 5 pessoas em média.

O modelo básico é bom por ser simples e rápido, mas sua capacidade preditiva é limitada, em razão do fato de que o esforço de desenvolvimento não é função apenas do número de linhas de código, mas também de outros fatores, que são considerados no modelo CII.

7.4.2 Visão Geral de CII

COCOMO II ou CII é uma evolução do modelo COCOMO 81 e, ao contrário de seu antecessor, funciona bem com ciclos de vida iterativos, sendo fortemente adaptado para uso com o Processo Unificado (BOEHM, 2000), embora também seja definido para os modelos Cascata e Espiral.

O CII foi projetado para mensurar o esforço e o tamanho médio de equipe para as fases de elaboração e construção do Processo Unificado. Então, o esforço e a equipe para as fases de concepção e transição podem ser calculados como uma fração dos valores obtidos para as duas outras fases. A Figura 7.2 apresenta esquematicamente a região de estimação de esforço abrangida pelo método CII.

Como se pode ver na figura, CII é aplicado para determinar o esforço necessário para desenvolver as fases de elaboração e construção de um projeto. A duração das fases de concepção (caso ainda não tenha terminado) e transição deve ser calculada pela aplicação de um percentual sobre o esforço obtido para as fases de elaboração e construção, em média 5% para a concepção e 10% para a transição.

O método CII define o esforço total, em desenvolvedor-mês, a partir do número de KSLOC, de uma constante ajustável por dados históricos A, de um valor que pode ser calculado para cada projeto, chamado *coeficiente de escala S*, e por um conjunto de fatores multiplicadores de esforço M_i, os quais também são individualmente calculados para cada projeto a partir de notas dadas. A equação geral que define o esforço total nominal de um projeto é a seguinte:

$$E = A \times KSLOC^S \times \prod_{i=1}^{n} M_i$$

Nessa fórmula:

- E é o esforço total nominal que se deseja calcular para o projeto (fases de elaboração e construção em desenvolvedores-mês).
- A é uma constante que deve ser calibrada a partir de dados históricos. CII sugere um valor inicial de 2,94.
- $KSLOC$ é o número estimado de milhares de linhas de código que deverão ser desenvolvidas.
- S é o coeficiente de escala, cujo cálculo é explicado na Subseção 7.4.3.
- M_i são os multiplicadores de esforço, que são explicados na Subseção 7.4.4.

O valor E corresponde, então, ao esforço total em desenvolvedor-mês para as duas fases centrais do UP. Mas, normalmente, projetos são desenvolvidos por equipes e não por uma única pessoa. Assim, uma equipe maior pode conseguir desenvolver um projeto mais rápido do que uma equipe menor. Existe um limite a partir do qual a equipe será grande demais para o tamanho do projeto, e o esforço de gerenciar a equipe não compensará mais o ganho com tempo, havendo inclusive, uma inversão da curva no sentido de que quanto maior a equipe, maior será o tempo do projeto (Figura 7.3).

Pode-se falar, assim, em um tempo ideal e um tamanho de equipe ideal para desenvolver um projeto. O CII sugere que o tempo linear ideal para desenvolver um projeto cujo esforço total E já é conhecido seja calculado a partir da seguinte fórmula:

$$T = C \times E^{D+0,2\times(S-B)}$$

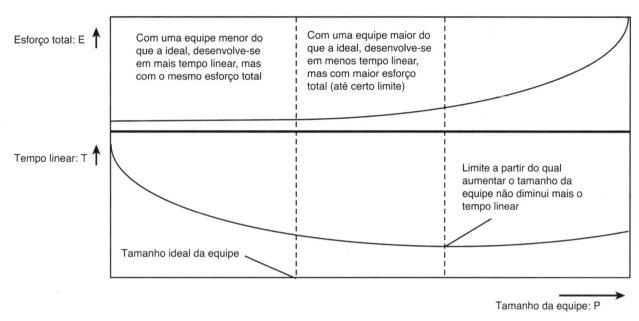

FIGURA 7.3 Relação entre o tamanho da equipe e o tempo linear de desenvolvimento de um projeto.

Nessa fórmula:

- T é o tempo linear ideal de desenvolvimento.
- B, C e D são constantes que devem ser calibradas a partir de dados históricos.
- E é o esforço total para o projeto, conforme calculado anteriormente.
- S é o coeficiente de escala que já foi mencionado.

Finalmente, o *tamanho médio da equipe P* é obtido pela simples divisão do esforço total pelo tempo linear:

$$P = E/T$$

Essa fórmula, porém, só se aplica quando o tempo T for efetivamente o tempo linear ideal ou superior a este. De acordo com a Figura 7.3, pode-se perceber que uma redução no tempo linear não implica um aumento de equipe proporcional, ou seja, para fazer o projeto na metade do tempo, não adianta dobrar o tamanho da equipe.

O método CII possui um multiplicador de esforço especificamente para indicar essa relação. O multiplicador SCED (cronograma de desenvolvimento requerido), apresentado na Subseção 7.4.4, tem valor nominal igual a 1,0 se o projeto deve ser desenvolvido no seu tempo ideal. Caso se queira forçar um desenvolvimento mais rápido, em 85% do tempo ideal, SCED vai valer 1,14. Caso se queira forçar um desenvolvimento ainda mais rápido, em 75% do tempo ideal, SCED passa a valer 1,43, ou seja, indicando um esforço 43% maior para obter uma redução menor do que 25% no tempo linear. Isso porque o novo tempo linear será maior do que 25% do tempo originalmente calculado, já que o esforço total também será maior.

Os valores das constantes A, B, C e D foram obtidos pela equipe da USC (University of Southern California) a partir da análise de 161 projetos. Tais valores são:

- $A = 2,94$
- $B = 0,91$
- $C = 3,67$
- $D = 0,28$

Porém, recomenda-se que pelo menos o valor de A seja calibrado a partir de dados obtidos na organização local que estiver usando a técnica (Subseção 7.4.6).

Um site mantido pela USC (University of Southern California) disponibiliza uma ferramenta *on-line* (ver o QR code) que permite o cálculo automatizado do esforço baseado em CII usando como parâmetro tanto KSLOC quanto pontos de função.

7.4.3 Coeficiente e Fatores de Escala

O coeficiente de escala S é calculado a partir de uma constante B, que deve ser ajustada a partir de dados históricos e de um conjunto de cinco fatores de escala F_j. O cálculo é feito da seguinte forma:

$$S = B \times 0{,}001 \times \sum_{j=1}^{S} F_j$$

Nessa fórmula:

- S é o coeficiente de escala que se deseja calcular.
- B é uma constante que deve ser calibrada de acordo com valores históricos. CII sugere um valor inicial de 0,91.
- F_j são cinco fatores de escala (*scale factors*) que devem ser atribuídos para cada projeto específico, tomando-se sempre muito cuidado, pois sua influência no cálculo do esforço total do projeto é exponencial.

Os cinco fatores de escala mencionados anteriormente receberão cada um uma nota que varia de "muito baixo" até "extremamente alto". Os fatores de escala terão impacto exponencial no tempo de desenvolvimento. Se seu somatório, o coeficiente de escala S, for nominal (= 1,0), então estima-se que um projeto com 200 KSLOC terá um esforço duas vezes maior do que um projeto com 100 KSLOC, ou seja, o crescimento do esforço é proporcional ao tamanho do projeto. Em outras palavras, mesmo que o projeto aumente de tamanho, o custo de cada linha de código permanece inalterado.

Se o coeficiente de escala ficar acima do nominal (> 1,0), então um projeto com 200 KSLOC vai usar *mais do que o dobro* do esforço do que um projeto com 100 KSLOC, ou seja, quanto maior o projeto, mais cara se torna cada linha de código.

Por outro lado, se o coeficiente de escala ficar abaixo do nominal (< 1,0), então um aumento do tamanho do projeto vai proporcionar um ganho em escala, ou seja, quanto maior o projeto, mais barata se torna cada linha de código.

Os fatores de escala são:

- *Precedentes* (*PREC*): Se o produto é similar a vários projetos desenvolvidos anteriormente, então PREC é alto.
- *Flexibilidade no Desenvolvimento* (*FLEX*): Se o produto deve ser desenvolvido estritamente dentro dos requisitos, é preso a definições de interfaces externas, então FLEX é baixo.
- *Arquitetura/Resolução de Riscos* (*RESL*): Se existe bom suporte para resolver riscos e para definir a arquitetura, então RESL é alto.
- *Coesão da Equipe* (*TEAM*): Se a equipe é bem formada e coesa, então TEAM é alto.
- *Maturidade de Processo* (*PMAT*): Esse fator pode estar diretamente associado com o nível de maturidade CMMI (Seção 12.3). Quanto mais alto o nível de maturidade, maior será o PMAT.

As Tabelas 7.12 a 7.16 são sugestões de Boehm sobre como definir a nota de cada um dos fatores de escala considerados. Para cada fator, toma-se a primeira tabela e decide-se qual a avaliação para cada uma das características na primeira coluna. Após obter todas as avaliações (uma para cada linha), determina-se uma nota para o fator como um todo, escolhendo a coluna mais representativa (muito baixo, baixo, nominal, alto, muito alto ou extremamente alto). A escolha da coluna mais representativa não é feita de maneira formal, ou seja, a ponderação dos requisitos será feita pelo planejador de projeto de acordo com sua percepção e experiência. Mas, a princípio, deve-se considerar a coluna que represente a média subjetiva das notas dadas.

Uma vez selecionada a avaliação (coluna) para o fator de escala, usa-se a segunda tabela para obter sua equivalente numérica, a qual será usada na fórmula do coeficiente de escala S, conforme mostrado no início desta seção.

Estimação de Esforço Capítulo | 7 141

TABELA 7.12 Forma de obtenção do equivalente numérico para PREC

Característica	Muito baixo, Baixo	Nominal, Alto	Muito alto, Extra alto
Compreensão organizacional dos objetivos do produto	Geral	Considerável	Total
Experiência no trabalho com sistemas de software relacionados	Moderada	Considerável	Extensiva
Desenvolvimento concorrente de novo hardware e procedimentos operacionais associados	Extensivo	Moderado	Algum
Necessidade de arquiteturas e algoritmos de processamento de dados inovadores	Considerável	Algum	Mínimo

Nota média	Muito baixo	Baixo	Nominal	Alto	Muito alto	Extra alto
Interpretação	Totalmente sem precedentes	Largamente sem precedentes	Um tanto sem precedentes	Genericamente familiar	Altamente familiar	Totalmente familiar
Fator numérico	6,20	4,96	3,72	2,48	1,24	0,00

TABELA 7.13 Forma de obtenção do equivalente numérico para FLEX

Característica	Muito baixo, Baixo	Nominal, Alto	Muito alto, Extra alto
Necessidade de conformação do software a requisitos preestabelecidos	Total	Considerável	Básica
Necessidade de conformação do software a especificações de interfaces com sistemas externos	Total	Considerável	Básica
Combinação das inflexibilidades acima com prêmio por término antecipado do projeto	Alto	Médio	Baixo

Nota média	Muito baixo	Baixo	Nominal	Alto	Muito alto	Extra alto
Interpretação	Rigoroso	Relaxamento ocasional	Algum relaxamento	Conformidade geral	Alguma conformidade	Metas gerais
Fator numérico	5,07	4,05	3,04	2,03	1,01	0,00

TABELA 7.14 Forma de obtenção do equivalente numérico para RESL

Característica	Muito baixo	Baixo	Nominal	Alto	Muito alto	Extra alto
O plano de gerenciamento de risco identifica todos os itens de risco críticos e estabelece marcos para resolvê-los	Nada	Um pouco	Alguma coisa	Geralmente	Largamente	Totalmente
Cronograma, orçamento e marcos internos são compatíveis com o plano de gerenciamento de risco	Nada	Um pouco	Alguma coisa	Geralmente	Largamente	Totalmente
Percentual do cronograma de desenvolvimento devotado a estabelecer a arquitetura, uma vez definidos os objetivos gerais do produto	5	10	17	25	33	40
Percentual de arquitetos de software experientes (*top*) disponíveis para o projeto em relação ao considerado necessário	20	40	60	80	100	120
Suporte de ferramentas disponível para resolver itens de risco, desenvolver e verificar especificações arquiteturais	Nenhum	Pouco	Algum	Bom	Forte	Total
Nível de incerteza nos determinantes-chave da arquitetura: missão, interface com usuário, COTS, hardware, tecnologia, desempenho	Extremo	Significativo	Considerável	Algum	Pouco	Muito pouco
Número de itens de risco e sua importância	Mais de 10 críticos	5 a 10 críticos	2 a 4 críticos	1 crítico	Mais de 5 não críticos	Menos de 5 não críticos

Nota média	Muito baixo	Baixo	Nominal	Alto	Muito alto	Extra alto
Interpretação	Pouco (20%)	Algum (40%)	Frequente (60%)	Geralmente (75%)	Largamente (90%)	Totalmente (100%)
Fator numérico	7,07	5,65	4,24	2,83	1,41	0,00

142 PARTE | II Planejamento e gerência de projetos

TABELA 7.15 Forma de obtenção do equivalente numérico para TEAM

Característica	Muito baixo	Baixo	Nominal	Alto	Muito alto	Extra alto
Consistência dos objetivos e cultura dos interessados	Pouca	Alguma	Básica	Considerável	Forte	Total
Habilidade e vontade dos interessados em acomodar os objetivos de outros interessados	Pouca	Alguma	Básica	Considerável	Forte	Total
Experiência dos interessados em trabalhar como uma equipe	Nenhuma	Pouca	Pouca	Básica	Considerável	Extensiva
Construção de equipes com os interessados para obter visão compartilhada e compromissos	Nenhuma	Pouca	Pouca	Básica	Considerável	Extensiva

Nota média	Muito baixo	Baixo	Nominal	Alto	Muito alto	Extra alto
Interpretação	Interações muito difíceis	Algumas interações difíceis	Interações basicamente cooperativas	Interações predominantemente cooperativas	Interações altamente cooperativas	Interações perfeitas
Fator numérico	5,48	4,38	3,29	2,19	1,10	0,00

TABELA 7.16 Forma de obtenção do equivalente numérico para PMAT

Característica	Muito baixo	Baixo	Nominal	Alto	Muito alto	Extra alto
Nível CMMI, SPICE ou EPML	0	1	2	3	4	5

Nota média	Muito baixo	Baixo	Nominal	Alto	Muito alto	Extra alto
Interpretação	Sem processo definido	Processo incipiente	Processo definido	Processo gerenciado	Processo padronizado gerenciado quantitativamente	Processo em otimização constante
Fator numérico	7,80	6,24	4,68	3,12	1,56	0,00

Para PREC (o produto é similar a produtos anteriormente desenvolvidos pela mesma equipe), a Tabela 7.12, em duas partes, apresenta os padrões para atribuição do equivalente numérico.

Assim, por exemplo, imaginando que um projeto tenha a seguinte avaliação:

- Compreensão organizacional dos objetivos do produto: *considerável*.
- Experiência no trabalho com sistemas de software relacionados: *moderada*.
- Desenvolvimento concorrente de novo hardware e procedimentos operacionais associados: *moderado*.
- Necessidade de arquiteturas e algoritmos de processamento de dados inovadores: *algum*.

Neste caso, tem-se três notas na coluna "Nominal/Alto" e uma nota na coluna "Muito baixo/Baixo". Não faria sentido atribuir notas "Muito baixo" (porque apenas uma nota contra três está nessa coluna), nem "Muito alto" ou "Extra alto" (porque nenhuma nota está nessas colunas). Como são três notas na coluna "Nominal/Alto" e uma na coluna "Muito baixo/ Baixo", pode-se atribuir nota "Nominal" a PREC (o limite inferior da segunda coluna). Assim, a interpretação de PREC vai considerar que o projeto é "um tanto sem precedentes" e o fator de escala numérico será 3,72.

A Tabela 7.13 apresenta a forma de cálculo do fator de escala *FLEX*, ou seja, qual a *flexibilidade no desenvolvimento* em relação aos requisitos.

Interpretando as tabelas anteriores, depreende-se que quanto maior o rigor em relação à conformidade com os requisitos, ou seja, quanto menor a flexibilidade do projeto, mais tempo ele vai levar para ser desenvolvido. Isso é natural, uma vez que as atividades de projeto incluem não apenas a escrita de código, mas todas as atividades, inclusive as inspeções de conformidade e testes exaustivos.

O fator RESL, ou seja, a existência de arquitetura ou sistema de suporte para *resolução de riscos* é calculado de acordo com os dados da Tabela 7.14.

Um risco será crítico se sua exposição for alta, ou seja, se o produto da sua probabilidade pelo seu impacto for alto, conforme mostrado na Seção 8.4. Riscos não críticos seriam os de exposição média. Já os riscos de baixa exposição não precisam ser contabilizados na última linha da tabela de RESL.

No Processo Unificado, o porcentual do cronograma devotado a estabelecer a arquitetura pode ser compreendido como o porcentual de duração da fase de elaboração em relação ao projeto como um todo, já que essa fase específica tem como objetivo estabilizar a arquitetura.

O fator de escala TEAM, ou seja, a *coesão da equipe de desenvolvimento*, pode ser calculado como mostrado na Tabela 7.15.

É possível observar que os fatores de escala do CII não são apenas itens para estimação de esforço, mas também recomendações de boas práticas, ou seja, objetivos a serem buscados. Se cada uma das características listadas obtiver notas positivas, o tempo de desenvolvimento tenderá a ser muito mais baixo do que com notas mais negativas.

Finalmente, o fator PMAT, ou *maturidade do processo*, pode ser calculado a partir do nível de maturidade obtido pela empresa, de acordo com o modelo CMMI (Seção 12.3) ou SPICE (Seção 12.2). O equivalente numérico pode ser obtido como mostrado na Tabela 7.16.

Na falta de uma avaliação por CMMI ou SPICE, pode-se aplicar um questionário de avaliação EPML (BOEHM, 2000) para obter o nível correspondente. EPML significa *Estimated Process Maturity Level*. O questionário e as formas de cálculo são apresentados na Subseção 7.4.7

7.4.4 Multiplicadores de Esforço

Os *multiplicadores de esforço* M_i são usados para ajustar a estimativa de esforço para o desenvolvimento de um sistema baseando-se em características próprias do projeto e da equipe que podem onerar esse tempo. Sua quantidade varia em função de se estar calculando o esforço nas fases iniciais ou intermediárias do projeto.

Durante as fases de concepção e início da elaboração usa-se o *Early Design Model* (Subseção 7.4.4.2), com 6 fatores ($n = 6$). Mais tarde, pode-se usar o *Post-Architecture Model* (Subseção 7.4.4.1), com 16 fatores ($n = 16$). A Figura 7.4 resume o momento em que cada um dos modelos deve ser usado, sendo que na fase de elaboração a decisão por um modelo ou outro vai depender de quanto já se tenha avançado.

Nota-se que, se qualquer um dos modelos for aplicado durante a fase de elaboração ou construção, o modelo vai prever o esforço total dessas duas fases. Então, o esforço já despendido deverá ser descontado para que a previsão diga respeito ao tempo ainda restante do projeto.

7.4.4.1 Multiplicadores de Esforço do Post-Architecture Model

Os *multiplicadores de esforço do Post-Architecture Model* estão divididos nos seguintes grupos:

- Fatores do produto
- Fatores da plataforma
- Fatores humanos
- Fatores de projeto

Os *fatores do produto* avaliam características do produto que podem afetar o esforço de desenvolvimento. Esses fatores são:

- Software com Confiabilidade Requerida (RELY)
- Tamanho da Base de Dados (DATA)

FIGURA 7.4 Momento de aplicação dos modelos *early design* e *post-architecture*.

144 PARTE | II Planejamento e gerência de projetos

TABELA 7.17 Forma de obtenção do equivalente numérico para RELY

Descritor	Pequena inconveniência	Perdas pequenas, facilmente recuperáveis	Perdas moderadas, facilmente recuperáveis	Alta perda financeira	Risco à vida humana	
Avaliação	Muito baixo	Baixo	Nominal	Alto	Muito alto	Extra alto
Equivalente numérico	0,82	0,92	1,00	1,10	1,26	n/a

- Complexidade do Produto (CPLX)
- Desenvolvimento Visando Reusabilidade (RUSE)
- Documentação Necessária para o Ciclo de Desenvolvimento (DOCU)

O multiplicador de esforço RELY (Software com Confiabilidade Requerida) avalia o tipo de consequências caso o software tenha alguma falha. Para aplicar a tabela, deve-se encontrar o descritor (primeira linha) que melhor descreve o fator de confiabilidade requerida. A partir dele encontram-se a avaliação e seu equivalente numérico na coluna correspondente (Tabela 7.17). Por exemplo, quando o efeito de uma falha do software é apenas inconveniente, então RELY é *muito baixo* e o equivalente numérico é 0,82.

No caso de RELY, a avaliação "Extra alto" é inexistente (n/a). Isso também acontecerá com outros multiplicadores, como será visto mais adiante.

O multiplicador de esforço DATA (Tamanho da Base de Dados) avalia o tamanho relativo da base de dados usada para testes do programa (não a base de dados final). A razão D/P é o número de *Kbytes* na base de dados de teste (D) dividido pelo número de milhares de linhas (P) estimado do programa (em KSLOC). A Tabela 7.18 apresenta os parâmetros de cálculo para DATA.

Assim, por exemplo, se o projetista estima que a base de dados para testes do sistema deverá ter 500 registros cada um com 2 K bytes em média, D será igual a 1.000 K bytes. Se o número de linhas de código P for, digamos, 12 KSLOC, então $D/P = 1.000/12 = 83,333...$, e, assim, o valor de DATA para esse projeto será "Nominal". Como aqui se trata de ordens de grandeza, a estimação de tamanho da base de dados, e mesmo das linhas de código, não precisa ser muito precisa.

O multiplicador de esforço CPLX (Complexidade do Produto) avalia a complexidade em cinco áreas: operações de controle (estruturas de controle, recursão, concorrência e distribuição), operações computacionais (cálculos matemáticos), operações dependentes de dispositivos (entrada e saída de dados), operações de gerenciamento de dados (desde simples dados em memória até bancos de dados distribuídos) e operações de gerenciamento de interface (simples entrada de texto num extremo e realidade virtual no outro). Então, ao contrário dos multiplicadores anteriores, que são obtidos a partir de um único descritor, CPLX terá cinco descritores (um para cada área). A complexidade do produto é dada pela média subjetivamente ponderada dessas cinco áreas, conforme mostrado na Tabela 7.19.

O multiplicador de esforço RUSE (Desenvolvimento Visando Reusabilidade) avalia o quanto o projeto é feito pensando em gerar componentes que depois possam ser reusados. O desenvolvimento baseado em SPL (Linhas de Produto de Software – Seção 3.14), por exemplo, leva a um valor alto de RUSE. A Tabela 7.20 apresenta o padrão de atribuição de notas a esse multiplicador.

O maior esforço de desenvolvimento quando se usa linhas de produto de software é justamente decorrente da necessidade de maior esforço para identificar e estruturar uma família de produtos, o que é mais difícil do que quando se desenvolve um produto isolado. A vantagem das linhas de produto acaba aparecendo justamente quando um número

TABELA 7.18 Forma de obtenção do equivalente numérico para DATA

Descritor		D/P < 10	10 ≤ D/P ≤ 100	100 ≤ D/P ≤ 1.000	D/P ≥ 1.000	
Avaliação	Muito baixo	Baixo	Nominal	Alto	Muito alto	Extra alto
Equivalente numérico	n/a	0,90	1,00	1,14	1,28	n/a

TABELA 7.19 Forma de obtenção do equivalente numérico para CPLX

	Muito baixo	Baixo	Nominal	Alto	Muito alto	Extra alto
Operações de controle	Código sequencial com poucas estruturas não alinhadas. Composição simples de módulos via chamada de procedimentos ou *scripts*.	Aninhamento simples de estruturas de controle. Basicamente predicados simples.	Basicamente aninhamento simples. Algum controle intermódulos. Tabelas de decisão. Chamadas ou passagem de mensagens, incluindo processamento distribuído suportado por *middleware*	Estruturas altamente aninhadas com vários predicados compostos. Controle de fila e pilha. Processamento distribuído homogêneo. Controle de tempo real simples em processador único.	Código reentrante e recursivo. Gerenciamento de interrupção com prioridade fixa. Sincronização de tarefas. Chamadas complexas. Processamento distribuído heterogêneo. Controle de tempo real complexo em processador único.	Escalonamento de múltiplos recursos com mudança dinâmica de prioridades. Controle em nível de microcódigo. Controle complexo de tempo real distribuído.
Operações computacionais	Avaliação de expressões simples como A = B + C*(D-E).	Avaliação de expressões de nível moderado como D = SQRT (B**2-4.*A*C).	Uso de rotinas matemáticas e estatísticas padrão. Operações básicas sobre matrizes e vetores.	Análise numérica básica: interpolação multivariada e equações diferenciais ordinárias. Arredondamento e truncamento básicos.	Análise numérica complexa, mas estruturada: equações de matrizes, equações diferenciais parciais. Paralelização simples.	Análise numérica complexa e não estruturada: análise altamente precisa, dados estocásticos. Paralelização complexa.
Operações dependentes de dispositivo	Comandos simples de leitura e escrita com formatação simples.	Sem necessidade de conhecimento de características particulares de processador ou dispositivo de E/S. E/S feita por *Get* e *Put*.	Processamento de E/S inclui seleção de dispositivo, checagem de *status* e processamento de erros.	Operações de E/S em nível físico (traduções de endereços de armazenamento físicos; buscas e leituras etc.). *Overlap* de E/S otimizado.	Rotinas para diagnóstico de interrupção. Gerenciamento de linha de comunicação. Sistemas embarcados com consideração intensiva de performance.	Codificação de dispositivos dependentes de tempo. Operações microprogramadas. Sistemas embutidos com performance crítica.
Operações de gerenciamento de dados	*Arrays* simples em memória. Simples consultas e atualizações em COTS ou banco de dados.	Arquivos simples sem edição nem *buffers*. Consultas e atualizações em bancos de dados ou COTS moderadamente complexas.	Entrada de múltiplos arquivos e saída em arquivo único. Mudanças estruturais simples. Edição simples. Consultas e atualizações complexas em COTS ou banco de dados.	Gatilhos simples ativados pelo conteúdo de sequências de dados. Reestruturação de dados complexa.	Coordenação de bancos de dados distribuídos. Gatilhos complexos. Otimização.	Estruturas relacionais e de objetos dinâmicas e altamente acopladas. Gerenciamento de dados em linguagem natural.
Operações de gerenciamento de interface com usuário	Formulários de entrada simples e geradores de relatórios.	Uso de construtores de interface com usuário (GUI) simples.	Simples uso de um conjunto de *widgets*.	Desenvolvimento e extensão de conjunto de *widgets*. E/S por voz. Multimídia.	Gráficos dinâmicos 2D e 3D moderadamente complexos. Multimídia.	Multimídia complexa. Realidade virtual. Interface em linguagem natural.
Avaliação	Muito baixo	Baixo	Nominal	Alto	Muito alto	Extra alto
Equivalente numérico	0,73	0,87	1,00	1,17	1,34	1,74

146 PARTE | II Planejamento e gerência de projetos

TABELA 7.20 Forma de obtenção do equivalente numérico para RUSE

Descritor		Nenhum reúso	Dentro do projeto	Dentro de um programa	Dentro de uma SPL	Entre múltiplas SPLs
Avaliação	Muito baixo	Baixo	Nominal	Alto	Muito alto	Extra alto
Equivalente numérico	n/a	0,95	1,00	1,07	1,15	1,24

TABELA 7.21 Forma de obtenção do equivalente numérico para DOCU

Descritor	Muitas necessidades de ciclo de vida não cobertas	Algumas necessidades de ciclo de vida não cobertas	Exatamente dimensionada para as necessidades do ciclo de vida	Excessiva para as necessidades do ciclo de vida	Muito excessiva para as necessidades do ciclo de vida	
Avaliação	Muito baixo	Baixo	Nominal	Alto	Muito alto	Extra alto
Equivalente numérico	0,81	0,91	1,00	1,11	1,23	n/a

significativo de produtos é desenvolvido e a reusabilidade reduz o esforço necessário para produzir cada produto individual derivado da linha.

O multiplicador DOCU (Documentação Necessária para o Ciclo de Desenvolvimento) mede o quanto a documentação necessária para o desenvolvimento realmente é produzida. Se não há compromisso com a documentação, o DOCU é baixo; se há documentação em excesso, além das necessidades reais, então o índice é alto. A Tabela 7.21 mostra como chegar aos valores numéricos desse multiplicador.

O fato de o processo de desenvolvimento deixar muitas necessidades de documentação não cobertas faz com que o desenvolvimento seja mais rápido, pois documentar leva tempo. Porém, isso usualmente não é uma boa prática, pois poderá gerar problemas mais adiante, especialmente na fase de operação do sistema, quando ele precisar sofrer manutenção.

Entretanto, documentação excessivamente burocrática exigirá muito esforço sem necessariamente produzir algum ganho depois.

Os multiplicadores de esforço referentes à *plataforma* se referem à complexidade da plataforma-alvo de implementação (hardware e software básico). Esses fatores são:

- Restrição de Tempo de Execução (TIME)
- Restrição de Memória Principal (STOR)
- Volatilidade da Plataforma (PVOL)

O multiplicador TIME (Restrição de Tempo de Execução) avalia a porcentagem esperada de uso dos processadores disponíveis pela aplicação (Tabela 7.22).

O multiplicador STOR (Restrição de Memória Principal) avalia a porcentagem esperada de uso da memória principal pela aplicação. A Tabela 7.23 apresenta os equivalentes numéricos para esse multiplicador.

O uso de técnicas como *swap* nos modernos sistemas operacionais pode fazer com que a preocupação com o uso da memória principal seja sempre nominal no caso de sistemas de informação, porque a memória sempre pode ser aumentada

TABELA 7.22 Forma de obtenção do equivalente numérico para TIME

Descritor			Menos de 50% de uso do tempo de execução disponível	70% de uso do tempo de execução disponível	85% de uso do tempo de execução disponível	95% de uso do tempo de execução disponível
Avaliação	Muito baixo	Baixo	Nominal	Alto	Muito alto	Extra alto
Equivalente numérico	n/a	n/a	1,00	1,11	1,29	1,63

TABELA 7.23 Forma de obtenção do equivalente numérico para STOR

Descritor			Menos de 50% de uso da memória principal	70% de uso da memória principal	85% de uso da memória principal	95% de uso da memória principal
Avaliação	Muito baixo	Baixo	Nominal	Alto	Muito alto	Extra alto
Equivalente numérico	n/a	n/a	1,00	1,05	1,17	1,46

virtualmente. Porém, em aplicações embarcadas, esse indicador pode ser avaliado de forma mais crítica, justamente pela falta desse tipo de mecanismo.

O multiplicador PVOL (Volatilidade da Plataforma) avalia a plataforma de desenvolvimento, a qual inclui hardware e software básicos, sobre os quais a aplicação é construída. O fator é avaliado como "Baixo" quando ocorrem mudanças de plataforma em períodos superiores a um ano e como "Alto" quando as mudanças ocorrem em média a cada duas semanas. A Tabela 7.24 mostra como obter os valores numéricos.

Os *fatores humanos* considerados multiplicadores de esforço são:

- Capacidade dos Analistas (ACAP)
- Capacidade dos Programadores (PCAP)
- Continuidade de Pessoal (PCON)
- Experiência em Aplicações Semelhantes (APEX)
- Experiência na Plataforma (PLEX)
- Experiência na Linguagem e Ferramentas (LTEX)

O multiplicador ACAP (Capacidade dos Analistas) avalia a capacidade dos analistas de analisar e modelar aplicações, eficiência e eficácia, e as habilidades de cooperar e comunicar. Quanto maior a capacidade, menor o valor de ACAP. A Tabela 7.25 mostra como obter o valor numérico para a capacidade dos analistas, avaliada em termos de percentis. Por exemplo, se os analistas estão no percentil 15% mais baixo, então o multiplicador é avaliado como "Muito baixo".

O multiplicador PCAP (Capacidade dos Programadores) avalia os programadores de forma semelhante à ACAP (Tabela 7.26).

TABELA 7.24 Forma de obtenção do equivalente numérico para PVOL

Descritor		Mudanças grandes a cada 12 meses, pequenas a cada mês	Grandes: 6 meses; pequenas: 2 semanas	Grandes: 2 meses; pequenas: 1 semana	Grandes: 2 semanas; pequenas: 2 dias	
Avaliação	Muito baixo	Baixo	Nominal	Alto	Muito alto	Extra alto
Equivalente numérico	n/a	0,87	1,00	1,15	1,30	n/a

TABELA 7.25 Forma de obtenção do equivalente numérico para ACAP

Descritor	Percentil 15	35	55	75	90	
Avaliação	Muito baixo	Baixo	Nominal	Alto	Muito alto	Extra alto
Equivalente numérico	1,42	1,19	1,00	0,85	0,71	n/a

TABELA 7.26 Forma de obtenção do equivalente numérico para PCAP

Descritor	Percentil 15	35	55	75	90	
Avaliação	Muito baixo	Baixo	Nominal	Alto	Muito alto	Extra alto
Equivalente numérico	1,34	1,15	1,00	0,88	0,76	n/a

148 PARTE | II Planejamento e gerência de projetos

TABELA 7.27 Forma de obtenção do equivalente numérico para PCON

Descritor	48%/ano	24%/ano	12%/ano	6%/ano	3%/ano	
Avaliação	Muito baixo	Baixo	Nominal	Alto	Muito alto	Extra alto
Equivalente numérico	1,29	1,12	1,00	0,90	0,81	n/a

TABELA 7.28 Forma de obtenção do equivalente numérico para APEX

Descritor	Menos de 2 meses	6 meses	1 ano	3 anos	6 anos	
Avaliação	Muito baixo	Baixo	Nominal	Alto	Muito alto	Extra alto
Equivalente numérico	1,22	1,10	1,00	0,88	0,81	n/a

TABELA 7.29 Forma de obtenção do equivalente numérico para PLEX

Descritor	Menos de 2 meses	6 meses	1 ano	3 anos	6 anos	
Avaliação	Muito baixo	Baixo	Nominal	Alto	Muito alto	Extra alto
Equivalente numérico	1,19	1,09	1,00	0,91	0,85	n/a

TABELA 7.30 Forma de obtenção do equivalente numérico para LTEX

Descritor	Menos de 2 meses	6 meses	1 ano	3 anos	6 anos	
Avaliação	Muito baixo	Baixo	Nominal	Alto	Muito alto	Extra alto
Equivalente numérico	1,20	1,09	1,00	0,91	0,84	n/a

O multiplicador PCON (Continuidade de Pessoal) avalia a porcentagem de trocas de desenvolvedores no período de um ano. Quanto menos trocas, menor o valor de PCON. A Tabela 7.27 mostra como obter o valor numérico de PCON a partir da porcentagem de troca de desenvolvedores no período de um ano.

O multiplicador APEX (Experiência em Aplicações Semelhantes) avalia o tempo médio (em anos) de experiência da equipe em aplicações semelhantes à que vai ser desenvolvida. Quanto maior o tempo, menor o valor de APEX. A Tabela 7.28 mostra como se obter os valores para APEX.

O multiplicador PLEX (Experiência na Plataforma) avalia a experiência da equipe na plataforma de desenvolvimento, incluindo bibliotecas, hardware, sistema operacional, banco de dados, *middleware* e outros itens relacionados. A Tabela 7.29 apresenta a forma de se obter os equivalentes numéricos para PLEX.

O multiplicador LTEX (Experiência na Linguagem e Ferramentas) avalia o tempo médio de experiência da equipe nas ferramentas CASE e linguagens usadas para o desenvolvimento (Tabela 7.30).

Os *fatores de projeto* avaliam a influência do uso de ferramentas modernas de desenvolvimento, ambiente de trabalho e aperto do cronograma. Esses fatores são:

- Uso de Ferramentas de Software (TOOL)
- Equipe de Desenvolvimento Distribuída (SITE)
- Cronograma de Desenvolvimento Requerido (SCED)

O multiplicador TOOL (Uso de Ferramentas de Software) avalia a qualidade do suporte computacional ao ambiente de desenvolvimento. O uso de simples compiladores implica um índice ruim (alto) para esse fator, enquanto o uso de ferramentas CASE e de gerenciamento de projeto que integram todas as atividades de desenvolvimento implicam uma boa avaliação (índice baixo). A Tabela 7.31 mostra como obter os valores numéricos para TOOL.

O multiplicador SITE (Equipe de Desenvolvimento Distribuída) avalia a influência da distribuição da equipe de desenvolvimento. Equipes distribuídas internacionalmente apontam para um aumento de carga em relação a esse fator, enquanto

TABELA 7.31 Forma de obtenção do equivalente numérico para TOOL

Descritor	Editar, codificar, debugar.	CASE simples. Pouca integração.	Ferramentas básicas de ciclo de vida moderadamente integradas.	Ferramentas de ciclo de vida fortes e maduras, moderadamente integradas.	Ferramentas de ciclo de vida fortes, maduras e bem integradas com processos, métodos e reúso.	
Avaliação	Muito baixo	Baixo	Nominal	Alto	Muito alto	Extra alto
Equivalente numérico	1,17	1,09	1,00	0,90	0,78	n/a

TABELA 7.32 Forma de obtenção do equivalente numérico para SITE

Descritor de co-locação	Internacional	Multicidade e multiempresa	Multicidade ou multiempresa	Mesma cidade ou área metropolitana	Mesmo edifício ou complexo	Totalmente co-locada
Descritor de comunicação	Alguns telefones, correio	Telefones individuais, fax	*E-mail*	Comunicação eletrônica de banda larga	Videoconferência	Multimídia interativa
Avaliação	Muito baixo	Baixo	Nominal	Alto	Muito alto	Extra alto
Equivalente numérico	1,22	1,09	1,00	0,93	0,86	0,80

uma equipe que trabalha toda na mesma sala implica uma carga menor. Ao contrário da maioria dos multiplicadores, SITE tem dois descritores. Deve ser feita a média subjetiva entre os dois para determinar a nota do multiplicador. A Tabela 7.32 mostra como obter o valor numérico para SITE.

Assim, uma equipe internacional (muito baixo) que utilize videoconferência (muito alto), por exemplo, pode ser avaliada na média desses dois descritores: nominal.

O multiplicador SCED (Cronograma de Desenvolvimento Requerido) reflete o grau requerido de aceleração forçada a um cronograma nominal ideal ou seu relaxamento (Tabela 7.33). Um cronograma forçadamente mais rápido do que o usual implica um fator com valor mais alto, ou seja, maior esforço de desenvolvimento.

7.4.4.2 Multiplicadores de Esforço do Early Design Model

Os **multiplicadores de esforço do** *Early Design Model* são o resultado de combinações dos fatores do Post-Architecture Model, além de outras informações. Parte-se do princípio de que, quando esse modelo é aplicado, ainda não se tem muita informação sobre o real ambiente de desenvolvimento e as características do projeto. Dessa forma, as avaliações dos 17 multiplicadores de esforço do Post-Architecture Model são meras estimativas. Assim, o Early Design Model cria seus multiplicadores de esforço a partir de uma combinação dessas estimativas com outras informações mais passíveis de serem conhecidas nessa fase de um projeto.

Os sete fatores multiplicadores de esforço do Early Design Model são:

- Capacidade de Pessoal (PERS)
- Confiabilidade e Complexidade do Produto (RCPX)
- Desenvolvimento para Reúso (RUSE)
- Dificuldade com a Plataforma (PDIF)

TABELA 7.33 Forma de obtenção do equivalente numérico para SCED

Descritor	75% do tempo nominal	85%	100%	130%	160%	
Avaliação	Muito baixo	Baixo	Nominal	Alto	Muito alto	Extra alto
Equivalente numérico	1,43	1,14	1,00	1,00	1,00	n/a

150 PARTE | II Planejamento e gerência de projetos

TABELA 7.34 Forma de obtenção do equivalente numérico para PERS

Soma de ACAP, PCAP e PCON	3 a 4	5 a 6	7 a 8	9	10 a 11	12 a 13	14 a 15
Média dos percentis ACAP e PCAP	20%	35%	45%	55%	65%	75%	85%
Taxa de troca de pessoal anual	45%	30%	20%	12%	9%	6%	4%
Avaliação	Extra baixo	Muito baixo	Baixo	Nominal	Alto	Muito alto	Extra alto
Equivalente numérico	2,12	1,62	1,26	1,00	0,83	0,63	0,50

TABELA 7.35 Forma de obtenção do equivalente numérico para RCPX

Soma de RELY, DATA, CPLX e DOCU	5 a 6	7 a 8	9 a 11	12	13 a 15	16 a 18	19 a 21
Ênfase em confiabilidade e documentação	Muito pouca	Pouca	Alguma	Básica	Forte	Muito forte	Extrema
Complexidade do produto	Muito simples	Simples	Alguma	Moderada	Complexa	Muito complexa	Extremamente complexa
Tamanho do banco de dados	Pequeno	Pequeno	Pequeno	Moderado	Grande	Muito grande	Muito grande
Avaliação	Extra baixo	Muito baixo	Baixo	Nominal	Alto	Muito alto	Extra alto
Equivalente numérico	0,49	0,60	0,83	1,00	1,33	1,91	2,72

- Experiência do Pessoal (PREX)
- Instalações (FCIL)
- Cronograma de Desenvolvimento Requerido (SCED)

O multiplicador PERS (Capacidade de Pessoal) é obtido a partir da média subjetiva de três descritores. O primeiro deles é a soma dos multiplicadores ACAP, PCAP e PCON, definidos para o *Post-Achitecture Model*, mas considerando a seguinte equivalência numérica:

- Muito baixo = 1
- Baixo = 2
- Nominal = 3
- Alto = 4
- Muito alto = 5
- Extra alto = 6

Assim, o valor da soma dos três multiplicadores, que nesse caso variam de "Muito baixo" (1) a "Muito alto" (5) dará um resultado entre 3 e 15. O segundo descritor é o percentil combinado de ACAP e PCAP. O terceiro é o percentual anual de troca de pessoal. Observe que passa a existir a nota "Extra baixo", que não aparecia nos multiplicadores *Post-Architecture*. A Tabela 7.34 mostra como obter os valores para PERS.

O multiplicador RCPX (Confiabilidade e Complexidade do Produto) é uma combinação dos fatores RELY, DATA, CPLX e DOCU. Ele é obtido a partir da média subjetiva de quatro descritores. A Tabela 7.35 mostra como obter os equivalentes numéricos para esse multiplicador.

O multiplicador RUSE (Desenvolvimento para Reúso) nessa fase é exatamente o mesmo que foi calculado para *Post-Architecture*.

O multiplicador PDIF (Dificuldade com a Plataforma) é uma combinação de TIME, STOR e PVOL e mais dois descritores. A Tabela 7.36 mostra como obter os valores para PDIF.

O multiplicador PREX *(*Experiência do Pessoal) é uma combinação de APEX, LTEX e PLEX com o descritor que se refere à experiência média da equipe. A Tabela 7.37 mostra como obter os valores para PREX.

O multiplicador FCIL (Instalações) é uma combinação de TOOL e SITE, além de mais dois descritores. A Tabela 7.38 mostra como obter os valores para FCIL.

O multiplicador SCED (Cronograma de Desenvolvimento Requerido) é o mesmo SCED calculado para *Post-Architecture*.

TABELA 7.36 Forma de obtenção do equivalente numérico para PDIF

Soma de TIME, STOR e PVOL			8	9	10 a 12	13 a 15	16 a 17
Restrição de tempo e memória combinadas de TIME e STOR			Menos de 50%	Menos de 50%	65%	80%	90%
Volatilidade da plataforma			Muito estável	Estável	Um tanto volátil	Volátil	Altamente volátil
Avaliação	Extra baixo	Muito baixo	Baixo	Nominal	Alto	Muito alto	Extra alto
Equivalente numérico	n/a	n/a	0,87	1,00	1,29	1,81	2,61

TABELA 7.37 Forma de obtenção do equivalente numérico para PREX

Soma de APEX, PLEX e LTEX	3 a 4	5 a 6	7 a 8	9	10 a 11	12 a 13	14 a 15
Experiência média nas aplicações, plataforma, linguagem e ferramentas	Menos de 3 meses	5 meses	9 meses	1 ano	2 anos	4 anos	6 anos
Avaliação	Extra baixo	Muito baixo	Baixo	Nominal	Alto	Muito alto	Extra alto
Equivalente numérico	1,59	1,33	1,22	1,00	0,87	0,74	0,62

TABELA 7.38 Forma de obtenção do equivalente numérico para FCIL

Soma de TOOL e SITE	2	3	4 a 5	6	7 a 8	9 a 10	11
Suporte por ferramentas	Mínimo	Algum	Coleção simples de ferramentas CASE	Ferramentas básicas de ciclo de vida	Bom, moderadamente integrado	Forte, moderadamente integrado	Forte, bem integrado
Condições multisite	Suporte fraco em ambiente multisite complexo	Algum suporte para desenvolvimento multisite complexo	Algum suporte para desenvolvimento multisite moderadamente complexo	Suporte básico para ambiente multisite moderadamente complexo	Suporte forte para ambiente multisite moderadamente complexo	Suporte forte para ambiente multisite simples	Suporte muito forte para equipe co-locada ou ambiente multisite simples
Avaliação	Extra baixo	Muito baixo	Baixo	Nominal	Alto	Muito alto	Extra alto
Equivalente numérico	1,43	1,30	1,10	1,00	0,87	0,73	0,62

7.4.5 Aplicando CII para as Fases do UP

Como mostrado na Tabela 7.39, CII estima o esforço E a ser despendido nas fases de elaboração e construção. Considera-se, assim, que 100% do valor E estará contido nessas fases. O esforço despendido nas fases de concepção de transição será *somado* a esse valor, passando de 100%. O mesmo raciocínio aplica-se ao tempo linear T. As colunas "Intervalo", na Tabela 7.39, indicam os limites dentro dos quais se espera que o esforço e o tempo linear possam variar.

Essa tabela é compatível com a Figura 6.2, em que os valores de esforço e tempo linear são convertidos em porcentagens do esforço total das quatro fases. Assim, por exemplo, um projeto com $E = 56$ desenvolvedores-mês e $T = 11,5$ meses terá, em média, os valores de esforço (em desenvolvedor-mês) e duração por fase definidos como na Tabela 7.40.

Como se observa na Tabela 7.40, os tempos e esforços por fase podem variar dentro de faixas. O esforço e o tempo das fases de elaboração e construção devem variar inversamente, porque ambos, somados, devem resultar sempre no valor E e T, respectivamente. Mas as fases de concepção e transição podem variar livremente dentro dos intervalos definidos, pois eles não entram no cálculo de E e T. Seguem alguns exemplos de fatores que podem aumentar ou diminuir a duração dessas fases:

TABELA 7.39 Aplicação de esforço e tempo linear às fases do UP

Fase	Esforço nominal	Intervalo E	Tempo linear nominal	Intervalo T
Concepção	0,06E	0,02 a 0,15	0,125T	0,02 a 0,30
Elaboração	0,24E	0,20 a 0,28	0,375T	0,33 a 0,42
Construção	0,76E	0,72 a 0,80	0,625T	0,58 a 0,67
Transição	0,12E	0,00 a 0,20	0,125T	0,00 a 0,20
Totais	**1,18E**		**1,25T**	

TABELA 7.40 Exemplo de cálculo de tempo e esforço para as fases do UP de um projeto com $E = 56$ e $T = 11,5$

Fase	Esforço	Intervalo E	Tempo	Intervalo T
Concepção	3,4	1,12 a 8,4	1,4	0,23 a 3,45
Elaboração	13,4	11,2 a 15,68	4,3	3,795 a 4,83
Construção	42,6	40,32 a 44,8	7,2	6,67 a 7,705
Transição	6,7	0,0 a 11,2	1,4	0,0 a 2,3
Totais	**66,1**		**14,3**	

- Requisitos bem definidos logo no início do projeto (por exemplo, criar um substituto para um sistema que já existe) fazem com que a fase de concepção seja bem menor (em tempo e esforço) do que seu valor nominal.
- Se o sistema, depois de pronto, vai mudar a maneira como as pessoas trabalham, então a fase de transição deverá ser bem maior.
- Se existem importantes riscos técnicos, a fase de concepção será maior.
- Se a comunidade de usuários é grande e heterogênea, a fase de concepção deverá ser maior.
- Se houver necessidade de integração com hardware e sistemas legados existentes, então a fase de transição será maior.

Em resumo, mais incerteza em relação aos requisitos implica uma fase de concepção maior do que o valor nominal. E implantações complexas do sistema implicam uma fase de transição maior.

O manual de CII (BOEHM, 2000) apresenta ainda outras informações, como, por exemplo, a forma de estimar o esforço relativo de cada disciplina e atividade do UP nas diferentes fases, o que é resumido na Tabela 7.41.

7.4.6 Calibragem do Modelo

Os valores das constantes de CII foram definidos a partir de um conjunto de projetos-base. Para obter melhores resultados em uma organização específica é necessário que essas constantes sejam calibradas para os parâmetros

TABELA 7.41 Resumo do esforço relativo às disciplinas UP nas diferentes fases

Disciplina	Concepção (%)	Elaboração (%)	Construção (%)	Transição (%)
Gerenciamento	14	12	10	14
Ambiente/Configuração	10	8	5	5
Requisitos	38	18	8	4
Design	19	36	16	4
Implementação	8	13	34	19
Avaliação/Teste	8	10	24	24
Implantação	3	3	3	30
Total	**100**	**100**	**100**	**100**

TABELA 7.42 Exemplo de calibragem para a constante A

Real	$KSLOC^S \times \sum_{i=1}^{n} M_i$	ln(real)	$\ln(KSLOC^S \times \prod_{i=1}^{n} M_i)$	$\ln(real) - \ln(KSLOC^S \times \prod_{i=1}^{n} M_i)$
1854,6	686,7	7,53	6,53	0,99
258,5	94,3	5,55	4,55	1,01
201,0	77,7	5,30	4,35	0,95
58,9	20,3	4,08	3,01	1,07
9661,0	3338,8	9,18	8,11	1,06
7021,3	2753,5	8,86	7,92	0,94
91,7	38,9	4,52	3,66	0,86
689,7	301,1	6,54	5,71	0,83
	X = 0,96			
	A = 2,62			

Fonte: Adaptada de Boehm (2000).

específicos da empresa. Além disso, com o passar do tempo, esses valores também poderão mudar, exigindo novas calibragens.

A constante A, por exemplo, na equação geral de estimação de esforço, tem seu valor definido em 2,94:

$$E = A \times KSLOC^S \times \prod_{i=1}^{n} M_i$$

Para se obter um valor mais adequado ao ambiente local de trabalho, recomenda-se ter realizado pelo menos cinco projetos para os quais haja a estimativa e o valor real de esforço realizado. A Tabela 7.42, adaptada de Boehm (2000), mostra os dados obtidos para oito projetos.

A primeira coluna (*Real*) mostra o esforço real de cada projeto em desenvolvedor-mês (fases de elaboração e construção). A segunda coluna apresenta o cálculo da estimativa não ajustada, ou seja, a fórmula do esforço total sem a constante A:

$$KSLOC^S \times \prod_{i=1}^{n} M_i$$

Esses são os valores básicos para o cálculo.

As duas colunas seguintes apresentam o logaritmo natural (*ln*) do valor real do esforço e da estimativa não ajustada. Por fim, a última coluna apresenta a diferença entre essas duas colunas.

No final da tabela, o valor X corresponde à média das diferenças (última coluna). A constante A é calculada como o antilogaritmo dessa média, ou seja, $A = e^x$. Esse exemplo mostra que nesse ambiente local a constante A deveria ser 2,62, e não 2,94.

Boehm (2000) também mostra como calibrar a distribuição das estimativas por atividade e fase para o ambiente local, o que pode ser particularmente interessante quando essas estimativas são efetivamente usadas para calcular o esforço dentro das iterações.

7.4.7 Questionário EPML

O *questionário EPML* (*Estimated Process Matury Level*) é uma interessante ferramenta não só para avaliar o fator PMAT, mas também como autoavaliação da empresa em relação às boas práticas de processo. Principalmente por essa segunda razão, ele é reproduzido nesta seção.

O questionário subdivide-se em 18 áreas-chave, correspondentes às áreas de avaliação de processo do CMMI. Cada pergunta deve ser respondida com uma das opções conforme a Tabela 7.43.

Deve ser, então, dada uma resposta para cada uma das 18 áreas-chave, conforme a Tabela 7.44.

Para obter o valor de EPML (entre 0 e 5) que vai permitir avaliar o multiplicador PMAT é necessário transformar as respostas dadas anteriormente em um número. Inicialmente, eliminam-se áreas-chave para as quais a resposta foi "Não se

TABELA 7.43 Opções de resposta às perguntas do questionário EPML

Resposta	Explicação	Frequência	Equivalente numérico
Quase sempre	Quando os objetivos são consistentemente obtidos e bem estabelecidos em procedimentos operacionais padrão	Mais de 90% das vezes	1,0
Frequentemente	Quando os objetivos são obtidos com relativa frequência, mas algumas vezes são omitidos por conta de circunstâncias difíceis	Entre 60 e 90% das vezes	0,75
Metade do tempo	Quando os objetivos são obtidos em cerca de metade das vezes	Entre 40 e 60% das vezes	0,50
Ocasionalmente	Quando os objetivos são obtidos algumas vezes, mas com pouca frequência	Entre 10 e 40% das vezes	0,25
Raramente	Quando os objetivos raramente ou nunca são obtidos	Menos de 10% das vezes	0,01
Não se aplica	Quando se tem o conhecimento necessário sobre a organização, o projeto e a área-chave, mas entende-se que área-chave não se aplica às circunstâncias		
Não sabe	Quando não se sabe o que responder à área-chave		

TABELA 7.44 Perguntas do questionário EPML

Área	Perguntas
Gerenciamento de requisitos	Os requisitos do software são controlados a ponto de se estabelecer uma *baseline* para uso da gerência de engenharia de software? Os planos, produtos e atividades relacionados com o software são mantidos consistentes com os requisitos do software?
Planejamento de projeto de software	Estimativas de esforço são documentadas para uso em planejamento e rastreamento de projeto de software? As atividades são planejadas e documentadas? Grupos afetados e indivíduos concordam formalmente com seus entendimentos (*commitments*) relacionados com o projeto de software?
Rastreamento e supervisão de projeto de software	Resultados de desempenho reais são rastreados em relação aos planos de software? Ações corretivas são tomadas e gerenciadas até o final, quando os resultados e desempenho reais se desviam significativamente dos planos de software? Mudanças nos entendimentos do software são acordadas formalmente pelos grupos ou indivíduos afetados?
Gerenciamento de subcontratos de software	O contratador seleciona subcontratados qualificados? O contratador e o subcontratado concordam formalmente com seus entendimentos um com outro? O contratador e o subcontratado mantêm comunicações constantes? O contratador rastreia os resultados e desempenho reais do subcontratado em relação aos seus empreendimentos?
Garantia de qualidade de software	As atividades de garantia de qualidade de software são planejadas? A aderência de produtos e atividades de software aos padrões, procedimentos e requisitos aplicáveis é verificada objetivamente? Grupos e indivíduos afetados são informados das atividades e resultados de garantia de qualidade de software? Assuntos de não conformação que não podem ser resolvidos dentro do projeto de software são levados à gerência superior?
Gerenciamento de configuração de software	As atividades de gerenciamento de configuração de software são planejadas? Os produtos de trabalho selecionados são identificados, controlados e disponibilizados? Mudanças nos produtos de trabalho identificadas são controladas? Os grupos e indivíduos afetados são informados do *status* e do conteúdo das *baselines* de software?
Foco do processo organizacional	Atividades de desenvolvimento e melhoria de processo de software são coordenadas entre as diferentes partes da organização? Os pontos fortes e fracos do processo de software usado são identificados em relação a um processo-padrão? As atividades de desenvolvimento e melhoria de processo em nível organizacional são planejadas?
Definição de processo organizacional	É desenvolvido e mantido um processo de software padrão para a organização? Informação relacionada com o uso do processo de software padrão pelos projetos é coletada, revisada e disponibilizada?
Programa de treinamento	As atividades de treinamento são planejadas? É fornecido treinamento para o desenvolvimento de habilidades e conhecimentos necessários para realizar a gerência e os papéis técnicos na área de software? Os indivíduos do grupo de engenharia de software e dos grupos relacionados recebem o treinamento necessário para desempenhar seus papéis?
Gerenciamento integrado de software	O processo de software definido para o projeto é uma versão especializada do processo de software padrão da organização? O projeto é planejado e gerenciado de acordo com o processo de software definido para ele?

TABELA 7.44 Perguntas do questionário EPML *(Cont.)*

Area	Perguntas
Engenharia de produto de software	As atividades de engenharia de software são definidas, integradas e consistentemente realizadas para produzir o software? Os produtos de trabalho são consistentes uns com os outros?
Coordenação intergrupos	Os requisitos do usuário são acordados por todos os grupos afetados? Os entendimentos entre os grupos de engenharia são acordados pelos outros grupos afetados? Os grupos de engenharia identificam, rastreiam e resolvem assuntos intergrupos?
Revisões	Atividades de revisão são planejadas? Defeitos nos produtos de trabalho são identificados e removidos?
Gerenciamento quantitativo de processo	As atividades de gerenciamento quantitativo de processo são planejadas? O desempenho de processo para o projeto definido é controlado quantitativamente? A capacidade do processo de software padrão da organização é conhecida em termos quantitativos?
Gerenciamento da qualidade de software	As atividades de gerenciamento de qualidade do projeto de software são planejadas? Objetivos mensuráveis para a qualidade de produto de software e suas prioridades são definidos? O progresso real rumo a obter as metas de qualidade para os produtos de software é quantificado e gerenciado?
Prevenção de defeitos	Atividades de prevenção de defeitos são planejadas? Causas comuns de efeitos são detectadas e identificadas? Causas comuns de defeitos são priorizadas e sistematicamente eliminadas?
Gerenciamento de mudança tecnológica	A incorporação de mudanças na tecnologia é planejada? Novas tecnologias são avaliadas para determinar seu efeito na qualidade e produtividade? Novas tecnologias apropriadas são transferidas e praticadas normalmente por toda a organização?
Gerenciamento de mudança de processo	A melhoria contínua de processo é planejada? Toda a organização participa das atividades de melhoria de processo de software? O processo de software padrão da organização e os projetos definidos são continuamente melhorados?

aplica" ou "Não sei". Fica-se, então, com n respostas válidas. Mas deve-se tomar cuidado, porque quanto menor o n, menos confiança se poderá ter no resultado da avaliação. A princípio, as 18 áreas deveriam ser avaliadas.

As respostas dadas são convertidas em equivalentes numéricos K_i (para $1 \leq i \leq n$), conforme indicado na Tabela 7.43. Então, o EPML é calculado através da seguinte fórmula:

$$EPML = 5 \times \frac{\left(\sum_{i=1}^{n} K_j\right)}{n}$$

Finalmente, o valor é arredondado para o valor inteiro mais próximo e aplicado na Tabela 7.16 para obter-se a avaliação de PMAT.

Capítulo 8

Riscos

Este capítulo discute um dos principais problemas que causam o insucesso de projetos de software, o *risco*, cujo estudo muitas vezes é subestimado. Inicialmente, o capítulo apresenta o *plano de gerência de riscos* (Seção 8.1), que será construído a partir de uma *identificação de riscos* (Seção 8.2), incluindo um *checklist* (Seção 8.3) para sua efetiva identificação. Os riscos identificados passam por um processo de *análise* (Seção 8.4), que vai determinar o grau de importância ou exposição efetiva de cada risco. Em seguida, são apresentados os *planos de mitigação de riscos* (Seção 8.5), que podem ser executados para reduzir a probabilidade ou o impacto do risco antes que ele se torne um problema, e os *planos de contingência* (Seção 8.6), que devem ser executados quando, apesar de todos os esforços, o risco efetivamente se tornar um problema. O capítulo termina com uma discussão sobre o *monitoramento* (Seção 8.7), *o controle* (Seção 8.8) e a *comunicação* dos riscos (Seção 8.9).

Todo projeto de desenvolvimento de software apresenta um conjunto de incertezas em diferentes graus que podem causar problemas. Um planejador que não esteja atento aos riscos do projeto não terá planos para tratar situações que podem vir a prejudicar ou até a inviabilizar todo um projeto.

Pode-se dizer, genericamente, que a falta de planejamento em relação aos riscos é uma das maiores causas de fracasso em projetos na área de software. Afinal, o que faz o projeto falhar é o cronograma que não foi cumprido, os custos que extrapolaram o orçamento, a qualidade que ficou abaixo do esperado... Tudo isso são riscos que se tornaram problemas.

Um gerente de projeto sem planos de tratamento de riscos não terá parâmetros para ação. É por falta de planejamento relacionado com riscos que muitos projetos de software fracassam ou não conseguem manter seu cronograma e orçamento dentro do previsto. A necessidade de planejar ações referentes aos riscos decorre do fato de que, se isso não for feito, cronogramas e orçamentos dificilmente serão cumpridos.

Na grande maioria dos casos, um planejamento adequado pode fazer com que os riscos nunca se tornem problemas ou, caso isso aconteça, seu prejuízo seja minimizado.

O modelo de gerenciamento de riscos do SEI (CARR, KONDA, MONARCH, ULRICH, & WALKER, 1993) envolve seis atividades, conforme listado a seguir:

- *Identificação*: antes que os riscos possam ser tratados, eles precisam ser identificados. As Seções 8.2 e 8.3 apresentam algumas técnicas de identificação de riscos.
- *Análise*: a análise transforma a lista de riscos potenciais em um documento mais útil para o planejador e o gerente de um projeto, pois, a partir dela, os riscos são priorizados, e o planejador e o gerente podem se concentrar nos riscos mais importantes sem perder tempo com os insignificantes. A Seção 8.4 trata da análise de riscos.
- *Planejamento*: o planejamento quanto aos riscos permite ao gerente prevenir problemas, em geral de três formas: 1) planejando e executando planos para reduzir a probabilidade de o risco ocorrer (Subseção 8.5.1); 2) planejando e executando planos para reduzir o impacto do risco, caso ocorra (Subseção 8.5.2); e 3) planejando as atividades de recuperação de projeto, caso o risco efetivamente tenha ocorrido (Seção 8.6).
- *Rastreamento*: o rastreamento (ou monitoramento) de riscos consiste em avaliar, ao longo do projeto, as propriedades do risco (por exemplo, a probabilidade de ele ocorrer). O rastreamento deve ser baseado em métricas de avaliação de risco (Seção 8.7).
- *Controle*: em função de mudanças no *status* de um risco, alguns planos podem ter que ser executados. Muitas vezes, poderá ser necessário improvisar a resposta ao problema causado pelo risco (Seção 8.8).
- *Comunicação*: a comunicação é um processo fundamental ao longo de um projeto de software, especialmente em relação à prevenção e ao tratamento de riscos. Assim, não há uma atividade específica de comunicação em riscos, pois se trata de uma prática que permeia todas as outras atividades (Seção 8.9).

158 PARTE | II Planejamento e gerência de projetos

O planejamento de riscos conta com alguns fatores inibidores, que, muitas vezes, fazem a equipe não estar preparada para lidar com imprevistos. Entre outras coisas, existe uma cultura de aversão ao risco. Mas, em projetos de software, nem todo o otimismo do mundo vai proteger o andamento das coisas, especialmente se problemas ocorrerem ao longo dele. De qualquer modo, é necessário estar preparado. Ninguém espera que ocorra um incêndio; mesmo assim, os bombeiros estão sempre de prontidão.

8.1 PLANO DE GERÊNCIA DE RISCOS

Todo projeto de software deve ter um *plano de gerência de riscos*. Esse plano inclui os vários elementos apresentados neste capítulo. Em resumo, ele deve mostrar:

- Quais são os riscos identificados (Seções 8.2 e 8.3).
- Uma análise qualitativa ou quantitativa de cada risco que indique, por exemplo, a probabilidade de sua ocorrência e de seu impacto sobre o projeto, caso ocorra (Seção 8.4).
- Como a probabilidade de o risco ocorrer pode ser reduzida (plano de redução de probabilidade, Subseção 8.5.1).
- Como o impacto do risco, caso ocorra, pode ser reduzido (plano de redução de impacto, Subseção 8.5.2).
- O que fazer se o que era um risco se tornar efetivamente um problema (plano de resposta ao risco, Seção 8.6).
- Como monitorar os riscos (Seção 8.7).

Os planos de redução de probabilidade e impacto também são chamados *planos de mitigação de risco*, ou seja, são planos executados de forma preventiva para evitar que o risco ocorra e, se ainda assim ele ocorrer, seu prejuízo seja reduzido.

Uma característica altamente desejada para um planejador, e mesmo para um gerente de projeto, em relação ao risco é a capacidade de visão antecipada. Um bom planejador e um bom gerente são capazes de visualizar com antecedência possíveis situações anômalas que poderiam impedir o bom andamento do projeto. Essa previsão, longe de ser uma atitude pessimista, poderá salvar o projeto no futuro ou pelo menos mantê-lo dentro do cronograma e do orçamento previstos. Além disso, nem todos os riscos precisam preocupar o planejador de projeto. Como será visto mais adiante, apenas os riscos de maior exposição merecerão mais atenção.

Outro princípio importante é a antecipação das atividades de maior risco, como preconizado nos modelos Espiral, UP e métodos ágeis. A ideia é: se um risco pode inviabilizar um projeto, é melhor que isso seja analisado e descoberto o quanto antes, porque quanto mais tempo passar, maior terá sido o investimento e, por conseguinte, o custo.

Os riscos podem ser classificados em três grupos em relação ao conhecimento que se tem deles:

- *Conhecidos*: são aqueles já identificados e para os quais a equipe possivelmente estará preparada.
- *Desconhecidos*: são aqueles que poderiam ter sido descobertos se as medidas de identificação adequadas tivessem sido tomadas.
- *Impossíveis de prever*: são aqueles que não teriam sido descobertos nem mesmo com as melhores técnicas de identificação.

Assim, o plano de gerência de riscos vai poder tratar apenas o primeiro grupo de riscos. Para minimizar o segundo grupo, boas atividades de identificação de riscos devem ser desenvolvidas. Já o terceiro grupo vai depender da capacidade do gerente de responder de forma organizada a situações totalmente imprevistas.

8.2 IDENTIFICAÇÃO DE RISCOS

Normalmente, um risco compõe-se de três elementos:

- Uma *causa*, na forma de uma condição incerta ou desconhecida, mas que pode ocorrer com uma determinada probabilidade. Por exemplo, o uso de uma tecnologia nova que não é dominada pela equipe de desenvolvimento.
- Um *problema*, que pode ocorrer em função da causa. Por exemplo, a equipe ter dificuldades sérias para implementar os requisitos usando essa tecnologia.
- Um *efeito* causado pelo problema em um ou mais objetivos do projeto ou iteração. Por exemplo, um atraso no cronograma ou um produto desenvolvido com qualidade inferior à desejada.

Assim, um risco é um problema que tem uma causa e pode ocasionar um efeito. Se esse problema ocorrer, estima-se que um dos objetivos do projeto será impactado, seja no tempo, custo, qualidade, seja em outro aspecto. Por exemplo: "Como consequência do uso de um novo hardware (uma exigência definida), erros inesperados de integração do sistema podem

TABELA 8.1 Relações entre as componentes do risco e seus planos		
Componente do risco	Propriedade do risco	Plano relacionado
Causa	Probabilidade	Mitigação: redução de probabilidade
Efeito	Impacto	Mitigação: redução de impacto
Problema		Plano de contingência

ocorrer (um risco incerto), o que levaria ao estouro dos custos do projeto (um efeito sobre o objetivo do orçamento)" (DINS-MORE, CABANIS-BREWIN, ABDOLLAHYAN, ANSELMO, COTA & CAVALIERI, 2009).

Mais adiante, mostramos que, como a causa do risco está ligada à sua probabilidade de ocorrer, os planos de redução de probabilidade deverão agir na causa. Já o efeito do risco define o seu impacto e assim os planos de redução de impacto deverão agir nos efeitos. Estes dois são os planos de mitigação de risco. Finalmente, o componente "problema" do risco está relacionado com a situação resultante e, assim, os planos de contingência estarão ligados à tentativa de resolver ou absorver o problema, caso ele efetivamente ocorra. A Tabela 8.1 resume essas relações.

O PMBOK (PMI, 2017), referência em gerenciamento de projetos, define que o risco é uma condição incerta que pode ter tanto um efeito positivo quanto um efeito negativo sobre o projeto. Assim, existiriam também os *riscos positivos* ou *oportunidades*. Mas, certamente, os riscos mais importantes a serem identificados são aqueles que podem prejudicar o projeto.

Assim como os requisitos de um projeto, os riscos devem ser identificados e priorizados para serem abordados adequadamente.

O ideal é que o planejador tenha a sua disposição um catálogo com riscos que ocorreram no passado em projetos semelhantes. É importante que esse histórico nunca se perca, mas, caso não exista tal registro, uma identificação de riscos pode ser feita em uma reunião com a equipe e discussão sobre possíveis incertezas relacionadas com os tópicos mencionados. Sugestões para essa discussão são apresentadas nas subseções a seguir.

O Processo Unificado associa diferentes tipos de risco com as diferentes fases do projeto:

- *Concepção*: riscos de requisitos e de negócio.
- *Elaboração*: riscos de tecnologia e arquitetura de sistema.
- *Construção*: riscos de programação e teste de sistema.
- *Transição*: riscos de utilização do sistema no ambiente final.

A literatura apresenta várias técnicas para identificação de riscos na fase de planejamento de um projeto. Podem-se citar as seguintes:

- Uso de *checklists* predefinidos com possíveis riscos: tais listas podem ser obtidas tanto na literatura ou na Internet quanto a partir de projetos anteriores executados pela mesma equipe. Uma excelente base para iniciar uma lista desse tipo é o relatório SEI de taxonomia de riscos (CARR, KONDA, MONARCH, ULRICH & WALKER, 1993), apresentado na Seção 8.3.
- Reuniões e *brainstormings* com gerente e equipe de projeto com experiência em outros projetos.
- Análise de cenários e lições aprendidas em projetos anteriores com contexto semelhante.

A identificação de riscos deve considerar diferentes fontes, tais como tecnologia, pessoas e o próprio projeto. As subseções a seguir discutem mais detalhadamente estas possíveis fontes.

8.2.1 Riscos Tecnológicos

Os *riscos tecnológicos* estão relacionados com todas as incertezas referentes ao modo como a equipe será capaz de lidar com a tecnologia necessária para realizar o projeto. Quanto menos experiência a equipe tiver com essas tecnologias, maiores serão os riscos.

Projetos que envolvam diferentes sistemas de software e hardware enfrentarão problemas de compatibilidade frequentes. Tornar tais sistemas compatíveis demandará tempo e custo extras ao projeto. Assim, o planejador deve saber se diferentes tecnologias terão de interagir e qual é a experiência da equipe com esse tipo de integração.

160 PARTE | II Planejamento e gerência de projetos

Outro ponto que pode oferecer risco tecnológico a um projeto é a questão da obsolescência. Quão rápido as tecnologias usadas ou produzidas serão suplantadas por outras mais eficientes?

8.2.2 Riscos Relacionados com Pessoas

Há vários tipos de interessados em um projeto. Cada um dos papéis de interessado pode produzir um risco característico, como os descritos a seguir:

- *Riscos de pessoal*: projetos são executados por pessoas. Então, perder uma pessoa da equipe de forma permanente ou temporária pode ter um grande impacto na medida em que essa pessoa for insubstituível.
- *Riscos de cliente*: até que ponto o cliente se manterá interessado no projeto? Mudanças políticas ou administrativas poderão afetar o interesse da organização em investir no projeto? Mesmo que a organização mantenha o interesse no projeto, o cliente estará disponível para esclarecer requisitos e realizar testes?
- *Riscos de negócio*: muitas vezes, a empresa até constrói um bom produto no prazo e com o custo definidos, mas mesmo assim o projeto fracassa. Entre outras coisas, a organização pode não ter a habilidade necessária para vender o produto, ou a empresa pode até ter essa habilidade, mas o produto não apresenta efetivamente apelo comercial.
- *Riscos legais*: existem problemas ou possibilidade de litígio? Uso de material protegido por direitos autorais? Necessidade de celebração de contrato com terceiros? Normas e leis específicas em outros estados ou países?

8.2.3 Riscos de Projeto

Os riscos de gerenciamento do projeto envolvem a capacidade da equipe de planejar e seguir o plano dentro do cronograma e do custo previstos. Esse tipo de risco costuma se manifestar das seguintes formas:

- *Riscos de requisitos*: a equipe, por ser inexperiente, pode não ter sido capaz de identificar corretamente os requisitos do projeto, o que causará problemas ao longo dele. Requisitos poderão ser insuficientes, excessivos ou incorretos. Ou, ainda, os requisitos podem ser naturalmente instáveis, em razão de características do próprio projeto.
- *Riscos de processo*: o modelo de processo escolhido é adequado às características do projeto? A equipe tem experiência com o processo? O gerente tem experiência em projetos anteriores?
- *Riscos de orçamento*: até que ponto a verba necessária para o projeto está garantida? Os custos foram corretamente previstos em projetos anteriores?
- *Riscos de cronograma*: é possível que os prazos sejam alterados e a ordem em que as funcionalidades devem ser entregues possa mudar? O planejador deve saber em que grau a equipe se mostrou capaz de ater-se ao cronograma em projetos passados.

A inexistência de qualquer uma dessas informações caracteriza um risco importante ao projeto na medida da sua incerteza.

8.3 *CHECKLIST* **DE RISCOS**

O método de identificação de riscos do SEI (CARR, KONDA, MONARCH, ULRICH & WALKER, 1993) é baseado em uma taxonomia que contém termos relacionados com o processo de desenvolvimento de software. Para cada item dessa taxonomia, pode ser elaborado um questionário ou *checklist*, a partir do qual riscos podem ser identificados.

São definidas três grandes classes de risco:

- Engenharia do produto.
- Ambiente de desenvolvimento.
- Restrições externas.

Cada uma dessas categorias possui seus próprios elementos de risco, e cada elemento apresenta suas propriedades, a partir das quais são formuladas perguntas que permitem analisar se o projeto corre ou não algum risco referente a elas.

Inicialmente, a Tabela 8.2 apresenta o *checklist* referente à *engenharia do produto*, que tem como elementos de risco os requisitos, o design, a codificação e o teste de unidade e a integração, além de outros aspectos específicos de engenharia.

Riscos Capítulo | 8 161

TABELA 8.2 *Checklist* de riscos referentes à engenharia do produto

Área	Questão	Detalhamento
Requisitos	*Estabilidade*: os requisitos podem mudar durante o desenvolvimento?	Os requisitos são estáveis? Se não, quais os efeitos disso no sistema? (qualidade / funcionalidade / cronograma / integração / design / teste)
		As interfaces externas do sistema estão mudando ou vão mudar?
	Completeza: estão faltando requisitos ou estão especificados de forma incompleta?	Existem tópicos a serem esclarecidos nas especificações?
		Existem requisitos que se sabe que deveriam estar nas especificações, mas não estão? Se sim, é possível obter esses requisitos e colocá-los nas especificações?
		O cliente tem expectativas ou requisitos que não estão escritos? Se sim, há forma de capturá-los? As interfaces externas são completamente definidas?
	Clareza: os requisitos estão obscuros ou necessitam de interpretação?	Você é capaz de entender os requisitos da forma como estão escritos? Se não, há ambiguidades sendo resolvidas satisfatoriamente? Se sim, não há ambiguidades ou problemas de interpretação?
	Validade: os requisitos vão levar ao produto que o cliente tem em mente?	Existem requisitos que podem não especificar exatamente o que o cliente quer? Se sim, como você está resolvendo isso?
		Você e o cliente compreendem a mesma coisa a partir dos requisitos? Se sim, existe um processo para determinar isso?
		Como você valida os requisitos junto ao cliente? Prototipação? Análise? Simulação?
	Exequibilidade: os requisitos são exequíveis de um ponto de vista analítico?	Há requisitos que sejam tecnicamente difíceis de implementar? Se sim, quais são? Se sim, porque eles são difíceis de implementar? Se não, foram feitos estudos de exequibilidade sobre os requisitos? Se sim, qual seu grau de confiança em tais estudos?
	Precedentes: os requisitos especificam algo que nunca foi feito antes, ou que a empresa nunca fez antes?	Existe algum requisito do estado da arte? Tecnologias? Métodos? Linguagens? Hardware? Se não, algum destes é novo para a equipe? Se sim, a equipe tem conhecimento suficiente nestas áreas? Se não, há um plano para adquirir conhecimento nestas áreas?
	Escala: os requisitos especificam um produto maior, mais complexo ou requerendo mais organização do que a empresa tem experiência?	O tamanho e complexidade do sistema são uma preocupação? Se não, você já fez algo deste tamanho e complexidade antes? O tamanho requer uma organização maior do que o usual para a empresa?
Design	*Funcionalidade*: existem problemas potenciais para obter os requisitos funcionais?	Há algum algoritmo especificado que possa não satisfazer os requisitos? Se não, há algum algoritmo ou design que obtenha os requisitos de forma marginal?
		Como você determina a exequibilidade dos algoritmos e design? Prototipação? Modelagem? Análise? Simulação?
	Dificuldade: o design ou implementação serão difíceis de serem realizados?	Alguma parte do design depende de hipóteses otimistas ou não realistas?
		Existe algum requisito que seja difícil de obter um design? Se não, você tem soluções para todos os requisitos? Se sim, quais são os requisitos e por que eles são difíceis?
	Interfaces: as interfaces internas de hardware e software são bem definidas e controladas?	Há interfaces internas bem definidas? Software para software? Software para hardware?
		Há um processo para definir interfaces internas? Se sim, há um processo de controle de mudança para interfaces internas?
		Há hardware sendo desenvolvido em paralelo com o software? Se sim, as especificações do hardware estão mudando? Se sim, todas as interfaces com o software já foram definidas? Se sim, há modelos de design de engenharia que possam ser usados para testar o software?
	Performance: existem tempos de resposta ou taxas de transferência rigorosos?	Existem problemas com performance? Taxa de transferência? Escalonamento de eventos de tempo real assíncronos? Respostas em tempo real? Tempo para recuperação de falhas (*recovery timeline*)? Tempo de resposta? Tempo de resposta, acesso e número simultâneo de usuários da base de dados?
		Foi feita uma análise de performance? Se sim, qual o seu nível de confiança na análise feita? Se sim, você tem um modelo para rastrear a performance através do design e implementação?
	Testabilidade: o produto é difícil ou impossível de testar?	O software vai ser fácil de testar?
		O design inclui características que facilitam o teste?
		Os testadores se envolveram com a análise dos requisitos?

(Continua)

162 PARTE | II Planejamento e gerência de projetos

TABELA 8.2 *Checklist* de riscos referentes à engenharia do produto *(Cont.)*

Área	Questão	Detalhamento
	Restrições de hardware: existem restrições apertadas no hardware alvo?	Arquitetura?
		Capacidade de memória?
		Taxa de transferência?
		Resposta em tempo real?
		Tempo para recuperação de falhas?
		Performance da base de dados?
		Funcionalidade?
		Confiabilidade?
		Disponibilidade?
	Software não desenvolvido: há problemas com software usado, mas não desenvolvido pela equipe?	Você está reusando ou fazendo reengenharia em software não desenvolvido pela equipe? Se sim, você prevê algum problema? Documentação? Performance? Funcionalidade? Prazo de entrega? Personalização?
		Se estiver usando COTS, há algum problema com este tipo de software? Documentação insuficiente para determinar interfaces, tamanho ou performance? Performance fraca? Requer uma grande parcela de memória ou da base de dados? É difícil de interfacear com o software? Não foi testado sistematicamente? Não está livre de defeitos? Não foi adequadamente mantido? O vendedor demora para responder?
		Você prevê algum problema com a integração de atualizações ou revisões de COTS?
Codificação e teste de unidade	*Exequibilidade*: a implementação do design é difícil ou impossível?	Existem partes do produto não completamente especificadas no design?
		Os algoritmos e design são fáceis de implementar?
	Teste: os níveis e tempos especificados para os testes de unidade são adequados?	Você começa o teste de unidade antes de verificar código com respeito ao design?
		Testes de unidade suficientes são especificados?
		Há tempo suficiente para realizar todo o teste de unidade que você acha necessário?
		Serão feitos relaxamentos nos testes de unidades se houver problemas de cronograma?
	Codificação/Implementação: há problemas com codificação e implementação?	Os designs e especificações estão em um nível adequado para permitir a codificação?
		O design muda à medida que o código é escrito?
		Há restrições de sistema que tornam o código difícil de ser feito? Tempo? Memória? Armazenamento externo?
		A linguagem de programação é adequada para este projeto?
		O projeto usa mais de uma linguagem? Se sim, há compatibilidade entre o código produzido pelos diferentes compiladores?
		O computador de desenvolvimento é o mesmo onde o sistema vai rodar? Se não, há diferenças relativas à compilação entre os dois computadores?
		Se estiver sendo desenvolvido hardware, suas especificações são suficientes para o desenvolvimento do software?
		As especificações do hardware mudam à medida que o software é codificado?
Integração e teste	*Ambiente*: o ambiente de integração e teste é adequado?	Haverá hardware suficiente para uma adequada integração e teste?
		Há problemas para desenvolver cenários realísticos e testar dados para demonstrar algum dos requisitos? Tráfego de dados especificado? Resposta em tempo real? Tratamento de eventos assíncronos? Interação multiusuário?
		Você é capaz de verificar a performance nas suas instalações? Se sim, isso é suficiente para todos os testes?
	Produção: a definição de interfaces e instalações são inadequadas ou o tempo insuficiente?	O hardware-alvo estará disponível quando necessário?
		Critérios de aceitação foram acordados com o cliente para todos os requisitos? Se sim, há um acordo formal?
		As interfaces externas foram definidas, documentadas e transformadas em baselines?
		Há algum requisito que seja difícil de testar?
		Foi especificada integração de produto suficiente?
		Foi alocado tempo suficiente para integração e teste do produto?
		Se usar COTS, os dados do vendedor serão aceitos na verificação dos requisitos alocados a COTS? Se sim, o contrato é claro neste ponto?

TABELA 8.2 *Checklist* de riscos referentes à engenharia do produto *(Cont.)*

Área	Questão	Detalhamento
	Sistema: a integração de sistema é descoordenada, a definição de interface é pobre ou as instalações são inadequadas?	Integração de sistema suficiente foi especificada?
		Tempo suficiente para integração de sistema e testes foi previsto?
		O produto será integrado a um sistema existente? Se sim, haverá um período de transição definido? Se não, como vai-se garantir que o programa funcionará corretamente depois de integrado?
		A integração do sistema vai ocorrer nas instalações do cliente?
Aspectos específicos de enge-nharia	*Manutenibilidade*: a implementação será difícil de entender e manter?	A arquitetura, design ou código criam dificuldades de manutenção?
		A equipe de manutenção foi envolvida cedo no processo?
		A documentação do produto é suficiente para que seja mantido por uma organização externa?
	Confiabilidade: os requisitos de confiabilidade ou disponibilidade são difíceis de obter?	Existem requisitos de confiabilidade?
		Existem requisitos de disponibilidade? Se sim, os prazos de recuperação de falhas são um problema?
	Riscos à segurança (safety): os requisitos relacionados com riscos à segurança são inexequíveis ou não demonstráveis?	Existem requisitos relacionados com riscos à segurança? Se sim, você vê alguma dificuldade em obtê-los?
		Será difícil verificar a satisfação destes requisitos?
	Segurança do sistema (security): os requisitos de segurança do sistema são mais rigorosos do que o usual?	Existem requisitos de segurança no estado da arte ou sem precedentes?
		O sistema deve seguir regulamentos estritos de segurança estabelecidos por agência governamentais (como, por exemplo, Orange Book)?
		Você já implementou este nível de segurança antes?
	Fatores humanos: o sistema será difícil de usar por conta de interface com usuário mal definida?	Você vê alguma dificuldade em satisfazer os requisitos de fatores humanos? Se não, como você garante que vai satisfazer estes requisitos?
		Se estiver usando prototipação, é um protótipo do tipo *throw-away*? Se não, está fazendo prototipação evolucionária? Se sim, você tem experiência neste tipo de desenvolvimento? Se sim, há versões preliminares entregáveis? Se sim, isso complica o controle de mudança?
	Especificações: a documen-tação é adequada para o design, implementação e teste do sistema?	A especificação dos requisitos do software é adequada para o design do sistema?
		A especificação dos requisitos de hardware é adequada para o design e implementação do sistema?
		As interfaces externas necessárias foram bem especificadas?
		As especificações de teste são adequadas para testar completamente o sistema?
		Se já estiver na fase de implementação ou após ela, as especificações de design são adequadas para implementar o sistema? Interfaces internas?

Fonte: Carr, Konda, Monarch, Ulrich e Walker (1993).

Outro conjunto de questionamentos diz respeito ao *ambiente de desenvolvimento*, que tem como elementos de risco o processo de desenvolvimento, o sistema de desenvolvimento, o processo de gerência, os métodos de gerência e o ambiente de trabalho. As questões relacionadas com esses elementos de risco são apresentadas na Tabela 8.3.

Finalmente, são apresentados questionamentos referentes às *restrições externas* ao projeto, os quais incluem os seguintes elementos: recursos, contrato e interfaces de comunicação externas. Os questionamentos são apresentados na Tabela 8.4.

Conforme comentado, essa lista é apenas uma base ou referência para a criação de um *checklist* específico para uma empresa ou um projeto. A partir dela, podem-se incorporar novos riscos identificados e, assim, construir um patrimônio de forma que os projetos futuros tenham, desde o início, uma base de conhecimento para serem melhor planejados.

164 PARTE | II Planejamento e gerência de projetos

TABELA 8.3 *Checklist* de riscos referentes ao ambiente de desenvolvimento

Área	Questão	Detalhamento
Processo de desenvolvimento	*Formalidade*: a implementação será difícil de entender e manter?	Há mais de um modelo de desenvolvimento sendo usado? Espiral? Cascata? Incremental? Se sim, a coordenação entre eles é um problema?
		Há planos formais e controlados para todas as atividades de desenvolvimento? Análise de requisitos? Design? Codificação? Integração e teste? Instalação? Garantia de qualidade? Gerenciamento de configuração? Se sim, os planos especificam bem o processo? Se sim, os desenvolvedores são familiarizados com os planos?
	Adequação: o processo é adequado para o modelo de desenvolvimento?	O processo de desenvolvimento é adequado para este produto?
		O processo de desenvolvimento é suportado por um conjunto de procedimentos, métodos e ferramentas compatíveis?
	Controle de processo: o processo de desenvolvimento é executado, monitorado e controlado com métricas? Os locais de desenvolvimento distribuídos são coordenados?	Todos seguem o processo de desenvolvimento? Se sim, como isso é garantido?
		Você consegue mensurar se o processo de desenvolvimento está atingindo suas metas de qualidade e produtividade?
		Se há locais de desenvolvimento distribuídos, há coordenação adequada entre eles?
	Familiaridade: os membros do projeto têm experiência no uso do processo? O processo é compreendido por toda a equipe?	As pessoas estão confortáveis com o processo de desenvolvimento?
	Controle de produto: há mecanismos para controlar a mudança no produto?	Existe um mecanismo de controle de rastreabilidade de requisitos, que rastreia requisitos desde sua especificação até os casos de teste?
		O mecanismo de rastreabilidade é usado na avaliação de impacto de mudanças de requisitos?
		Existe um mecanismo formal de controle de mudança? Se sim, ele cobre todas as mudanças nas baselines de requisitos, design, código e documentação?
		As mudanças em qualquer nível são mapeadas para cima até o nível de sistema e para baixo até o nível de teste?
		Há análise adequada quando novos requisitos são adicionados ao sistema?
		Você tem algum meio de rastrear interfaces?
		Os planos e procedimentos de teste são atualizados como parte do processo de mudança?
Sistema de desenvolvimento	*Capacidade*: existe poder de processamento, estações de trabalho, memória e espaço de armazenamento suficientes?	Há estações de trabalho e poder de processamento para toda a equipe?
		Há capacidade suficiente para fases que se entrelaçam como codificação, integração e teste?
	Adequação: o sistema de desenvolvimento dá suporte a todas as fases, atividades e funções?	O sistema de desenvolvimento suporta todos os aspectos do projeto? Análise de requisitos? Análise de performance? Design? Codificação? Teste? Documentação? Gerenciamento de configuração? Requisitos e gerenciamento de rastreabilidade?
	Usabilidade: qual a facilidade de uso do sistema de desenvolvimento?	As pessoas avaliam que o sistema de desenvolvimento é fácil de usar?
		Existe boa documentação sobre o sistema de desenvolvimento?
	Familiaridade: existe pouca experiência anterior da empresa ou membros da equipe com o sistema de desenvolvimento?	As pessoas já usaram estas ferramentas e métodos antes?
	Confiabilidade: o sistema de desenvolvimento sofre com erros, paralisação e capacidade de backup nativa insuficiente?	O sistema de desenvolvimento é considerado confiável? Compilador? Ferramentas de desenvolvimento? Hardware?
	Suporte ao sistema: existe suporte ágil de vendedor ou especialista no sistema de desenvolvimento?	A equipe foi treinada no uso das ferramentas?
		Você tem acesso a especialistas no seu uso?
		Os vendedores respondem rapidamente aos problemas?
	Capacidade de entrega (deliverability): os requisitos de definição e aceitação para a entrega do sistema de desenvolvimento para o cliente não foram incluídos no orçamento?	Você vai entregar o sistema de desenvolvimento ao cliente? Se sim, recursos, cronograma e orçamento foram alocados para esta entrega?

TABELA 8.3 *Checklist* de riscos referentes ao ambiente de desenvolvimento *(Cont.)*

Área	Questão	Detalhamento
Processo de gerência	*Planejamento*: o planejamento é oportuno, líderes técnicos foram incluídos e planos de contingência realizados?	O desenvolvimento é gerenciado de acordo com o plano? Se sim, as pessoas apagam incêndios com frequência?
		As pessoas de todos os níveis estão incluídas no planejamento de seu próprio trabalho?
		Existem planos de contingência para riscos conhecidos? Se sim, como você determina a hora de ativar estes planos?
		Questões de longo prazo foram adequadamente tratadas?
	Organização de projeto: os papéis e relacionamentos estão claros?	A organização do desenvolvimento é efetiva?
		As pessoas compreendem os seus papeis e os papeis dos outros?
		As pessoas sabem quem tem autoridade para quê?
	Experiência em gerência: os gerentes têm experiência em desenvolvimento de software, gerenciamento de projeto de software, no domínio de aplicação, no processo de desenvolvimento ou em grandes projetos?	O projeto tem gerentes experientes? Gerenciamento de projeto de software? Com desenvolvimento de software? Com o processo de desenvolvimento em uso? Com o domínio da aplicação? Com projetos deste tamanho ou complexidade?
	Interfaces da equipe de desenvolvimento: existem interfaces fracas com o cliente, outros contratados ou gerentes de nível superior?	A gerência comunica problemas para cima e para baixo na linha hierárquica?
		Os conflitos com o cliente são documentados e resolvidos no tempo apropriado?
		A gerência envolve as pessoas apropriadas nos encontros com o cliente? Líderes técnicos? Desenvolvedores? Analistas?
		A gerência trabalha de forma que todas as facções do lado do cliente estejam representadas nas decisões sobre funcionalidade e operação?
		É uma boa política apresentar uma visão otimista ao cliente ou gerentes de nível superior?
Métodos de gerência	*Monitoramento*: as métricas de gerência são definidas e o progresso do desenvolvimento rastreado?	Existem relatórios de status estruturados periódicos? Se sim, as pessoas obtêm respostas aos seus relatórios de status?
		A informação apropriada é reportada aos níveis organizacionais corretos?
		O progresso é comparado com o plano? Se sim, a gerência tem uma visão clara sobre o que está acontecendo?
	Gerenciamento de pessoal: o pessoal do projeto é treinado e usado adequadamente?	O pessoal é treinado nas habilidades requeridas pelo projeto? Se sim, isso é parte do plano do projeto?
		Há pessoas alocadas ao projeto que não possuem o perfil necessário?
		É fácil para os membros do projeto conseguir ação da gerência?
		Os membros em todos os níveis estão conscientes de seu status *versus* plano?
		As pessoas sentem que é importante manter o plano?
		A gerência consulta as pessoas antes de tomar decisões que afetam o trabalho delas?
	Garantia de qualidade: existem procedimentos e recursos adequados para garantir a qualidade do produto?	A função de garantia de qualidade tem pessoal adequado para o projeto?
		Existem mecanismos adequados para garantir a qualidade? Se sim, todas as áreas e fases possuem procedimentos de qualidade? Se sim, as pessoas estão acostumadas a trabalhar com estes procedimentos?
	Gerenciamento de configuração: os procedimentos de gerenciamento de configuração, mudança e instalação são adequados?	Há um sistema gerenciador de configuração adequado?
		A função de gerenciamento de configuração tem pessoal adequado?
		É necessária coordenação com algum sistema instalado? Se sim, há gerenciamento de configuração adequado para o sistema instalado? Se sim, o sistema de gerenciamento de configuração sincroniza o seu trabalho com as mudanças no local?
		O sistema vai ser instalado em múltiplos locais? Se sim, o sistema de gerenciamento de configuração permite múltiplos locais?

(Continua)

166 PARTE | II Planejamento e gerência de projetos

TABELA 8.2 *Checklist* de riscos referentes ao ambiente de desenvolvimento *(Cont.)*

Área	Questão	Detalhamento
Ambiente de trabalho	*Atitude em relação a qualidade*: há falta de orientação relacionada com o trabalho com qualidade?	Todos os níveis de pessoal estão orientados para procedimentos de qualidade?
		O cronograma costuma ficar no caminho da qualidade?
	Cooperação: falta espírito de equipe? Os conflitos resultantes requerem intervenção da gerência?	As pessoas trabalham cooperativamente através das fronteiras funcionais?
		As pessoas trabalham cooperativamente na direção de metas comuns?
		A intervenção da gerência às vezes é necessária para fazer as pessoas trabalharem juntas?
	Comunicação: há pouca consciência a respeito de metas ou missão e comunicação pobre de informação técnica entre membros da equipe e gerentes?	Há boa comunicação entre os membros do projeto? Gerentes? Líderes técnicos? Desenvolvedores? Testadores? Gerente de configuração? Equipe de qualidade?
		Os gerentes são receptivos às comunicações da equipe? Se sim, você se sente à vontade para pedir ajuda ao seu gerente? Os membros são capazes de comunicar riscos mesmo sem ter uma solução pronta?
	Moral: há uma atmosfera não produtiva ou não criativa?	As pessoas sentem que não há reconhecimento ou recompensa por trabalho feito acima das expectativas?
		Como está a moral no projeto? Se não estiver bem, qual é o principal motivo para a baixa moral?
		Há problemas para manter as pessoas que são necessárias?

Fonte: Carr, Konda, Monarch, Ulrich e Walker (1993).

TABELA 8.4 *Checklist* de riscos referentes às restrições externas

Área	Questão	Detalhamento
Recursos	*Cronograma*: o cronograma é inadequado ou instável?	O cronograma tem sido estável?
		O cronograma é realístico? Se sim, o método de estimação é baseado em dados históricos? Se sim, o método de estimação funcionou bem no passado?
		Existe alguma coisa para a qual um cronograma realístico não foi preparado? Análises e estudos? Garantia de qualidade? Treinamento? Cursos e treinamento em manutenção? Equipamentos? Sistema de desenvolvimento que vai ser entregue?
		Há dependências externas que poderiam impactar o cronograma?
	Pessoal: a equipe é inexperiente, sem conhecimento de domínio, sem habilidades ou em número insuficiente?	Há alguma área em que esteja faltando pessoal qualificado? Engenharia de software e métodos de análise de requisitos? Especialistas em algoritmos? Design e métodos de design? Linguagens de programação? Métodos de integração e teste? Confiabilidade? Manutenibilidade? Disponibilidade? Fatores humanos? Gerenciamento de configuração? Garantia de qualidade? Ambiente-alvo? Nível de segurança? COTS? Reúso de software? Sistema operacional? Banco de dados? Domínio de aplicação? Análise de performance? Aplicações de tempo crítico?
		Há pessoal adequado para formar a equipe de projeto?
		A equipe é estável?
		Você tem acesso às pessoas certas quando precisa delas?
		Os membros da equipe já implementaram sistemas deste tipo?
		O projeto depende de algumas poucas pessoas?
		Há problemas para obter pessoal?
	Orçamento: o orçamento é insuficiente ou instável?	O orçamento é estável?
		O orçamento é baseado em uma estimativa realística? Se sim, o método de estimativa é baseado em dados históricos? Se sim, o método funcionou bem no passado?
		Funcionalidades ou características do sistema já foram removidas para reduzir custo?
		Há alguma coisa para a qual um orçamento adequado não foi alocado? Análises e estudos? Garantia de qualidade? Treinamento? Cursos de manutenção? Equipamento? Sistema de desenvolvimento a ser entregue?
		Mudanças no orçamento acompanham mudanças nos requisitos? Se sim, esta é uma parte padrão do processo de controle de mudança?
	Instalações: as instalações são adequadas para construir e entregar o produto?	As instalações de desenvolvimento são adequadas?
		O ambiente de integração é adequado?

TABELA 8.4 *Checklist* de riscos referentes às restrições externas *(Cont.)*

Área	Questão	Detalhamento
Contrato	*Tipo de contrato*: o tipo de contrato é uma fonte de risco para o projeto?	Que tipo de contrato foi feito? (custo mais prêmio, preço fixo...). Ele apresenta algum problema?
		O contrato representa uma carga para algum aspecto do projeto? Declarações de trabalho? Especificações? Descrições de itens de dados? Partes? Envolvimento excessivo de cliente?
		A documentação requerida é uma carga? Quantidade excessiva? Cliente detalhista e exigente? Longo ciclo de aprovações?
	Restrições: o contrato causa alguma restrição?	Há problemas com direitos de dados?
	Dependências: o projeto tem dependência de algum produto ou serviço externo que pode afetar o produto?	Contratados associados?
		Contratado principal? (se você for um subcontratado)
		Subcontratados?
		Vendedores ou fornecedores?
		Equipamento ou software desenvolvido pelo cliente?
Interfaces de Comunicação Externas	*Cliente*: há problemas com o cliente, como ciclo longo de aprovação de documentos, comunicação fraca ou conhecimento inadequado do domínio?	O ciclo de aprovação do cliente é adequadamente rápido? Documentação? Revisões de projeto? Revisões formais?
		Você sempre segue em frente antes de receber aprovação do cliente?
		O cliente entende os aspectos técnicos do sistema?
		O cliente entende software?
		O cliente interfere com processos ou pessoas?
		O gerente trabalha com o cliente para alcançar entendimentos e decisões mútuas em tempo aceitável? Entendimento sobre requisitos? Critérios de teste? Ajustes de cronograma? Interfaces?
		Quão efetivos são seus mecanismos para chegar a um acordo com o cliente? Grupos de trabalho (contratuais)? Encontros de intercâmbio técnico (contratuais)?
		Todas as facções do cliente são envolvidas para se chegar a acordos? Se sim, há um processo formalmente definido?
		A gerência apresenta um quadro realista ou otimista ao cliente?

Fonte: Carr, Konda, Monarch, Ulrich e Walker (1993).

8.4 ANÁLISE DE RISCOS

Uma vez identificados os riscos potenciais, a análise de riscos vai determinar quais são verdadeiramente relevantes para que se gastem tempo e dinheiro com sua prevenção. Em geral, a análise de riscos vai tentar determinar a probabilidade de ocorrência e o impacto de cada risco potencial.

Algumas propriedades de riscos, entre outras, podem ser assim identificadas:

- *Probabilidade*: é a chance de que o risco realmente se torne um problema. Caso se disponha de séries históricas, a probabilidade pode ser medida quantitativamente. Por exemplo, se 35% dos projetos anteriores sofreram atraso no cronograma, então pode-se esperar que esse risco tenha uma probabilidade de 35% em projetos futuros. Porém, na maioria das vezes, poderá ser mais factível considerar apenas valores discretos como probabilidade *alta* (quase certo que vá ocorrer), *média* (tem alguma chance de ocorrer) e *baixa* (pouco provável que ocorra) para um risco.
- *Impacto*: o impacto é a medida do prejuízo que um risco pode trazer ao projeto. O impacto é independente da probabilidade. Pode-se ter riscos de alto impacto com alta ou baixa probabilidade e riscos de baixo impacto com alta ou baixa probabilidade. O impacto pode ser mensurado, por exemplo, quando se sabe o valor da multa por dia de atraso na entrega do produto, mas normalmente será mais prático avaliar o impacto como *alto* (pode inviabilizar o projeto), *médio* (pode aumentar significativamente o custo do projeto) ou *baixo* (apenas provoca algum contratempo, sem inviabilizar os objetivos do projeto).

168 PARTE | II Planejamento e gerência de projetos

- *Proximidade*: alguns riscos podem ser de alta probabilidade, mas baixa proximidade, ou seja, podem ocorrer só um futuro distante. Por exemplo, a obsolescência tecnológica é um risco de alto impacto e alta probabilidade, mas possivelmente de baixa ou média proximidade, dependendo da tecnologia. Quando a proximidade é considerada propriedade dos riscos, convém também usá-la para o cálculo da exposição do risco.
- *Acoplagem*: a acoplagem define o quanto um risco pode afetar outros riscos. Por exemplo, se os requisitos estiverem mal estabelecidos, outros riscos de projeto podem ter sua probabilidade ou seu impacto aumentado.

O produto da probabilidade pelo impacto consiste na *exposição* (ou *importância*) do risco. Assim, riscos de maior exposição precisarão ter uma abordagem detalhada no projeto para que sejam tratados. Já os riscos de baixa exposição não necessitam de tanto investimento. Eventualmente, será suficiente manter a equipe ciente de sua existência para tomar providências caso a exposição do risco se altere.

Deve-se lembrar de que, apesar dessa identificação das propriedades de riscos no momento do planejamento, durante a execução do projeto, a equipe deve ter em mente que todas as propriedades podem mudar com o tempo. Assim, o monitoramento dos riscos também é uma atividade que deverá ser realizada com frequência.

Quando a probabilidade e o impacto do risco são avaliados qualitativamente, pode-se usar uma tabela como a Tabela 8.5, em que, a partir da combinação da probabilidade pelo impacto, chega-se a um valor para a exposição do risco.

Normalmente, os atributos de riscos são definidos em função da experiência e do conhecimento de especialistas. Mas, se houver um registro de projetos anteriores, pode-se ter uma expectativa mais concreta sobre a ocorrência de alguns riscos. Assim, muitas vezes, o planejador de projeto poderá adicionar à sua análise de riscos um conjunto de dados ou observações que justifiquem sua escolha para os valores de determinadas propriedades dos riscos.

8.5 PLANOS DE MITIGAÇÃO DE RISCOS

Planos de mitigação de riscos são executados antes que o risco ocorra. Para os riscos de alta exposição, os planos de mitigação são definidos ainda na fase de planejamento do projeto. Para riscos de média exposição, os planos são definidos e guardados para serem aplicados caso essa exposição aumente ao longo do projeto.

Há dois tipos de planos de mitigação: *plano de redução de probabilidade* e *plano de redução de impacto*. O primeiro age nas causas e o outro age nos efeitos do risco.

Para exemplificar a apresentação de planos de mitigação, será usado um conjunto de riscos identificados e analisados conforme a Tabela 8.6. Os riscos cujo código é prefixado com "t" são *riscos tecnológicos*. Os riscos prefixados com "pe" são *riscos de pessoal*. Os riscos prefixados com "pr" são *riscos de projeto* e os riscos prefixados com "l" são *riscos legais*.

O projeto trata da produção de uma ferramenta CASE em tecnologia *touch screen* com comandos de voz e interface em realidade virtual. O projeto seria desenvolvido como projeto de pesquisa por alunos bolsistas. Os riscos foram identificados e avaliados por uma turma de alunos da disciplina de Análise e Projeto de Sistemas II, na UFSC, em 2011. Eles foram avaliados em função de sua probabilidade (P) e impacto (I), e a exposição (E), a resultante foi calculada de acordo com a Tabela 8.5, com os valores *baixo* (B), *médio* (M) e *alto* (A). Os riscos aparecem na tabela ordenados de acordo com sua exposição.

Os riscos de exposição alta tiveram planos de mitigação elaborados de forma sumária e executados. Os riscos de exposição média deveriam ter seus planos apenas elaborados e guardados caso a exposição do risco aumentasse. Os riscos de baixa exposição deveriam apenas continuar sendo monitorados e, caso sua exposição aumentasse para média, deveriam ter seus planos elaborados (e executados, caso a exposição passasse para alta).

Nas subseções a seguir são discutidos estes planos de mitigação bem como apresentados exemplos de planos simplificados para os riscos indicados na Tabela 8.6.

TABELA 8.5 Forma de cálculo para a exposição de um risco

		Probabilidade		
		Alta	Média	Baixa
Impacto	Alto	Alta exposição	Alta exposição	Média exposição
	Médio	Alta exposição	Média exposição	Baixa exposição
	Baixo	Média exposição	Baixa exposição	Baixa exposição

TABELA 8.6 Identificação e análise de riscos de um projeto fictício

Id	Causa	Risco	Efeito	Prob.	Imp.	Exp.
pr3	Requisitos ainda muito instáveis.	Pode haver mudanças importantes nos requisitos ao longo do desenvolvimento.	Perda de tempo desenvolvendo partes que depois não serão usadas e atrasos no cronograma.	A	A	A
pr2	O tempo de desenvolvimento pode ser longo.	Pode haver concorrentes que lancem produtos antes.	Chegar ao mercado depois da janela de oportunidade.	A	A	A
t8	Necessidade de muitos comandos baseados em gestos.	Gestos muito parecidos podem significar comandos diferentes.	O sistema pode interpretar erroneamente os comandos (desenhos, formas). Usuário pode ter que decorar muitos comandos diferentes.	A	M	A
pe1	Ainda não se sabe se será possível contratar equipe com experiência nas tecnologias.	Necessidade de treinamento.	Atrasos de cronograma e custos com treinamento.	A	M	A
t4	O processo implementado pela ferramenta pode não atender aos desejos do usuário.	O usuário não vai escolher a ferramenta porque usa um processo de desenvolvimento diferente.	Problemas relacionados com a venda. Pode haver necessidade de implementar vários processos, o que vai contra a filosofia inicial da ferramenta. Grandes empresas já têm processo estabelecido e teriam que mudar.	M	A	A
t6	A tecnologia de comando de voz ainda não é bem desenvolvida.	Comandos de voz podem não ser corretamente entendidos.	Usuários frustrados.	A	B	M
t9	Não existem ferramentas CASE com gráficos 3D ou em níveis de profundidade.	Não existe um padrão ou referência para tais interfaces nem estudos de usabilidade.	Necessidade de pesquisar padrões de usabilidade para interfaces 3D em ferramentas CASE.	A	B	M
t3	Não é conhecido um padrão de usabilidade para CASE em *touch screen*.	Poderá ser desenvolvida uma ferramenta com usabilidade falha.	Problemas com usuário final (desinteresse).	M	M	M
pe1	O projeto será desenvolvido por bolsistas.	Bolsistas não veem o projeto como carreira.	Podem-se perder desenvolvedores ao longo do projeto, necessitando de substituição.	M	M	M
l1	Uso de tecnologia de terceiros.	Pagamento de direitos autorais.	Aumento de custo.	M	M	M
t1	Superfície de toque é tecnologia nova.	Podem ocorrer mudanças nos padrões. Qual o melhor sistema operacional?	Produto obsoleto ou necessidade de desenvolver para vários sistemas operacionais.	B	M	B
t2	Tecnologia nova.	Podem não existir bibliotecas suficientemente adequadas para o desenvolvimento.	Necessidade de desenvolver novas bibliotecas básicas.	B	B	B
t5	O acesso aos recursos avançados será secundário na interface, que prioriza as ações mais elementares.	Pode gerar problemas de usabilidade para usuários mais avançados.	Gerar desinteresse por usuários avançados. É necessária uma boa análise de caso de uso e usabilidade na ferramenta durante seu desenvolvimento.	B	B	B
t7	O código gerado pela ferramenta, por *default*, não será modificável.	O código pode não ser o mais eficiente possível.	Sistemas gerados pela ferramenta podem ser ineficientes.	B	B	B

170 PARTE | II Planejamento e gerência de projetos

8.5.1 Plano de Redução de Probabilidade de Risco

O *plano de redução de probabilidade de risco* consiste nas ações identificadas como necessárias para diminuir a probabilidade de que um risco ocorra. Esse tipo de plano deve agir nas *causas* do risco, ou seja, na segunda coluna da Tabela 8.6. Por exemplo, se é bem provável que a equipe tenha dificuldade com uma nova tecnologia a ser usada, podem-se realizar cursos de treinamento para diminuir a probabilidade de isso se tornar um estorvo ao andamento do projeto.

Riscos classificados como de alta exposição devem ter planos de mitigação e contingência com atividades bem definidas, prazos e responsáveis pela sua execução. É importante que tais atividades sejam incluídas no plano do projeto ou iteração e que suas ações sejam contabilizadas no tempo e no custo do projeto.

É interessante lembrar que alguns ciclos de vida, como Espiral, Cascata com Redução de Risco, métodos ágeis e o UP, já preveem que atividades de estudo e mitigação de riscos sejam previstas e incorporadas ao projeto.

No caso de riscos de média exposição, é recomendado apenas elaborar os planos para serem aplicados mais tarde caso seja necessário.

Riscos de baixa exposição podem apenas ser monitorados para verificar se a probabilidade ou o impacto aumentam ao longo do projeto e, nesse caso, o plano de redução de probabilidade pode ser criado como resposta a essa mudança de estado.

Considerando o exemplo da Tabela 8.6, os planos simplificados de redução de probabilidade poderiam ser elaborados como mostrado na Tabela 8.7.

Deve-se observar que os planos não necessariamente garantem que os riscos vão ser mitigados. Por exemplo, o plano para o risco l1 prevê verificar a existência de soluções livres. Mas não há garantia de que elas existam.

TABELA 8.7 Planos de redução de probabilidade

Id	Causa do risco	Risco	Plano de redução de probabilidade
pr3	Requisitos ainda muito instáveis.	Pode haver mudanças importantes nos requisitos ao longo do desenvolvimento.	Realizar reuniões de eliciação de requisitos. Inspecionar requisitos. Procurar produtos semelhantes na Internet e analisá-los. Planejar o desenvolvimento de protótipos.
pr2	O tempo de desenvolvimento pode ser longo.	Pode haver concorrentes que lancem produtos antes.	Planejar desenvolvimento orientado a cronograma com entregas de versões parciais usáveis em intervalos de dois meses.
t8	Necessidade de muitos comandos baseados em gestos.	Gestos muito parecidos podem significar comandos diferentes.	Pesquisar padrões existentes para comandos baseados em gestos e catalogá-los. Definir hierarquia de comandos e comandos baseados em contextos para reduzir a quantidade de comandos necessários.
pe1	Ainda não se sabe se será possível contratar equipe com experiência nas tecnologias.	Necessidade de treinamento.	Publicar anúncio solicitando currículos para pessoas com as habilidades desejadas.
t4	O processo implementado pela ferramenta pode não atender aos desejos do usuário.	O usuário não vai escolher a ferramenta porque usa um processo de desenvolvimento diferente.	Pesquisar qual o processo mais usado no mercado-alvo. Adaptar a ferramenta para uso com o(s) processo(s) dominante(s).
t6	A tecnologia de comando de voz ainda não é bem desenvolvida.	Comandos de voz podem não ser corretamente entendidos.	Pesquisar aplicativos operados por tecnologia de voz e testá-los. Verificar existência de módulos reusáveis de comando por voz.
t9	Não existem ferramentas CASE com gráficos 3D ou em níveis de profundidade.	Não existe um padrão ou referência para tais interfaces, nem estudos de usabilidade.	Catalogar e estudar ferramentas semelhantes com interfaces 3D ou em níveis.
t3	Não é conhecido um padrão de usabilidade para CASE em *touch screen*.	Poderá ser desenvolvida uma ferramenta com usabilidade falha.	Catalogar e estudar ferramentas semelhantes já desenvolvidas para superfícies de toque. Estudar normas de usabilidade em geral e normas específicas para ferramentas CASE e para sistemas baseados em superfície de toque.
pe1	O projeto será desenvolvido com bolsistas.	Bolsistas não veem o projeto como carreira.	Verificar o valor de salário de mercado. Verificar a possibilidade de oferecer salários mais atraentes. Verificar a possibilidade de subcontratar desenvolvimento.
l1	Uso de tecnologia de terceiros.	Pagamento de direitos autorais.	Verificar valores e condições de uso de potenciais tecnologias. Verificar existência de soluções livres.

8.5.2 Plano de Redução de Impacto de Risco

O *plano de redução de impacto de risco* é definido e aplicado de forma semelhante ao plano de redução de probabilidade, exceto pelo fato de que, nesse caso, as ações devem procurar diminuir o impacto do risco. Assim, tais planos vão procurar diminuir os *efeitos* desse risco, e não suas causas.

Por exemplo, se determinado membro da equipe é o único a dominar a tecnologia a ser usada no projeto, sua saída pode causar grande impacto no andamento do projeto. Assim, um plano de redução de impacto poderia consistir em treinar outro desenvolvedor nessa tecnologia ou colocá-lo para trabalhar em conjunto com o desenvolvedor crítico para que possa aprender o máximo possível sobre a tecnologia. Assim, no caso da falta do outro, o prejuízo ao projeto não será tão grande.

Novamente, os riscos de alta exposição determinam a existência de um plano detalhado de redução de impacto com atividades previstas, prazos e responsáveis. Riscos de média exposição poderão receber apenas uma lista de ações a serem efetuadas em caso de necessidade, sem necessariamente identificar responsáveis ou prazos, e os riscos de baixa exposição serão apenas monitorados.

Considerando o exemplo da Tabela 8.6, os planos de redução de probabilidade poderiam ser elaborados como mostrado na Tabela 8.8.

TABELA 8.8 Planos de redução de impacto

Id	Risco	Efeito	Plano de redução de impacto
pr3	Pode haver mudanças importantes nos requisitos ao longo do desenvolvimento.	Perda de tempo desenvolvendo partes que depois não serão usadas e atrasos no cronograma.	Enfatizar desenvolvimento modular com baixo acoplamento entre módulos. Estabilizar arquitetura-base o quanto antes. Implementar um sistema eficiente de gerenciamento de versões.
pr2	Pode haver concorrentes que lancem produtos antes.	Chegar ao mercado depois da janela de oportunidade.	Manter constante estudo de mercado para garantir que o produto tenha características inovadoras.
t8	Gestos muito parecidos podem significar comandos diferentes.	O sistema pode interpretar erroneamente os comandos (desenhos, formas). Usuário pode ter que decorar muitos comandos diferentes.	Elaborar design de interface alternativo, considerando gestos e alguma forma de eliminar possíveis ambiguidades em gestos. Implementar sistema de ajuda *on-line* para gestos.
pe1	Necessidade de treinamento.	Atrasos de cronograma e custos com treinamento.	Pesquisar e encomendar bibliografia para treinamento de equipe nas tecnologias necessárias. Prever orçamento para treinamento.
t4	O usuário não vai escolher a ferramenta porque usa um processo de desenvolvimento diferente.	Problemas relacionados com a venda. Pode haver necessidade de implementar vários processos, o que vai contra a filosofia inicial da ferramenta. Grandes empresas já têm processo estabelecido e teriam que mudar.	Verificar se existe possibilidade de definir um metaprocesso adaptável para a ferramenta.
t6	Comandos de voz podem não ser entendidos corretamente.	Usuários frustrados.	Projetar interfaces alternativas a comandos de voz.
t9	Não existe um padrão ou referência para tais interfaces, nem estudos de usabilidade.	Necessidade de pesquisar padrões de usabilidade para interfaces 3D em ferramentas CASE.	Prever a realização de testes de usabilidade para a ferramenta. Prever ciclos de prototipação de interface.
t3	Poderá ser desenvolvida uma ferramenta com usabilidade falha.	Problemas com usuário final (desinteresse).	Idem ao risco t9.
pe1	Bolsistas não veem o projeto como carreira.	Podem-se perder desenvolvedores ao longo do projeto, necessitando de substituição.	Usar programação em pares e padrões de codificação. Planejar integrações frequentes e posse coletiva de código.
l1	Pagamento de direitos autorais.	Aumento de custo.	Prever custos com direitos autorais no orçamento. Verificar existência de tecnologias livres.

Os planos de redução de probabilidade e impacto mostrados aqui são apenas sugestões elaboradas a partir de uma rápida reflexão sobre os riscos. Outros planos mais detalhados, ou mesmo em direções diferentes, poderiam ter sido elaborados.

Por vezes, também pode haver certa ambiguidade entre o plano ser de redução de impacto ou de probabilidade, isto é, pode haver determinadas ações que reduzam tanto a probabilidade quanto o impacto de um risco. Se o planejador de projeto começar a ter problemas em classificar um plano como de um ou outro tipo, será mais interessante que ele crie apenas um conjunto de planos de mitigação de risco, pois sua classificação como redução de probabilidade ou redução de impacto não é tão importante quanto a necessidade de que seja efetivamente planejado e executado, se for o caso.

8.6 PLANO DE CONTINGÊNCIA

O *plano de contingência* ou *plano de resposta ao risco* consiste em um conjunto de ações a serem realizadas caso o risco efetivamente se torne um problema.[1]

Esses planos também devem ser incorporados ao plano do projeto, embora de forma opcional, pois sua execução nem sempre será necessária.

A resposta a um risco, depois que ele já se tornou um problema, pode ocorrer de diferentes formas:

- *Por eliminação*: procura-se eliminar o problema e o risco, alterando, por exemplo, o escopo do projeto, renegociando contratos, reestruturando a equipe, repensando tecnologias etc.
- *Por transferência*: procura-se transferir o problema e o risco a outra parte, por exemplo, subcontratando outra organização para desenvolver a parte do sistema que apresenta o risco. Isso pode ser feito tanto como ação de resposta ao risco como na forma de ação de mitigação, ou seja, prevenção.
- *Por aceitação*: simplesmente aceitam-se as perdas ocasionadas pelo problema e segue-se em frente, se possível. O impacto do risco é que vai determinar a gravidade das consequências, que poderão ir desde um leve inconveniente até o cancelamento do projeto.

Todas essas possibilidades implicam um custo para a organização desenvolvedora. Assim, sempre será necessário avaliar qual é a estratégia de melhor custo/benefício antes de implementar qualquer decisão.

8.7 MONITORAMENTO DE RISCOS

O processo de gerência de um projeto envolve conscientizar o gerente de que, embora existam planos de mitigação e contingência de riscos, esses riscos são mais voláveis e imprevisíveis do que os requisitos. Portanto, novos riscos podem surgir ou ser descobertos – ou sua exposição pode mudar – com o passar do tempo. Assim, a equipe deverá estar sempre reavaliando o conjunto de riscos e sua exposição.

Para monitorar riscos adequadamente, é necessário documentá-los preferencialmente em um sistema eletrônico de controle de riscos. Essa opção é quase sempre a mais recomendada, porque o monitoramento do risco implica várias pessoas poderem analisar e modificar o *status* de um risco ao longo do tempo. Então, um sistema de controle de risco automático, que inclusive gere alarmes para responsáveis pela gerência ou execução de planos, é uma boa escolha.

O sistema gerenciador de riscos deverá conter algumas informações fundamentais. Wiegers (2007) apresenta uma proposta de estrutura para monitoramento de risco. A lista a seguir contém os elementos desta estrutura proposta e também o *status* que não consta da estrutura original:

---

1. A esse respeito, os fãs de Scott Adams poderão apreciar o vídeo disponível no QR code acima.

- *ID*: o identificador do risco. Pode ser um número sequencial ou um mnemônico mais significativo. Esse ID é importante porque a descrição do risco pode mudar com o tempo, e o ID, não. Isso permite que um risco seja monitorado por um longo período, mesmo que sua descrição mude significativamente.
- *Descrição*: a descrição do risco. Possivelmente a melhor forma de descrevê-lo seja através da tríade causa/risco/efeito. A descrição do risco normalmente não varia com o tempo, mas nada impede que isso aconteça, especialmente se forem obtidas novas informações sobre ele.
- *Probabilidade*: diz respeito à chance de o risco se tornar um problema. Pode ser usada a escala probabilística (0 a 100%) ou a escala alta/média/baixa. Eventualmente, a probabilidade poderá ser apresentada como uma função do tempo, por exemplo: "pequena em seis meses, mas grande após esse prazo". Espera-se que a probabilidade dos riscos varie com o passar do tempo, e essa medida é um dos principais itens que um gerente de projeto deve ter em mente ao monitorar riscos. Inicialmente, espera-se que os planos de mitigação reduzam a probabilidade de o risco se tornar um problema, mas qualquer risco pode ter sua probabilidade aumentada em função de causas imprevistas.
- *Impacto*: refere-se à perda ou ao dano ocasionados caso o risco se torne um problema. Aqui também pode ser usada a escala numérica ou a escala alto/médio/baixo. Da mesma forma, os planos de mitigação poderão alterar o impacto do risco, caso ele ocorra. O impacto previsto também pode variar com o tempo à medida que novos conhecimentos sobre o risco vêm à tona, embora talvez não varie tanto quanto a probabilidade.
- *Exposição*: é o produto da probabilidade pelo impacto. Conforme visto na Seção 8.4, os riscos de exposição alta (ou numericamente acima de um limite predeterminado) devem ter seus planos de mitigação executados para que a probabilidade ou o impacto sejam baixados, baixando também a exposição do risco.
- *Primeiro indicador*: é uma descrição da situação inicial a partir da qual se pode concluir que o risco está se tornando um problema. O gerente de projeto deverá estar sempre atento a essa condição, e a equipe também deverá ser alertada para observá-la, reportando-a o quanto antes.
- *Planos de mitigação e contingência*: são os planos de redução de probabilidade e impacto, além do plano de resposta ao desastre, que devem ser elaborados, caso o risco seja de exposição alta ou média. Esses planos são descritos como uma lista de atividades a serem executadas (um subprojeto) e, no caso dos riscos de exposição alta, devem ter responsáveis e prazos atribuídos.
- *Responsável*: é a pessoa que deve responder pelos planos de mitigação e contingência, caso o risco seja de alta exposição. Planos diferentes poderão ter responsáveis diferentes.
- *Prazo*: é a data na qual os planos de mitigação deverão ter sido devidamente executados, caso o risco seja de alta exposição. No caso de abordagens iterativas, como UP ou métodos ágeis, o prazo poderá ser descrito como o final de uma das iterações.
- *Status*: é o estado do risco. Mesmo riscos de baixa probabilidade podem, por azar, se tornar problemas. Então, o *status* de um risco poderá ser atribuído independentemente de sua exposição. Um risco poderá ser somente um problema *potencial* (por *default*) ou um problema *atual*, caso o problema já tenha acontecido e se esteja sofrendo as consequências dele, ou ainda um problema *em tratamento*, caso os planos de contingência estejam sendo executados, ou, finalmente, um problema *resolvido*. Depois de resolvido, o risco poderá voltar a ser um problema potencial, caso possa ocorrer novamente (Figura 8.1). Caso o problema não seja resolvido ou absorvido com os planos de contingência, presume-se que ele esteja fora de controle; nesse caso, provavelmente o projeto não vai durar muito tempo, a não ser que um novo tratamento seja iniciado.

Essa lista de riscos deve ser ordenada de forma que os riscos de maior exposição estejam no topo (mais visíveis) e os de menor exposição estejam no final da lista. Se novos riscos de alta ou média exposição surgirem, os de menor exposição

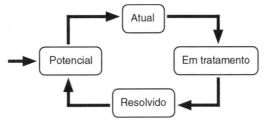

FIGURA 8.1 Um possível ciclo de vida para o *status* de um risco.

174 PARTE | II Planejamento e gerência de projetos

devem ser movidos para baixo na lista. Isso é sugerido porque, se a lista de riscos for grande demais, deve-se manter em destaque no início da lista aqueles que são os de maior exposição.

É interessante colocar a descrição do risco na forma causa/problema/impacto, porque isso mostra mais claramente sua estrutura. Por vezes, os analistas apresentam o risco de forma incompleta.

Pode ser vantajoso ter uma pessoa exclusivamente no papel de gerente de riscos de um projeto, aliviando o trabalho do gerente de projeto. Isso é interessante porque talvez seja demais pedir a uma única pessoa que faça um projeto dar certo e, ao mesmo tempo, se preocupe com tudo o que pode (e vai) dar errado. O gerente de risco seria uma pessoa com um pessimismo saudável (sem os exageros de Hardy Har Har),[2] que vai estar sempre analisando as abordagens e situações e avaliando seus riscos.

No caso dos métodos ágeis, as reuniões diárias de *Scrum* podem ser um excelente momento para a equipe rapidamente avaliar e acompanhar os maiores riscos do projeto.

8.8 CONTROLE DE RISCO

O *controle de risco* é o processo de observação e gerência que visa acompanhar o estado dos riscos de forma a evitar que se tornem problemas ou, pelo menos, que seu prejuízo seja minimizado.

O controle do risco implica a execução prévia dos planos de mitigação de risco, embora alguns autores, como Wiegers (2007), definam essas atividades como *resolução* de risco.

Infelizmente, a estimação de esforço no caso de atividades relacionadas com riscos ainda não é tão previsível quanto o esforço de desenvolvimento, pois essas ações podem variar desde dar um telefonema até realizar um projeto completo com cronograma, recursos e pessoal próprio.

Assim, para estimar esforço para controle de risco, sugere-se considerar a Lei de Parkinson (PARKINSON, 1955) ou *Síndrome do Estudante* (procrastinação), que diz, entre outras coisas, que uma tarefa se expande até preencher todo o tempo livre. No caso do estudante, trata-se de verificar que dar um prazo de uma semana ou de um mês para a conclusão de uma tarefa será indiferente em relação aos resultados, pois a tarefa acabará sendo feita em período próximo ao final do prazo ou, caso tenha sido feita no início do período, o estudante gastará o restante do tempo para incluir detalhes, muitas vezes irrelevantes, antes que o prazo se esgote.

Desse modo, a sugestão para alocação de prazos para tratamento de riscos é que se utilize uma análise subjetiva, como é feito com pontos de histórias, por exemplo, e que ao final do prazo estabelecido se avalie quais foram os efeitos das atividades de mitigação em relação ao risco. Se o risco tratado teve sua exposição baixada de alta para média ou baixa, então as atividades de mitigação cumpriram seu objetivo e, por ora, nada mais precisa ser feito. Caso a exposição do risco continue sendo alta, um novo plano deve ser traçado e executado em relação ao risco, ou um novo prazo deve ser estabelecido para a continuação desse mesmo plano.

A execução de planos grandiosos pode até fazer com que a probabilidade de um risco se tornar problema chegue bem próximo a zero. Porém, nesse caso, o projeto poderá ficar tão caro que talvez não valha mais a pena executá-lo. Assim, o controle do risco deve ser sempre mensurado por uma análise de custo e benefício.

8.9 COMUNICAÇÃO DE RISCOS

A comunicação na área de gerenciamento de riscos é fundamental, inicialmente nas atividades de identificação. Em geral, a equipe técnica já tem consciência dos riscos que um projeto vai enfrentar, mas, se não forem incentivados a passar essa informação adiante, não o farão. Assim, uma reunião de planejamento inicial com toda a equipe é fundamental para que riscos sejam levantados e avaliados pela equipe como um todo.

Estatisticamente, poucas crises ocorrem de repente. Os problemas costumam ir crescendo lentamente até se transformarem em uma crise, e isso não é diferente em projetos de software. O que vai fazer a diferença entre uma crise que cresce nas sombras até atingir um tamanho que coloque o projeto a perder e um problema que pode ser mitigado em seu início é justamente a capacidade de a equipe perceber e comunicar esse problema rapidamente.

A comunicação de riscos não necessariamente evita o problema, mas, como já foi dito, pode ajudar a fazer com que medidas antecipatórias ou corretivas sejam administradas o mais cedo possível. Além disso, a comunicação adequada de riscos pode ajudar a organização a compreender melhor o risco e o problema, de forma a incorporar essa análise ao seu patrimônio cognitivo.

---

2. Hiena pessimista do desenho de Hanna Barbera que está sempre dizendo ao seu parceiro: "Lippy, isso não vai dar certo".

Um dos fatores em comunicação de risco que demandam a atenção do gerente é que diferentes interessados têm diferentes percepções sobre o risco. É atribuída a George Bernard Shaw a frase "O maior problema da comunicação é a ilusão de que ela ocorreu". Assim, não basta apresentar a lista de riscos aos interessados e esperar que todos entendam o que devem fazer. É necessário, em muitos casos, enfatizar as perdas que podem ocorrer caso o risco não seja adequadamente prevenido. Os desenvolvedores estarão mais interessados nos riscos técnicos que podem dificultar seu trabalho, causando frustração; os clientes nos riscos que poderão atrasar o cronograma ou afetar os custos do projeto; os usuários em riscos que envolvem a qualidade do sistema. Assim, comunicar os riscos de maneira correta às partes interessadas é também um processo que deve ser cuidadosamente pensado e executado pela equipe.

Capítulo 9

Gerenciamento de Projeto de Software

Nos capítulos anteriores foi visto como planejar um projeto, e atenção especial foi dada aos processos de estimação de esforço e controle de riscos. Este capítulo trata do momento em que o projeto efetivamente se inicia. Alguns aspectos da gerência de um projeto já foram discutidos nos capítulos anteriores, mas aqui é aprofundado o processo de gerenciamento como um todo. Inicialmente, é discutido o papel do *gerente de projeto* (Seção 9.1) e suas atribuições, além de recomendações práticas sobre como ele deve atuar. Em seguida, são apresentados rapidamente os conceitos de gerenciamento de projetos de uma fonte internacionalmente reconhecida, o *Project Management Book of Knowledge*, também conhecido como PMBOK (Seção 9.2). Depois, são apresentados conceitos de outro método de gerenciamento também bastante usado, o PRINCE2, ou *Projects IN a Controlled Environment* 2 (Seção 9.3). Além disso, são apresentadas recomendações gerais sobre como *conduzir* um projeto de software (Seção 9.4), *métricas* a serem usadas (Seção 9.5), como *revisar e avaliar* (Seção 9.6) o andamento de um projeto e como realizar o *fechamento* ou conclusão de um projeto (Seção 9.7).

A gerência de projeto pode ser entendida como uma disciplina dentro de um processo de engenharia de software, em geral, exercida por um único indivíduo (o gerente de projeto) cuja função é levar o projeto a alcançar os objetivos planejados dentro dos prazos, com o custo e a qualidade previstos. Para ter sucesso, o gerente deve manter os riscos do projeto nos níveis de probabilidade e impacto os mais baixos possíveis, avaliando continuamente o progresso e adotando medidas proativas para a redução desses riscos ou medidas de correção se, apesar de tudo, houver problemas.

Uma fonte de referência importante sobre a gerência de projetos é o PMBOK (PMI, 2017). Porém, como ele é um referencial genérico para a condução de projetos, é necessário ter em mente que projetos na área de software têm suas particularidades. Assim, um gerente de projeto de software precisa ter conhecimentos específicos sobre gerência de projetos *de software*.

O SWEBOK (IEEE COMPUTER SOCIETY, 2014) indica, entre outras coisas, as seguintes particularidades para os projetos de software:

- Os clientes dificilmente percebem as reais complexidades envolvidas no processo de desenvolvimento de software, em especial as relacionadas com as mudanças de requisitos.
- É praticamente inevitável que os próprios processos de engenharia de software acabem gerando a necessidade de introdução de novos requisitos ou de modificação dos requisitos existentes.
- Como resultado disso, o software é frequentemente construído por um processo de refinamento interativo em vez de uma sequência de atividades previamente bem definidas e programadas.
- A engenharia de software necessariamente incorpora aspectos de criatividade e disciplina. Manter um balanceamento apropriado entre esses dois aspectos costuma ser uma tarefa difícil.
- Em geral, o grau de novidade e de complexidade do software é extremamente alto.
- A tecnologia subjacente ao software muda com muita frequência.

O SWEBOK divide a área de gerenciamento de projeto em engenharia de software nas subáreas a seguir:

- Inicialização e definição de escopo.
- Planejamento de projeto de software.
- Condução de projeto de software.
- Revisão e avaliação.
- Fechamento.
- Medição em engenharia de software.

178 PARTE | II Planejamento e gerência de projetos

As primeiras duas subáreas são tratadas no Capítulo 6. Este capítulo vai abordar as outras subáreas: condução de um projeto de software, sua revisão, medição, avaliação e fechamento.

9.1 GERENTE DE PROJETO

Um projeto bem-sucedido depende muito de um bom gerente. Isso vale tanto em situações nas quais existe a figura do gerente como indivíduo quanto nas situações em que a equipe se autogerencia. De uma forma ou de outra, o processo de planejamento, condução, avaliação e fechamento do projeto estará presente. Várias habilidades podem ser observadas em bons gerentes de projeto de software, entre elas:

- *Têm o dom de prever*: bons gerentes têm a capacidade de visualizar e antecipar problemas antes que eles ocorram, e tomar ações preventivas.
- *São organizados*: a organização tem vários aspectos, mas um que parece ser especialmente importante para o gerente de projeto é a capacidade de visualizar prioridades e passá-las para sua equipe. Assim, em meio à complexidade de um projeto, o gerente será capaz de enxergar o que é realmente importante e concentrar os esforços da equipe nisso.
- *Sabem liderar*: o gerente de projeto não é apenas um chefe. Além da equipe, ele precisa interagir com pessoas que não estão sob seu comando (clientes, usuários e especialistas de domínio, por exemplo). Assim, ele precisa ter o carisma de líder e ser capaz de motivar as pessoas a gastarem seu tempo nas atividades que são necessárias para o projeto.
- *São bons comunicadores*: eles são capazes de utilizar múltiplos meios de comunicação, como *e-mail*, telefone, reuniões, apresentações etc., para obter e transmitir as informações necessárias. Eles são efetivos, objetivos e pragmáticos quando se comunicam (não ficam fazendo rodeios). Além disso, são capazes de ouvir. Um gerente que não ouve sua equipe ou outros interessados poderá levar um projeto a fracassar, pois pequenos problemas não resolvidos de início muitas vezes acabam virando grandes problemas no final de um projeto de desenvolvimento de software.
- *São pragmáticos*: existem dois extremos quando se pensa na forma de tomada de decisão de um gerente, os que adiam a decisão até conhecer todas as implicações das opções e os que tomam decisões por impulso, sem pensar. No equilíbrio entre esses dois extremos está o gerente pragmático: ele analisa os prós e contras da forma mais eficiente possível, e é capaz de avaliar rapidamente se está em condições de tomar uma decisão fundamentada ou não. Contudo, caso a análise dos prós e contras tome mais tempo do que tentar uma das opções, ele vai perceber isso e decidir se tenta um caminho ou o outro.
- *São empáticos*: um gerente não faz o trabalho da equipe nem faz seu trabalho sozinho. Ele precisa se apoiar em outras pessoas. Para obter essa colaboração, ele precisa entender o que motiva as pessoas, ter empatia, que é a capacidade de colocar-se no lugar do outro e entender suas necessidades. A partir disso, o gerente balizará suas ações de motivação.

Classicamente, assumia-se que o gerente de projeto precisava equilibrar os três vértices do *triângulo de restrições*, que envolvia *tempo*, *custo* e *escopo*. Diminuir qualquer um desses ângulos provocaria aumento em pelo menos um dos outros dois. Porém, hoje esse triângulo é substituído por um conjunto de seis variáveis: *escopo*, *qualidade*, *cronograma*, *orçamento*, *recursos* e *riscos*. Assume-se ainda que qualquer mudança em um desses elementos afetará pelo menos um dos outros.

9.2 GERENCIAMENTO DE PROJETOS SEGUNDO O PMBOK

Apesar de não ser específico para projetos de software, o PMBOK (PMI, 2017) é uma excelente referência em termos de gerenciamento de projetos. Ele estrutura o corpo de conhecimentos em duas dimensões: *grupos de processo* e *áreas de conhecimento*.

Os grupos de processo PMBOK são iniciação, planejamento, execução, monitoramento e controle e encerramento. Estes grupos equivalem mais ou menos às fases de gerenciamento identificadas no SWEBOK.

As áreas de conhecimento do PMBOK são descritas na Tabela 9.1. As áreas de conhecimento não abrangem necessariamente todos os grupos de processo; apenas o gerenciamento de integração faz isso.

A estrutura de processos do PMBOK é apresentada numa matriz, conforme mostrado na Tabela 9.2. Nesta matriz, as linhas são as áreas de gerenciamento e as colunas correspondem aos grupos de processo ou fases. Assim, o gerente pode se guiar, conforme a fase do projeto, identificando todos os processos que devem ser realizados para atender às diferentes áreas de gerenciamento.

TABELA 9.1 Áreas de conhecimento de gerência de projetos segundo o PMBOK

Área de gerenciamento	Descrição
Integração	Atividades que o gerente de projetos executa de forma a garantir que todas as partes do projeto funcionem juntas.
Escopo	Atividades necessárias para que o projeto execute de fato o que for preciso para gerar o produto e *somente* isso.
Cronograma	Atividades mais visíveis em gerência de projeto, que consistem em garantir que todas as atividades ocorram dentro dos tempos previamente definidos.
Custos	Atividades que buscam garantir que o projeto ocorra dentro do orçamento definido.
Qualidade	Do ponto de vista externo, visa garantir que o produto atenda às expectativas do cliente; do ponto de vista interno, visa garantir que o produto seja suficientemente maleável para não dificultar desnecessariamente o trabalho da equipe.
Recursos	Atividades de aquisição, dispensa, formação e motivação da equipe, bem como de alocação de funções e relações hierárquicas.
Comunicações	Controle das comunicações internas e externas ao projeto.
Riscos	Uma das áreas mais importantes da gerência de projetos, implica acompanhar o nível de probabilidade e impacto dos riscos e tomar medidas para diminuí-los.
Aquisições	Atividades relacionadas com a aquisição de produtos ou serviços necessários ao projeto que não sejam produzidos ou fornecidos pela equipe de desenvolvimento.
Partes interessadas	A satisfação dos interessados frequentemente define o sucesso do projeto. Assim, o projeto deve manter boa comunicação com os interessados de forma a garantir que suas necessidades sejam satisfeitas.

Cada um destes 47 processos apresentados na Tabela 9.2 é detalhadamente descrito pelo PMBOK em termos de entradas e saídas, compostas por artefatos e ferramentas e técnicas que se aplicam às entradas para produzir as saídas. Essa organização das atividades mostra como é complexo e multidimensional o trabalho do planejador e do gerente de projeto.

A partir desta sexta edição (PMI, 2017), o PMBOK passou também a tecer considerações para ambientes ágeis, iterativos e adaptativos, aproximando, assim, mais o guia da realidade de muitas empresas que desenvolvem software e adotam modelos ágeis.

9.3 PRINCE2 – PROJECTS IN CONTROLLED ENVIRONMENTS 2

Projects IN Controlled Environments 2 (Projetos em ambientes controlados 2), ou simplesmente *PRINCE2*, é um método estruturado de gerência de projetos bastante utilizado em várias partes do mundo. PRINCE2 foi lançado em 1996, como sucessor de outros métodos mais antigos. Desde 2006, o método tem sido revisado e atualizado, além de estar se tornando mais leve e compatível com Scrum. A versão atual é conhecida como "PRINCE2 2017" (AXELOS, 2017). Desde 2013, o modelo é propriedade da AXELOS Limited, mas continua sendo disponibilizado gratuitamente.

Além do manual de melhores práticas PRINCE2, que vem sendo desenvolvido há vários anos, a versão atual conta também com um guia ágil identificado como PRINCE2 Agile, lançado em 2015, que combina as melhores práticas de PRINCE2 com a cultura ágil.

Originalmente ele foi criado para a indústria de TI, mas atualmente pode ser aplicado em praticamente qualquer área, pois é um framework que procura apresentar as práticas de forma independente do tipo de produto, ou seja, isolando os aspectos ligados ao projeto (cronograma, custo, escopo etc.) dos aspectos ligados ao produto (software, construção civil, produto alimentício etc.).

O modelo se baseia em sete princípios que são apresentados na Tabela 9.3.

Além disso, o método também possui sete temas que descrevem aspectos críticos do gerenciamento de sistemas e devem ser considerados pelo gerente ao longo do ciclo de vida do projeto. Estes temas são apresentados na Tabela 9.4.

Os sete princípios e sete temas são então amalgamados em sete processos, conforme mostrado na Tabela 9.5.

O método PRINCE2 estipula três níveis de certificação: *foundation*, para os que aprenderam os fundamentos do método; *practicioneer*, para aqueles que vão gerenciar projetos usando o método; e *certification*, para aqueles que buscam ainda mais competência em gerenciamento de projetos.

TABELA 9.2 Processos do PMBOK identificados de acordo com a área de gerenciamento e grupo de processo

Áreas de gerenciamento	Grupos de processo				
	Iniciação	Planejamento	Execução	Monitoramento e controle	Encerramento
Integração	• Desenvolver o termo de abertura do projeto	• Desenvolver o plano de gerenciamento do projeto	• Orientar e gerenciar o trabalho do projeto • Gerenciar o conhecimento do projeto	• Monitorar e controlar o trabalho do projeto • Realizar o controle integrado de mudanças	• Encerrar o projeto ou fase
Escopo		• Planejar o gerenciamento do escopo • Coletar os requisitos • Definir o escopo • Criar a EAP (WBS)		• Validar o escopo • Controlar o escopo	
Cronograma		• Planejar o gerenciamento do cronograma • Definir as atividades • Sequenciar atividades • Estimar os recursos das atividades • Estimar as durações das atividades • Desenvolver o cronograma		• Controlar o cronograma	
Custos		• Planejar o gerenciamento dos custos • Estimar custos • Determinar o orçamento		• Controlar os custos	
Qualidade		• Planejar o gerenciamento da qualidade	• Gerenciar a qualidade	• Controlar a qualidade	
Recursos		• Planejar o gerenciamento de recursos	• Mobilizar recursos • Desenvolver a equipe • Gerenciar a equipe	• Controlar recursos	
Comunicações		• Planejar o gerenciamento das comunicações	• Gerenciar as comunicações	• Monitorar as comunicações	
Riscos		• Planejar o gerenciamento dos riscos • Identificar os riscos • Realizar a análise qualitativa dos riscos • Realizar a análise quantitativa dos riscos • Planejar as respostas aos riscos	• Implementar respostas aos riscos	• Monitorar os riscos	
Aquisições		• Planejar o gerenciamento das aquisições	• Conduzir as aquisições	• Controlar as aquisições	
Partes interessadas	• Identificar as partes interessadas	• Planejar o engajamento das partes interessadas	• Gerenciar o envolvimento das partes interessadas	• Controlar o envolvimento das partes interessadas	

Fonte: PMI (2017).

TABELA 9.3 Princípios de PRINCE2

Princípio	Explicação
Justificação continuada de negócio	Existe uma justificativa para iniciar o projeto e ela deve continuar válida ao longo dele, tendo sido documentada e aprovada. Em PRINCE2, a justificativa é documentada no *caso de negócio*, que dirige o processo de tomada de decisão e garante que o projeto permaneça alinhado com os objetivos e benefícios de negócio.
Aprender com a experiência	Espera-se que as equipes e o projeto aprendam com a experiência. Lições aprendidas são identificadas, registradas e praticadas ao longo do ciclo de vida do projeto. Em PRINCE2, as lições aprendidas são registradas no *lessons log*, ou diário de lições, e se tornam parte do relatório de lições aprendidas preparado pelo gerente de projeto ao final de cada estágio e ao final do projeto.
Papéis e responsabilidades definidos	Todos os projetos têm papéis e responsabilidades definidos e acordados, engajando todos os aspectos das organizações envolvidas interna e externamente. Os papéis devem ser definidos de forma que cada participante saiba exatamente o que se espera dele.
Gerenciar por estágios	O gerenciamento de projetos em PRINCE2 é compatível com os modelos baseados em iterações. Ao final de cada iteração, o projeto é revisado para verificar se atingiu os objetivos da iteração e se vai produzir a entrega prevista no caso de negócio. Isso é feito pelo uso de dois níveis de planejamento: longo prazo e curto prazo, sendo o segundo bem mais detalhado do que o primeiro.
Gerenciar por exceção	Os projetos PRINCE2 definem limites de tolerância para tempo, custo, qualidade, escopo e risco. Esses limites são usados para definir os níveis de autoridade delegada. Isso permite que a gerência seja feita dentro de um processo de gerência por exceção, ou seja, se esses limites de tolerância forem excedidos ou se for previsto que eles serão excedidos, então um nível superior de gerência deve ser acionado para decidir como proceder.
Foco nos produtos	PRINCE2 foca na definição e entrega de produtos que satisfazem os critérios de qualidade estabelecidos. Isso inclui o produto final de um projeto, bem como outros subprodutos significativos gerados ao longo do ciclo de vida do projeto. Essa abordagem orientada ao produto resulta na definição e geração de produtos sobre os quais se obtém concordância.
Personalização para se ajustar ao ambiente de trabalho	PRINCE2 deve ser personalizado para se adequar ao ambiente de trabalho, ou seja, tamanho, complexidade, importância, capacidades e riscos do projeto. Porém, quando se está personalizando o método, é importante não omitir nenhuma parte, pois todas elas são interligadas.

TABELA 9.4 Temas (aspectos críticos) em PRINCE2

Tema	Explicação
Caso de negócio	O caso de negócio dirige toda a tomada de decisões ao longo do projeto. Ele é criado no início do projeto e deve justificar os investimentos inicial e continuado. Permite que o gerente de equipe defina, a qualquer momento, se o projeto é viável, desejável e factível. O caso de negócio é mantido atualizado ao longo do projeto com relação a riscos, benefícios e custos.
Organização	A organização estabelece os papéis e as responsabilidades ligados ao projeto. Os projetos PRINCE2 são organizados em quatro níveis de decisão: *corporação* ou gerenciamento de programa, responsável pela encomenda do projeto; *diretoria*, que fornece direção e governança; *gerência de projeto*, que lida com as questões do dia a dia do projeto; e *gerência de equipe*, que se ocupa com a entrega dos produtos do projeto.
Qualidade	Procura garantir que o produto atenda ao seu propósito. A abordagem definida na estratégia de gerenciamento de qualidade requer que exista um entendimento explícito sobre o escopo do projeto, bem como critérios de qualidade contra os quais o produto será avaliado. Em outras palavras, o foco da qualidade está em fazer o produto atender aos requisitos (especialmente aos de qualidade). O método possui duas formas de aplicação de controle de qualidade: *in process*, que implica construir os produtos com qualidade ao longo do projeto, e *appraisal*, usado para verificar se os produtos acabados satisfazem os critérios de qualidade.
Planos	Planos são usados para definir como, quando e por quem os produtos serão gerados e, dessa forma, permitir e facilitar a comunicação efetiva e o controle. Eles devem estar alinhados com o caso de negócio e precisam ser aprovados por todos os níveis de gerenciamento. Existem três níveis de planos do PRINCE2: plano de projeto, plano de estágio e, opcionalmente, plano de equipe. Adicionalmente, planos de exceção poderão substituir um dos outros planos em situações em que os níveis de tolerância de gerenciamento forem excedidos. PRINCE2 requer que o planejamento seja orientado ao produto, estabelecendo que primeiramente o produto do trabalho deve ser decidido e somente depois as atividades, dependências e recursos podem ser determinados, sempre com o objetivo de produzir o produto especificado.

(Continua)

182 PARTE | II Planejamento e gerência de projetos

TABELA 9.4 Temas (aspectos críticos) em PRINCE2 *(Cont.)*

Tema	Explicação
Riscos	Para PRINCE2, os riscos são incertezas que podem ser tanto positivas (oportunidades) quanto negativas (ameaças). O gerenciamento de risco trata da identificação proativa, da avaliação e do controle dos riscos do projeto de forma a maximizar as chances de sucesso. A estratégia de gerenciamento de riscos, definida durante a iniciação do projeto, possui cinco passos: identificar a causa, evento e efeitos do risco; analisar sua probabilidade e impacto; planejar as respostas necessárias; implementar as respostas como requerido; e comunicar os riscos interna e externamente.
Mudança	Envolve a gerência de configuração, problemas e solicitações de mudança. Mais detalhes sobre essas disciplinas serão vistos no Capítulo 10.
Progresso	Refere-se aos mecanismos usados para monitorar e comparar o atual estado do projeto em relação aos planos. Esse mecanismo também permite que o gerente de projeto faça previsões de performance baseadas nas tendências atuais e, assim, realize ações proativas visando a alternativas de projeto quando necessário.

TABELA 9.5 Processos em PRINCE2

Processo	Atividades
Dar partida em um projeto	Indicar um executivo e um gerente de projeto, planejar e indicar uma equipe de gerenciamento de projeto, preparar um resumo executivo do projeto, definir a abordagem do projeto e planejar para o próximo estágio.
Iniciar um projeto	Planejar qualidade, planejar o projeto, refinar o caso de negócios e riscos, definir os meios de controle do projeto, definir os arquivos do projeto e montar o documento de início de projeto.
Dirigir um projeto	Autorizar o início do projeto, autorizar um estágio ou plano de exceção, dar orientações *ad hoc* e confirmar o fechamento do projeto.
Controlar um estágio	Autorizar um pacote de trabalho, avaliar o progresso, capturar e examinar assuntos do projeto, revisar o *status* do estágio, relatar destaques, tomar ação corretiva e receber um pacote de trabalho completo.
Gerenciar limites de estágios	Planejar um estágio, atualizar um plano de projeto, um caso de negócio e a lista de riscos, relatar o final de um estágio e produzir um plano de exceção.
Gerenciar entrega de produto	Aceitar um pacote de trabalho, executá-lo e entregá-lo.
Fechar um projeto	Encerrar (*decommissioning*) o projeto, identificar ações posteriores e revisar a avaliação do projeto.

9.4 CONDUÇÃO DE PROJETO DE SOFTWARE

Muitas vezes, após o planejamento, um projeto de software precisa ser executado durante um longo período de tempo. Assim, é papel do gerente garantir que as variáveis de tempo, recursos, qualidade e escopo sejam mantidas nos valores esperados.

Após o planejamento, espera-se que riscos já tenham sido avaliados e existam planos para mitigá-los, responsáveis nomeados, recursos alocados, e que um processo de desenvolvimento já esteja definido. Resta executar o projeto – e pode ser que nessa hora tudo comece a dar errado.

Um projeto, mesmo bem planejado, pode falhar por vários motivos: erros da equipe, erros no próprio projeto, erros na concepção do processo ou, ainda, fatores imprevistos. Isso decorre principalmente do fato de que os executores do projeto são pessoas, e não máquinas, e de que um projeto não é um programa de computador que roda de forma previsível. Muitos fatores de incerteza estão envolvidos mesmo nos projetos mais bem planejados e gerenciados.

Staa (2003) indica que um dos maiores desafios que o gerente de projeto enfrenta no momento do acompanhamento da execução de um projeto é a *indisciplina*. Membros da equipe podem não seguir os padrões, prioridades ou os prazos estabelecidos. O folclore da Ciência da Computação apresenta os "gênios" como superdesenvolvedores que não seguem regras, não têm horários preestabelecidos, são desorganizados e, muitas vezes, têm problemas de higiene pessoal. Se não houver disciplina no ambiente de trabalho, esses "heróis" poderão ressurgir e tomar o projeto como refém.

Não se devem confundir os métodos ágeis, mesmo os mais radicais, como o XP, com indisciplina e caos. Para que um modelo ágil funcione na prática, a equipe deve ser muito bem disciplinada. No caso de *Scrum*, a equipe deve ser necessariamente autodisciplinada, pois ela se autogerencia.

Assim, o uso de métodos ágeis não é desculpa para fazer as coisas de qualquer maneira. Mesmo que os desenvolvedores trabalhem com criatividade, buscando soluções inovadoras e, às vezes, ousadas para os problemas, devem entender que existem as prioridades de projeto, que ou são discutidas e mudadas, ou são mantidas e seguidas.

Além disso, existem padrões a serem seguidos. O desenvolvedor baixa uma versão do componente no sistema de controle de versões e tem total liberdade para trabalhar em sua cópia. Mas, no momento de salvar uma nova versão no sistema, o que ele colocar ali vai afetar o restante da equipe. Então, essa versão precisa estar de acordo com os padrões estabelecidos, testada e estabilizada.

É responsabilidade do gerente de projeto, portanto, identificar se há algum tipo de desvio nocivo e motivar os desenvolvedores, conscientizando-os da necessidade de trabalhar em harmonia (lembrando que *harmonia* não significa cada um fazer o que quer, mas todos seguirem as regras que o grupo estabeleceu).

Staa (2003) identifica três perfis de gerência em relação à equipe:

- *Ditador*: é o mais danoso dos três. Faz todo o planejamento e as estimativas, e determina sozinho quem faz o quê e quando. Gera belíssimos diagramas Gantt que ninguém leva a sério e usa de força e ameaça para fazer projetos que não estão indo bem voltarem para os trilhos, o que nem sempre consegue.
- *Coordenador*: ouve os outros e faz as previsões e o planejamento em conjunto com a equipe. Faz revisões do planejamento periodicamente. Seus diagramas Gantt são levados mais a sério, pois representam um compromisso realista da equipe, e não apenas uma determinação do gerente. Seus projetos têm maior chance de terminar no prazo. Esse tipo de gestão costuma ser mais típico com métodos prescritivos.
- *Facilitador*: apenas agiliza e facilita o trabalho da equipe, mas não toma as decisões. A própria equipe define os prazos e o planejamento. Esse tipo de gerência costuma ser mais típico com os métodos ágeis.

Staa (2003) também apresenta os três objetivos de acompanhamento de projetos do CMMI, e acrescenta um quarto:

- Acompanhar os resultados e desempenhos reais, confrontando-os com o plano de desenvolvimento de software.
- Realizar ações corretivas e gerenciá-las até sua conclusão, sempre que resultados ou desempenhos reais se desviarem significativamente do que foi estabelecido (estimado) no plano de desenvolvimento de software.
- Assegurar que as alterações nos compromissos de software se deem através de acordo entre as pessoas e os grupos envolvidos.
- Acompanhar processos e metaprocessos, obtendo indicadores quanto à sua eficácia em instanciar planos e processos.

Os dois primeiros objetivos mencionados estão relacionados com o dia a dia do gerente de projeto e correspondem às atividades de verificação e controle por ações corretivas. O terceiro objetivo está relacionado com as mudanças eventualmente necessárias no plano do projeto. O quarto relaciona-se com a necessidade de mudanças no processo quando se detecta que ele não é suficientemente adequado.

Finalmente, convém mencionar que um plano malfeito será difícil de se gerenciar. Assim, é fundamental que no momento do planejamento de um projeto as técnicas apresentadas no Capítulo 6 sejam observadas. Por exemplo, se o plano não prevê artefatos prontos em determinadas datas, fica difícil o gerente avaliar se as atividades previstas foram efetivamente realizadas. Como a verificação do gerente tende a ser pontual (ele avalia o *status* do projeto ou o de cada desenvolvedor em determinados momentos), ele só será capaz de avaliar o estado e a qualidade de artefatos produzidos, mas não diretamente o estado e a qualidade das atividades em si.

9.5 MEDIÇÃO EM ENGENHARIA DE SOFTWARE

Um processo de gerência, para ser mais eficaz, precisa se basear em medições. Como saber se a tarefa não está sendo feita se não houver uma medida para chegar a essa conclusão? Como saber que a qualidade é inaceitável? De uma maneira ou de outra, o gerente de projeto vai acabar se envolvendo com a atividade de medição de software, na qual terá que aplicar uma ou mais métricas.

Inicialmente, alguns termos serão definidos para evitar confusão:

- *Medida*: valor obtido para alguma dimensão do software.
- *Métrica*: escala na qual os valores de uma medida são tomados.
- *Medição*: processo de obtenção de medidas.

O Software Engineering Institute (MILLS, 1988) indica que uma boa métrica precisa ter cinco qualidades:

- Ser *simples*, ou seja, ter uma definição curta e fácil de ser compreendida.

184 PARTE | II Planejamento e gerência de projetos

- Ser a mais *objetiva* possível, isto é, não depender de opiniões. Se duas pessoas avaliarem o mesmo produto usando essa métrica, deverão obter o mesmo resultado.
- Ser *facilmente obtida*, isto é, ter custo de medição razoavelmente baixo.
- Ser *válida*, isto é, indicar um valor que seja útil e efetivamente representativo da grandeza que se pretende medir.
- Ser *robusta*, isto é, pequenas mudanças no produto devem gerar mudanças proporcionais na medida. Apenas grandes mudanças no produto podem produzir grandes mudanças na medida.

Apesar disso, nem sempre as métricas apresentam todas essas qualidades. Um bom exemplo de métrica é a contagem de linhas de código (KSLOC; Seção 7.3). Desde que os padrões de contagem tenham sido estabelecidos (o que efetivamente conta e o que não conta), essa métrica deve produzir sempre o mesmo resultado. Já a contagem de pontos de história (Seção 7.2) poderá apresentar variações significativas, dependendo da interpretação do desenvolvedor sobre a dificuldade para desenvolver a história de usuário. O método CII (Seção 7.4) tenta reduzir a subjetividade nos multiplicadores de esforço e fatores de escala ao estabelecer uma série de padrões para atribuição de notas. Ainda assim, a métrica tem uma carga de subjetividade significativa.

A Seção 11.4 apresenta mais alguns detalhes sobre medição e métricas referentes à qualidade de software e as subseções a seguir discutem classificações de métricas e o planejamento de um programa de métricas.

9.5.1 Classificações de Métricas

Existem várias classificações para métricas. Inicialmente, pode-se falar em métricas diretas, ou seja, aquelas que podem ser definidas e contadas de modo direto, sem necessidade de interpretação ou incerteza, como:

- Custo financeiro
- Esforço em desenvolvedor-mês
- Linhas de código (SLOC)
- Velocidade de execução em segundos
- Memória em megabytes
- Número de defeitos localizados (total ou relativo ao número de KSLOC)
- Complexidade ciclomática (Subeção 13.4.1)

Outras métricas são indiretas e só podem ser determinadas a partir de uma definição operacional (WAZLAWICK, 2014), ou seja, um procedimento de medição que algumas vezes é *ad hoc*, e que nem sempre será consenso. Exemplos de métricas indiretas são:

- Funcionalidade
- Qualidade
- Complexidade
- Eficácia
- Confiabilidade
- Manutenibilidade
- Usabilidade

Nota-se que as métricas mais importantes estão fortemente ligadas aos aspectos de qualidade do software (Seção 11.1).

Um aspecto que sempre deve ser lembrado é que só vale a pena coletar medições quando se tem em mente um propósito específico, pois a coleta de dados poderá acarretar trabalho extra antes, ao longo e depois do projeto de desenvolvimento. Assim, a coleta de medições deve ser encarada como um investimento de tempo e esforço com o objetivo de melhorar algum aspecto do produto ou do processo de desenvolvimento.

Do ponto de vista dos processos de gerência, pode ser interessante agrupar as métricas em termos de sua utilidade para o gerente. Assim, temos:

- *Métricas de produtividade*: custo, pontos de função, pontos de história, pontos de caso de uso ou linhas de código, que podem ser usadas para verificar o andamento do projeto e possíveis desvios.
- *Métricas de qualidade*: número de defeitos, eficiência, confiabilidade e capacidade de manutenção. São usadas para avaliar se o produto satisfaz aos critérios de aceitação para uso por parte do cliente e também critérios internos, que afetam a eficiência da equipe.
- *Métricas técnicas*: outros aspectos ligados ao produto, não necessariamente à qualidade ou à produtividade, mas a aspectos inerentes do sistema, como complexidade ciclomática, modularidade, paralelismo, distribuição etc.

As métricas podem ser *absolutas* ou *relativas*. Por exemplo, um sistema com cinco erros não é necessariamente pior do que um sistema com dois erros. Se o primeiro sistema tiver um milhão de linhas e o segundo tiver cinco mil linhas, então o segundo terá mais erros por linha do que o primeiro.

Assim, a medida relativa é frequentemente usada, em especial quando se deseja avaliar a qualidade do produto e do trabalho. Há pelo menos quatro formas relevantes de relativizar uma métrica:

- *Pelo tamanho*: divide-se o valor absoluto da métrica pelo número de linhas de código.
- *Pela funcionalidade*: divide-se o valor absoluto da métrica pelo número de pontos de função, pontos de caso de uso ou pontos de histórias.
- *Pelo tempo*: divide-se o valor absoluto pelo período de tempo. Por exemplo, número de defeitos detectados por mês.
- *Por esforço*: divide-se o valor absoluto pelo esforço despendido, geralmente em desenvolvedor-mês ou desenvolvedor-hora. Por exemplo, o número de linhas de código produzidas por desenvolvedor-mês.

Talvez o trabalho mais formal na área de métricas esteja relacionado com a medição da complexidade do software, o que é útil para a área de testes. Outro tipo de métrica que recebeu muita atenção são as métricas de qualidade ligadas ao produto (Capítulo 11), embora, às vezes, haja competição entre elas. Por exemplo, aumentar a flexibilidade (desejável) pode diminuir a eficiência de tempo (indesejável).

Entretanto, algumas métricas de qualidade podem ser especialmente úteis ao gerente de projeto, pois melhorar suas medições provavelmente será muito salutar:

- *Métricas de defeitos*: o número de defeitos em um produto de software deveria ser uma métrica objetivamente contável. Porém, encontrar defeitos não é uma tarefa trivial. Assim, normalmente, a medição de defeitos é feita em função dos erros observados. A Subseção 13.1.1 explica a diferença conceitual entre *erro* e *defeito*.
- *Métricas de confiabilidade*: uma vez que se tenha uma medida nominal dos defeitos encontrados em um produto de software, sua confiabilidade pode ser calculada para determinado período de tempo. Se um sistema complexo apresenta certa taxa de falhas ao longo de um mês ou de um ano, pelas Leis de Lehman (Seção 14.1) pode-se esperar que continue exibindo esse comportamento ao longo dos meses ou anos seguintes. Essas medidas podem ser tomadas tanto durante o processo de desenvolvimento quanto durante o período de operação pós-desenvolvimento do sistema.
- *Métricas de manutenibilidade*: embora a manutenibilidade seja, a princípio, uma métrica subjetiva, existem estudos que mostram que a complexidade do produto (a complexidade ciclomática, por exemplo) afeta o esforço necessário para encontrar e reparar defeitos no software. Assim, existe uma relação direta entre o número de defeitos encontrados e a complexidade do software com o esforço necessário para fazer manutenções. Novamente, essas atividades de manutenção podem ser tanto aquelas que ocorrem durante a operação do software quanto as modificações que ocorrem durante o desenvolvimento.

Deve-se ficar atento, porém, para o fato de que essas métricas precisam ser sempre interpretadas em seu contexto. Por exemplo, a detecção de muitos defeitos no software pode significar tanto que a atividade de teste está sendo bem conduzida quanto que as atividades de programação estão sendo malconduzidas. Mas defeitos detectados por usuários durante o uso do sistema costumam ser péssimas notícias.

9.5.2 Planejamento de um Programa de Métricas

Para que um gerente possa utilizar métricas para dirigir suas atividades, ele deve primeiro implantar um *programa de métricas*. Segundo o SEI (MILLS, 1988), essa atividade deve ser muito bem planejada.

Inicialmente, devem-se estabelecer os objetivos do programa de métricas: Quais falhas ele vai corrigir? Quais aspectos ele vai tentar melhorar? Em seguida, devem ser estimados os custos do programa e deve ser obtido o apoio da gerência superior, pois esse tipo de ação normalmente precisa de um suporte razoável para ocorrer. Em relação aos custos, estes podem ser divididos em custos iniciais de implantação e custos de manutenção do programa.

Em função dos objetivos e do aporte financeiro inicialmente comprometido, deve-se escolher o conjunto de métricas a serem implementadas e o modelo de avaliação (por exemplo, para estimar o tamanho de um projeto, podem-se usar os modelos CII, Pontos de Função ou Pontos de Caso de Uso, cada qual com suas peculiaridades e custos específicos). Durante o processo de seleção das métricas e modelos devem-se observar os pontos a seguir:

- *Habilidade projetada para satisfazer objetivos*: as métricas e modelos disponíveis devem ser analisados e comparados em relação a sua capacidade de satisfazer os objetivos do programa de métricas.

186 PARTE | II Planejamento e gerência de projetos

- *Dados e custos necessários estimados*: os modelos que são capazes de satisfazer os objetivos devem ser comparados em função de seu custo de implantação e manutenção e da quantidade e variedade de dados necessários para funcionar. Normalmente, os modelos mais econômicos são preferíveis.

Uma vez que o modelo tenha sido escolhido, deve-se identificar e refinar os dados que serão coletados. Apenas dados que possam satisfazer a algum objetivo imediato ou de longo prazo devem ser coletados. Para executar essa atividade, deve-se observar:

- *Especificidade dos dados*: os dados devem ser definidos e obtidos ao longo de todo o ciclo de desenvolvimento do software. Preferencialmente, deve-se identificar *quando* os dados foram obtidos. Isso permite analisar diferentes significados em diferentes fases ou para diferentes atividades do processo de desenvolvimento.
- *Procedimentos de obtenção de dados*: uma vez que os dados específicos tenham sido definidos, os procedimentos para sua coleta e as pessoas responsáveis devem ser identificados.
- *Manutenção do banco de dados*: uma vez que o banco de dados de medições passará a ser um importante patrimônio da empresa, os recursos para sua perfeita manutenibilidade devem ser definidos e destinados.
- *Previsões refinadas de esforço e custo*: com as informações obtidas nos itens anteriores, deve ser possível obter uma estimativa bem mais realista de custo e esforço para a implantação do programa de métricas.

Assumindo que todos os passos anteriores foram executados com sucesso e os custos são aceitáveis, o programa de métricas pode ser iniciado. Os itens a seguir ainda precisam ser enfatizados nessa fase:

- *Esclarecimento de uso*: os objetivos do programa de métricas devem ficar claros desde o início. Mas, no momento de iniciar seu uso, pode ser importante relembrá-los a toda a equipe. As pessoas devem ser informadas sobre as medidas que serão obtidas e o uso que será feito delas. Muito cuidado deve ser tomado especialmente se as medidas forem utilizadas para avaliação de membros da equipe. Sem uma ampla discussão e aceitação das métricas, essas iniciativas poderão dar origem a estresse e até sabotagens ao programa.
- *Pessoal responsável*: os responsáveis pela coleta, manutenção e interpretação dos dados devem ser definidos e informados. Deve-se lembrar que essa atividade deve ser executada continuamente ao longo de qualquer projeto, pois muitos dados poderão não ser mais obtidos depois que ele terminar.

Para que o programa de métricas tenha sucesso, ele deve ser continuamente usado, avaliado e reajustado. Os seguintes aspectos são relevantes:

- *Avaliação de resultados*: os resultados devem ser cuidadosamente resumidos e comparados com a realidade subjetivamente observada. Por vezes, algum desvio em relação à percepção da equipe pode ser resultado de erros no processo de obtenção dos dados.
- *Ajuste do modelo*: muitos modelos de medição exigem que determinadas constantes sejam calibradas ao longo de seu uso. Assim, esses procedimentos de calibração devem ser executados sempre que o modelo assim o exigir.

Finalmente, convém lembrar que, em termos de capacidade de processos e maturidade de empresas, é absolutamente necessário que exista um plano de métricas e que ele seja efetivamente usado para melhorar aspectos dos processos da empresa. Os níveis mais altos de maturidade dos modelos de qualidade só são atingidos quando existe um plano de métricas que seja efetivamente colocado em prática.

9.6 REVISÃO E AVALIAÇÃO

Nos métodos ágeis, como *Scrum*, a revisão e a avaliação de projeto são previstas e ocorrem informalmente nas reuniões diárias em pé e com mais formalidade nas reuniões de fechamento de iteração.

Outros métodos poderão definir reuniões de revisão de projeto, de forma periódica, seja ao final de uma iteração ou fase, seja a qualquer momento.

É importante que, para serem efetivas, as reuniões sejam planejadas com antecedência. As pessoas envolvidas devem ser comunicadas, o local adequado deve ser reservado e, o que é mais importante, os objetivos da reunião devem ser claramente transmitidos. Quando se fala em objetivos, deve-se entender isso no sentido de definir quais serão os *artefatos de saída* da reunião. Pode-se ver, então, que a reunião de revisão e avaliação também é vista como uma atividade de projeto. Quando os participantes de uma reunião começam a divagar e a discutir sem objetividade, cabe ao condutor da reunião interromper a divagação e solicitar sugestões de encaminhamento para os assuntos pendentes, de forma que os objetivos da reunião possam ser atingidos o mais rapidamente possível.

Além disso, sempre que possível, todo o material a ser usado na reunião deve ser distribuído previamente. A reunião não é o momento de apresentar novidades ou surpresas para a equipe. É recomendável que, sempre que possível, os assuntos sejam adiantados; caso contrário, a reunião poderá se estender demais.

Não é recomendado que, na reunião de revisão e avaliação, se faça com o grupo uma análise minuciosa, por exemplo, de todo o código produzido pela equipe. Isso é impossível por questões de tempo. As revisões e os relatórios já deverão estar prontos para a reunião, tendo sido feitos por aqueles a quem a tarefa foi delegada. No momento da reunião, apenas uma visão geral deve ser apresentada e, se necessário, o aprofundamento de um ou outro ponto crítico.

Para a pauta da reunião sugere-se que o gerente de projeto procure apresentar os aspectos a seguir:

- Os principais marcos de projeto (*milestones*) alcançados.
- Os desvios que eventualmente tenham ocorrido em relação ao plano de desenvolvimento do projeto.
- Modificações significativas na alocação de esforço, ou seja, se mais (ou menos) tempo do que o previsto foi dedicado a alguma atividade.
- Modificações significativas em termos de despesas, ou seja, se as atividades consumiram mais (ou menos) itens de orçamento do que o previsto.
- Mudanças no escopo estimado de trabalho, ou seja, se houve alguma modificação em termos das funcionalidades ou outros aspectos que inicialmente consistiam em um objetivo da fase ou ciclo e que foram mudados, removidos ou acrescentados.
- Mudanças na métrica de qualidade, ou seja, se por alguma razão a forma de medir a qualidade do trabalho foi mudada.
- *Status* dos riscos de projeto, ou seja, quais riscos continuam sendo muito importantes e quais tiveram sua importância alterada ao longo da fase ou do ciclo, especialmente caso a alteração tenha sido no sentido de um risco ficar mais importante do que era anteriormente.
- Novos riscos identificados.
- Problemas relevantes que tenham surgido e ainda não tenham sido resolvidos.
- Andamento de eventuais ações que tenham sido determinadas em reuniões anteriores.
- Lições aprendidas para projetos futuros.

Durante a reunião e especialmente ao final dela devem ser tomadas decisões sobre ações a serem executadas, sempre que necessário. O gerente deve indicar responsáveis e prazos para as ações mais urgentes. Já as ações não urgentes devem ser colocadas na lista de modificações ou na lista de riscos de projeto para serem tratadas oportunamente, de acordo com sua prioridade.

9.7 FECHAMENTO

O *fechamento* ou *encerramento* de um projeto (ou de uma fase de um projeto) tem como objetivo formalizar a entrega do produto e a sua aprovação pelo cliente.

Será uma reunião ainda mais formal do que as reuniões periódicas de avaliação do projeto e, possivelmente, deverá envolver um número maior de interessados. Dentre os itens tratados nas reuniões de fechamento de projeto, pode-se imaginar que vários serão semelhantes aos itens abordados nas reuniões de avaliação. Porém, em uma avaliação final, será importante observar os aspectos a seguir:

- Se todos os objetivos iniciais do projeto foram alcançados.
- Se houve algum desvio importante ao longo do projeto em relação ao seu plano.
- Se houve alguma mudança significativa em relação ao esforço previsto e executado (o que poderá servir de entrada para a calibragem de métricas de esforço).
- Se houve alguma mudança significativa em relação aos recursos alocados e consumidos.
- Se houve mudanças de escopo importantes.
- Os resultados finais das métricas de qualidade e, eventualmente, sua evolução.
- Riscos de operação, caso tenham sido identificados.
- Problemas relevantes que tenham surgido e ainda não tenham sido resolvidos.
- Lições aprendidas para projetos futuros.

Além de formalizar a entrega do produto, a reunião de encerramento do projeto também será uma oportunidade importante para que sejam produzidos documentos reportando o desempenho da organização, bem como os problemas de percurso e as soluções encontradas. Dessa forma, a inteligência criada durante o projeto fica registrada para possível uso futuro.

A finalização do projeto também é importante para que fique claro para todos os envolvidos que as atividades de desenvolvimento terminaram e que quaisquer novas modificações serão alvo de projetos futuros (ou do processo contínuo de manutenção).

Capítulo 10

Gerenciamento de Configuração e Mudança

Este capítulo apresenta a disciplina de *gerenciamento de configuração e mudança* e inicia pelos *conceitos básicos* (Seção 10.1), como itens de configuração, versões, *baseline*s e *release*s. Na seção seguinte é apresentado o funcionamento de um sistema de controle de versão (Seção 10.2) para desenvolvimento de produtos de software. Em seguida são apresentados os conceitos de *controle de mudança* (Seção 10.3) e *auditoria de configuração* (Seção 10.4). O capítulo termina com uma apresentação de uma *ferramenta* típica para controle de configuração e mudança (Seção 10.5).

O gerenciamento de configuração de software (GCS) ou gerenciamento de configuração e mudança (GCM) é considerado uma disciplina à parte dentro do gerenciamento de projetos. Essa área é especialmente importante na indústria de software, porque componentes e produtos de software são desenvolvidos e modificados muitas vezes ao longo do tempo, durante e após o projeto. Assim, diferentes versões de um mesmo componente ou produto precisam estar disponíveis em diferentes momentos.

O gerenciamento de configuração, portanto, é a área que vai indicar como as diferentes versões dos artefatos envolvidos no desenvolvimento de software devem ser modificadas e identificadas.

Pressman (2005) indica que o gerenciamento de configuração e mudança deve ter como objetivo responder às perguntas a seguir:

- O que mudou e quando mudou?
- Por que mudou?
- Quem fez a mudança?
- Pode-se reproduzir essa mudança?

Essas questões serão respondidas pelas três grandes atividades do gerenciamento de configuração e mudança:

- O *controle de versão* vai dizer o que mudou e quando.
- O *controle de solicitações de mudança* vai dizer por que as coisas mudaram.
- A *auditoria de configuração* vai dizer quem fez a mudança e como ela pode ser reproduzida.

Essas atividades serão detalhadas nas Seções 10.2 a 10.4.

10.1 CONCEITOS BÁSICOS

Antes de discorrer mais detalhadamente sobre as atividades de gerenciamento de configuração e mudança, alguns conceitos básicos são apresentados nas próximas subseções.

10.1.1 Item de Configuração de Software

Item de configuração de software (ICS) é um elemento unitário para efeito de controle de versão, ou, ainda, um agregado de elementos que são tratados como uma entidade única no sistema de gerenciamento de configuração.

Não apenas o código de programação deve ser controlado pelo gerenciamento de configuração, mas também a documentação, os diagramas, os planos, as ferramentas, os casos de teste, os dados e quaisquer outros artefatos relacionados com o desenvolvimento do software.

Em geral, cada item de configuração recebe um número, que poderá inclusive ser identificado por várias partes que costumam ser separadas por ponto, como por exemplo:

- Plano de projeto, versão 2.
- Biblioteca de funções matemáticas, versão 4.1.
- Disco de instalação do sistema, versão 1.2.4.

189

Um dos problemas com o gerenciamento de configuração consiste em determinar a melhor granularidade para os itens de configuração. Ter itens demais poderá dificultar seu controle, e as configurações de software, formadas por um conjunto de ICS, serão listas muito extensas. De outro lado, ter itens de menos também poderá dificultar o controle, porque cada item terá um número muito grande de versões.

Em sistemas orientados a objetos, em geral, um item de configuração terá a granularidade de um pacote ou componente de classes afins que não ultrapasse poucas dezenas. Mas, dependendo do projeto, esse tamanho poderá variar. Projetos muito grandes tenderão a ter itens maiores, com mais classes, e projetos muito pequenos poderão ter até classes individuais definidas como itens de configuração.

Cada item de configuração será definido por quatro elementos:

- Um *nome* que é uma cadeia de caracteres curta que identifica claramente o item básico ou composto.
- Uma *descrição* que consiste na definição do tipo de item (documento, diagrama, dados, código fonte etc.) e detalhes sobre ele.
- Uma lista de *recursos* que são outros itens de configuração exigidos pelo item básico. No caso de itens compostos, a lista de recursos poderá ser definida como a união das listas de seus itens básicos.
- Uma *realização* que, no caso do item básico, é um ponteiro ou endereço para o artefato que efetivamente realiza o item. No caso de itens compostos, a realização é definida como o conjunto das realizações de seus itens básicos.

Os itens de configuração podem ser básicos ou compostos. Os *básicos* são os artefatos arbitrados como individuais e indivisíveis para efeito de controle de versão. Os *compostos* podem ser formados por outros itens básicos e compostos.

10.1.2   Relacionamentos de Itens de Configuração de Software

Conforme visto na seção anterior, um ICS pode estar ligado a outros a partir de uma lista de recursos exigidos. Podem existir vários tipos de dependência ou relacionamento entre os itens de software. A maioria desses relacionamentos é prevista nas ferramentas CASE, que permitem desenhar diagramas de classe UML. Tais tipos de relacionamento podem tanto ser representados por associações de um tipo específico quanto por associações estereotipadas. A lista a seguir, embora não seja exaustiva, apresenta alguns exemplos de relacionamentos entre ICS que também devem ser mantidos por um sistema de controle de configuração de software:

- *Dependência*: costuma indicar que um componente utiliza funções que são implementadas em outro componente. A associação pura e simples da UML não deixa de ser uma forma de dependência, nesse sentido, já que uma classe vai estar associada à outra normalmente para poder utilizar funções implementadas na outra.
- *Agregação* e *composição*: indicam que um componente é formado por outros.
- *Realização*: indica que um componente concreto é a implementação de um componente mais abstrato.
- *Especialização*: indica que um componente é uma variante mais específica de outro. Em geral, o componente mais especializado depende do componente mais genérico. O inverso só será verdade se o componente genérico tiver métodos abstratos que precisem ser necessariamente implementados no componente mais especializado. Nesse caso, pode-se dizer que existe dependência mútua entre os componentes.

Dentre estas, especialmente a relação de dependência é importante para determinar quais testes de integração devem ser realizados quando ICS são atualizados.

10.1.3   Rastreabilidade

Rastreabilidade ou *controle de rastros* refere-se a um dos princípios da Engenharia de Software cuja implementação ainda implica significativa dificuldade. Manter um controle de rastros entre *módulos de código* não é difícil, porque as dependências entre os módulos costumam ser indicadas de forma sintática pelos próprios comandos da linguagem de programação (*import* ou *uses*, por exemplo). Contudo, manter controle de rastros entre artefatos de análise e design não é tão simples. A rastreabilidade é importante, porque, quando são feitas alterações em artefatos de análise, design ou código, é necessário manter a consistência com outros artefatos, caso contrário a documentação fica rapidamente desatualizada e inútil.

A técnica de rastreabilidade mais utilizada nas ferramentas CASE é a *matriz de rastreabilidade*, que associa elementos entre si, por exemplo, casos de uso e seus respectivos diagramas de sequência ou classes e módulos de programa. Porém, esse tipo de visualização matricial torna-se impraticável à medida que a quantidade de elementos cresce, especialmente se o controle das relações entre os elementos precisar ser feito manualmente (CLELAND-HUANG, ZEMONT & LUKASIK, 2004).

Também são reportadas pesquisas que procuram automatizar a recuperação de relações de rastreabilidade entre artefatos a partir de evidências sintáticas. Porém, em razão das escolhas arbitrárias dos nomes de artefatos (falta de padrão), esses sistemas de recuperação costumam retornar muitos falso-positivos, o que inviabiliza seu uso (SETTIMI, CLELAND-HUANG, KHADRA, MODY, LUKASIK & DE PALMA, 2004).

Outra abordagem experimental apresentada por Santos e Wazlawick (2009). Consiste em modificar a maneira como os elementos são criados nos editores de diagramas das ferramentas CASE, de forma que, com exceção dos requisitos que são produzidos externamente, outros elementos quaisquer (como casos de uso, classes, código, diagramas etc.) só podem ser criados como uma derivação de algum outro elemento que já exista.

Dessa forma, sempre que um item é criado no repositório do projeto, um rastro é automaticamente criado entre ele e o elemento que lhe deu origem. Apenas itens que representam requisitos (que vêm do cliente, ou seja, são externos ao projeto) podem ser adicionados ao repositório sem que isso ocorra por derivação de outros itens.

No geral, porém, na maioria dos casos, caberá à equipe de desenvolvimento definir e executar uma política de registro de artefatos no sistema de gerenciamento de versões de forma que as dependências entre diferentes documentos (por exemplo, requisitos e código) esteja registrada e seja mantida atualizada.

10.1.4 Versões de Itens de Configuração de Software

A *versão* de um ICS é um estado particular desse item durante o desenvolvimento de um sistema. Normalmente, como já foi visto, uma versão é identificada por um número composto por uma, duas ou três partes.

Versões de ICS sucedem-se no tempo. Pode-se dizer que há basicamente dois tipos de sucessores para uma versão:

- Uma *revisão*, que é uma nova versão de um item que foi criada para substituir uma versão anterior.
- Uma *variante*, que é uma nova versão do item que será adicionada à configuração sem a intenção de substituir uma versão antiga.

Pode-se falar, ainda, em *versões experimentais* para determinados itens: uma revisão é feita no item, mas ainda não está decidido se a nova versão será efetivamente mantida. Nesse caso, a revisão pode até ser considerada uma variante, já que ainda não existe a determinação de que a versão anterior é obsoleta.

10.1.5 Configuração de Software

Uma *configuração de software* é o estado em que o software se encontra em determinado momento. A configuração de um sistema pode incluir todos os elementos físicos ou abstratos relacionados com o produto. Porém, uma configuração de software normalmente incluirá apenas o estado dos artefatos que são mantidos em formato eletrônico, como os programas, documentos eletrônicos, ferramentas CASE utilizadas no desenvolvimento do sistema, sistema operacional, bibliotecas de suporte, e assim por diante.

A configuração de software é, portanto, definida como uma lista dos ICS que compõem o software e suas respectivas versões. Cada uma dessas versões deve ser armazenada de maneira que possa ser recuperada sempre que determinada configuração do software precise ser reproduzida.

10.1.6 *Baseline* e *Release*

Uma *baseline* é uma configuração de software especialmente criada para uma situação específica. Ela é formalmente aprovada em determinado momento do ciclo de vida do software e servirá de referência para um desenvolvimento posterior.

A *baseline* só pode ser modificada através de um processo formal de mudança. Juntamente com todas as mudanças aprovadas para ela, representa a configuração correntemente aprovada. Um exemplo de *baseline* é um projeto que foi aprovado para execução e formalizado por um contrato de desenvolvimento. Uma vez aprovado por todos os interessados, ele só pode ser modificado mediante processos formais (por exemplo, termos aditivos). Outro exemplo de *baseline* seria um conjunto de requisitos e interfaces aprovados pelo cliente para desenvolvimento. Outro exemplo, ainda, seria uma versão do sistema entregue ao cliente e aprovada nos testes de aceitação.

Em todos os casos, a ideia da *baseline* é que ela é considerada uma versão acordada e aprovada pelas partes; quaisquer novas versões geradas a partir dela não têm automaticamente o mesmo *status* de versão acordada. Porém, ao longo de um processo de desenvolvimento, é normal que a evolução de um produto continue com sucessivas versões sendo geradas no tempo até que um processo formal de homologação transforme uma dessas novas versões em uma nova *baseline*.

Release ou *entrega* é a distribuição de uma versão do software (ou mesmo de um ICS) para fora do ambiente e desenvolvimento. A vantagem do uso de sistemas de controle de versão reside no fato de que *releases* atuais ou anteriores podem ser geradas a qualquer momento a partir das *baselines* e das mudanças armazenadas para elas.

10.2 CONTROLE DE VERSÃO

A falta de *controle de versão* pode levar a problemas bastante característicos. Responder "sim" a qualquer uma das questões a seguir, indica que um projeto carece desse tipo de controle:

- Já perdeu uma versão anterior do arquivo do projeto e precisou dela?
- Já teve dificuldade em manter duas versões diferentes do sistema rodando ao mesmo tempo?
- Alguém já modificou indevidamente um código-fonte e o original não poderia ter sido perdido?
- Tem dificuldade em saber quem modificou o que em um projeto?

O controle de versão vai rastrear todos os artefatos do projeto (itens de configuração) e manter o controle sobre o trabalho paralelo de vários desenvolvedores através das funcionalidades a seguir:

- Manter e disponibilizar cada versão já produzida para cada item de configuração de software.
- Ter mecanismos para disponibilizar diferentes ramos de desenvolvimento de um mesmo item, ou seja, diferentes variantes de um item poderão ser desenvolvidas em paralelo.
- Estabelecer uma política de sincronização de mudanças que evite a perda de trabalho e o retrabalho.
- Fornecer um histórico de mudanças para cada item de configuração.

O controle de versão vai, assim, manter um histórico dos ICS. Se, por exemplo, foi feita uma alteração nos métodos de uma classe para modificar uma funcionalidade ou otimizar um procedimento qualquer e depois se descobriu que ela não deveria ter sido feita ou que foi feita de maneira inadequada e deve ser desfeita, então o controle de versão vai permitir desfazer a mudança (*undo*) e fazer a versão atual do artefato retornar a uma versão anterior. Dessa forma, diferentes modificações podem ser tentadas em um artefato, seja código, diagrama, seja texto, sem maiores riscos, já que qualquer modificação pode ser desfeita posteriormente. Tal característica é fundamental em qualquer projeto de desenvolvimento de software não trivial.

Para que fique bem claro, cada versão que é gravada (*comitada*) no sistema de gerenciamento de versões passa a ser *read-only* (apenas leitura). Isso significa que nenhuma versão de um artefato pode ser alterada, mas pode-se obter uma cópia dela e produzir uma nova versão a partir de alterações na cópia.

Não apenas os itens de configuração devem ser controlados pelo sistema de gerenciamento de configuração, mas também os relacionamentos entre eles (Subseção 10.1.2). Alguns itens poderão ser compatíveis apenas com determinadas versões de outros itens ou, ainda, necessitar de conexões com outros itens a partir de determinada versão.

Apenas o teste de integração vai poder dizer se dois ICS são compatíveis entre si. Por exemplo, se uma classe X versão 1.0 dependia de métodos da classe Y versão 1.5, então, se a classe Y for atualizada para a versão 1.6, talvez ela não seja mais compatível com a classe X versão 1.0 (Figura 10.1).

Apenas depois que a combinação entre Y 1.6 e X 1.0 passar nos testes de integração é que essa nova dependência poderá ser aprovada. Até esse ponto, a classe X 1.0 continuará a depender de Y 1.5, com uma anotação no sistema de controle de versões de que Y 1.5 está desatualizada e que novos testes de integração são necessários.

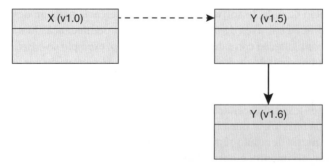

FIGURA 10.1 Uma classe que ainda não foi testada com uma nova versão de outra classe.

10.2.1 Repositório

Todos os arquivos referentes às realizações dos itens de configuração ficam em um local chamado *repositório*, sob a guarda do sistema de controle de versão. O repositório pode ser entendido como um local (banco de dados) em que as diferentes versões de cada item são automaticamente mantidas e identificadas.

Um bom sistema de controle de versões deverá ser capaz de otimizar o espaço de armazenamento do repositório. Em geral, tal sistema deverá ser capaz de armazenar apenas o artefato original e, dali para a frente, armazenar apenas as modificações que forem feitas, e não novas cópias completas do mesmo artefato. Dessa forma, uma versão qualquer será produzida pelo sistema a partir da versão original, na qual o sistema aplicará sequencialmente todas as modificações até chegar à versão desejada.

Para otimizar a velocidade de acesso, uma vez que normalmente a última versão é a que será efetivamente utilizada na maioria das vezes, o sistema pode armazenar em *cache* uma cópia completa dessa última versão, sem que haja necessidade de gerá-la a partir da original e das modificações, como as anteriores. Quando essa versão deixar de ser a atual, a cópia pode ser apagada, ficando no repositório apenas as modificações que permitem gerá-la a partir das versões anteriores e a cópia da nova versão atual.

10.2.2 Políticas de Compartilhamento de Itens

Os desenvolvedores não trabalham diretamente sobre os itens do repositório, mas sobre cópias desses itens. Assim, um desenvolvedor deve solicitar acesso a determinado item no repositório, obtendo uma cópia dele. Esse desenvolvedor vai fazer as alterações nesta cópia do item e, posteriormente, salvar no repositório uma nova versão dele.

Deve-se decidir o que fazer caso mais de um desenvolvedor esteja trabalhando sobre o mesmo item (concorrência). Nesse caso, existem duas políticas usuais:

- Política *trava-modifica-destrava* (*exclusive lock*), na qual um desenvolvedor que copia um item para modificá-lo deve travar o item no repositório de forma que nenhum outro desenvolvedor poderá alterá-lo até que a modificação seja concluída e a nova versão seja salva. Essa política tem como vantagem o fato de evitar colisões, isto é, situações em que dois desenvolvedores alteram um item e as alterações do primeiro a salvar acabam sendo perdidas porque o segundo vai salvar suas próprias modificações sobre uma versão anterior às modificações do primeiro. Mas a desvantagem dessa política reside no fato de que, muitas vezes, os desenvolvedores até poderiam trabalhar simultaneamente sobre um mesmo item, pois vão alterar partes diferentes dele, e mesmo assim terão de esperar, perdendo tempo ou realizando outras tarefas menos importantes. Esse problema fica mais crítico à medida que os ICS ficam maiores.
- Política *copia-modifica-resolve* (*optimistic merges*), na qual dois desenvolvedores ou mais podem trabalhar simultaneamente sobre um mesmo ICS e, no momento de salvar a nova versão, resolver entre si possíveis interferências. Na prática, os conflitos são raros e causados por falta de comunicação entre os desenvolvedores, e a mesclagem das versões pode ser feita automaticamente pelo sistema de controle de versões.

No caso da política copia-modifica-resolve, na maioria das vezes as alterações de um item vão ocorrer em locais diferentes e o próprio sistema poderá resolvê-las. Nas poucas vezes em que as alterações ocorrerem na mesma parte do artefato, os desenvolvedores deverão decidir como tratá-las. Esse tipo de conflito, porém, normalmente ocorre somente quando há uma divisão de trabalho inadequada.

Quando um sistema de controle de versões é usado, normalmente o tratamento de conflitos na política copia-modifica-resolve ocorre da seguinte forma:

- O desenvolvedor A pega uma cópia do item X para modificar (por exemplo, versão 1.1).
- O desenvolvedor B pega outra cópia do mesmo item X para modificar (versão 1.1).
- O desenvolvedor A salva (*commit*) uma nova versão de X com suas alterações (gerando a versão 1.2).
- Quando o desenvolvedor B vai salvar sua cópia (baseada na versão 1.1), o sistema avisa que a versão do item está desatualizada (porque já existe a versão 1.2) e que o desenvolvedor B deve fazer uma mesclagem (*merge*) de sua cópia com a versão 1.2. Um bom sistema vai mostrar exatamente quais linhas mudaram da versão 1.1 para 1.2 e também se o *merge* das duas versões implica alterar as mesmas linhas.

Dessa forma, o desenvolvedor B deverá avaliar as alterações do desenvolvedor A e verificar se existe conflito entre estas e as que ele próprio produziu. Se necessário, os dois desenvolvedores devem conversar para resolver possíveis conflitos. Ao final do processo, o desenvolvedor B salvará a versão 1.3 do item.

10.2.3 Envio de Versões

Normalmente, o *envio de versões* (*commit*) é feito a critério do desenvolvedor. Porém, é importante que uma nova versão de qualquer artefato só seja enviada ao repositório se estiver minimamente estável, isto é, razoavelmente livre de defeitos e revisada em relação a padrões de escrita.

No caso de artefatos de código, isso pode ser garantido com a realização de testes de unidade, os quais devem inclusive acompanhar o código como parte do item de configuração. Estes mesmos testes de unidade poderão ser usados para compor os testes de integração quando aplicados a um *build* do sistema em vez de a um item isolado.

10.3 CONTROLE DE MUDANÇA

O *controle de mudança* ou *gerência de solicitações de mudança* é uma parte importante da gerência de configuração que permite saber por que determinada versão de um ICS foi sucedida por outra. Um bom sistema de controle de versões consegue identificar quais linhas foram alteradas em um artefato. Mas ele não saberá indicar *por que* essas linhas foram alteradas. O motivo da alteração de um artefato da versão 1.2 para a 1.3 poderia, ser, por exemplo, a correção de um defeito no código. Então, cabe ao controle de mudança manter juntamente com o controle de versão o histórico dos motivos que levaram a cada alteração nos artefatos.

Um típico controle de mudança de um sistema de software vai indicar quais funcionalidades foram adicionadas, removidas ou modificadas, quais defeitos foram corrigidos e, eventualmente, quais pendências ainda restam para uma versão futura. Por exemplo, um arquivo de controle de mudança de um produto de software poderia conter as informações a seguir:

- Mudanças da versão 2.2 para a versão 2.3
  - Correção do defeito D345.
  - Correção do defeito D346.
  - Adicionada a funcionalidade do requisito R43.
  - Aprimorada a usabilidade da interface I12.
- Pendências para uma versão posterior
  - Defeito D347.
  - Melhorar a usabilidade da interface I13.

As modificações de uma versão para outra podem ser tanto aquelas que já estavam no plano de desenvolvimento do software, como a adição de funcionalidades referentes aos requisitos ou casos de uso próprios das iterações, ou a inclusão de mudanças solicitadas pelo usuário, quando este não fica totalmente satisfeito com as funcionalidades implementadas durante os testes de aceitação, ou ainda a inclusão de mudanças referentes a características que não foram incorporadas em uma iteração por falta de tempo e foram retiradas do escopo da iteração. Na fase de produção (evolução e manutenção do software), o gerenciamento de mudança fará o controle das atividades de manutenção corretiva, adaptativa e perfectiva (Seção 14.2).

Além desse tipo de controle, é possível haver um controle automatizado das mudanças, pois o sistema gerenciador de versões é capaz de comparar duas versões de um artefato e indicar exatamente quais elementos foram alterados e por quem. Dessa forma, quando uma nova versão de um sistema é gerada a partir de um conjunto de itens de configuração, é possível também gerar automaticamente um descritivo das mudanças feitas. Porém, essa descrição será unicamente sintática, costumando ser necessário adicionar as informações que indiquem a motivação da mudança. Por exemplo, não basta informar que a linha X teve seu código alterado para tal sequência de caracteres; é necessário informar *por que* isso foi feito. Se a ferramenta de gerenciamento de mudança for integrada à ferramenta de distribuição de tarefas entre os desenvolvedores, então, mesmo essas descrições de motivação poderão ser obtidas de forma praticamente automática, pois já estarão na descrição da tarefa a ser feita.

10.4 Auditoria de Configuração

A *auditoria de configuração* é uma atividade que tem como objetivo verificar se os itens de configuração presentes em uma versão ou *baseline* são realmente aqueles que deveriam estar ali. Em relação à *baseline* ou versão, a auditoria deve ainda verificar se todos os itens necessários estão realmente presentes no repositório.

A auditoria também pode ter como finalidade verificar a consistência da documentação fornecida ao usuário com a configuração de sistema entregue.

Uma auditoria de configuração pode ser executada com os passos a seguir:

- Preparar um relatório que liste cada item a ser verificado na *baseline* e o procedimento de teste a ser efetuado.
- Efetuar os testes e anotar os itens que passaram no teste.

- Se houver algum item que não passou no teste, anotar o fato no documento de *descobertas da auditoria* para encaminhar ao setor responsável para providências.

Por vezes, poderá ser necessário realizar auditorias de versões antigas de um produto. Por exemplo, um determinado usuário de uma versão antiga do produto pode alegar ter enfrentado problemas e demanda indenização. Assim, se a organização desenvolvedora for capaz de gerar essa versão anterior para que seja analisada pela auditoria, a real causa do problema poderá ser identificada ou afastada.

10.5 FERRAMENTA PARA CONTROLE DE VERSÃO

O controle de versões em projetos de software já não é mais feito manualmente, com a utilização de diretórios e padrões de nomeação de arquivos, porque esse tipo de controle não é efetivo quando se deseja obter relatórios de versões ou quando se realiza o desenvolvimento de variantes. Além disso, essa forma de controle consome espaço de armazenamento, pois cada versão é armazenada integralmente no diretório.

Assim, o mais adequado para uma empresa de desenvolvimento de software seria o uso de um sistema automatizado de controle de versões. Em 2018, a ferramenta mais largamente usada para este fim é Git, um projeto de código aberto originalmente desenvolvido por Linus Torvalds a partir de 2005 (ver o QR code).

Git é considerado uma ferramenta de controle de versões distribuída, já que, ao contrário de outras, que têm apenas um repositório para os itens, ela faz com que cada desenvolvedor que esteja trabalhando em um repositório tenha uma cópia completa deste.

A ferramenta permite que se trabalhe simultaneamente em várias ramificações (*branch*) de um projeto. Por exemplo, um analista poderá estar trabalhando na implementação da versão 2.0 de um item, a qual será futuramente incluída em um *build*, e poderá momentaneamente retomar a versão 1.3 do mesmo item, já incluída em uma *release*, para corrigir um defeito, gerando assim a versão 1.3.1 deste item, e depois voltar a trabalhar na versão 2.0.

Parte III

Qualidade

A terceira parte do livro aborda os seguintes itens do SWEBOK: "Qualidade de Software", "Teste de Software" e "Manutenção de Software".

O assunto "qualidade" foi dividido em duas partes neste livro: *qualidade do produto de software* (Capítulo 11) e *qualidade do processo* (Capítulo 12). A área de *teste* de software (Capítulo 13) também pode ser vista como uma das formas de garantir a qualidade, pois os testes procuram identificar defeitos do software. Finalmente, a *manutenção* (ou *evolução*) *de software* (Capítulo 14) foi incluída nesta parte porque trata do processo de manter e evoluir a qualidade do software após sua entrega ao cliente final.

Capítulo 11

Qualidade de Produto de Software

Este capítulo apresenta os conceitos de *qualidade de produto de software*, iniciando com o modelo de qualidade da Norma ISO/IEC 25010:2011 (Seção 11.1), que define os atributos de qualidade internos, externos e de uso de produtos de software. Na sequência, apresenta informações sobre como instalar um *programa de melhoria de qualidade de produto* (Seção 11.2) e como fazer a *gestão da qualidade* (Seção 11.3). Finalmente, são apresentados os conceitos de *medição da qualidade* (Seção 11.4), *requisitos de qualidade* (Seção 11.5) e o método *GQM* (Seção 11.6), que pode ser usado para avaliação da qualidade de produtos de software.

Qualidade de software é uma área dentro da Engenharia de Software que visa garantir bons produtos a partir de bons processos. Pode-se falar, então, de dois aspectos da qualidade: a *qualidade do produto* em si e a *qualidade do processo*. Embora não exista uma garantia de que um bom processo vá produzir um bom produto, em geral, admite-se que uma equipe com um bom processo vá produzir produtos melhores do que se não tivesse processo algum.

Qualidade de software é um assunto amplo e de definição difusa. Existem várias dimensões de qualidade, e nem sempre é simples avaliar objetivamente cada uma delas. Pressman (2005) define dois tipos de qualidade para o produto de software:

- *Qualidade de projeto*, que avalia quão bem o produto foi projetado.
- *Qualidade de conformação*, que avalia quão bem o produto atende aos requisitos.

Em relação à qualidade, o SWEBOK faz uma distinção entre técnicas estáticas e dinâmicas. As técnicas estáticas são apresentadas neste capítulo como "qualidade de software" e as técnicas dinâmicas são relacionadas com o teste do software (Capítulo 13).

11.1 MODELO DE QUALIDADE SQUARE

A Norma NBR ISO/IEC 9126-1:2003 define *qualidade de software* como "a totalidade de características de um produto de software que lhe confere a capacidade de satisfazer necessidades explícitas e implícitas". A definição, propositalmente, não especifica os possuidores de tais necessidades, visto que se aplica a quaisquer atores envolvidos com a produção, encomenda, uso ou pessoas afetadas pelas consequências do software ou de seu processo de produção. Essa norma, referência de atributos de qualidade por vários anos, foi substituída em julho de 2011 pela ISO/IEC 25010, parte da família de Normas ISO/IEC 25000: *Software Engineering: Software Product Quality Requirements and Evaluation* (*SQuaRE*).

Uma das motivações para a criação de uma nova norma está no fato de que a antiga abordava apenas o processo de desenvolvimento e uso do produto de software, mas pouco tinha a dizer em relação à definição do produto. Para a definição de uma segunda geração de normas de qualidade, foi então utilizado um modelo genérico de processo de desenvolvimento baseado na Norma ISO/IEC 15288 – *System Life Cicle Processes* (Tabela 11.1).

O lado esquerdo da tabela apresenta as fases originais da Norma 15288 e o lado direito apresenta o agrupamento dessas fases para efeito da aplicação das normas de qualidade SQuaRE. Apenas o processo de desativação de software ainda não é contemplado pelo novo conjunto de normas.

O modelo de qualidade SQuaRE avalia quatro tipos de indicadores de qualidade:

- *Medidas de qualidade do processo*: avaliam a qualidade do processo usado para desenvolver os produtos e, consequentemente, a maturidade da empresa em termos de processos de engenharia de software. Mais detalhes sobre qualidade de processo podem ser encontrados no Capítulo 12.
- *Medidas de qualidade internas*: avaliam aspectos internos da qualidade do software que normalmente só são percebidos pelos desenvolvedores (por exemplo, facilidade de manutenção).
- *Medidas de qualidade externas*: avaliam aspectos externos da qualidade do software que podem ser avaliados pela equipe de desenvolvimento do ponto de vista do usuário (por exemplo, usabilidade).

TABELA 11.1 Fases genéricas do ciclo de vida da Norma ISO/IEC 15288 e suas equivalentes SQuaRE

Fases da 15288	Agrupamento de fases de SQuaRE
Processo de definição de requisitos dos interessados	Requisitos de qualidade do produto de software
Processo de análise dos requisitos Processo de design arquitetural Processo de implementação Processo de integração Processo de verificação Processo de transição Processo de validação	Desenvolvimento do produto
Processo de operação Processo de manutenção	Uso do produto
Processo de desativação	–

- *Medidas de qualidade do software em uso*: avaliam aspectos da qualidade do software em seu ambiente final que só podem ser obtidos quando o sistema é colocado em uso real pelos usuários finais (por exemplo, a *eficiência*, que avalia a razão do retorno que o software gera a partir do investimento que foi feito nele).

Assim, as *qualidades internas* permitem que a equipe de desenvolvimento atinja seus objetivos de forma eficiente. As *qualidades externas* e *de uso* permitem que o usuário final do sistema atinja seus objetivos. As qualidades internas, portanto, nem sempre são importantes para o usuário final, pois ele não as percebe diretamente, mas pode ser afetado indiretamente por elas (no tempo de manutenção ou evolução do software, por exemplo).

Defende-se que a qualidade de processo influencia a qualidade interna, que influencia a qualidade externa, que, por sua vez, influencia a qualidade de uso do software (Figura 11.1).

Na figura, o bloco "Qualidade no uso" é mostrado como um bloco múltiplo, já que, em diferentes contextos de uso, o mesmo produto pode ter diferentes avaliações de sua qualidade no uso.

O modelo SQuaRE (SURYN & ABRAN, 2003) é formado por um conjunto de normas dividido da seguinte forma:

- ISO/IEC 2500n – Divisão gestão da qualidade
- ISO/IEC 2501n – Divisão modelo de qualidade
- ISO/IEC 2502n – Divisão medição da qualidade
- ISO/IEC 2503n – Divisão requisitos de qualidade
- ISO/IEC 2504n – Divisão avaliação da qualidade

A divisão de *gestão da qualidade* do modelo SQuaRE apresenta os modelos comuns, padrões básicos, termos e definições usados por toda a série de normas SQuaRE. Essa divisão inclui duas unidades:

- *Guia do SQuaRE*, que apresenta a estrutura, terminologia, visão geral do documento, público-alvo, modelos de referência e partes associadas da série.
- *Planejamento e gerenciamento*, que apresenta os requisitos para planejar e gerenciar o processo de avaliação da qualidade de produtos de software.

O *modelo de qualidade* apresenta as características e subcaracterísticas de qualidade interna, externa e de uso. Os padrões na área de medidas de qualidade são derivados das Normas 9126 e 14598, cobrindo as definições matemáticas e o detalhamento da aplicação de medidas práticas de qualidade interna, externa e de uso. O documento inclui:

- *Modelo de referência e guia de medição*: apresenta uma introdução e explicação sobre a aplicação das medidas de qualidade.

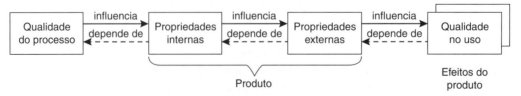

FIGURA 11.1 Abordagem conceitual para qualidade de acordo com a ISO/IEC 25010:2011.

Qualidade de Produto de Software **Capítulo | 11 201**

- *Medidas primitivas*: conjunto de medições básicas usadas para a definição das demais.
- *Medidas internas*: conjunto de medidas quantitativas em termos de características e subcaracterísticas internas.
- *Medidas externas*: conjunto de medidas quantitativas em termos de características e subcaracterísticas externas.
- *Medidas de uso*: conjunto de medidas quantitativas em termos de características e subcaracterísticas de uso do software.

A divisão de *requisitos de qualidade* contém o padrão para suportar a especificação dc requisitos de qualidade, tanto para a fase de eliciação dos requisitos de qualidade do software quanto como entrada para o processo de avaliação da qualidade do software.

A divisão de *avaliação da qualidade* provê as ferramentas para a avaliação da qualidade de um sistema de software tanto por desenvolvedores, compradores ou avaliadores independentes. Os documentos a seguir são disponibilizados:

- *Guia e visão geral da avaliação da qualidade*: apresenta um *framework* para a avaliação da qualidade de um produto de software.
- *Processo para desenvolvedores*: recomendações práticas para a avaliação da qualidade de um produto quando esta é feita paralelamente ao seu desenvolvimento.
- *Processo para compradores*: recomendações práticas para a avaliação de produtos comprados em prateleira (COTS), feitos por encomenda, ou ainda para avaliação de modificações em sistemas existentes.
- *Processo para avaliadores*: recomendações práticas para a avaliação do software por terceiros, enfatizando a participação de vários agentes que precisam compreender e aceitar essa avaliação.
- *Documentação para o módulo de avaliação*: define a estrutura e o conteúdo da documentação usada no processo de avaliação.

O modelo de qualidade da ISO/IEC 25010 define um conjunto de oito características internas e externas de produto de software subdivididas em subcaracterísticas e mais cinco características de software *em uso*, algumas das quais também são subdivididas em subcaracterísticas.

O modelo resultante é mostrado na Tabela 11.2. As características internas e externas do software são agregadas nas chamadas *características do produto*, pois podem ser avaliadas no ambiente de desenvolvimento. Já as características do software em uso só podem ser avaliadas no contexto de uso do sistema. As características e subcaracterísticas da tabela são apresentadas em português e em inglês, pois a tradução pode nem sempre apresentar o espírito do termo na sua língua original.

O conjunto de características e subcaracterísticas dessa norma modificou-se bastante ao longo do tempo, enquanto ela era elaborada. Assim, é possível encontrar versões diferentes de características e subcaracterísticas na literatura, pois estas podem ter se baseado em versões intermediárias da norma. A lista apresentada aqui corresponde à versão *baseline*, publicada em 2011. A seguir, as características do modelo de qualidade são brevemente apresentadas.

11.1.1 Adequação Funcional

A *adequação funcional* mede o grau em que o produto disponibiliza funções que satisfazem às necessidades estabelecidas e implicadas quando o produto é usado sob condições especificadas. Suas subcaracterísticas são apresentadas na Tabela 11.3.

Um software no qual faltem algumas funções necessárias não apresenta a qualidade de *completude funcional*. Um software que apresenta dados incorretos ou com grau de imprecisão acima de um limite definido como tolerável não apresenta a qualidade de *corretude funcional*.

11.1.2 Confiabilidade

Um software *confiável* é aquele que, ao longo do tempo, se mantém com um comportamento consistente com o esperado. A confiabilidade tem relação com a minimização da quantidade de defeitos do software e com a forma como ele funciona perante situações anômalas. As subcaracterísticas da confiabilidade são apresentadas na Tabela 11.4.

Um software mais *maduro* é aquele que apresenta menos defeitos ao longo de um período fixo. Espera-se que a maturidade de um sistema aumente com o tempo, mas processos de manutenção mal gerenciados, especialmente aqueles que deixam de realizar testes de regressão ou refatoração, podem fazer com que a maturidade de um sistema diminua com o passar do tempo, ou seja, em vez de reduzir a frequência dos erros, eles podem aumentar.

Idealmente, requisitos de *tolerância a falhas* deveriam ser definidos durante o projeto do software. Um software que consegue continuar funcionando mesmo quando ocorrem falhas tem boa avaliação em relação a essa qualidade. Deve-se deixar claro, porém, que falhas e defeitos são coisas diferentes. A maturidade tem a ver com a minimização de *erros* que são oriundos de *defeitos* e, portanto, indesejáveis em qualquer sistema. Uma *falha*, porém, é uma situação que pode ocorrer

TABELA 11.2 Modelo de qualidade da ISO 25010:2011

Tipo	Características	Subcaracterísticas
Características do produto	Adequação funcional (*functional suitability*)	Completude funcional (*functional completeness*)
		Corretude funcional / acurácia (*functional correctness / accuracy*)
		Funcionalidade apropriada (*functional appropriateness*)
	Confiabilidade (*reliability*)	Maturidade (*maturity*)
		Disponibilidade (*availability*)
		Tolerância a falhas (*fault tolerance*)
		Recuperabilidade (*recoverability*)
	Usabilidade (*usability*)	Apropriação reconhecível (*appropriatedness recognisability*)
		Inteligibilidade (*learnability*)
		Operabilidade (*operability*)
		Proteção contra erro de usuário (*user error protection*)
		Estética de interface com usuário (*user interface aesthetics*)
		Acessibilidade (*accessibility*)
	Eficiência de desempenho (*performance efficiency*)	Comportamento em relação ao tempo (*time behavior*)
		Utilização de recursos (*resource utilization*)
		Capacidade (*capacity*)
	Segurança (*security*)	Confidencialidade (*confidentiality*)
		Integridade (*integrity*)
		Não repúdio (*non-repudiation*)
		Rastreabilidade de uso (*accountability*)
		Autenticidade (*authenticity*)
	Compatibilidade (*compatibility*)	Coexistência (*co-existence*)
		Interoperabilidade (*interoperability*)
	Capacidade de manutenção (*maintainability*)	Modularidade (*modularity*)
		Reusabilidade (*reusability*)
		Analisabilidade (*analyzability*)
		Modificabilidade (*modifiability*)
		Testabilidade (*testability*)
	Portabilidade (*portability*)	Adaptabilidade (*adaptability*)
		Instalabilidade (*instalability*)
		Substituibilidade (*replaceability*)

TABELA 11.2 Modelo de qualidade da ISO 25010:2011 *(Cont.)*

Tipo	Características	Subcaracterísticas
Características do uso	Efetividade (*effectiveness*)	Efetividade (*effectiveness*)
	Eficiência (*efficiency*)	Eficiência (*efficiency*)
	Satisfação (*satisfaction*)	Utilidade (*usefulness*)
		Prazer (*pleasure*)
		Conforto (*comfort*)
		Confiança (*trust*)
	Uso sem riscos (*freedom from risk*)	Mitigação de risco econômico (*economic risk mitigation*)
		Mitigação de risco a saúde e segurança (*health and safety risk mitigation*)
		Mitigação de risco ambiental (*environmental risk mitigation*)
	Cobertura de contexto (*context coverage*)	Completude de contexto (*context completeness*)
		Flexibilidade (*flexibility*)

TABELA 11.3 Subcaracterísticas da adequação funcional

Subcaracterística	Descrição
Completude funcional	O software efetivamente possibilita executar as funções que são apropriadas, ou seja, as entradas e saídas de dados necessárias para o usuário atingir seus objetivos são possíveis?
Corretude funcional (acurácia)	Avalia o quanto o software gera dados e consultas corretos e precisos de acordo com sua definição.
Funcionalidade apropriada	Indica em qual grau as funções do sistema facilitam a realização de tarefas e objetivos para os quais o sistema foi especificado.

TABELA 11.4 Subcaracterísticas da confiabilidade

Subcaracterística	Descrição
Maturidade	É a medida da frequência com que um software apresenta defeitos.
Disponibilidade	Avalia o quanto o software está operacional e disponível para uso quando necessário.
Tolerância a falhas	Tem relação com a forma como o software reage quando em situação anômala.
Recuperabilidade	Está relacionada com a capacidade do software de recuperar dados e colocar-se novamente em operação após uma situação de desastre.

mesmo que o software não apresente nenhum defeito. Por exemplo, uma linha de comunicação pode ser temporariamente interrompida, um dispositivo de armazenamento pode ser danificado, um processador pode estar danificado etc. Essas falhas são imprevisíveis e, na maioria das vezes, inevitáveis. A qualidade de tolerância a falhas, então, tem relação com a maneira como o software reage a essas situações externas indesejadas.

Idealmente, deveria haver requisitos de *recuperabilidade* definidos para a maioria dos projetos de software, pois situações negativas, como uma falha generalizada ou perda de dados, nem sempre são previstas em um projeto, a não ser que sejam

204 PARTE | III Qualidade

explicitamente recomendadas. Em relação à tolerância a falhas, pode-se dizer que a recuperabilidade trata de situações mais críticas em que o problema ocorrido não é apenas temporário, como uma falha de comunicação, ele é mais definitivo, como a perda completa de um disco de dados.

11.1.3 Usabilidade

A *usabilidade* avalia o grau no qual o produto tem atributos que permitem que seja entendido, aprendido, usado e que seja atraente ao usuário, quando usado sob condições especificadas. Suas subcaracterísticas são apresentadas na Tabela 11.5.

A usabilidade em si é considerada uma área de grande importância dentro da engenharia de software, já que ela afeta bastante os usuários finais dos sistemas. Porém, ela é também considerada uma área transdisciplinar, pois seus estudos abrangem, além de tecnologia, design gráfico, psicologia, ergonomia e outras áreas.

11.1.4 Eficiência de Desempenho

A *eficiência de desempenho* trata da otimização do uso de recursos de tempo e espaço. Espera-se que um sistema seja o mais eficiente possível de acordo com o tipo de problema que ele soluciona.

Existem problemas para os quais as soluções computacionais demandam quantidades de tempo e memória que as tornam intratáveis. Nesses problemas, a eficiência de tempo pode ser conseguida com sacrifício, por exemplo, da acurácia, como no caso de algoritmos que buscam soluções aproximadas para problemas intratáveis em tempo razoável.

A característica de eficiência de desempenho divide-se, então, em duas subcaracterísticas, conforme apresentado na Tabela 11.6.

Existe para todos os problemas algorítmicos um limite mínimo de complexidade que pode ser demonstrado formalmente. Um sistema *eficiente em termos de tempo*, portanto, é aquele cujo tempo de processamento se aproxima desse mínimo. Em algumas situações, pode-se obter eficiência de tempo com sacrifício da *utilização de recursos* e vice-versa.

A *capacidade* de um produto é relativa aos seus requisitos. Por exemplo, pode-se avaliar que um produto capaz de processar vinte transações simultaneamente terá excelente capacidade se os requisitos exigirem duas ou três transações simultâneas, mas o mesmo produto terá capacidade insuficiente caso os requisitos exijam quarenta ou cinquenta transações simultâneas.

TABELA 11.5 Subcaracterísticas da usabilidade

Subcaracterística	Descrição
Apropriação reconhecível	Mede o grau em que os usuários reconhecem que o produto é apropriado para suas necessidades.
Inteligibilidade	Tem relação com o grau de facilidade que um usuário tem para entender os conceitos-chave do software e, assim, tornar-se competente no seu uso.
Operabilidade	Avalia o grau no qual o produto é fácil de usar e controlar.
Proteção contra erro de usuário	Avalia o grau em que o produto foi projetado para evitar que o usuário cometa erros.
Estética de interface com usuário	Avalia o grau em que a interface com o usuário proporciona uma interação satisfatória.
Acessibilidade	Avalia o grau em que o produto foi projetado para atender a usuários com necessidades especiais.

TABELA 11.6 Subcaracterísticas da eficiência de desempenho

Subcaracterística	Descrição
Comportamento em relação ao tempo	Mede o tempo que o software leva para processar suas funções.
Utilização de recursos	Normalmente associada a espaço de armazenamento ou memória, a eficiência de recursos também pode ser associada a outros recursos necessários, como, por exemplo, banda de transmissão de rede.
Capacidade	Avalia o grau em que os limites máximos do produto atendem aos requisitos.

11.1.5 Segurança

A característica de *segurança* avalia o grau em que as funções e os dados são protegidos de acesso não autorizado e o grau em que são disponibilizados para acesso autorizado. Deve-se tomar cuidado para não confundir a qualidade de *segurança* (*security*) relacionada com a segurança dos dados e funções com a qualidade de *uso seguro* (*safety*), que é uma qualidade do software em uso, relacionada com a segurança das pessoas, as instalações e o meio ambiente.

As subcaracterísticas de segurança são apresentadas na Tabela 11.7.

A diferença entre confidencialidade e integridade é sutil. No primeiro caso, garante-se que, quem deve ter acesso, terá; no segundo, garante-se que, quem não deve ter acesso, não o terá. Essas subcaracterísticas devem se complementar, porque a forma mais eficiente de se garantir que o acesso à informação seja negado a quem não tem direito é destruindo essa informação. Mas, neste caso, quem tem direito também não conseguirá este acesso. Assim, as duas subcaracterísticas devem ser buscadas em conjunto.

11.1.6 Compatibilidade

A *compatibilidade* avalia o grau em que dois ou mais sistemas ou componentes podem trocar informação e/ou realizar suas funções requeridas enquanto compartilham o mesmo ambiente de hardware e software. Suas subcaracterísticas são apresentadas na Tabela 11.8.

Um produto de software que prejudica o funcionamento de outros produtos na mesma máquina ou que é prejudicado por eles não apresenta a qualidade de *coexistência*. Se esses outros produtos, por outro lado são aqueles com os quais este software deveria conversar, então ele não tem a qualidade de *interoperabilidade*.

11.1.7 Capacidade de Manutenção

A *capacidade de manutenção* ou *manutenibilidade* é uma característica interna do software percebida diretamente apenas pelos desenvolvedores, embora os clientes possam ser afetados por ela tendo em vista o tempo gasto pelos desenvolvedores para executar atividades de manutenção ou evolução do software. A capacidade de manutenção, portanto, mede a facilidade de se realizarem alterações no software para sua evolução ou de detectar e corrigir erros.

TABELA 11.7 Subcaracterísticas da segurança

Subcaracterística	Descrição
Confidencialidade	Avalia o grau em que as informações e funções do sistema são acessíveis apenas por quem tem a devida autorização para isso.
Integridade	Avalia o grau em que os dados e código do sistema são protegidos contra acesso e modificação por pessoas ou sistemas não autorizados.
Não repúdio	Avalia o grau em que o sistema permite constatar que ações ou acessos foram efetivamente feitos, de forma que não possam ser negados posteriormente.
Rastreabilidade de uso	Avalia o grau em que as ações realizadas por uma pessoa ou sistema podem ser rastreadas de forma a comprovar que foram efetivamente realizadas por essa pessoa ou sistema.
Autenticidade	Avalia o grau em que a identidade de uma pessoa ou recurso é efetivamente aquela que se diz ser. Por exemplo, não é desejável que um usuário possa se passar por outro ou que um recurso (conjunto de dados) que se pensa ser uma coisa na verdade seja outra.

TABELA 11.8 Subcaracterísticas da compatibilidade

Subcaracterística	Descrição
Coexistência	Avalia o grau no qual o produto pode desempenhar as funções requeridas eficientemente enquanto compartilha ambiente e recursos comuns com outros produtos, sem impacto negativo nos demais produtos.
Interoperabilidade	Avalia o grau no qual o software é capaz de interagir com outros sistemas com os quais se espera que ele interaja.

206 PARTE | III Qualidade

A capacidade de manutenção se subdivide em cinco subcaracterísticas que são apresentadas na Tabela 11.9.

Sistemas que, quando falham, travam o computador podem ter nível de *analisabilidade* baixo, porque é mais difícil encontrar um defeito em um sistema travado. Já sistemas que, ao falharem, apresentam mensagens relacionadas com exceções internas ocorridas são mais facilmente analisáveis.

Boas práticas de programação, arquitetura bem definida, refatoração, quando necessário, aplicação de padrões de projeto e padrões de programação e testes automatizados são exemplos de disciplinas que podem colaborar para que sistemas tenham melhor *modificabilidade*.

A *testabilidade* não diz tanto respeito ao software em si, mas ao processo estabelecido para permitir que ele seja testado. Porém, algumas características internas do software, como a complexidade ciclomática ou a coesão modular, podem afetar significativamente a testabilidade.

11.1.8 Portabilidade

A *portabilidade* avalia o grau em que o software pode ser efetiva e eficientemente transferido de um ambiente de hardware ou software para outro. Suas subcaracterísticas são apresentadas na Tabela 11.10.

11.1.9 Qualidades do Software em Uso

As características de qualidade do software em uso são fatores externos que só podem ser plenamente avaliados quando o software está efetivamente em seu ambiente de uso final, ou seja, é muito difícil ou impossível avaliá-las em um ambiente de desenvolvimento. As características e subcaracterísticas são apresentadas na Tabela 11.11.

11.2 INSTALAÇÃO DE UM PROGRAMA DE MELHORIA DE QUALIDADE

Para que a gestão da qualidade seja eficaz, deve existir um *programa de melhoria de qualidade* definido na organização. A instalação inicial do programa implica estabelecer uma anistia geral na empresa (BELCHIOR, 1997), ou seja, não se buscam culpados para o que aconteceu até o momento. Busca-se promover uma melhoria geral conjunta.

Para que o programa de melhoria de qualidade funcione, é necessário que ele seja acordado e conhecido por todos os envolvidos e, também, que se torne parte da cultura da empresa. Planos apenas colocados no papel que são abandonados na primeira dificuldade logo são esquecidos.

TABELA 11.9 Subcaracterísticas da capacidade de manutenção

Subcaracterística	Descrição
Modularidade	Avalia o grau em que o sistema é subdividido em partes lógicas coesas, de forma que mudanças em uma dessas partes tenham impacto mínimo nas outras.
Reusabilidade	Avalia o grau em que partes do sistema podem ser usadas para construir outros sistemas.
Analisabilidade	Um sistema é analisável quando permite encontrar defeitos (depurar) facilmente quando ocorrem erros ou falhas.
Modificabilidade	Tem relação com a facilidade que o sistema oferece para que defeitos sejam corrigidos quando detectados, sem que as modificações introduzam novos defeitos ou degradem sua organização interna.
Testabilidade	Mede a facilidade de realizar testes de regressão.

TABELA 11.10 Subcaracterísticas da portabilidade

Subcaracterística	Descrição
Adaptabilidade	Avalia o quanto é fácil adaptar o software a outros ambientes sem que seja necessário aplicar ações ou meios além daqueles fornecidos com o próprio software.
Instalabilidade	Avalia a facilidade de instalar o software.
Substituibilidade	Avalia o grau em que o sistema pode substituir outro no mesmo ambiente e com os mesmos objetivos.

TABELA 11.11 Características e subcaracterísticas da qualidade do software em uso

Característica	Descrição	Subcaracterística	Descrição
Efetividade	É a capacidade que o produto de software tem para fazer o cliente atingir seus objetivos de negócio de forma correta e completa, no ambiente real de uso.	n/a	
Eficiência	Avalia o retorno que o produto dá ao cliente, ou seja, a razão entre o que o cliente investiu e investe no sistema em relação ao que recebe em troca. Essa medida nem sempre é financeira.	n/a	
Satisfação	É a capacidade do produto de satisfazer aos usuários durante seu uso no ambiente final.	Utilidade	Avalia o grau no qual o usuário é satisfeito com a obtenção percebida de metas pragmáticas, incluindo os resultados e as consequências do uso do software.
		Prazer	Avalia o grau em que o usuário sente prazer em usar o sistema para satisfazer seus objetivos.
		Conforto	Avalia o conforto físico e mental do usuário ao usar o sistema.
		Confiança	Avalia o grau em que o usuário ou outros interessados confiam que o sistema faça o que é esperado dele.
Uso sem riscos	É a capacidade do produto de estar dentro de níveis aceitáveis de segurança relativa a riscos envolvendo pessoas, negócios e meio ambiente.	Mitigação de risco econômico	Avalia o grau no qual o produto minimiza riscos financeiros potenciais, incluindo danos à propriedade e à reputação de pessoas.
		Mitigação de risco à saúde e à segurança	Avalia o grau no qual o produto minimiza riscos físicos às pessoas em seu contexto de uso.
		Mitigação de risco ambiental	Avalia o grau no qual o produto minimiza riscos ambientais ou à propriedade em seu contexto de uso.
Cobertura de contexto	Avalia o grau no qual o produto ou sistema pode ser usado com efetividade, eficiência, sem riscos e com satisfação tanto no contexto inicialmente especificado quanto em outros contextos.	Completude de contexto	Avalia o grau no qual o produto ou sistema pode ser usado com efetividade, eficiência, sem riscos e com satisfação em todos os contextos de uso especificados.
		Flexibilidade	Avalia o grau no qual o produto ou sistema pode ser usado com efetividade, eficiência, sem riscos e com satisfação em contextos diferentes daqueles inicialmente especificados.

Assim, os planos devem ser consistentes, factíveis, gradualmente implementados e, principalmente, levados a sério por todos. Planos inconsistentes, impossíveis de executar e que caem do céu prontos e acabados dificilmente são levados a sério.

A Seção 12.4 apresenta, com detalhes, o modelo SEI-IDEAL para implantação e melhoria contínua de processos visando à qualidade.

11.3 GESTÃO DA QUALIDADE

A *gestão da qualidade* do produto de software pode ser considerada uma atividade de gerenciamento que pode ser efetuada pelo gerente de projeto, mas preferencialmente deveria ser realizada por um gerente ou equipe especializados. Consiste no planejamento e na execução das ações necessárias para que o produto satisfaça aos requisitos de qualidade estabelecidos (Seção 11.5).

Crosby (1979) define um modelo de maturidade organizacional em relação à qualidade baseado em cinco estágios, conforme indicado na Tabela 11.12.

208 PARTE | III Qualidade

TABELA 11.12 Os cinco estágios de maturidade organizacional

Estágio	Caracterização
Desconhecimento	Quando a organização não sabe sequer que tem problemas com qualidade. Não há compreensão de que a qualidade seja um objetivo ou processo de negócio, ferramentas não são usadas ou conhecidas e inspeções de qualidade não são realizadas.
Despertar	A organização reconhece que tem problemas com a qualidade e que precisa começar a lidar com eles, mas ainda vê isso como um mal necessário, não como fonte de lucro.
Alinhamento	O gerenciamento da qualidade se torna uma ferramenta institucional e os problemas vão sendo priorizados e resolvidos à medida que surgem.
Sabedoria	A prevenção de problemas, e não apenas sua correção, torna-se rotina na organização. Problemas são identificados antes que surjam, e todos os processos e rotinas estão abertos a mudanças visando à melhoria da qualidade.
Certeza	A gestão da qualidade é uma constante e parte essencial do funcionamento da organização. Quase todos os problemas são prevenidos e eliminados antes de surgirem.

Fonte: Crosby (1979)

Ainda segundo Crosby, o custo relativo da qualidade vai diminuindo gradativamente à medida que sobem os níveis de maturidade.

Duas técnicas de controle de qualidade conhecidas (BELCHIOR, 1997) são o *walkthrough* e as *inspeções*. Ambas se baseiam em um processo de verificação sistemática e cuidadosa dos produtos do trabalho por terceiros para detectar defeitos. Outra técnica de garantia de qualidade é o teste sistemático de software, abordado em detalhes no Capítulo 13.

As subseções a seguir vão apresentar mais alguns detalhes sobre as técnicas *walkthrough* e de *inspeção*.

11.3.1 *Walkthrough*

Walkthrough (YOURDON, 1985) é uma forma de avaliação do produto que utiliza uma equipe de especialistas na qual cada um faz uma análise prévia do produto. Depois, um grupo de pessoas reúne-se por cerca de duas horas para trocar impressões sobre o produto e sugerir melhorias.

O produto tanto pode ser código-fonte como também modelos de classes, diagramas dos mais diversos tipos, como casos de uso, máquina de estados, modelos de negócio etc.

Além dos analistas, a reunião de *walkthrough* deve contar preferencialmente com desenvolvedores e usuários, que poderão apresentar rapidamente respostas a eventuais dúvidas, como "este requisito devia ter sido implementado dessa forma mesmo?".

Ao término da reunião, os participantes votam pela *aceitação do produto*, pela *aceitação com modificações parciais* ou pela *rejeição*. Sempre que houver modificações recomendadas, o produto deverá passar por um novo *walkthrough*.

Os papéis em uma reunião *walkthrough*, entre outros, são:

- *Apresentador*: geralmente é o autor do artefato, que o descreve, bem como as razões para ele ser dessa forma. Antes da reunião, ele entrega as especificações do artefato ao coordenador, que as distribui à equipe.
- *Coordenador*: é o moderador da reunião. Seu trabalho é manter todos focados nas tarefas e não se envolver em discussões. O ideal é que esse papel seja executado por alguém de fora da equipe.
- *Secretário*: é o responsável por tomar nota das discussões e decisões. Suas notas deverão ser aprovadas pelos participantes ao final ou após a reunião.
- *Oráculo de manutenção*: é o inspetor de garantia de qualidade cujo trabalho é certificar-se de que o código produzido seja compreensível e manutenível, de acordo com os padrões da empresa.
- *Guardião dos padrões*: seu trabalho é certificar-se de que o código produzido esteja de acordo com os padrões de programação estabelecidos previamente pela equipe. Se não houver padrões estabelecidos, possivelmente muito tempo da reunião será perdido com discussões irrelevantes.
- *Representante do usuário*: pode estar presente em algumas reuniões, especialmente naquelas que discutem requisitos, para garantir que o cliente realmente receba o produto que espera.
- Outros desenvolvedores poderão participar e contribuir com a discussão apresentando outros pontos de vista.

É importante mencionar que a reunião deve seguir estritamente o planejamento inicial, mantendo a discussão produtiva e objetiva. O objetivo principal é avaliar os defeitos, e não os desenvolvedores. Além disso, a reunião não será usada para corrigir defeitos, apenas encontrá-los. O processo de reparação vai ocorrer depois.

Erros triviais, como erros ortográficos ou estéticos, não necessitam de discussão. Apenas os erros mais graves.

Em relação à psicologia das reuniões, devem ser observados os perfis a seguir:

- *Programadores gênios*: especialmente aqueles gênios arrogantes, impacientes e de mente estreita, podem causar problemas. Devem ser valorizados, pois são capazes de detectar defeitos com facilidade (e alimentam seu ego com isso). O coordenador da sessão deve ter humildade e controle para não iniciar discussões com eles, nem deixar que outros o façam, pois isso tornará o trabalho improdutivo.
- *Pessoas defensivas e inseguras*: deve-se ter cuidado com essas pessoas, pois frequentemente se sentirão atingidas pessoalmente pelas críticas feitas aos seus artefatos. Também é preciso tomar muito cuidado para que seja mantida a discussão sobre o produto, e não sobre os desenvolvedores. A reunião de *walkthrough* não é o momento para tentar resolver a vida deles.
- *Conservadores*: também poderão causar problemas algumas vezes, pois buscam se manter fiéis às tradições estabelecidas. Deve-se dar atenção às suas opiniões, porque a área de programação é muito sujeita a modismos, mas deve-se também procurar evitar que iniciem discussões improdutivas.
- *Alienados*: não estão interessados no mundo real e primam mais pelo processo do que pelo produto, podendo tornar-se um incômodo sério. O coordenador sempre deve ter em mente que o processo só é útil quando ajuda a produzir da melhor forma possível. Regras existem porque há objetivos a alcançar, e não porque foram ditadas por algum guru da computação, mas, muitas vezes, os alienados não percebem isso.

Enfim, muitos problemas interpessoais poderão surgir nas primeiras reuniões. Por isso, é necessário que o coordenador seja experimentado e competente na condução das reuniões para que, com o tempo, a equipe aprenda a se manter estritamente focada em seu objetivo, que é a *detecção de defeitos nos artefatos*.

11.3.2 Inspeção Fagan

As *inspeções Fagan* (FAGAN, 1986) consistem em um processo estruturado para tentar encontrar defeitos no código, diagramas ou especificações. Uma inspeção Fagan parte do princípio de que toda atividade que tenha critérios de entrada e saída bem definidos pode ser avaliada de forma a verificar se efetivamente produz a saída especificada.

Como as atividades de processos de software devem ser sempre definidas em termos de artefatos de entrada e saída (Seção 2.3), elas se prestam bem a serem avaliadas por inspeções Fagan.

Assim, os artefatos de entrada e saída equivalem aos critérios de entrada e saída para as inspeções, e qualquer desvio encontrado nos artefatos de saída é considerado um *defeito*. Defeitos podem ser classificados em diferentes tipos, como *graves* e *triviais*. Um *defeito grave* é caracterizado pelo não funcionamento do produto, como uma função faltando, por exemplo. Um *defeito trivial* é uma característica errada que não afeta a capacidade de funcionamento do software, como um erro ortográfico em uma janela de sistema, por exemplo.

Normalmente, os papéis na equipe de inspeção são os mostrados na Tabela 11.13.

Já o processo de inspeção, tipicamente, abrange as atividades indicadas na Tabela 11.14.

É responsabilidade do moderador da inspeção verificar se todos os defeitos foram corrigidos e se o produto pode ir para *follow-up*. Caso ele considere que os defeitos não foram adequadamente corrigidos ou que novos defeitos foram introduzidos no processo de correção, deverá determinar que o produto retorne ao processo de inspeção.

TABELA 11.13 Papéis em uma inspeção Fagan

Papel	Descrição
Autor	O programador, designer ou analista, ou seja, a pessoa que produziu o artefato
Narrador	Aquele que analisa, interpreta, sumariza o artefato e seus critérios de aceitação
Revisores	Aqueles que revisam o artefato com o objetivo de detectar eventuais defeitos
Moderador	O responsável pela sessão de inspeção e pelo andamento do processo

210 PARTE | III Qualidade

TABELA 11.14 Atividades em uma inspeção Fagan

Atividade	Descrição
Planejamento	Inclui a preparação dos materiais (artefatos), convite aos participantes e alocação do espaço de trabalho
Visão geral	Inclui instrução prévia (apresentação) aos participantes sobre os materiais a serem inspecionados e a atribuição de papéis a esses participantes
Preparação	Os participantes analisam os artefatos sob inspeção e o material de suporte, anotando possíveis defeitos e questões para a reunião de inspeção
Reunião de inspeção	É o momento em que efetivamente se discutem os defeitos encontrados e se decide o que fazer com eles
Retrabalho	É a atividade em que o autor do artefato vai corrigir os defeitos apontados na reunião de inspeção
Prosseguimento (follow-up)	Se todos os defeitos foram corrigidos o produto está aprovado para prosseguir para a fase seguinte, ou *entrega*

Fonte: Fagan (1986).

Defeitos triviais podem simplesmente ir para retrabalho sem que sejam necessárias novas inspeções. Contudo, os defeitos graves devem ser novamente analisados pelo processo de inspeção, que deve ser reiniciado na sua primeira fase (planejamento).

As reuniões são importantes, pois produzem sinergia no grupo, incluindo a necessária troca de experiências e a afinação de discurso, o que funciona também como atividade de formação continuada de inspetores. Porém, em função dos custos com deslocamento de pessoas para reuniões desse tipo, cada vez mais têm sido utilizados meios eletrônicos para que elas possam acontecer de forma virtual. O mesmo ocorre com o material, disponibilizado eletronicamente para minimizar também o uso de papel (GENUCHTEN, CORNELISSEN & DIJK, 1997).

11.4 MEDIÇÃO DA QUALIDADE

A Seção 9.5 apresenta algumas questões referentes a métricas e medições do ponto de vista do processo de gerência de projetos de software. Nesta seção e nas seguintes é aprofundado o aspecto de *medição da qualidade* do produto de software.

Kitchenham e Lawrence (1996) indicam que a qualidade de um produto, do ponto de vista da satisfação do usuário, será resultado de três fatores:

- *Funcionalidade*, cuja medida será estar *presente* ou *ausente*.
- *Comportamento*, isto é, as qualidades não funcionais, que normalmente são mensuráveis em um dado *intervalo*.
- *Restrições*, que determinam como o usuário pode usar o produto.

Quando os usuários pensam em qualidade de software, em geral lembram-se da característica de maturidade (Subseção 11.1.2), isto é, do tempo em que o produto funciona sem apresentar defeitos. Porém, caso o software já seja relativamente confiável, outras qualidades entrarão com mais ênfase nas expectativas do usuário, como usabilidade e eficiência no uso de recursos.

Gilb (1987) sugere que essas características podem ser medidas de forma objetiva. Por exemplo, o tempo de aprendizagem de um sistema pode ser medido como o tempo médio que os usuários levam para aprender a executar um conjunto predeterminado de tarefas.

A técnica de Gilb pode ser generalizada para outras características. A ideia é quebrar a característica de qualidade em outras menores até que se encontrem aquelas que possuam um *procedimento operacional objetivo* para serem avaliadas.

Do ponto de vista do desenvolvedor, a qualidade pode ser medida a partir de duas variáveis principais: a quantidade de defeitos e os custos com retrabalho ao longo do desenvolvimento.

A contagem de defeitos deve ser sempre relacionada com o momento em que os defeitos são introduzidos e, principalmente, encontrados. Por exemplo, encontrar um defeito durante os testes de unidade ou integração não é tão sério quanto encontrar um defeito em um produto já instalado no ambiente final.

A contagem de defeitos nas diferentes fases poderá dar uma boa medida da eficácia dos processos da organização, bem como permitir a avaliação de mudanças nesses mesmos processos ou nas ferramentas de desenvolvimento. Se a quantidade de defeitos diminuir ou se os defeitos começarem a ser identificados mais cedo, isso ocorrerá porque a mudança de processo foi salutar em relação a essa métrica.

O número de defeitos em um sistema não tem uma relação necessariamente linear com os custos de retrabalho. Por vezes, defeitos são muito simples de depurar e corrigir. Outras vezes, um único defeito pode ter um impacto catastrófico no projeto, exigindo grandes mudanças estruturais e consumo de tempo e recursos para sua correção (como o caso do *bug* do ano 2000).

Poderá ser útil distinguir o retrabalho causado por defeitos do software, o causado por erros nos requisitos ou, ainda, o causado pela necessidade de aprimorar aspectos não funcionais do software, como sua eficiência. Normalmente, apenas o retrabalho causado por defeito ou erro nos requisitos será efetivamente contabilizado como uma atividade não produtiva, pois a melhoria ou o aprimoramento de outras qualidades do software será um investimento.

11.5 REQUISITOS DE QUALIDADE

Os *requisitos de qualidade* de software podem ser catalogados, mas cada produto terá um conjunto de requisitos diferente, pois qualidade também tem custo. Algumas subcaracterísticas de qualidade são sempre desejáveis e podem ser obtidas a partir de um bom processo de desenvolvimento, como um software livre de defeitos, por exemplo. Contudo, outras qualidades (como portabilidade, por exemplo) poderão ser eletivas e o custo de sua inclusão no software poderá não ser justificável. Belchior (1997) observa que qualidade não é sinônimo de perfeição, mas algo factível, relativo, dinâmico e evolutivo que se amolda aos objetivos a serem atingidos.

Os requisitos de qualidade devem fazer parte da própria especificação do produto. Normalmente são requisitos suplementares, ou seja, definidos para o software como um todo, e não para uma função individual. Mas também podem ser requisitos não funcionais quando se aplicam a uma ou a poucas funções.

Como os requisitos de qualidade são suplementares ou não funcionais, é de se esperar que possam ser classificados em diferentes graus de obrigatoriedade. Pode-se usar aqui o padrão MOSCOW (*Must*, *Should*, *Could* e *Would*) para determinar o grau de necessidade de que determinado requisito de qualidade seja cumprido. Kerzner (1998) indica que existe um ponto ótimo para o investimento em qualidade que reduz os custos com falhas o suficiente para compensar o investimento (Figura 11.2).

Se, de um lado, as medidas de qualidade mais fundamentais (como maturidade ou software livre de defeitos, por exemplo) podem ser consideradas obrigatórias em qualquer produto, outras medidas de qualidade poderão ser eletivas (como portabilidade e compatibilidade, por exemplo), e somente serão incorporadas ao produto se forem explicitamente solicitadas pelo cliente nos requisitos.

O ideal é que cada requisito de qualidade seja definido por uma especificação objetiva e, melhor ainda, acompanhada de uma métrica que possa ser usada para medir o produto final e confirmar se atende ou não ao requisito.

Por exemplo, se o requisito de qualidade for "o software deve ser fácil de usar", como seria possível avaliar se o produto final atende a essa especificação? Esse requisito está colocado de maneira subjetiva, ou seja, duas pessoas poderão ter opiniões diferentes sobre o fato de determinado produto de software ser ou não fácil de usar. Dessa forma, não há como avaliar se o requisito foi atendido, mas o problema, nesse caso, é que o requisito em si não é objetivo.

Melhor seria estabelecer um requisito como "Todas as janelas de sistema devem ter acesso a uma tela de ajuda acessível por F1". Dessa forma, o produto final pode ser inspecionado e o requisito de qualidade, conforme especificado, pode ser avaliado como satisfeito ou não.

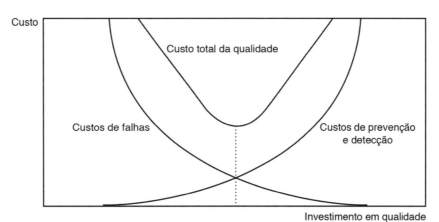

FIGURA 11.2 Relação entre investimento em qualidade e economia relacionada com falhas. *Fonte*: Kerzner (1998).

11.6 GQM (*GOAL/QUESTION/METRIC*) E AVALIAÇÃO DA QUALIDADE

O *método GQM* (*Goal/Question/Metric*) (BASILI, CALDIERA & ROMBACH, 1994) é uma abordagem para a avaliação de qualidade de software. O GQM define um modelo de mensuração em três níveis:

- *Nível conceitual* (*goal*/objetivo): um objetivo é definido para um objeto por uma variedade de razões, com respeito a vários modelos de qualidade, a partir de vários pontos de vista e relativo a um ambiente em particular (os *objetos* a serem medidos podem ser produtos, processos ou recursos).
- *Nível operacional* (*question*/questão): um conjunto de questões é usado para definir modelos de objetos de estudo e, então, focar no objeto que caracteriza a avaliação ou a obtenção de um objetivo específico.
- *Nível quantitativo* (*metric*/métrica): um conjunto de dados baseados nos modelos é associado a cada questão para respondê-la de forma quantitativa (os dados podem ser *objetivos*, se dependerem apenas do objeto avaliado, ou *subjetivos*, se dependerem de uma interpretação do avaliador).

Um guia completo de aplicação de GQM foi publicado por Solingen e Berghout (1999). Outra publicação com exemplos práticos de aplicação de GQM é o trabalho de Wangenheim (2000).

Em GQM, a definição do processo de avaliação é feita de forma *top-down*, ou seja, dos objetivos para as métricas, enquanto a interpretação dos resultados é feita de forma *bottom-up*, ou seja, das métricas para os objetivos. A Figura 11.3 apresenta o modelo GQM esquematicamente. Observe que as métricas não são exclusivas para as questões.

Santos e Pretz (2009) apresentam um estudo de caso em que GQM é usado para avaliar um projeto de desenvolvimento de software. Cada risco importante do sistema é analisado como um objetivo, para o qual são definidas questões e métricas. Inicialmente, os autores associam os riscos identificados às características e subcaracterísticas de qualidade da Norma 9126 (Tabela 11.15), na época ainda em vigência.

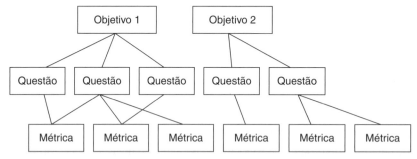

FIGURA 11.3 Estrutura hierárquica do modelo GQM.

TABELA 11.15 Associação de riscos às características e subcaracterísticas de qualidade

Sistema Exemplo		NBR ISO/IEC 9126	
Requisito	Risco	Característica	Subcaracterística
Envio e recepção de nova versão à base centralizada	R001 – Indisponibilidade do sistema para o usuário.	Confiabilidade	Tolerância a falhas
			Maturidade
			Recuperabilidade
	R002 – Insuficiência dos recursos envolvidos com a produção do sistema, causando indisponibilidade.	Eficiência	Utilização de recursos
Envio e recepção de informações dos sistemas relacionados	R003 – Interceptação de informações sigilosas no tráfego de rede utilizado pelo sistema.	Funcionalidade	Segurança de acesso
	R004 – Acesso liberado dos usuários da aplicação às informações inseridas no banco local, instalado na estação de trabalho do usuário.		

Fonte: Santos e Pretz (2009).

Assim, para cada risco identificado e, possivelmente, para cada subcaracterística de qualidade associada ao risco, um objetivo é estabelecido. Para cada objetivo, uma ou mais questões são colocadas, e, para cada questão, uma ou mais métricas são definidas (Tabela 11.16).

Como se pode ver na tabela, o *objetivo* é especificado de acordo com um padrão estabelecido pelo próprio GQM, que sugere que objetivos sejam estabelecidos a partir de diferentes dimensões:

- *Propósito*: verbo que representa o objetivo, como "avaliar".
- *Questão*: adjetivo referente ao objeto, como "a maturidade de".
- *Objeto*: objeto em avaliação, como "o software".
- *Ponto de vista*: para quem a avaliação é feita, como "do ponto de vista do cliente".

Os autores acrescentam, ainda, as técnicas de teste, que permitirão avaliar a questão de acordo com a métrica definida. Essa informação foi omitida na tabela, mas pode ser consultada em Santos e Pretz (2009).

TABELA 11.16 Exemplo de aplicação do modelo GQM

Risco R001 – Indisponibilidade do sistema para o usuário

Característica	Subcaracterística	Objetivo (G)	Questão (Q)	Métrica (M)
Confiabilidade	Maturidade	Avaliar a capacidade de prevenção de falhas do sistema do ponto de vista do usuário.	Quantas falhas foram detectadas durante um período definido de experimentação?	Número de falhas detectadas/número de casos de testes
	Tolerância a falhas e recuperabilidade	Avaliar a disponibilidade do sistema do ponto de vista do usuário.	Quantos padrões de defeitos são mantidos sob controle para evitar falhas críticas e sérias?	Número de ocorrências de falhas sérias e críticas evitadas conforme os casos de testes de indução de falhas/número de casos de testes de indução de falhas executados
			Quão disponível é o sistema para uso durante um período de tempo específico?	Tempo de operação/(tempo de operação + tempo de reparo) Total de casos em que o sistema estava disponível e foi utilizado com sucesso pelo usuário / número total de casos em que o usuário tentou usar o software durante um período de tempo
			Qual é o tempo médio em que o sistema fica indisponível quando uma falha ocorre, antes da inicialização?	Tempo ocioso total (indisponível)/número de quedas do sistema
			Qual o tempo médio que o sistema leva para completar a recuperação desde o início?	Soma de todos os tempos de recuperação do sistema inativo em cada oportunidade/número total de casos em que o sistema entrou em recuperação

(Continua)

214 PARTE | III Qualidade

TABELA 11.16 Exemplo de aplicação do modelo GQM *(Cont.)*

Risco R002 – Insuficiência dos recursos envolvidos com a produção do sistema, causando indisponibilidade

Característica	Subcaracterística	Objetivo (G)	Questão (Q)	Métrica (M)
Eficiência	Utilização de recursos	Avaliar a eficiência na utilização de recursos de produção do ponto de vista do usuário.	Qual é o limite absoluto de transmissões necessárias para cumprir uma função?	Número máximo de mensagens de erro e falhas relacionadas com a transmissão do primeiro ao último item avaliado/ máximo requerido de mensagens de erro e falhas relacionadas com a transmissão
			O sistema é capaz de desempenhar tarefas dentro da capacidade de transmissão esperada?	Capacidade de transmissão/ capacidade de transmissão específica projetada para ser usada pelo software durante sua execução

Risco R003 – Interceptação de informações sigilosas no tráfego de rede utilizado pelo sistema

Característica	Subcaracterística	Objetivo (G)	Questão (Q)	Métrica (M)
Funcionalidade	Segurança de acesso	Avaliar a integridade dos dados do sistema do ponto de vista do usuário.	Qual é a frequência de eventos de corrupção de dados?	Número de vezes que o maior evento de corrupção de dados ocorreu/número de casos de testes executados que causaram eventos de corrupção de dados (número de vezes que o menor evento de corrupção de dados ocorreu/número de casos de testes executados que causaram eventos de corrupção de dados)

Risco R004 – Acesso liberado dos usuários da aplicação às informações inseridas no banco local, instalado na estação de trabalho do usuário

Característica	Subcaracterística	Objetivo (G)	Questão (Q)	Métrica (M)
Funcionalidade	Segurança de acesso	Avaliar o controle de acesso ao sistema, do ponto de vista do usuário.	Quão completa é a trilha de auditoria sobre o acesso do usuário ao sistema e dados?	Número de acessos do usuário ao sistema e dados gravados no *log* de acesso/número de acessos do usuário ao sistema e dados realizados durante a avaliação
			Quão controlável é o acesso ao sistema?	Número (tipos diferentes) de operações ilegais detectadas/ número (tipos diferentes) de operações ilegais especificadas

Fonte: Santos e Pretz (2009).

Capítulo 12

Qualidade de Processos

Este capítulo trata da qualidade do processo de desenvolvimento de software, iniciando pelas normas ISO relacionadas (Seção 12.1), que definem várias orientações sobre como avaliar e melhorar processos. Na sequência, são apresentados os modelos CMMI 2.0 (Seção 12.2) do SEI (Software Engineering Institute) e o modelo brasileiro MR-MPS-SW (Seção 12.3). Depois, o capítulo aborda o guia de melhoria de processos SEI-IDEAL (Seção 12.4) e discute os *fatores humanos* (Seção 12.5) relacionados com a mudança de processos de trabalho em organizações. Por fim, o capítulo apresenta brevemente o conceito ainda em evolução de *Linhas de Processo de Software* (Seção 12.6).

Já foi comentado que a qualidade de produtos de software pode ser fortemente afetada pela qualidade do processo usado para desenvolvê-los. Também foram vistos alguns modelos de desenvolvimento, como Scrum, UP, FDD, Espiral, XP etc. Cada um desses modelos apresenta vantagens e desvantagens, e cada um deles pode ser mais bem aplicado em determinadas situações do que outros.

Deve-se, porém, diferenciar a questão do modelo teórico em si da questão relacionada com a *implementação* do modelo em uma organização específica. Ou seja, um modelo pode ser intrinsecamente adequado, mas a organização pode estar usando-o de forma inadequada.

Em função dessa observação, foram definidos modelos de avaliação de qualidade da implementação de processos nas empresas. Esses modelos não prescrevem este ou aquele ciclo de vida, mas avaliam quão bem uma empresa está aplicando e gerenciando seu processo de desenvolvimento com o modelo de processo escolhido.

12.1 NORMAS ISO PARA QUALIDADE DE PROCESSOS

A ISO 9001 é uma norma que tem como principal objetivo ajudar o gestor de uma organização de qualquer setor e qualquer tamanho a otimizar seus processos, de forma a torná-los mais ágeis, eliminando gargalos e ineficiências e, desta forma, satisfazendo melhor o cliente.

Com a aplicação da norma, a melhoria na gestão da organização vai ocorrer basicamente a partir dos resultados a seguir:

- Identificação do contexto no qual a organização está inserida.
- Com o uso da abordagem de processos é definida uma visão integral da organização.
- São identificados os riscos que podem prejudicar o andamento dos trabalhos.
- Os resultados do desempenho e eficácia dos processos são medidos e avaliados.
- Garante-se que os próprios processos são continuamente melhorados.
- A satisfação dos clientes é monitorada.

Para que uma empresa seja certificada pela ISO 9001 ela deve passar por uma auditoria de certificação que é feita por certificadores reconhecidos pelo IAF (International Accreditation Forum). No Brasil, o representante do IAF é o INMETRO (Instituto Nacional de Metrologia, Normalização e Qualidade Industrial).

O processo de certificação ocorre em três etapas. Na primeira etapa a organização deve, com base nas orientações da norma, implementar os processos e artefatos necessários e recomendados. Na segunda etapa, a organização realiza um processo de auditoria interna para verificar a necessidade de eventuais ajustes. Já na terceira etapa, a organização contrata a auditoria externa do certificador reconhecido que fará uma nova auditoria e, se a organização passar, emitirá o selo de certificação com validade de três anos.

A Tabela 12.1 apresenta apenas alguns aspectos da norma, já que ela é bastante extensa.

Outra norma, já suplantada, a ISO 9000-3 (KEHOE & JARVIS, 1996), é compreendida como uma das primeiras tentativas de melhorar o processo de produção de software, consistindo em um guia para aplicação da ISO 9001 à indústria de software. Ela apresentava padrões para gerenciamento e garantia de qualidade aplicáveis a companhias de qualquer tamanho. Essa norma foi substituída pela ISO 90003, publicada pela primeira vez em 2004 e revisada a cada cinco anos. Sua versão atual foi publicada em 2014 e outra deve surgir em 2019.

Um dos problemas com a antiga ISO 9000-3 é que ela não tratava a melhoria contínua do processo, apenas indicava os processos que as empresas deveriam ter e manter. Essa deficiência foi corrigida com a 90003.

TABELA 12.1 Alguns aspectos e requisitos da ISO 9001

Aspecto	Requisito
Controle do projeto	Todas as atividades relacionadas com o projeto devem ser documentadas.
Controle de documentos	Deve haver procedimentos para controlar a produção, distribuição e atualização de documentos relevantes aos projetos.
Sistema de qualidade	As políticas, regras e processos relacionados com a qualidade devem ser documentados na forma de um manual e deve, também, haver evidências de sua implementação na prática.
Controle de não conformidade	Deve haver mecanismos para evitar que um produto que esteja em não conformidade com os requisitos seja colocado em uso.
Registro de qualidade	Devem ser mantidos os registros de qualidade produzidos ao longo do processo.
Auditora interna	Deve haver um sistema de avaliação interna do programa de qualidade.
Identificação e rastreabilidade do produto	Todo produto deve ser passível de identificação ao longo de todo o processo de produção e mesmo depois de colocado em uso.
Ação corretiva	Deve haver mecanismos que permitam não apenas corrigir as não conformidades, mas também descobrir suas causas e, se possível, evitar que ocorram novamente.
Responsabilidade da direção	A administração deve indicar um responsável pelo sistema de qualidade da organização. Entre suas atribuições estão: garantir que a política de qualidade seja definida, documentada, comunicada, implementada e atualizada.

A ISO 90003 relaciona-se com um conjunto de normas ISO que dizem respeito aos aspectos de qualidade de processo de software. Ela considera que o processo de produção de software é variado, podendo ser dirigido por diferentes modelos, mas ao mesmo tempo considera que determinadas fases ou disciplinas existirão com maior ou menor ênfase ou, ainda, com diferentes formas de organização em qualquer processo de produção.

Não existe certificação em ISO 90003. Como ela é um guia para aplicação da ISO 9001 na indústria de software, então a certificação é em ISO 9001.

A norma contém dois tipos de cláusulas: requisitos e orientações. Essas cláusulas são relacionadas com aspectos sistêmicos, corretivos, de recursos, de gerenciamento e de realização. *Requisitos* são as coisas que a empresa deve fazer para ser certificada pela ISO 9001. Os requisitos da 90003 são tirados diretamente da ISO 9001 sem modificação. Já as *orientações* na 90003 são específicas à indústria de software.

Em relação às orientações, elas ainda se dividem em dois grupos: recomendações e sugestões. *Recomendações* são as coisas que a empresa deve fazer para satisfazer os requisitos da 9001. Já as *sugestões* são coisas que a empresa poderia fazer para ficar mais confortavelmente dentro dos limites dos requisitos da 9001.

Como todas as normas ISO, o texto integral do documento é disponibilizado apenas através da aquisição do produto junto à própria organização. Porém, para aprofundar um pouco mais o conhecimento sobre o conteúdo da norma, pode ser consultada uma versão resumida, acessível através do QR code.

Outro conjunto de normas que foram muito utilizadas até grande parte delas ser suplantada em 2015 é a família ISO/IEC 15504, também conhecida como SPICE (ZAHRAN, 1997) ou *Software Process Improvement and Capability dEtermination*. Ela foi criada como uma complementação para a ISO/IEC 12207 (definição de processos do ciclo de vida de desenvolvimento de software) e tinha como objetivo orientar a avaliação e a autoavaliação da capacidade de empresas em processos e, a partir dessa avaliação, permitir a melhoria dos processos. A partir de 2015 esse conjunto de normas passou a ser substituído pela família ISO 330xx e várias delas já não são mais consideradas em vigor.

A família 330xx (normas 33001, 33003, 33020 e 33061) pode ser utilizada para avaliar a qualidade dos processos realizados na organização, ou seja, as propriedades de processos tais como segurança, eficiência, eficácia, confidencialidade, integridade e sustentabilidade. Além disso, ela também pode ser usada para avaliar a capacidade de processos, assim como era feito com a ISO 15504, ou seja, classificando cada processo da organização em um dos seis níveis estabelecidos, conforme mostrado na Tabela 12.2.

O modelo de avaliação estabelecido na ISO 33001 se estrutura em duas dimensões (Figura 12.1), uma dimensão de *processos*, que indica quais os processos avaliados e uma dimensão de *capacidade* que indica a avaliação que a organização recebeu (notas de 0 a 5) em cada processo.

A dimensão de processos é dividida em dois grandes grupos:

- Processos de ciclo de vida de sistema
- Processos de ciclo de vida de software

Os processos de ciclo de vida de sistema se dividem em quatro categorias, conforme mostrado na Tabela 12.3. Já os processos de ciclo de vida de software se dividem em três categorias, conforme mostrado na Tabela 12.4.

TABELA 12.2 Níveis de capacidade em processos segundo ISO 33020:2015

Nível	Nome	Descrição
0	Incompleto	Este nível representa uma falha geral em se ater aos objetivos de um processo, ou ausência de processo. Não há produtos e saídas facilmente identificáveis para o processo sendo avaliado. Pode ser atribuído quando o processo não é implementado, ou quando é implementado, mas falha em atingir seus objetivos.
1	Realizado	Neste nível, o propósito do processo geralmente é obtido, mas não necessariamente de forma planejada ou rastreável.
2	Gerenciado	Neste nível, os projetos entregam produtos com qualidade aceitável dentro dos prazos e orçamento definidos. A execução dos projetos de acordo com a definição dos processos é realizada e rastreável.
3	Estabelecido	Neste nível a própria gerência dos projetos deve ser realizada de acordo com um processo estabelecido, no qual bons princípios de engenharia de software são empregados. Este nível, ao contrário do anterior, necessita de um gerenciamento planejado e utilizando um processo-padrão.
4	Previsível	Neste nível, os projetos são realizados de forma consistente dentro de limites de controle. Medidas de performance detalhadas são coletadas e analisadas, o que leva a uma compreensão quantitativa da capacidade do processo e a uma melhor habilidade de prever performances futuras. Neste caso, a performance é gerenciada de forma objetiva e a qualidade do trabalho é quantitativamente conhecida.
5	Inovando	Neste nível, a realização do processo é otimizada para satisfazer necessidades correntes e futuras do negócio, e os processos repetidamente satisfazem estas necessidades. Metas quantitativas de eficiência e efetividade para processos são estabelecidas. O monitoramento contínuo e eficaz permite a melhoria contínua do processo a partir da análise de resultados. Administrar um processo envolve inovação, com a incorporação constante de novas ideias e tecnologias, bem como a modificação de processos ineficientes ou não efetivos.

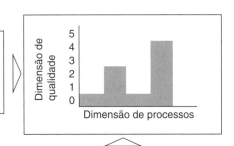

FIGURA 12.1 Modelo de avaliação em duas dimensões da ISO 33001.

218 PARTE | III Qualidade

Esses processos são todos oriundos das definições da norma ISO/IEC 12207. A ISO 33061 ainda adiciona a estes mais cinco processos oriundos das normas ISO 15504-7:2008 e 15504-5:2013 (Tabela 12.5).

A avaliação dos níveis de capacidade é demonstrada em função de um conjunto de atributos de processos. Cada nível tem seus próprios atributos, e os atributos são avaliados de acordo com uma escala de obtenção, que fornece uma medida da capacidade da empresa no processo sendo avaliado. Pode-se trabalhar com quatro ou seis valores possíveis na escala de obtenção dos atributos. A escala com quatro valores é apresentada na Tabela 12.6 e a com seis valores na Tabela 12.7.

Para que uma organização tenha um determinado processo avaliado em um nível n, é necessário que ela obtenha pelo menos escala L (ou L-, na escala com seis valores) nos atributos do nível n e escala F nos atributos de todos os níveis anteriores a n.

O nível 0, *incompleto*, não tem atributos. Ele corresponde ao estado inicial de qualquer empresa que nunca tenha implementado processos sistemáticos. O nível 1, *realizado*, tem apenas um atributo. Já os demais níveis têm dois atributos cada.

A Tabela 12.8 apresenta, assim, os atributos de cada um dos níveis da ISO 33020.

A norma 33061 apresenta um guia para avaliação dos processos de uma empresa. Uma avaliação pode ser feita, basicamente, com dois objetivos:

- *Determinar capacidade*: uma organização que deseja terceirizar a produção de software pode querer saber ou avaliar a capacidade de potenciais fornecedores em diferentes áreas de processo.
- *Melhoria de processo*: uma organização que desenvolve software pode querer melhorar seus próprios processos. A norma possibilita avaliar o estado atual dos processos da empresa e, após as atividades de melhoria, avaliar se houve avanço.

O modelo de avaliação usado inclui a dimensão de processos, conforme apresentado nas Tabelas 12.3 a 12.5. O processo de avaliação definido na norma inclui as seguintes atividades:

- Iniciar a avaliação por parte do interessado.
- Selecionar o avaliador e sua equipe.
- Planejar a avaliação, selecionando os processos que serão avaliados de acordo com o modelo e a demanda do interessado.
- Reunião de pré-avaliação.
- Coletar dados.
- Validar dados.
- Atribuir nível de capacidade aos processos.
- Relatar os resultados da avaliação.

O avaliador pode coletar dados de diversas maneiras, incluindo entrevistas, análise de dados estatísticos e registros de qualidade. Usualmente, a falta de registros confiáveis não é um fator positivo para a atribuição de níveis de capacidade em processos. Porém, mesmo quando os registros existem, o avaliador deve validá-los, isto é, certificar-se de que são corretos. Isso, usualmente, pode ser feito através das entrevistas.

A partir de sua experiência e das diretrizes de avaliação, o avaliador vai, então, atribuir um nível de obtenção na escala de quatro ou de seis valores a cada um dos atributos de processo, iniciando dos atributos dos níveis mais baixos e subindo. À medida que todos os atributos de um nível são avaliados com F, o avaliador pode subir mais um nível. No momento em que encontrar atributos com nota inferior a F ele para e atribui o nível de capacidade determinado pelos atributos (Tabela 12.9). Se a nota obtida nos dois atributos do nível em que o avaliador parou for igual ou superior a L, então este é o nível de capacidade do processo. Porém, se a nota obtida em pelo menos um dos atributos do nível for P ou N, então a capacidade do processo ainda está no nível imediatamente inferior.

Na tabela, o processo AGR.1 foi avaliado no nível 3 porque possui L nos atributos do nível 3 e F nos atributos dos níveis 1 e 2. O processo AGR.2 foi avaliado no nível 0 porque não atingiu sequer L nos atributos do nível 1. O processo REU.3 atingiu nível 2 porque, embora tenha F nos atributos dos níveis 1 e 2, não atingiu pelo menos L no primeiro atributo avaliado do nível 3.

TABELA 12.3 Categorias, processos e subprocessos de ciclo de vida de sistema

Categoria	Processo	Subprocesso
AGR – Processos de acordo	AGR.1 Aquisição	AGR.1A Preparação de aquisição
		AGR.1B Seleção de fornecedor
		AGR1.C Monitoramento de acordo
		AGR1.D Aceitação de adquirente
	AGR.2 Fornecimento	AGR.2A Licitação de fornecedores
		AGR.2B Fechamento de contrato
		AGR.2C Entrega e suporte de produto ou serviço
	AGR.3 Gerenciamento de mudança de contrato	
ORG – Processos organizacionais de viabilização de projeto	ORG.1 Gerenciamento de modelo de ciclo de vida	ORG.1A Estabelecimento de processo
		ORG.1B Avaliação de processo
		ORG.1C Melhoria de processo
	ORG.2 Gerenciamento de infraestrutura	
	ORG.3 Gerenciamento de portfólio de projeto	
	ORG.4 Gerenciamento de recursos humanos	ORG.4A Desenvolvimento de habilidades
		ORG.4B Aquisição e provimento de habilidades
		ORG.4C Gerenciamento de conhecimento
	ORG.5 Gerenciamento de qualidade	
	ORG.6 Alinhamento organizacional	
	ORG.7 Gerenciamento organizacional	
PRO – Processos de projeto	PRO.1 Planejamento de projeto	
	PRO.2 Avaliação e controle de projeto	
	PRO.3 Gerenciamento de decisão	
	PRO.4 Gerenciamento de risco	
	PRO.5 Gerenciamento de configuração	
	PRO.6 Gerenciamento de informação	
	PRO.7 Medição	
ENG – Processos técnicos	ENG.1 Definição de requisitos de interessado	
	ENG.2 Análise de requisitos de sistema	
	ENG.3 Design arquitetural do sistema	
	ENG.4 Implementação de software	
	ENG.5 Integração de sistema	
	ENG.6 Teste de qualificação do sistema	
	ENG.7 Instalação de software	
	ENG.8 Suporte à aceitação de software	
	ENG.9 Operação de software	ENG9.A Uso operacional
		ENG9.B Suporte ao usuário
	ENG.10 Manutenção de software	
	ENG.11 Eliminação de software	

TABELA 12.4 Categorias e processos de ciclo de vida de software

Categoria	Processo
DEV – Processos de implementação de software	DEV.1 Análise de requisitos de software
	DEV.2 Design arquitetural de software
	DEV.3 Design detalhado de software
	DEV.4 Construção de software
	DEV.5 Integração de software
	DEV.6 Teste de qualificação de software
SUP – Processos de suporte de software	SUP.1 Gerenciamento de documentação de software
	SUP.2 Gerenciamento de configuração de software
	SUP.3 Garantia de qualidade de software
	SUP.4 Verificação de software
	SUP.5 Validação de software
	SUP.6 Revisão de software
	SUP.7 Auditoria de software
	SUP.8 Resolução de problemas com software
REU – Processos de reúso de software	REU.1 Engenharia de domínio
	REU.2 Gerenciamento de ativos reusáveis
	REU.3 Gerenciamento de programas reusáveis

TABELA 12.5 Processos suplementares da ISO 33061

Categoria	Processo
QNT – Processos de quantificação	QNT.1 Melhoria de processo quantitativa
	QNT.2 Gerenciamento de desempenho quantitativo
SUP – Processos de suporte de software	SUP.9 Gerenciamento de solicitações de mudança em software
SPL – Processos de entrega de produto	SPL.1D Entrega de produto (*release*)
	SPL.1E Suporte de aceitação de produto

TABELA 12.6 Escala de obtenção de atributos com quatro valores

Mnemônico	Significado	Intervalo de obtenção
N	Não obtido	0 a 15%
P	Parcialmente obtido	16 a 50%
L	Amplamente obtido	51 a 80%
F	Totalmente obtido	81 a 100%

TABELA 12.7 Escala de obtenção de atributos com seis valores

Mnemônico	Significado	Intervalo de obtenção
N	Não obtido	0 a 15%
P-	Parcialmente obtido (fraco)	16 a 32%
P+	Parcialmente obtido (forte)	33 a 50%
L-	Amplamente obtido (fraco)	51 a 67%
L+	Amplamente obtido (forte)	68 a 80%
F	Totalmente obtido	81 a 100%

TABELA 12.8 Atributos dos níveis de processo de acordo com a ISO 33020

Nível	Atributo	Resultados esperados
1 – Realizado	PA 1.1 Desempenho de processo	O processo obtém as saídas desejadas.
2 – Gerenciado	PA 2.1 Gerenciamento de desempenho	Objetivos de desempenho de processo são identificados.
		O desempenho do processo é planejado.
		O desempenho do processo é monitorado.
		O desempenho é ajustado para atender aos planos.
		Responsabilidades e autoridade para realizar o processo são definidas, atribuídas e comunicadas.
		O pessoal que realiza o processo está preparado para executar suas responsabilidades.
		Recursos e informação para realizar o processo são identificados, disponibilizados, alocados e usados.
		Interfaces entre as partes envolvidas são gerenciadas para garantir efetiva comunicação e clara atribuição de responsabilidade.
	PA 2.2 Gerenciamento do produto do trabalho	Requisitos para o produto do trabalho do processo são definidos.
		Requisitos para a documentação e controle do produto do trabalho do processo são definidos.
		O produto do trabalho é claramente identificado, documentado e controlado.
		O produto do trabalho é revisado de acordo com o planejado e é ajustado se necessário para atender aos requisitos.
3 – Estabelecido	PA 3.1 – Definição de processo	Um processo-padrão, incluindo diretrizes especializadas é definido e mantido, descrevendo os elementos fundamentais que devem ser incorporados a um processo definido.
		A sequência e interação do processo-padrão com outros processos é determinada.
		Competências requeridas e papéis para realizar o processo são identificados como parte do processo-padrão.
		Infraestrutura requerida e ambiente de trabalho para realizar o processo são identificados como parte do processo-padrão.
		Métodos e métricas adequadas para monitoramento da efetividade e adequação do processo são determinados.
	PA 3.2 – Implantação de processo	Um processo definido é implantado baseado em um processo apropriadamente selecionado e/ou personalizado.
		Papéis requeridos, responsabilidades e autoridade para realizar os processos definidos são atribuídos e comunicados.
		As pessoas que realizam o processo são competentes com base em educação, treinamento e experiência apropriadas.
		Os recursos e informações necessários para realizar os processos definidos são disponibilizados, alocados e usados.
		A infraestrutura e ambiente de trabalho requeridos para realizar os processos definidos são disponibilizados gerenciados e mantidos.
		Dados apropriados são coletados e analisados como base para o entendimento do comportamento do processo para demonstrar a adequação e efetividade do processo e para avaliar onde a melhoria contínua do processo pode ser feita.

(Continua)

TABELA 12.8 Atributos dos níveis de processo de acordo com a ISO 33020 *(Cont.)*

Nível	Atributo	Resultados esperados
4 - Previsível	PA 4.1 – Análise quantitativa	O processo está alinhado com metas de negócio quantitativas.
		As necessidades de informação de processo em apoio aos objetivos de negócio quantitativos definidos são estabelecidas.
		Objetivos de mensuração do processo são derivados das necessidades de informação do processo.
		Relações mensuráveis entre elementos de processo que contribuem para o desempenho do processo são identificados.
		Objetivos quantitativos para desempenho de processo no suporte a metas de negócio relevantes são estabelecidos.
		Medições e frequência de medições apropriadas são identificadas e definidas alinhadas aos objetivos de medição de processo e objetivos quantitativos de desempenho de processo.
		Resultados de medições são coletados, validados e reportados com o objetivo de monitorar a extensão na qual os objetivos quantitativos do processo foram obtidos.
	4.2 Controle quantitativo	Técnicas para analisar os dados coletados são selecionadas.
		Possíveis causas de variação em processos são determinadas a partir da análise dos dados coletados.
		Distribuições que caracterizam o desempenho do processo são estabelecidas.
		Ações corretivas são tomadas para tratar possíveis causas de variação.
		Distribuições distintas são estabelecidas (se necessário) para analisar o processo sob a influência das possíveis causas de variação.
5 - Inovando	PA 5.1 – Inovação de processo	Objetivos de inovação de processo são definidos para suportar as metas relevantes de processo.
		Dados apropriados são analisados para identificar oportunidades de inovação.
		Oportunidades de inovação derivadas de novas tecnologias e conceitos de processo são identificadas.
		Uma estratégia de implementação é estabelecida para obter os objetivos de inovação de processo.
	PA 5.2 – Implementação de inovação de processo	O impacto de todas as mudanças propostas é avaliado contra os objetivos do processo definido e do processo-padrão.
		A implementação de todas as mudanças acordadas é gerenciada para garantir que qualquer ruptura no desempenho do processo seja entendida e tratada.
		A efetividade da mudança de processo com base no desempenho atual é avaliada contra os requisitos de produto definidos e objetivos do processo.

TABELA 12.9 Exemplo de avaliação SPICE

Atributo	Processos			
	AGR.1	AGR.2	...	REU.3
PA5.2				
PA5.1				
PA4.2				
PA4.1				
PA3.2	L			
PA3.1	L			P
PA2.2	F			F
PA2.1	F			F
PA1.1	F	P		F
Nível atribuído	3	0	...	2

12.2 CMMI – CAPABILITY MATURITY MODEL INTEGRATION

O *CMMI* (*Capability Maturity Model Integration*) é uma abordagem para a melhoria de processos compatível com o modelo SPICE da ISO. Porém, o modelo foi construído de forma independente, com participação da indústria, do governo norte-americano e do Instituto de Engenharia de Software (SEI) da Carnegie Mellon University (CMU).

CMMI é o sucessor do modelo CMM (Capability Maturity Model), que foi desenvolvido entre 1987 e 1997. Sua primeira versão, a 1.1, foi lançada em 2002 e a mais atual, a 2.0, em 2018. Até a versão 1.3, lançada em 2010, CMMI era acessível gratuitamente. Mas a partir da versão 2.0 passou a ser cobrada uma taxa de uso para quem deseja ter acesso ao sistema de visualização on-line do modelo.

Originalmente, o CMMI possuía três vertentes que na versão atual foram combinadas em um único modelo:

- CMMI-ACQ, para aquisição de produtos e serviços.
- CMMI-DEV, para o desenvolvimento de produtos e serviços.
- CMMI-SVC, para estabelecimento, gerenciamento e oferta de serviços.

O modelo CMMI pode ser usado como guia para desenvolver e melhorar processos da organização, e também como um *framework* para avaliar a maturidade da organização.

Até a versão 1.3, existiam duas representações do CMMI, a *representação contínua* e a *representação em estágios*. A *representação contínua* era projetada para permitir à empresa focar em processos específicos que deseja melhorar em função de suas prioridades. Já a *representação em estágios* era aplicada à organização como um todo e permitia que se comparasse a maturidade de diferentes organizações. A partir da versão 2.0 essas duas representações foram unidas em um único modelo.

Existe um alinhamento explícito entre os seis níveis SPICE e os níveis de maturidade CMMI, e sua interpretação é bastante semelhante. A Tabela 12.10 apresenta um resumo dos níveis de maturidade em CMMI.

A dimensão de processos, ou áreas de capacidade, do CMMI se estrutura em um modelo com quatro categorias, nove áreas de capacidade e vinte áreas de prática (ou áreas de processo), conforme mostrado na Tabela 12.11.

As áreas de práticas ainda se subdividem em *grupos de práticas* e finalmente em *práticas* individuais, consideradas as melhores práticas que devem ajudar a organização a funcionar melhor.

Como se pode ver na tabela, cada área de prática é associada a um dos níveis evolutivos de capacidade (2 a 5). Dessa forma, pode-se observar que nem todas as áreas de práticas são requeridas em todos os níveis. Porém, elas são cumulativas; por exemplo, o nível 4 exige todas as áreas de práticas que vão do nível 2 até o 4 (não existem áreas de prática de nível 0 e 1).

Assim, cada processo individual é avaliado em relação à capacidade da organização até o limite de capacidade do processo, ou seja, por exemplo, RDM – *Desenvolvimento e gerenciamento de requisitos*, só é avaliado até o nível 3 de capacidade, que é seu nível máximo.

Já, a organização como um todo, será avaliada de acordo com seu nível de maturidade, que pode ir de 2 até 5. Para que a empresa seja avaliada com maturidade em nível 2, todos os processos correspondendo às áreas de prática de nível 2 devem ser avaliados com nível 2. Para que a empresa seja avaliada no nível 3, todos os processos de nível 2 devem ser avaliados com nível 2 e todos os processos de nível 3 devem ser avaliados com nível 3, e assim por diante.

TABELA 12.10 Níveis de maturidade CMMI 2.0

Nível	Nome	Característica	O que se observa
0	Incompleto	*Ad hoc* e desconhecido	O trabalho pode ser completado ou não.
1	Inicial	Imprevisível e reativo	O trabalho é completado, mas frequentemente depois do prazo e acima do orçamento.
2	Gerenciado	Gerenciado em nível de projeto	Projetos são planejados, realizados, medidos e controlados.
3	Definido	Proativo em vez de reativo	Padrões organizacionais fornecem orientação interprojetos, programas e portfólios.
4	Quantitativamente gerenciado	Medido e controlado	A organização é dirigida por dados com objetivos quantitativos de melhoria de desempenho que são previsíveis e alinhados para satisfazer as necessidades dos interessados internos e externos.
5	Em otimização	Estável e flexível	A organização está focada na melhoria contínua e é construída para se alinhar e responder às oportunidades de mudança. A estabilidade da organização fornece uma plataforma para agilidade e inovação.

TABELA 12.11 Áreas de capacidade e prática CMMI 2.0

Categoria	Área de capacidade	Área de prática	Nível
Fazendo	ENQ – Garantia de qualidade	RDM – Desenvolvimento e gerenciamento de requisitos	3
		PQA – Garantia de qualidade de processo	3
		VV – Verificação e Validação	3
		PR – Revisão por pares	3
	EDP – Projeto e desenvolvimento produtos	TS – Solução técnica	3
		PI – Integração de produtos	3
	SMS – Seleção e gerência de fornecedores	SAM – Gerenciamento de acordo com fornecedor	4
Gerenciando	PMW – Planejamento e gerência do trabalho	EST – Estimação	3
		PLAN – Planejamento	4
		MC – Monitoramento e controle	3
	MBR – Gerência de resiliência do negócio	RSW – Gerenciamento de riscos e oportunidades	3
	MWF – Gerência da força de trabalho	OT – Treinamento organizacional	3
Disponibilizando	SI – Apoio à implementação	CAR – Análise e resolução de causas	5
		DAR – Análise e tomada de decisão	3
		CM – Gerenciamento de configuração	2
Melhorando	BSC – Construção e manutenção de capacidade	GOV – Governança	4
		II – Infraestrutura para implementação	3
	IMP – Melhoria de desempenho	PCM – Gerenciamento de processo	4
		PAD – Desenvolvimento de ativos de processo	3
		MPM – Gerenciamento de desempenho e medição	5

O CMMI não conta com processo de certificação, mas de avaliação (*appraisal*), sendo que existem quatro categorias:

- *Avaliação benchmark*: é a avaliação principal, que determina o nível de maturidade da empresa bem como suas oportunidades de melhoria.
- *Avaliação de sustentação*: realizada dois anos depois do *benchmark* para verificar se a empresa mantém seus níveis de avaliação.
- *Reavaliação de plano de ação*: uma segunda chance para empresas que falharam por pouco em alcançar um nível na avaliação *benchmark*.
- *Avaliação informal*: uma abordagem informal e flexível de avaliação que visa preparar a empresa para uma futura avaliação *benchmark*.

Todas as avaliações são de responsabilidade do CMMI® Institute (ver o QR code) e conduzidas por seus representantes.

12.3 MR-MPS-SW

O *Modelo de Referência para Melhoria do Processo de Software*, ou MR-MPS-SW, é um modelo brasileiro de avaliação de empresas produtoras de software criado através de uma parceria entre a SOFTEX, o Governo Federal e academia. O modelo brasileiro é independente, mas compatível com as Normas ISO 12207 e SPICE, bem como com o CMMI.

A principal justificativa para a criação desse modelo foram os altos custos dos processos de avaliação ou certificação internacionais, que se tornam proibitivos para pequenas e médias empresas brasileiras. Assim, o MR-MPS-SW apresenta um custo significativamente mais baixo por ter consultores e avaliadores residentes no Brasil e também pelo fato de que apresenta sete níveis de maturidade, em vez de apenas cinco como o CMMI. Isso faz com que a escala de progressão na melhoria de processos tenha degraus mais suaves, especialmente nos níveis mais baixos, ou seja, é possível subir um nível com menos esforço do que seria necessário para subir um nível no CMMI.

O site da SOFTEX (ver o QR code) disponibiliza gratuitamente acesso ao guia geral do modelo.

Os níveis de maturidade do MR-MPS-SW, do mais alto ao mais baixo, são:

- A – Em otimização
- B – Gerenciado quantitativamente
- C – Definido
- D – Largamente definido
- E – Parcialmente definido
- F – Gerenciado
- G – Parcialmente gerenciado

Assim como em SPICE e CMMI, os níveis são cumulativos, isto é, para subir um nível devem-se satisfazer todos os critérios dos níveis anteriores e os do nível para o qual se deseja subir. Da mesma forma, os níveis são avaliados a partir de atributos de processo (AP), que são nove, conforme mostrado na Tabela 12.12. Para cada um dos atributos de processo são indicados também os resultados esperados.

A Tabela 12.13 mostra como são obtidos os diferentes níveis de maturidade MR-MPS-SW. Para cada nível devem-se implementar os processos definidos no nível e os dos níveis anteriores, e obter nos processos do nível os atributos de processo estabelecidos na coluna da direita para o nível, bem como os estabelecidos para os níveis anteriores, ou seja, tanto a coluna de processos quanto a de atributos de processos são interpretadas de forma cumulativa.

É interessante observar que o modelo prevê que alguns processos podem ser excluídos da avaliação em função de características especiais da companhia que está sendo avaliada:

- AQU (*Aquisição*): se a empresa não realiza aquisição, esse processo pode ser excluído.
- GPP (*Gerência de portfólio de projetos*): se a única atividade da organização for evolução (manutenção) de produtos, então esse processo pode ser excluído.
- DRU (*Desenvolvimento para reutilização*): se a empresa conseguir demonstrar formalmente que não existem oportunidades reais para reutilização, então esse processo pode ser excluído.

Organizações que fazem exclusivamente aquisição de software, fábricas de código e fábricas de teste têm seus próprios conjuntos de processos incluídos e excluídos determinados em seus guias específicos.

226 PARTE | III Qualidade

TABELA 12.12 Atributos de processo do MR-MPS-SW

Atributo	Resultados esperados
AP 1.1 – *O processo é executado*: é a medida do quanto o propósito do processo é alcançado pela sua execução.	O processo atinge os resultados definidos.
AP 2.1 – *A execução do processo é gerenciada*: é a medida do quanto a execução do processo é gerenciada.	Existe uma política organizacional estabelecida e mantida para o processo.
	A execução do processo é planejada (o planejamento deve incluir identificação e disponibilização dos recursos e informações necessárias para a execução do processo, definição, atribuição e comunicação das responsabilidades pela execução do processo e planejamento da comunicação entre as partes interessadas).
	A execução do processo é monitorada em relação ao planejado e, quando necessário, ajustes são realizados.
	As pessoas que executam o processo estão preparadas para executar suas responsabilidades.
	As atividades, o status e os resultados do processo são revistos com a gerência de nível superior e são tratadas questões críticas.
	(A partir do Nível F) A aderência dos processos executados às descrições de processo, padrões e procedimentos é avaliada objetivamente e são tratadas as não conformidades.
AP 2.2 – *Os produtos de trabalho do processo são gerenciados*: é a medida do quanto os produtos de trabalho do processo são gerenciados, isto é, produzidos, controlados e mantidos.	Os requisitos para documentação e controle dos produtos de trabalho do processo são identificados.
	Os produtos de trabalho do processo estão identificados, documentados e sob os níveis de controle especificados.
	Os produtos de trabalho são avaliados objetivamente com relação à aderência aos padrões, procedimentos e requisitos aplicáveis e são tratadas as não conformidades.
AP 3.1 – *O processo é definido*: é a medida do quanto o processo-padrão da organização é mantido de forma a apoiar sua adaptação para um processo definido.	Existe a definição de um processo-padrão, o que inclui diretrizes para a sua adaptação a situações específicas, a sequência de execução, a interação deste processo com os outros processos, os papéis e competências, a infraestrutura e o ambiente de trabalho requeridos para executar o processo.
	Métodos adequados para monitorar a efetividade e adequação do processo são identificados.
AP 3.2 – *O processo está implementado*: é a medida do quanto o processo-padrão está implementado na organização.	Um processo definido baseado nas diretrizes para seleção e/ou adaptação do processo-padrão está implementado.
	A infraestrutura e o ambiente de trabalho requeridos para executar o processo definido estão disponibilizados, gerenciados e mantidos.
	Experiências e dados apropriados são coletados, analisados e utilizados para entendimento do comportamento e adequação do processo, e para a identificação de oportunidades de melhoria no processo.
AP 4.1 – *O processo é objeto de análise quantitativa*: é a medida do quanto as necessidades de informação são definidas, os relacionamentos entre os elementos de processo são identificados e dados são coletados.	Os processos que estão alinhados a objetivos quantitativos de negócio são identificados.
	Foram identificadas as necessidades de informação dos processos requeridas para apoiar o alcance dos objetivos de negócio relevantes da organização.
	Os objetivos de medição do processo foram definidos a partir das necessidades de informação.
	Relacionamentos mensuráveis entre elementos do processo que contribuem para o desempenho do processo são identificados.
	Os objetivos quantitativos para qualidade e desempenho do processo da organização foram definidos e estão alinhados às necessidades de informação e aos objetivos de negócio.
	Os processos que serão objeto de análise de desempenho são selecionados a partir do conjunto de processos padrão da organização e das necessidades de informação dos usuários dos processos.
	Medidas adequadas para análise de desempenho do processo, incluindo a frequência de realização das medições, são identificadas, definidas e incorporadas ao plano de medição da organização.
	Resultados de medições são coletados, validados e reportados para monitorar o número de objetivos quantitativos para o desempenho do processo foram alcançados.

TABELA 12.12 Atributos de processo do MR-MPS-SW *(Cont.)*

Atributo	Resultados esperados
AP 4.2 – *O processo é controlado quantitativamente*: é a medida do quanto dados objetivos são utilizados para gerenciar o desempenho do processo que é previsível.	Técnicas para análise dos dados coletados são selecionadas.
	Dados de medições são analisados com relação a causas especiais (atribuíveis) de variação do processo.
	O desempenho do processo é caracterizado.
	Ações corretivas foram executadas para tratar causas especiais de variação.
	Se necessário, análises adicionais são realizadas para avaliar o processo sob o efeito de causas especiais de variação.
	Modelos de desempenho do processo são estabelecidos, melhorados e ajustados em função do conhecimento adquirido com o aumento de dados históricos, compreensão das características do processo ou mudanças no próprio negócio da organização.
AP 5.1 – *O processo é objeto de melhorias incrementais e inovações*: é a medida do quanto mudanças no processo são identificadas a partir de investigação de enfoques inovadores para a definição e implantação do processo.	Os objetivos de negócio da organização são mantidos com base no entendimento das estratégias de negócio e resultados de desempenho do processo.
	Objetivos de melhoria do processo são definidos com base no entendimento do desempenho do processo, de forma a apoiar o alcance dos objetivos de negócio.
	Dados que influenciam o desempenho do processo foram identificados, classificados e selecionados para análise de causas.
	Dados selecionados foram analisados para identificar a causa raiz e propor soluções aceitáveis para evitar ocorrências futuras de resultados similares ou incorporar melhores práticas no processo.
	Dados adequados são analisados para identificar oportunidades para aplicar melhores práticas e inovações com impacto no alcance dos objetivos de negócio.
	Oportunidades de melhoria derivadas de novas tecnologias e conceitos de processo foram identificadas, avaliadas e selecionadas com base no impacto no alcance dos objetivos de negócio.
	Uma estratégia de implementação para as melhorias selecionadas foi estabelecida para alcançar os objetivos de melhoria e inovação no processo e para resolver problemas.
AP 5.2 – *O processo é objeto de implementação de melhorias inovadoras e incrementais*: é a medida do quanto as mudanças na definição, gerência e desempenho do processo alcançou os objetivos.	O impacto de todas as mudanças propostas é avaliado com relação aos objetivos do processo definido para o projeto e do processo-padrão.
	A implementação das mudanças acordadas é gerenciada para garantir o entendimento de qualquer variação no desempenho do processo e ações corretivas necessárias foram executadas.
	As ações implementadas para resolução de problemas e melhoria no processo são acompanhadas, com uso de técnicas estatísticas e outras técnicas quantitativas, para verificar se as mudanças no processo corrigiram o problema e melhoraram o seu desempenho.
	Dados de análise e resolução de causas de problemas são armazenados para uso em situações similares.

Fonte: SOFTEX (2016).

12.4 MELHORIA DE PROCESSO DE SOFTWARE (SEI-IDEAL)

Os modelos de avaliação vistos até aqui são uma boa referência para as organizações que querem melhorar seus processos de desenvolvimento saberem aonde devem chegar. Contudo, esses modelos não explicam o caminho para chegar a esses objetivos.

Para trilhar esse caminho é necessário aplicar um modelo de melhoria de processo (SPI – Software Process Improvement). Uma boa referência é o modelo IDEAL (*Initiating, Diagnosing, Establishing, Acting, and Learning*) do SEI (MCFEELEY, 1996), o qual é resumidamente apresentado nesta seção.

O modelo se baseia em cinco fases, das quais as quatro últimas podem ser executadas em ciclos. A ideia é que, a cada volta do ciclo, um novo degrau na melhoria de processos seja buscado e atingido (Figura 12.2).

TABELA 12.13 Processos e atributos de processos que definem os níveis de maturidade do MR-MPS-SW

Nível	Processos	Atributos de processo
G	GRE – Gerência de requisitos GPR – Gerência de projetos	AP 1.1 e AP 2.1
F	MED – Medição GQA – Garantia de qualidade GPP – Gerência de portfólio de projetos GCO – Gerência de configuração AQU – Aquisição	AP 2.2
E	GPR (evolução) – Gerência de requisitos GRU – Gerência de reutilização GRH – Gerência de recursos humanos DFP – Definição do processo organizacional AMP – Avaliação e melhoria do processo organizacional	AP 3.1 e AP 3.2
D	VER – Verificação VAL – Validação PCP – Projeto e construção do portfólio ITP – Integração do produto DRE – Desenvolvimento de requisitos	
C	GRI – Gerência de riscos DRU – Desenvolvimento para reutilização GDE – Gerência de decisões	
B	GPR (evolução) – Gerência de projetos	AP 4.1 e AP 4.2
A		AP 5.1 e AP 5.2

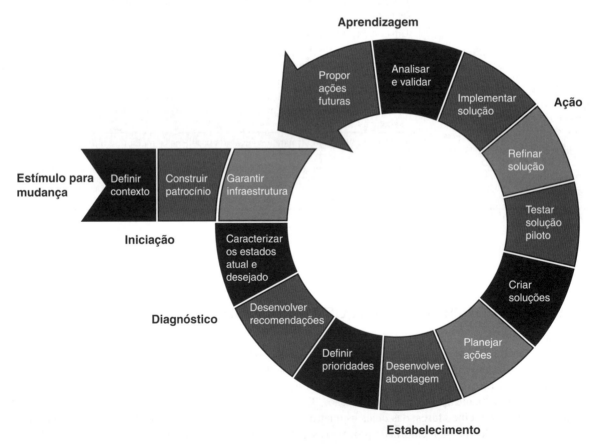

FIGURA 12.2 Modelo SEI-IDEAL.

Assim, como visto na figura, o modelo se divide em cinco grandes fases, as quais, por sua vez se subdividem em quatorze atividades e uma "quase-atividade".

O ciclo de vida da figura não tem propriamente um final, porque o processo de melhoria é contínuo, ou seja, idealmente, não acaba nunca.

As próximas subseções apresentam com mais detalhes as cinco fases do modelo IDEAL.

12.4.1 Iniciação

A fase de *iniciação* vai estabelecer os objetivos iniciais da iniciativa de melhoria de processo, buscar o comprometimento da alta gerência, alcançar os recursos para o trabalho e definir a equipe e a infraestrutura necessárias. Se não existir uma equipe de processo de engenharia de software, ela deverá ser criada nesse momento.

Na fase de iniciação, o gerenciamento sênior da organização deve, primeiramente, compreender a necessidade de melhoria do processo de software, comprometer-se com um programa de melhoria e definir seu contexto.

A iniciação do projeto de melhoria é semelhante à de um projeto de software, devendo ser estabelecidos os requisitos iniciais e o escopo. Em geral, nessa fase será formada uma *equipe de descoberta* para estudar a organização e descobrir os pontos em que a melhoria poderá ser aplicada. Essas descobertas deverão ser relatadas à gerência sênior.

Visto que nessa fase inicial, possivelmente, a equipe terá pouco conhecimento sobre melhoria de processo, é de se esperar que muito estudo seja necessário para desenvolver as habilidades e os conhecimentos para o desenvolvimento do projeto.

O *estímulo para mudança* é a "quase-atividade" mencionada. Normalmente, as organizações iniciam um processo de SPI por conta de algum desastre ou de uma sucessão de falhas moderadas em seus projetos. Porém, o investimento em SPI só terá sucesso se efetivamente houver um compromisso da alta gerência. Caso essa necessidade não seja percebida, será melhor que o início do processo de melhoria seja postergado.

A primeira atividade consiste em *estabelecer o contexto* do processo de mudança, ou seja, é necessário identificar quais setores e processos da organização podem ser afetados. É necessário também verificar qual o possível impacto dessas mudanças no dia a dia da organização, que não pode parar. Frequentemente se diz que mudar a forma como uma organização trabalha equivale a consertar a turbina de um avião enquanto ele está voando.

Estabelecer contexto significa construir uma visão clara sobre como as mudanças vão impactar os objetivos de negócio da organização. É necessário, entre outras coisas, verificar quais outras atividades e iniciativas possivelmente serão afetadas e quais benefícios serão alcançados.

A atividade seguinte consiste em *construir patrocínio*, ou seja, deve-se convencer os responsáveis pela organização de que as mudanças são necessárias e que recursos devem ser aplicados para que os resultados desejados possam ser alcançados.

Devido aos riscos e ao possível caos que pode ocorrer no início de processos de mudança, deve-se estabelecer um forte suporte gerencial, se possível, em todos os níveis, para que a iniciativa possa efetivamente passar dos primeiros momentos. Garantir recursos é importante, mas mais importante ainda é garantir que pessoas-chave na organização estejam comprometidas com a iniciativa de mudança.

Uma vez que a organização tenha sentido a necessidade de mudança, tenha identificado o contexto e obtido o compromisso dos envolvidos, é preciso pensar em *garantir infraestrutura*. Dependendo do tamanho previsto para a mudança, uma pequena infraestrutura pode ser suficiente. Mas, geralmente, no caso de melhoria de processo de software, mudanças profundas de cultura organizacional podem ser esperadas e até 3% do esforço organizacional poderá estar focado somente neste processo de mudança.

As atividades da fase de iniciação são consideradas críticas para o sucesso do processo de mudança. Se elas forem bem executadas, poderão fazer com que as fases subsequentes aconteçam de maneira tranquila, mas, se forem ignoradas ou mal realizadas, poderão gerar muitas dores de cabeça na continuação do processo.

12.4.2 Diagnóstico

A fase de *diagnóstico* vai fazer a avaliação do estado atual dos processos da empresa para lançar as bases para o início do processo de melhoria continuada. O plano de melhoria, baseado nos objetivos estabelecidos na fase de iniciação, começa a ser executado, e os resultados das avaliações vão produzir atualizações nesse plano.

A fase de diagnóstico vai trabalhar sobre os resultados da fase anterior. Basicamente são duas caracterizações da organização que devem ser construídas nesta fase: o *diagnóstico do estado atual da organização* e a *visão de futuro da organização* após as melhorias terem sido implantadas. Com essas duas visões, pode-se pensar em definir o caminho que leva da primeira para a segunda, ou seja, o plano de melhoria.

230 PARTE | III Qualidade

A primeira atividade desta fase consiste em *caracterizar os estados atual e desejado*. Ferramentas boas para identificar o estado desejado seriam os modelos de qualidade de processo, como ISO 9001, CMMI ou MR-MPS-SW. Na impossibilidade de usar algum destes, o estímulo para mudança, identificado no início do processo, poderá ser uma boa referência sobre o que se deseja mudar na organização.

A atividade seguinte é *desenvolver recomendações*. Nela, a equipe vai elaborar propostas sobre como desenvolver as fases seguintes da iniciativa. Recomenda-se fortemente que esta atividade tenha pelo menos a colaboração de pessoas experientes em melhoria de processo de software, pois estas recomendações poderão ter um peso muito grande nas decisões a serem tomadas pela equipe nas fases seguintes.

12.4.3 Estabelecimento

Durante a fase de *estabelecimento*, os objetivos refinados na fase de diagnóstico serão priorizados e as estratégias para atingir os objetivos serão traçadas. O plano de melhoria será novamente refinado, sendo que os objetivos gerais estabelecidos nas fases anteriores agora serão transformados em objetivos mensuráveis, ou seja, será definida uma métrica, juntamente com seus mecanismos acessórios, para que se possa avaliar posteriormente se os objetivos foram mesmo atingidos.

Criar o *plano de ação estratégica* para o SPI é uma das atividades mais críticas e mais frequentemente negligenciadas. É nela que a equipe de gerenciamento desenvolve ou atualiza o plano de ação estratégica baseando-se na visão, no plano de negócios e nos esforços de melhoria passados.

Nessa fase pode haver a grande tentação de começar imediatamente a fazer mudanças. Porém, a experiência mostra que, sem um planejamento cuidadoso, os esforços acabam falhando ou não atendendo às expectativas.

Inicialmente, a equipe deve *definir prioridades*, já que os recursos são limitados. Além disso, as atividades podem depender umas das outras e também as prioridades mais gerais da empresa usualmente devem ser consideradas. É interessante observar que pode haver quatro tipos de atividades de mudança a serem realizadas:

- As fáceis e de grande impacto, que possivelmente ocuparão o topo da lista de prioridades, pois podem dar resultados interessantes em curto prazo.
- As difíceis e de grande impacto, que poderão estar ou não no topo da lista de prioridades, pois podem levar mais tempo e exigir mais esforço da organização até que os resultados sejam sentidos.
- As fáceis e de menor impacto, que poderão ser obtidas depois que os problemas mais sérios da organização tenham sido abordados.
- As difíceis e de menor impacto, que possivelmente valerão um estudo de custo-benefício sobre a efetiva necessidade de aplicação.

A atividade seguinte consiste em *desenvolver abordagem*, ou seja, definir a estratégia de trabalho, considerando o conhecimento adquirido na fase de diagnóstico e as prioridades definidas. Nesta estratégia devem ser considerados fatores técnicos relacionados com a instalação de novas tecnologias considerando o conhecimento e treinamento que possivelmente serão exigidos. Deve-se também considerar os fatores não técnicos, como a cultura da organização, possíveis barreiras internas e questões relacionadas com mercado.

Uma vez definida a abordagem, pode-se passar à atividade de *planejar ações*, ou seja, a construção de um plano concreto e detalhado sobre o que fazer. Este plano, assim como um plano de desenvolvimento de software, deve conter atividades, artefatos de entrada e saída, responsabilidades, prazos, recursos, riscos e seus planos de mitigação, além de mecanismos de medição e auditoria e quaisquer outros elementos que a organização julgar importantes.

12.4.4 Ação

A fase de *ação* é aquela em que as melhorias e os novos processos serão efetivamente colocados em prática na organização. Essas novidades deverão ser inicialmente testadas de forma piloto pelos grupos de trabalho técnico e, depois de aprovadas, ser incorporadas ao patrimônio de processos da organização. A fase de ação vai ser o momento em que a organização vai mudar a forma como faz as coisas e, por isso, muitas vezes ela é a mais trabalhosa.

Essa fase inicia com a atividade de *criar soluções*, onde um grupo de trabalho que envolva membros da equipe de melhoria de processo, mas também os afetados pela mudança, vai procurar, com base no diagnóstico e objetivos elaborados, propor a melhor solução possível. Essa solução irá incluir possivelmente ferramentas, processos, conhecimento, habilidades, informação e auxílio externo.

A atividade seguinte consiste em *testar a solução piloto*, ou seja, aplicar a solução proposta em um uma situação pontual, limitada e controlada, pois na prática as soluções nem sempre se comportam como o esperado e lições podem ter que ser aprendidas antes que uma solução proposta esteja pronta para ser aplicada em uma organização inteira. Por exemplo, se você vai mudar uma empresa de software que usa modelo Cascata e passar a usar modelos ágeis, não mude toda a organização de uma vez. Crie uma equipe ágil apenas, e aprenda com essa experiência o que pode dar certo e o que precisa mudar para que no futuro toda a organização possa ser ágil.

Assim, a atividade seguinte consiste em *refinar solução*, ou seja, com o aprendizado no teste piloto, a solução será revisada para que eventuais problemas observados não se repitam. Por vezes, a solução piloto pode ter que ser testada em mais do que uma iteração. Mas deve-se tomar cuidado para que um possível perfeccionismo não faça com que ela nunca venha a ser implementada de fato.

Uma vez que a solução piloto tenha sido aprovada, pode-se passar para a atividade de *implementar solução*, ou seja, implantar a solução na organização como um todo. Essa atividade, porém, deve ser realizada com muito cuidado. Pessoas precisam ser comunicadas, concordâncias precisam ser obtidas, e, principalmente, medos devem ser eliminados.

12.4.5 Aprendizagem

Depois de terminar um ciclo de melhoria de processos, a organização deve revisar o que aconteceu ao longo dele e preparar-se para o próximo. Esse é o propósito da fase de *aprendizagem*. O objetivo dessa fase é capitalizar o patrimônio de informação obtido na iteração atual do ciclo de melhoria de processo para facilitar a execução do ciclo seguinte, que se reinicia na fase de diagnóstico. Nessa fase também é feita a avaliação da efetividade das atividades executadas no ciclo atual.

Após o primeiro ciclo, em vez de reiniciar o processo pela fase de iniciação, parte-se direto para a fase de diagnóstico. Isso porque a fase de aprendizagem já terá feito os ajustes necessários para o novo ciclo.

A primeira atividade da fase de aprendizagem consiste em *analisar e validar*, na qual várias questões podem ter que ser respondidas: de que forma os esforços de mudança produziram os objetivos desejados? O que funcionou bem? O que poderia ser feito de forma mais efetiva ou eficiente?

Lições aprendidas foram analisadas, documentadas e comunicadas e uma reanálise dos objetivos de negócio identificados na fase de iniciação deve ser feita para verificar em que grau eles foram obtidos e o que ainda precisa ser feito.

A atividade seguinte, que encerra o ciclo, consiste em *propor ações futuras*. Assim, com base em tudo o que foi aprendido no ciclo de melhoria e das necessidades correntes da organização, pode-se passar a um novo ciclo de melhoria.

12.5 FATORES HUMANOS EM SPI

Apesar da existência de boas referências para melhoria de processos e equipes bem-intencionadas, a literatura reporta que cerca de 70% das iniciativas de SPI falham ou sequer se iniciam (IVERSEN, MATHIASSEN & NIELSEN, 2004; SANTANA, 2004).

Ocorre que, por mais detalhados que sejam os modelos de melhoria de processos, tanto o trabalho de melhoria quanto o trabalho com os processos melhorados acabam sendo feitos por pessoas. Devem-se, portanto, considerar os fatores humanos envolvidos com as atividades de mudança dentro da empresa (FERREIRA & WAZLAWICK, 2011).

O processo de mudança é complexo e demanda grande esforço para que se obtenha sucesso. Conner e Patterson (1982) caracterizam o processo de adoção de mudanças em oito estágios, organizados em três fases (Tabela 12.14).

Kotter (2006) sugere uma sequência de oito passos que a organização deveria seguir para ter sucesso na gestão de mudanças organizacionais (CM – *Change Management*), como no caso de SPI. Como se pode ver a seguir, essa sequência envolve fortemente os fatores humanos da organização:

- *Estabelecer um senso de urgência*: é necessário mostrar para toda a organização que a mudança é efetivamente necessária para o sucesso do negócio e a realização pessoal dos envolvidos. Normalmente, nessa fase é necessário muito esforço para fazer as pessoas saírem de sua zona de conforto ("Sempre fizemos assim. Por que vamos mudar?").
- *Criar uma coalizão administrativa*: é necessário juntar uma equipe com capacidade de liderança para mudar. A liderança nem sempre é avaliada em função da hierarquia organizacional, pois líderes podem ser encontrados em qualquer posição, mesmo não sendo chefes.
- *Desenvolver uma visão estratégica*: a "visão" implica mostrar para as pessoas envolvidas como a empresa vai ficar depois das mudanças estabelecidas. Uma pessoa que se casa, muda de emprego ou se aposenta normalmente tem uma *visão* de como será sua vida depois da mudança decidida. No caso dos envolvidos na mudança de processos, essa visão também é fundamental para que eles se engajem no processo sem a sensação de estarem andando às cegas.
- *Comunicar a visão da mudança*: para ser efetiva, a comunicação da visão da mudança deve ser fortemente baseada em exemplos, e não só em palavras.

232 PARTE | III Qualidade

TABELA 12.14 Fases, estágios e riscos do processo de mudança organizacional

Fase	Descrição	Estágio	Risco
Preparação	Se após o contato a educação necessária para chegar ao conhecimento não for estabelecida, a iniciativa de mudança poderá falhar por *falta de conhecimento*. Se após o conhecimento não houver compreensão, a iniciativa poderá falhar devido à *confusão*.	Contato	Falta de conhecimento
		Conhecimento	Confusão
Aceitação	Se após a compreensão houver percepção negativa sobre a possibilidade de mudança, esta também poderá não ocorrer. Porém, mesmo se houver compreensão e percepção positiva, a iniciativa ainda poderá não ser implementada em função de decisão baseada em custo/benefício ou outros fatores.	Compreensão	Percepção negativa
		Percepção positiva	Não implementação
Compromisso	Mesmo após a instalação e o uso inicial, os novos processos ainda poderão ser abandonados antes de serem efetivamente adotados pela organização. E, mesmo após a adoção oficial e o uso extensivo dos novos processos, eles ainda poderão ser abandonados se não forem efetivamente institucionalizados. A internalização é o estágio final no qual o que foi institucionalizado passa a fazer parte da cultura organizacional e nem é mais percebido como algo à parte.	Instalação	Abandono
		Adoção	Não institucionalização
		Institucionalização	
		Internalização	

Fonte: Conner e Patterson (1982).

- *Dar poder aos empregados para ações amplas*: as ações e atitudes a favor da mudança devem ser incentivadas, ao passo que as barreiras removidas e atitudes contrárias à mudança devem ser analisadas e resolvidas.
- *Obter vitórias de curto prazo*: se os resultados do processo de melhoria demorarem muito a aparecer, a tendência é que todos os envolvidos se desmotivem. Então, é preferível ter um plano de mudança que preveja pequenas melhorias de curto prazo que possam ser celebradas com a equipe com frequência, para manter o ânimo e a motivação para continuar.
- *Consolidação das melhorias e produção de mais mudanças*: as pequenas vitórias de curto prazo, porém, não devem ser motivo para "sentar nos louros" e parar o processo. Pelo contrário. Devem ser os motivadores para as verdadeiras e grandes mudanças que, muitas vezes, são necessárias. A credibilidade que a equipe vai ganhar com as pequenas mudanças será seu combustível para trabalhar nas grandes mudanças.
- *Estabelecer os novos processos na cultura da empresa*: as mudanças obtidas, se positivas, devem ser institucionalizadas e internalizadas, sendo adotadas naturalmente por todos os envolvidos e pelos novos contratados.

Ferreira (2011) apresenta um comparativo entre a gestão da mudança (CM) de Kotter e as fases do modelo IDEAL a que os passos de CM se aplicam (Tabela 12.15).

Ferreira conclui seu trabalho apresentando o resultado de uma pesquisa feita com 24 profissionais envolvidos em papéis de liderança em SPI, com experiência acumulada em 38 projetos. A partir dessa entrevista foram identificadas importantes ferramentas motivacionais para bem conduzir o processo de gerenciamento da mudança nas empresas de software (Tabela 12.16).

12.6 LINHA DE PROCESSO DE SOFTWARE

Uma *linha de processo de software* é uma adaptação da técnica de linha de produto de software (Seção 3.14) para a instanciação de famílias de processos que apresentam partes comuns e especificidades. Se isso não for considerado seriamente na hora de instanciar processos, poderá haver processos redundantes e/ou inconsistentes, o que representará um aumento de custo operacional.

As linhas de processo de software lidam com o problema da rápida mudança na dinâmica dos negócios, permitindo que as organizações adaptem seus processos de maneira mais organizada.

Uma linha de processo de software vai conter uma infraestrutura de ativos com processos ricos em pontos de variação e modelos de decisão.

TABELA 12.15 Comparação entre os modelos IDEAL e CM

Modelo IDEAL		Gestão de mudança (CM)	
Fase	Pontos principais	Pontos principais	Fase
1. Iniciação	Criar estímulo para a melhoria. Definir o contexto e estabelecer patrocínio para o programa. Estabelecer a infraestrutura para a melhoria.	Apresentar um esboço sobre a situação dos concorrentes. Mostrar possíveis crises sem a mudança e oportunidades advindas da mudança. Convencer pelo menos 75% dos gestores da necessidade de mudança para a organização.	1. Mobilização dos colaboradores através do estabelecimento de um senso de urgência
2. Diagnóstico	Avaliar e caracterizar o estado atual da empresa. Desenvolver as recomendações de melhoria. Definir e preencher documentos que serão a base para o plano de ação de SPI.	Delinear claramente o estado futuro da organização com as mudanças estabelecidas. Desenvolver estratégias para atingir a visão.	2. Desenvolvimento de uma visão e de uma estratégia
3. Estabelecimento	Definir as questões da SPI, estratégias, metas mensuráveis, métricas e recursos. Estabelecer o processo utilizado na implantação, as equipes técnicas e o plano de ação.	Compromisso e poder devem estar presentes na coalizão administrativa. Eles devem trabalhar fora da hierarquia normal.	3. Criação de uma coalizão administrativa
		Comunicar a visão e as estratégias em todas as formas possíveis. A equipe principal deve ensinar novos métodos de trabalho pelo próprio exemplo.	4. Comunicação da visão da mudança
4. Ação	Planejar, executar e acompanhar o plano de ação. Definir uma solução baseada no plano de ação. Testar, aplicar o piloto, simular a realidade da empresa da melhor maneira possível. Refinar os testes resultantes da implantação piloto, e então implantar a mudança.	Incentivar atividades, ideias e ações consistentes com a mudança. Remover obstáculos (estruturas, processos, pessoas) para o processo de mudança.	5. Capacitação dos colaboradores para ações amplas
		Definir e destacar as melhorias resultantes das mudanças. Reconhecer e recompensar os funcionários que colaboram com o programa.	6. Priorização de conquistas em curto prazo
5. Aprendizagem	Documentar e analisar as lições aprendidas para serem transmitidas ao novo ciclo de interação. Revisar abordagem organizacional.	Alterar as políticas e estruturas que prejudicam a visão. Promover e capacitar os colaboradores que implementaram a visão. Usar agentes de mudança e projetos para revigorar o processo de mudança.	7. Consolidação de ganhos e produção de mais mudanças
		Conectar os novos comportamentos ao sucesso da organização. Desenvolver liderança e um plano de sucessão compatíveis com a nova abordagem.	8. Institucionalização das mudanças na cultura da empresa

Fonte: Ferreira (2011).

TABELA 12.16 Ferramentas motivacionais para aplicar nas diferentes fases do modelo IDEAL

Fase do modelo IDEAL	Ferramentas motivacionais
Iniciação	Workshop de sensibilização: para apresentar todos os dados estatísticos sobre a situação da empresa e das empresas concorrentes, possíveis crises e melhorias introduzidas com uma iniciativa de SPI.
Diagnóstico	Reuniões de definição: reuniões para identificar claramente todos os benefícios da iniciativa de SPI e caracterizar a situação da empresa no futuro, com SPI estabelecida.
Estabelecimento	Reuniões informais: reuniões regulares fora do trabalho, cuidadosamente planejadas com o intuito de descontrair e estimular a união da equipe, também chamadas happy hour.
	Liderança com fortes características sociais e psicológicas: características reconhecidas que a equipe de condução deve possuir para guiar as pessoas e integrá-las no objetivo da implantação da SPI.
	Workshops esclarecedores: esses seminários devem ter o objetivo de realmente esclarecer os benefícios da implantação da SPI e assegurar que os praticantes compreendam as razões da iniciativa.
Ação	Fóruns de discussão: nesses fóruns, as ideias opostas podem ser expressas, analisadas e discutidas abertamente, sem receio de opressão.
	Melhor empregado: os profissionais mais envolvidos com a iniciativa devem ser reconhecidos e recompensados como forma de motivação.
	Quadro de conquistas: uma placa, na qual todos os objetivos da SPI são apresentados, como artefatos, metas preestabelecidas, processos etc. Cada realização deve ser destacada, assim como as pessoas que ajudaram na sua obtenção.
Aprendizagem	Reuniões sem hierarquias: reuniões para discutir a iniciativa de SPI atual e as próximas, em que todos os praticantes devem sentir-se no mesmo nível hierárquico. A administração sênior deve estar ouvindo os desenvolvedores como iguais.
	Recompensas e benefícios para os contribuintes da iniciativa: as pessoas que contribuíram com a iniciativa podem ser recompensadas com dias de folga, com o reconhecimento público ou com itens materiais, por exemplo.

Fonte: Ferreira (2011).

Um processo rico em pontos de variação, por sua vez, vai conter elementos de processo (responsável, atividade, entradas, saídas, ferramentas, regras etc.) e pontos de variação.

Um elemento de processo, por sua vez, também pode ser considerado um elemento de processo rico em pontos de variação, caso ele próprio tenha pontos de variação. Por exemplo, um papel que, em diferentes contextos, pode ser descrito de maneira diferente ou complementar, ou ainda uma regra que, em diferentes contextos, tem diferentes formas de aplicação. No Brasil, as regras de cálculo de ICMS, por exemplo, variam de estado para estado, embora em todos os estados haja um núcleo de aplicação em comum.

Finalmente, um modelo de decisão contém decisões, isto é, pontos de variação que restringem a resolução de outros pontos de variação.

O modelo conceitual de uma linha de processo de software (ARMBRUST, KATAHIRA, MIYAMOTO, MÜNCH, NAKAO & OCAMPO, 2009) é, então, apresentado na Figura 12.3.

Rombach (2005) sugere que linhas de processo de software se aplicam a empresas que já possuam uma área de engenharia de software bastante amadurecida, nas quais o reúso deixa de ser uma prática aplicada apenas em artefatos de projeto e passa a ser aplicado também aos próprios processos. Ele também propõe que as técnicas de linha de produto e linha de processo de software devem funcionar como um único corpo.

Essa área ainda é considerada incipiente, porém, e existem poucos exemplos de aplicações industriais de linhas de processo de software. Referências suplementares e exemplos podem ser encontrados no trabalho de Kulesza (2011). Uma revisão sistemática da literatura na área feita em 2014 também concluiu que, apesar de investimentos em pesquisa, ainda há muitas questões em aberto (CARVALHO, CHAGAS, LIMA & REIS, 2014).

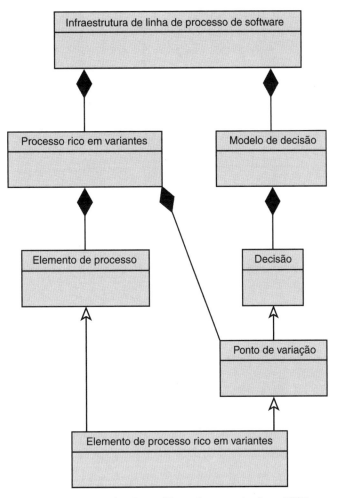

FIGURA 12.3 Modelo conceitual de uma linha de processo de software. Fonte: *Ocampo e Armbrust (2009)*.

Capítulo 13

Teste

Este capítulo discute os *fundamentos* (Seção 13.1) da área de teste de software. Na sequência são apresentados os *níveis de teste de funcionalidade* (Seção 13.2) e os *testes suplementares* (Seção 13.3) mais frequentemente usados. Depois, são apresentadas técnicas específicas de teste, iniciando pelo *teste estrutural* (Seção 13.4), seguido da técnica de *teste funcional* (Seção 13.5). É apresentada a técnica de *desenvolvimento dirigido por testes* (TDD) (Seção 13.6), e também são discutidas métricas (Seção 13.7) a serem usadas nas atividades de teste e as atividades de depuração de programas (Seção 13.8).

Por melhores que sejam as técnicas de modelagem e especificação de software, por mais disciplinada e experiente que seja a equipe de desenvolvimento, sempre haverá um fator que faz que o teste de software seja necessário: o *erro humano*. É um mito pensar que bons desenvolvedores, bem concentrados e com boas ferramentas serão capazes de desenvolver software sem erros (BEIZER, 1990).

A Lei de Murphy (BLOCH, 1977), em vários de seus enunciados, parece falar diretamente para a indústria de software:

- "Se alguma coisa pode sair errado, sairá (no pior momento possível)."
- "Se tudo parece estar indo bem é porque você não olhou direito."
- "A natureza sempre está a favor da falha oculta."
- "O defeito sempre está no último lugar em que você procura."

Durante muitos anos, a tarefa de teste de software foi considerada um castigo para os programadores. O teste era considerado uma tarefa ingrata, porque se esperava justamente que os desenvolvedores construíssem software de boa qualidade. A necessidade de testes destacava essa incapacidade que era indesejada.

A área de teste podia ser caracterizada, então, por situações caricatas como:

- "Depois eu testo."
- "Na minha máquina funcionou..."
- "Vamos deixar os testes para a próxima fase."
- "Temos que entregar o produto na semana que vem" etc.

Entretanto, as coisas mudaram. Conforme visto em alguns modelos de ciclo de vida, a disciplina de teste passou a ser considerada extremamente importante. Hoje ela é parte do processo de desenvolvimento de software. Os métodos ágeis também incorporaram o teste de software como uma atividade crítica, assumindo inclusive que os casos de teste deveriam passar a ser escritos antes das unidades de software que pretendem testar.

Além disso, grandes empresas desenvolvedoras de software passaram a contratar o teste de software de forma independente (fábricas de teste). Ou seja, os responsáveis pelo teste não são mais apenas os desenvolvedores, mas equipes especialmente preparadas para executar essa tarefa.

13.1 FUNDAMENTOS

A tarefa de testar software, porém, não é simples. Em algumas situações, pode ser mais difícil elaborar bons casos de teste do que produzir o próprio software. Assim, muita sistematização e controle são necessários para que a atividade de teste de software deixe de ser uma tarefa totalmente *ad hoc* e ingênua para se tornar uma atividade de engenharia com resultados efetivos e previsíveis.

Esta seção apresenta os fundamentos da área de teste de software, iniciando com conceitos básicos, seguida de uma apresentação dos diferentes níveis e objetivos dos testes, bem como das principais técnicas de teste que podem ser imediatamente aplicadas, seja manualmente, seja pelo uso de ferramentas automatizadas.

13.1.1 Erro, Defeito e Falha

Inicialmente, convém definir alguns termos que, caso contrário, poderiam ser considerados sinônimos, mas que na literatura de teste têm significados bastante precisos:

- Um *erro* (*error*) é uma diferença detectada entre o resultado de uma computação e o resultado correto ou esperado.
- Um *defeito* (*fault*) é uma linha de código, bloco ou conjunto de dados incorretos que provocam um erro observado.
- Uma *falha* (*failure*) é um não funcionamento do software, possivelmente provocada por um defeito, mas com outras causas possíveis.
- Um *engano* (*mistake*), ou *erro humano*, é a ação que produz ou produziu um defeito no software.

Cabe observar aqui que o termo *fault* (defeito) algumas vezes é traduzido como *falha*, mas a falha em si (*failure*) é a observação de que o software não funciona adequadamente. Existem falhas que são provocadas por defeitos no software, mas outras que são provocadas por dados incorretos ou problemas tecnológicos (como falha de leitura, segurança ou comunicação).

Assim, nem todas as falhas são provocadas por defeitos. A área de teste de software ocupa-se principalmente das falhas provocadas por defeitos para que os defeitos sejam corrigidos e, assim, essas falhas nunca mais ocorram.

Já as falhas provocadas por causas externas ao software costumam ser assunto da área de *tolerância a falhas* (LINDEN, 1976). Os requisitos suplementares de tolerância a falhas de um sistema é que vão estabelecer, por exemplo, como o software se comporta no caso de uma falha de comunicação, armazenamento, segurança etc. Note que o requisito vai especificar o comportamento do software em uma situação de falha provocada externamente. Assim, caso o software se comporte de acordo com sua especificação e a falha ocorra, pode-se dizer que ela não é provocada por um defeito no software e que, pelo menos em relação a essa situação, ele *parece estar* livre de defeito.

No parágrafo anterior evitou-se afirmar categoricamente que o software está livre de defeito, porque, de fato, tal afirmação dificilmente poderá ser feita para sistemas que não sejam triviais. A maioria dos sistemas de médio e grande porte pode conter defeitos ocultos, porque a quantidade de testes necessária para garantir que estejam livres de defeitos, ou seja, o teste exaustivo, pode ser impraticável, a não ser que estes sistemas já tivessem sido definidos desde o seu início com boas técnicas de teste automatizado. Porém, o erro humano na construção dos casos de teste pode estar presente mesmo assim, impedindo defeitos de serem encontrados.

Assim, a área de teste de software ocupa-se em definir conjuntos finitos e exequíveis de teste que, mesmo não *garantindo* que o software esteja livre de defeitos, consigam localizar os mais prováveis, permitindo assim sua eliminação.

Uma máxima da área de teste de software afirma que o teste não consegue provar que o software está livre de defeitos. Ele apenas consegue provar que o software *possui* algum defeito.

13.1.2 Verificação, Validação e Teste

Outra distinção que convém ser feita é entre verificação, validação e teste:

- *Verificação*: consiste em analisar o software para ver se ele está sendo construído de acordo com o que foi especificado.
- *Validação*: consiste em analisar o software construído para ver se ele atende às verdadeiras necessidades dos interessados.
- *Teste*: é uma atividade que permite realizar a verificação e a validação do software.

Assim, a pergunta-chave para a *validação* é "Estamos fazendo a coisa certa?", enquanto a pergunta-chave para a *verificação* é "Estamos fazendo a coisa do jeito certo?".

No caso da validação, trata-se de saber se os requisitos incorporados ao software refletem efetivamente as necessidades dos interessados (cliente, usuário etc.). Isso normalmente é o objetivo dos testes em nível de aceitação ou homologação.

Já no caso da *verificação*, trata-se de saber se o produto criado atende aos requisitos que foram especificados da forma mais adequada possível, ou seja, se está livre de defeitos e possui outras características de qualidade já definidas. Isso, normalmente é o objetivo dos testes em nível de unidade, integração e sistema.

13.1.3 Teste e Depuração

Enquanto a atividade de teste consiste em executar sistematicamente o software para encontrar erros desconhecidos, a *depuração* é a atividade que consiste em buscar a causa do erro, ou seja, o defeito oculto que o está causando.

O fato de se saber que o software não funciona não significa que necessariamente se saiba qual é (ou quais são) a(s) linha(s) de código que provoca(m) esse erro. A depuração pode ser uma atividade dispendiosa. Por isso, os processos mais modernos recomendam que a integração dos sistemas seja feita de forma incremental e que sejam integradas pequenas partes de código de cada vez, pois, se um sistema funcionava antes da integração e passou a falhar depois dela, o defeito provavelmente está nos componentes que acabaram de ser integrados, e não nos componentes que já funcionavam.

13.1.4 *Stubs* e *Drivers*

Frequentemente, partes do software precisam ser testadas de modo isolado, mas em geral elas se comunicam com outras partes.

Quando um componente *A* que vai ser testado chama operações de outro componente *B* que ainda não foi implementado, pode-se criar uma implementação simplificada de *B*, chamada *stub*, que será utilizada no lugar de *B*. Por exemplo, essa implementação simplificada pode ser uma função que, em vez de realizar um cálculo, retorna um valor predeterminado, mas que será útil para testar o componente *A*.

Suponha que *A* é uma classe que precisa usar um gerador de números primos *B*. A implementação completa de *B* capaz de gerar o *n*-ésimo número primo através da função pode ainda não ter sido feita. Mas, possivelmente, para testar *A*, não será necessário gerar mais do que alguns poucos números primos, por exemplo, os cinco primeiros. Então *B* poderia ser substituído por uma função *stub* que gerasse apenas os cinco primeiros números primos, implementada da seguinte forma (código em Python):

```python
class B:

    def primo(self, n): #stub
        if   n == 1: return 2
        elif n == 2: return 3
        elif n == 3: return 5
        elif n == 4: return 7
        elif n == 5: return 11
        else: return None

b = B()
assert b.primo(1) == 2
assert b.primo(2) == 3
assert b.primo(3) == 5
assert b.primo(4) == 7
assert b.primo(5) == 11
```

Assim, o *stub* é implementado com uma simples estrutura de seleção que é definida apenas para os valores de *n* variando de 1 a 5. Os comandos "*assert*" estão ali para demonstrar que a função realmente retorna os valores corretos dentro do intervalo definido. Dessa forma, a classe *A* pode ser testada sem que *B* tenha sido efetivamente implementada. A Figura 13.1 representa esquematicamente a relação entre a classe a ser testada e o *stub* da classe dependente dela.

Por outro lado, muitas vezes é o módulo *B* que já está implementado, mas o módulo *A* que chama as funções de *B* ainda não foi implementado. Nesse caso, deverá ser implementada uma simulação do módulo *A*, denominada *driver*. Essa simulação deverá chamar as funções do módulo *B* e, de preferência, executar todos os casos de teste necessários para testar *B*, de acordo com a técnica de teste adotada. A Figura 13.2 mostra esquematicamente a relação entre o *driver* e a classe a ser testada.

A diferença entre o *stub* e o *driver* reside na direção da relação de dependência entre os componentes. Se o componente testado depende (ou seja, chama operações) do componente simulado, então o componente simulado é um *stub*. Inversamente, se o componente simulado é que chama as operações do componente testado, então o componente simulado é um *driver*. Assim, um *stub* e um *driver* são implementações simplificadas ou simuladas de componentes de sistema, construídas especificamente para atividades de teste.

Stubs são, normalmente, um código do tipo *throw-away*, porque depois da implementação real da classe que eles representam, eles não são mais necessários.

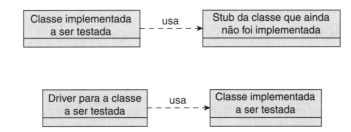

FIGURA 13.1 *Stub.*

FIGURA 13.2 *Driver.*

240   PARTE | III Qualidade

Por outro lado, os *drivers* são patrimônio de teste. Eles devem ser guardados para a execução de futuros testes de regressão (Subseção 13.2.6). Isso porque os *drivers* terão sido construídos de acordo com técnicas especiais para testar sistematicamente as combinações de entradas mais importantes para as classes ou módulos aos quais eles estão associados, conforme será visto mais adiante neste capítulo. As Seções 13.5 e 13.6 apresentam vários exemplos de *drivers*.

13.1.5   Fixtures

Fixtures são variáveis ou objetos criados especificamente para serem usados nas atividades de teste automatizado. Em geral, cada teste será executado em três etapas:

1. *Preparar o cenário.* É o momento em que as *fixtures* são criadas.
2. *Executar o teste.* Consiste na chamada das funções que vão ser testadas passando as *fixtures* adequadas em cada caso e verificando se o resultado é o esperado.
3. *Limpar o ambiente.* Todas as *fixtures* devem ser destruídas após o teste.

A criação de *fixtures* é uma atividade que frequentemente gera código repetido, pois em muitos casos as mesmas *fixtures* são usadas em mais de um teste. Pesquisas ainda são feitas hoje para identificar formas de minimizar este problema (SILVA & VILAIN, 2016).

13.2   NÍVEIS DE TESTE DE FUNCIONALIDADE

Os objetivos dos testes podem variar bastante e abrangem desde verificar se as funções mais básicas do software estão bem implementadas até validar os requisitos junto ao cliente. A classificação de testes mais empregada considera que existem testes de funcionalidade (unidade, integração, sistema, ciclo de negócio, aceitação, operação etc.), que serão detalhados nesta seção, e testes suplementares (*performance*, segurança, tolerância a falhas etc.). Deve-se tomar cuidado para não confundir teste de funcionalidade (um nível de teste) com teste funcional (uma técnica de teste); o primeiro termo se refere ao objetivo do teste e o segundo à forma como ele é executado. A técnica de teste funcional é apresentada na Seção 13.5.

Os testes de funcionalidade têm como objetivo basicamente verificar e validar se as funções implementadas estão corretas nos seus diversos níveis.

13.2.1   Teste de Unidade

Os *testes de unidade* são os mais básicos e costumam consistir em verificar se um componente individual do software (*unidade*) foi implementado corretamente. Esse componente pode ser um método ou procedimento, uma classe completa ou, ainda, um pacote de funções ou classes de tamanho pequeno a moderado. Em geral, essa unidade está isolada do sistema do qual faz parte.

Os testes de unidade costumam ser realizados pelo próprio programador, e não pela equipe de teste. A técnica de desenvolvimento orientado a testes, ou TDD (BECK, 2003), recomenda inclusive que, antes de o programador desenvolver uma unidade de software, ele deve desenvolver o seu *driver* de teste, que, conforme foi visto, é um programa que obtém ou gera um conjunto de *fixtures* que serão usadas para testar sistematicamente o componente que ainda vai ser desenvolvido.

O teste de unidade pode se valer bem da técnica de teste estrutural (Seção 13.4), que vai garantir pelo menos que todos os comandos e decisões do componente implementado tenham sido exercitados para verificar se eles têm defeitos. Mas quando se adota TDD é necessário iniciar, pelo menos, com o teste funcional (Seção 13.5), que verifica o componente relativo à sua especificação. Usualmente, testes estruturais são realizados apenas em código legado ou suspeito, ou ainda código no qual não se tenha muita confiança de que os testes funcionais tenham tido suficiente cobertura de códigos. As Seções 13.4 e 13.5 apresentam vários exemplos de testes de unidade usando as técnicas estrutural e funcional.

13.2.2   Teste de Integração

Os *testes de integração* são feitos quando unidades (classes, por exemplo) estão prontas, são testadas isoladamente e precisam ser integradas em um *build* para gerar uma nova versão de um sistema. Entre as estratégias de integração, em geral são citadas as seguintes:

- *Integração big bang*: consiste em construir as diferentes classes ou componentes separadamente e depois integrar tudo junto no final. É uma técnica não incremental, utilizada no ciclo de vida Cascata com Subprojetos. Tem como vantagens o alto grau de paralelismo que se pode obter durante o desenvolvimento e o fato de não precisar de *drivers* e *stubs* durante a integração (embora eles sejam necessários nos testes de unidade), mas como desvantagem cita-se o fato de não ser incremental (portanto, inadequada para o Processo Unificado e métodos ágeis). Além disso, a integração de muitos componentes ao mesmo tempo pode dificultar bastante a localização dos defeitos, pois eles poderão estar em qualquer um dos componentes.

- *Integração bottom-up*: consiste em integrar inicialmente os módulos de mais baixo nível, ou seja, aqueles que não dependem de nenhum outro, e depois ir integrando os módulos de nível imediatamente mais alto. Assim, um módulo só é integrado quando todos os módulos dos quais ele depende já foram integrados e testados. Dessa forma, não é necessário escrever *stubs*, mas em compensação as funcionalidades de mais alto nível do sistema serão testadas tardiamente, quando os módulos de nível superior forem finalmente integrados.

- *Integração top-down*: consiste em integrar inicialmente os módulos de nível mais alto, deixando os mais básicos para o fim. A vantagem está em verificar inicialmente os comportamentos mais importantes do sistema em que repousam as maiores decisões. No entanto, como desvantagem, há o fato de que muitos *stubs* são necessários. O teste, para ser efetivo, precisa de bons *stubs*, caso contrário, na integração dos módulos de nível mais baixo poderão ocorrer problemas inesperados.

- *Integração sanduíche*: consiste em integrar os módulos de nível mais alto da forma *top-down* e os de nível mais baixo da forma *bottom-up*. Essa técnica reduz um pouco os problemas das duas estratégias anteriores, mas seu planejamento é mais complexo.

- *Integração incremental*: consiste em integrar módulos à medida em que vão ficando prontos, independentemente de serem de nível mais alto, mais baixo ou até intermediário. O planejamento do desenvolvimento dos módulos é que vai determinar se a integração ocorrerá com características mais top-down, bottom-up ou sanduíche.

A principal desvantagem da maioria das técnicas (exceto a *big bang*) é o fato de que as classes ou componentes individuais que vão ser testados na integração necessitam comunicar-se com outros componentes ou classes que ainda não foram testados ou sequer escritos. Nesse caso, as interfaces que ainda não existem são supridas pelos *stubs*, que são implementações incompletas e simplistas e que se tornam descartáveis depois que o código real é produzido.

O problema com *stubs*, portanto, é que se perde tempo desenvolvendo software que não vai ser efetivamente entregue. Além disso, nem sempre é possível saber se a simulação produzida pelo *stub* será suficientemente adequada para os testes.

No caso do desenvolvimento iterativo, especialmente no caso dos métodos ágeis, nem sempre se sabe *a priori* em que ordem os componentes serão integrados, porque vários desenvolvedores estarão trabalhando em paralelo em componentes de diferentes níveis da hierarquia de dependência. Assim, a cada integração deverá ser avaliado se o componente já possui no sistema os componentes dos quais ele depende e os componentes que dependem dele. Na falta destes, usam-se *drivers* ou *stubs*, como nos testes de unidade.

É necessário ainda estar atento às versões dos componentes do sistema, de forma que a integração sempre deixe claro quais versões de quais componentes foram efetivamente testadas juntas (Capítulo 10). Assim, os testes de integração nada mais serão do que os testes de unidade executados no contexto da aplicação completa e não de forma isolada. Um bom sistema de controle de versões poderá identificar quais testes devem ser realizados sempre que um novo componente for integrado ao *build*. Para isso, ele deverá usar as relações de dependência entre itens de configuração, conforme explicado na Subseção 10.1.2.

13.2.3 Teste de Sistema

O *teste de sistema* visa verificar se a versão corrente do sistema permite executar processos ou casos de uso completos do ponto de vista do usuário que executa uma série de operações de sistema em uma interface e é capaz de obter os resultados esperados.

Assim, o teste de sistema pode ser encarado como o teste de execução dos fluxos de um caso de uso expandido. Se cada uma das operações de sistema (passos do caso de uso) já estiver testada e integrada corretamente, então deve-se verificar se o fluxo principal do caso de uso pode ser executado corretamente, obtendo os resultados desejados, bem como os fluxos alternativos (WAZLAWICK, 2015).

Normalmente, o teste de sistema é realizado com o uso da técnica funcional, ou seja, não se examina a estrutura interna do código, apenas a forma como o sistema se comporta em relação a sua especificação.

Considera-se que o teste de sistema somente é executado em uma versão (*build*) do sistema em que todas as unidades e os componentes integrados já foram testados. Caso muitos erros sejam encontrados durante o teste de sistema, o usual é abortar o processo e refazer, ou mesmo replanejar, os testes de unidade e integração, para que uma versão suficientemente estável do sistema seja produzida e possa ser testada em nível de sistema. Um exemplo completo de teste de sistema é apresentado na Subseção 13.5.3.

242 **PARTE | III** Qualidade

13.2.4 Teste de Aceitação

O *teste de aceitação* ou *homologação* costuma ser realizado utilizando-se a interface final do sistema. Ele pode ser planejado e executado exatamente como o teste de sistema, mas a diferença é que é realizado pelo usuário final ou cliente, e não pela equipe de desenvolvimento.

Em outras palavras, enquanto o teste de sistema faz a *verificação* do sistema, o teste de aceitação faz sua *validação*. O teste de aceitação tem como objetivo principal, portanto, a validação dos requisitos do software, e não apenas a verificação de defeitos em relação às especificações. Ao final do teste de aceitação, o cliente poderá aprovar a versão do sistema testada ou solicitar modificações.

O teste de aceitação pode ter mais duas variantes:

- *Teste alfa*: esse teste é efetuado pelo cliente ou seu representante de forma livre, sem o planejamento e a formalidade do teste de sistema. O usuário vai utilizar o sistema e suas funções livremente e, por isso, esse teste também é chamado *teste de aceitação informal*, em oposição ao *teste de aceitação formal*, que deveria seguir o mesmo planejamento utilizado pelo teste de sistema. O teste alfa é realizado no ambiente de desenvolvimento, ou seja, o cliente vai até o local de desenvolvimento para realizar o teste.
- *Teste beta*: esse teste é ainda menos controlado pela equipe de desenvolvimento. Nele, versões operacionais do software são disponibilizadas para vários usuários, que, sem acompanhamento direto nem controle da empresa desenvolvedora, vão explorar o sistema e suas funcionalidades. Normalmente, versões beta de sistemas expiram após um período predeterminado, quando então os usuários são convidados a fazer uma avaliação do sistema. O teste beta é realizado fora do ambiente de desenvolvimento, sem controle direto da equipe desenvolvedora.

Os sistemas feitos sob medida (*tailored*) devem preferencialmente ser testados pelo teste de aceitação formal, pois após o teste haverá uma aceitação formal de que o sistema está correto. Já os sistemas de prateleira (*off-the-shelf*) são normalmente testados por testes de aceitação alfa e beta.

13.2.5 Teste de Ciclo de Negócio

O *teste de ciclo de negócio* é uma abordagem possível tanto no teste de sistema quanto no teste de aceitação formal, e consiste em testar uma sequência de casos de uso que correspondem a um possível ciclo de negócio da empresa.

Assim, em vez de testar os casos de uso isoladamente, o analista ou cliente vai testá-los no contexto de um ciclo de negócio. Pode-se, por exemplo, testar a sequência de compra de um item do fornecedor, seu registro de chegada em estoque, sua venda, entrega e respectivo pagamento. São vários casos de uso relacionados no tempo, pois representam o ciclo de vida em um item com relação à empresa.

Os testes de ciclo de negócio podem ser planejados a partir de especificações de modelo de negócio (se existirem). Essas especificações costumam ser feitas com diagramas de atividade UML (WAZLAWICK, 2015) ou BPMN (Business Process Modeling and Notation).

13.2.6 Teste de Regressão

O *teste de regressão* é executado sempre que um sistema em operação sofre manutenção. O problema é que a correção de um defeito no software, ou a modificação de alguma de suas funções, pode ter gerado novos defeitos. Nesse caso, devem ser executados novamente todos os testes de integração e/ou testes de sistema sobre as partes afetadas.

No caso de manutenção adaptativa (Subseção 14.2.2), pode ser necessário executar testes de aceitação, com participação do cliente. Mas, no caso da manutenção corretiva (Subseção 14.2.1), tais testes não são necessários, visto que a funcionalidade do software, já aprovada pelo cliente, não muda.

O teste de regressão tem esse nome porque, se ao se aplicarem testes a uma nova versão na qual versões anteriores passaram e ela não passar, então considera-se que o sistema *regrediu*.

Como é um teste relativamente demorado e aplicado diversas vezes ao longo do tempo de vida do software, o ideal é que o teste de regressão seja sempre automatizado (DUSTIN, 2002).

13.2.7 Teste de Operação

O *teste de operação* pode ser uma variante do teste de sistema, aceitação, ciclo de negócio ou regressão que é executado no *ambiente final de implantação* do sistema. Esse tipo de teste é muito importante, especialmente em sistemas críticos, pois problemas de compatibilidade ou convivência entre sistemas, às vezes, podem gerar erros completamente inesperados.

Imagine, por exemplo, um sistema que passou em todos os testes no ambiente de desenvolvimento, inclusive pelos testes de aceitação com a presença do cliente. Agora esse sistema será instalado em uma máquina específica nas dependências da organização cliente. Ele é carregado com dados reais de sistemas legados e colocado para funcionar. Em poucas horas, percebe-se que o sistema começa a travar e rapidamente se torna não operacional. O que aconteceu? É a famosa síndrome de "na minha máquina funcionou". Ocorre que a máquina na empresa cliente poderá ter uma versão ligeiramente diferente do sistema operacional, diferente capacidade de memória, processamento ou periféricos, ou ainda, poderá ter instalados na mesma máquina outros produtos de software como antivírus e *firewall*, que podem comprometer de forma inesperada o funcionamento da aplicação que estava homologada no ambiente de desenvolvimento.

Por outro lado, quando se trata de um sistema a ser instalado em múltiplas máquinas, como por exemplo, sistemas de prateleira. É imprescindível que sejam realizados os testes beta, que neste caso também funcionam como teste de operação.

13.3 TESTES SUPLEMENTARES

Ao contrário dos testes de funcionalidade, que verificam e validam as funções do sistema, ou seja, os processos que podem ser efetivamente realizados, os *testes suplementares* verificam características normalmente associadas aos requisitos suplementares, como *performance*, interface, tolerância a falhas etc. Uma lista não exaustiva de testes suplementares, incluindo apenas os mais comumente realizados, é apresentada nas subseções a seguir.

13.3.1 Teste de Interface com Usuário

O *teste de interface com usuário* tem como objetivo verificar se a interface permite realizar, com eficácia e eficiência, as atividades previstas nos casos de uso. Mesmo que as funções estejam corretamente implementadas, o que já teria sido verificado no teste de sistema, isso não quer dizer que a interface também esteja. Então, em geral, é necessário testar a interface de forma objetiva e específica.

O teste de interface com usuário pode ainda verificar a conformidade das interfaces com normas ergonômicas que se apliquem, como a NBR ISO 9241-11:2018, por exemplo.

No Processo Unificado e outros processos baseados em casos de uso, a base para a realização de testes de interface consistirá também nos casos de uso, de forma análoga ao que acontece no teste de sistema. Porém, agora, em vez de simplesmente verificar se o sistema permite a execução das funcionalidades e a obtenção dos resultados corretos, o teste deverá verificar se a interface está organizada da melhor forma possível para atender ao usuário com eficiência.

Outra vantagem do emprego de casos de uso como base para o teste de interface com usuário reside no fato de que eles apresentam a estrutura de fluxo principal de uma interação do usuário com o sistema. Assim, a interface projetada deverá procurar otimizar a sequência de ações do usuário nesse fluxo principal. Ao mesmo tempo, as ações necessárias para realizar os fluxos alternativos deverão estar disponíveis no momento em que forem necessárias, ou seja, quando o usuário estiver executando os passos do caso de uso que poderiam provocar esta ou aquela exceção.

Em outras palavras, a sequência de operações do caso de uso deve aparecer claramente na interface em uma ordem lógica, evitando-se, por exemplo, que o usuário precise focar sua atenção em diferentes áreas da interface para seguir uma simples sequência lógica. Algumas interfaces exigem que o usuário faça muitos movimentos de braço para levar o *mouse* para cima e para baixo, para a direita e para a esquerda, enquanto executa uma atividade sequencial, o que deveria ser evitado.

Da mesma forma, se ocorrerem exceções que precisarem ser tratadas pelo usuário, a mensagem deverá aparecer em local visível e próximo do foco de atenção desse usuário (por vezes, sistemas colocam mensagens de erro em locais que não são facilmente vistos por ele), assim como os controles de interface necessários para iniciar as ações corretivas também deverão estar próximos à mensagem e ao foco de atenção do usuário sempre que possível (e não três ou quatro páginas adiante, que precisem ser roladas).

13.3.2 Teste de Performance (Carga, Estresse e Resistência)

Com o sistema tendo ou não requisitos de desempenho, o *teste de performance* pode ser importante, especialmente nas operações que serão realizadas com grande frequência ou de forma iterativa. O teste consiste em executar a operação e mensurar seu tempo, avaliando se está dentro dos padrões definidos. O teste de performance também pode ser usado para avaliar a confiabilidade e a estabilidade de um sistema. Existem, assim, pelo menos três tipos de teste de performance:

- *Teste de carga*: é a forma mais simples de teste de performance. Normalmente, o teste de carga é feito para determinada quantidade de dados ou transações que deveriam ser típicos para um sistema e avalia o comportamento do sistema em

244 PARTE | III Qualidade

termos de tempo para esses dados ou transações. Dessa forma, pode-se verificar se o sistema atende aos requisitos de performance estabelecidos e também se existem gargalos de performance para serem tratados.

- *Teste de estresse*: é um caso extremo de teste de carga. Procura-se levar o sistema acima do limite máximo de funcionamento esperado para verificar como ele se comporta. Esse tipo de teste é feito para verificar se o sistema é suficientemente robusto em situações anormais de carga de trabalho. Ele também ajuda a verificar quais seriam os problemas encontrados caso a carga do sistema ficasse acima do limite máximo estabelecido.
- *Teste de resistência*: é feito para verificar se o sistema consegue manter suas características de performance durante um longo período de tempo com uma carga nominal de trabalho. Os testes de resistência devem verificar, basicamente, o uso da memória ao longo do tempo para garantir que não existam perdas acumulativas de memória em função de lixo não recolhido (vazamento de memória), e também se não existe degradação de performance após um substancial período de tempo em que o sistema opera com carga nominal.

Pode-se verificar também, no caso de sistemas concorrentes, o que acontece quando um número de usuários próximo ou acima do máximo gerenciável tenta utilizar o sistema. Algumas vezes, efeitos colaterais indesejados podem surgir nessas situações, por isso esses testes são considerados altamente desejáveis.

13.3.3 Teste de Segurança

Os testes de segurança costumam ser considerados parte da área de segurança computacional.

Basicamente, os seis tipos de segurança devem ser testados quando os requisitos de sistema assim o exigirem:

- *Integridade de informação*: é uma forma de garantir ao receptor que a informação que ele recebeu é correta e completa.
- *Autenticação*: é a garantia de que um usuário realmente é quem ele diz ser e que os documentos, programas e sites realmente são os esperados.
- *Autorização*: é o processo realizado para verificar se alguma pessoa ou sistema pode ou não acessar determinada informação ou sistema.
- *Confidencialidade*: é a garantia de que pessoas que não têm direito à informação não poderão obtê-la.
- *Disponibilidade*: é a garantia de que pessoas que têm direito à informação conseguirão obtê-la quando necessário.
- *Não repúdio*: é uma forma de garantir que o emissor ou o receptor de uma mensagem não possam alegar, posteriormente, não ter enviado ou não ter recebido a mensagem.

Pode-se dizer que os testes de confidencialidade e disponibilidade se complementam mutuamente, já que, se apenas a confidencialidade fosse necessária, sabe-se que a melhor forma de impedir que pessoas não autorizadas tenham acesso à informação é destruindo a informação. Porém, se isso for feito, não haverá mais disponibilidade para as pessoas que têm direito à informação poderem acessá-la.

13.3.4 Teste de Recuperação de Falha

Quando um sistema tem requisitos suplementares referentes à tolerância ou à recuperação de falhas, eles devem ser testados separadamente. Basicamente, busca-se verificar se o sistema de fato atende aos requisitos especificados relacionados com essa questão.

Normalmente, o *teste de recuperação de falha* trata de situações referentes a:

- Queda de energia no cliente ou no servidor.
- Discos corrompidos.
- Problemas de comunicação.
- Quaisquer outras condições que possam provocar a terminação anormal do programa ou a interrupção temporária de seu funcionamento.

Assim, o teste de recuperação de falha, também chamado *teste de robustez*, basicamente consiste em verificar a capacidade de o sistema se tornar novamente operacional após a ocorrência de alguma falha. Pode haver a exigência, na forma de requisito, de que o sistema faça isso automaticamente, mas também é possível que um sistema que precise ser reativado manualmente seja submetido ao teste de falha. Nos dois casos, pode-se avaliar o tempo necessário para colocar o sistema novamente em operação, se ocorre algum tipo de corrupção nos dados, quantas ações do usuário ocorridas antes da falha são perdidas e devem ser novamente executadas etc.

13.3.5 Teste de Instalação

No *teste de instalação*, basicamente, busca-se verificar se o software não entra em conflito com outros sistemas eventualmente instalados em uma máquina, bem como se todas as informações e produtos para instalação estão disponíveis para os usuários instaladores.

O teste de instalação também é associado com o teste de compatibilidade, através do qual se busca verificar se o sistema é compatível com diferentes sistemas operacionais, fabricantes de máquinas, *browsers* etc.

13.4 TESTE ESTRUTURAL

Em relação às técnicas de teste, existem duas grandes famílias:

- *Testes estruturais*: testes executados com conhecimento do código implementado, ou seja, que testam a estrutura do programa em si (apresentados nesta seção).
- *Testes funcionais* (Seção 13.5): testes executados sobre as entradas e saídas do programa sem que se tenha necessariamente conhecimento do seu código-fonte.

Essas duas famílias de testes incluem várias técnicas, algumas das quais são definidas a seguir. Este capítulo apresenta as principais entre estas técnicas e exemplos completos de casos de teste elaborados com elas. Para um maior aprofundamento em relação à área de teste de software pode-se ainda consultar o livro de Delamaro, Maldonado e Jino (2007).

Os primeiros testes aos quais um sistema é normalmente submetido são os testes de unidade, que têm como objetivo verificar se as funções mais simples do sistema estão corretamente implementadas. Em geral, esse tipo de teste pode ser conduzido como um teste do tipo estrutural, pois o que se deseja é analisar exaustivamente a estrutura interna do código implementado.

Um dos problemas com os testes de programas é que é impossível definir um procedimento algorítmico que certifique que um programa qualquer está livre de defeitos. Esse problema é computacionalmente *indecidível* (LUCCHESI, SIMON, SIMON & KOWALTOWSKI, 1979). Assim, de certa forma, os testes precisam ser feitos por amostragem.

Então, o teste estrutural não vai testar *todas* as possibilidades de funcionamento de um programa, mas as mais representativas. Em especial, o que se busca com o teste estrutural é exercitar todos os comandos do programa e todas as condições pelo menos uma vez para cada um de seus valores possíveis (verdadeiro ou falso).

Uma primeira técnica de teste estrutural pode ser definida assim: cada comando de seleção ou repetição deve ser testado em pelo menos duas situações: quando a condição de seleção ou repetição é *verdadeira* e quando a condição é *falsa*. No caso dos comandos de repetição deve-se testar como o programa se comporta quando a repetição não é realizada nenhuma vez (uma frequente fonte de defeitos em código) e quando ela é realizada pelo menos uma vez.

Assim, o teste estrutural é capaz de detectar uma quantidade substancial de possíveis erros pela garantia de ter executado pelo menos uma vez todos os comandos e condições do programa. As subseções a seguir apresentam mais detalhes sobre esta técnica.

13.4.1 Complexidade Ciclomática

Uma medida de complexidade de programa bastante utilizada é a *complexidade ciclomática* (MCCABE, 1972), a qual pode ser definida, de forma simplificada, assim: se n é o número de estruturas de seleção e repetição no programa, então a complexidade ciclomática do programa é $n + 1$. Assim, a complexidade ciclomática mínima é 1, e ela é atribuída a qualquer programa que tenha apenas comandos sequenciais, sem nenhuma decisão ou repetição. Porém, quando estes comandos existem, a quantidade deles é somada ao "1" atribuído ao programa. Por exemplo, um programa com dois IF terá complexidade ciclomática igual a 3. Então, além do valor mínimo 1 inicialmente atribuído ao programa, deve-se *adicionar*:

- Estruturas de seleção no estilo IF: 1 ponto cada.
- Estruturas de seleção no estilo IF-ELSE: 1 ponto cada. Observa-se assim, que o comando "ELSE" não conta, pois ele em si não é um comando de decisão.
- Estruturas de seleção no estilo CASE, SWITCH, ELSEIF ou ELIF: 1 ponto para cada opção do CASE ou SWITCH, ou para cada ELSEIF ou ELIF. Observe que o comando CASE ou SWITCH isoladamente não contam, mas apenas as opções definidas por eles. Por outro lado, quando se usa ELSEIF ou ELIF, deve-se contar o IF inicial e mais um ponto para cada ELSEIF ou ELIF que o seguir. Assim como o ELSE ao final de uma sequência de ELIFs não conta, também o OTHERWISE ou DEFAULT ao final de uma estrutura CASE ou SWITCH não conta.
- Estruturas de repetição no estilo FOR: 1 ponto cada.

246 PARTE | III Qualidade

- Estruturas de repetição no estilo REPEAT-UNTIL ou DO-WHILE: 1 ponto cada.
- Operadores lógicos binários como OR ou AND na condição de qualquer das estruturas acima: acrescenta-se 1 ponto para cada OR ou AND (ou qualquer outro operador lógico binário, se a linguagem suportar, como XOR, NAND, NOR ou IMPLIES).
- Operador lógico unário NOT: não conta.
- Chamada de sub-rotina (inclusive recursiva): não conta.
- Estruturas de seleção e repetição em sub-rotinas ou programas chamados: não contam.

Assume-se, em geral, que programas com complexidade ciclomática menor ou igual a 10 podem ser simples e fáceis de testar; com complexidade ciclomática de 11 a 20, são de médio risco em relação ao teste; de 21 a 50, são de alto risco; e que programas com complexidade acima de 50 não são testáveis. Porém, deve-se tomar cuidado com a interpretação do termo "programa". Um programa, nesse sentido, é um bloco de código único. Se ele fizer chamadas a outros blocos de código, as estruturas desses outros blocos não serão contabilizadas na complexidade ciclomática do programa em questão. Ou seja, a complexidade é contada para uma função ou método individual e não é afetada por outras funções ou métodos chamados por ele.

A função a seguir, escrita em Python, analisa uma lista de elementos e retorna o comprimento da maior sequência de elementos repetidos em sequência (a maioria dos exemplos de código Python deste capítulo foram adaptados de Wazlawick (2017) ou de sua lista de exercícios resolvidos):

```
01 def maior_sequencia(lista):
02     elemento_anterior = None
03     contador = 1
04     maior_contador = 0
05     for elemento in lista:
06         if elemento == elemento_anterior:
07             contador += 1
08             if contador > maior_contador:
09                 maior_contador = contador
10         else:
11             contador = 1
12         elemento_anterior = elemento
13     return maior_contador
```

Por exemplo, a lista [1, 3, 3, 3, 3, 2, 2, 3, 1, 1, 3] retornaria como resultado o valor 4, pois a maior sequência de elementos contíguos repetidos nesta lista é 3, 3, 3, 3. A complexidade ciclomática será então o número de comandos de seleção ou repetição mais 1. Assim, como temos um comando FOR, um comando IF-ELSE e um comando IF, a complexidade ciclomática desta função é 4.

Na sessão seguinte é definido o grafo de fluxo de um programa, a partir do qual pode-se também calcular a complexidade ciclomática. Em caso de dúvida, na contagem de estruturas de seleção e repetição mais 1, pode-se calcular essa complexidade contando-se o número de regiões do grafo de fluxo ou, ainda, o número de nós e arestas do grafo e calculando: 2 + *arestas - nós*. Nos três casos, o valor deve ser o mesmo.

13.4.2 Grafo de Fluxo

O *grafo de fluxo* de um programa é obtido colocando-se todos os comandos em nós e os fluxos de controle em arestas. Comandos em sequência podem ser colocados em um único nó, e estruturas de seleção e repetição devem ser representadas, em regra, através de nós distintos com arestas que indiquem a decisão e a repetição, quando for o caso. As regras da Figura 13.3 podem ser seguidas para a criação do grafo de fluxo.

Em relação à primeira regra, *comandos em sequência*, pode-se agrupar em um único nó quaisquer comandos, em sequência, que não sejam comandos de seleção ou repetição. Porém, quando uma sequência de comandos deste tipo terminar por um comando de decisão como IF, CASE ou SWITCH, o comando de decisão pode ser incluído como o último da sequência, já que só a partir dele será tomada a decisão. Isso não vale no caso de comandos de repetição como WHILE, FOR e REPEAT, já que, quando a repetição ocorrer, alguma linha de código mais abaixo vai estar retornando o fluxo para o nó que contém o comando de repetição, mas não para a sequência de comandos que o antecedem. Assim, uma sequência de comandos terminada por um comando de repetição não pode ser agrupada com este, devendo aqueles permanecer em um nó separado do nó do comando de repetição.

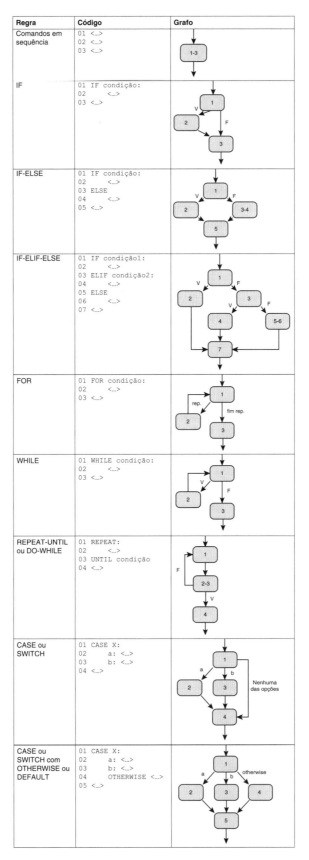

FIGURA 13.3 Regras para criação de grafos de fluxo.

248 PARTE | III Qualidade

Em relação ao comando ELSE, verifica-se que ele não toma nenhuma decisão, ele apenas funciona como uma espécie de rótulo que diz para onde o fluxo deve ir após a decisão do IF ser considerada falsa. Assim, os comandos subordinados ao ELSE são executados imediatamente após o fluxo chegar no ELSE. Dessa forma, o else pode ser incluído em um único nó, como o primeiro da sequência de comandos que estão subordinados a ele. Em caso de dúvida, é melhor deixar os comandos em nós separados, pois isso não afeta o resultado final.

Expressões booleanas compostas com OR podem ser tratadas como instruções à parte, como na primeira linha da Figura 13.4. No passo 1, se *cond1* for falsa, então o fluxo vai para 1a, onde *cond2* será testada. Se no passo 1 *cond1* for verdadeira, então o fluxo vai diretamente para o passo 2. Já no nodo 1a, se *cond2* for verdadeira, o fluxo vai para o passo 2, senão vai para o passo 3-4.

Simetricamente, uma condição com AND deve ser tratada como na segunda linha da Figura 13.4. No passo 1, se *cond1* for verdadeira, então o fluxo vai para 1a, onde *cond2* será testada. Se no passo 1 *cond1* for falsa, então o fluxo vai diretamente para o passo 3-4. Já no nodo 1a, se *cond2* for verdadeira, o fluxo vai para o passo 2, senão vai para o passo 3-4.

Assim, aplicando as regras ao programa mostrado anteriormente, será obtido um grafo de fluxo semelhante ao da Figura 13.5. Na figura, é possível ver que existem quatro regiões neste grafo: uma é externa ao grafo, outra fica compreendida entre os nós 5, 6, 7-8 e 12, outra entre os nós 7-8, 9 e 12, e, por fim, outra compreendida entre os nós 6, 7-8, 9, 10-11 e 12. Essas quatro regiões correspondem, portanto, ao número da complexidade ciclomática.

Outra forma de calcular essa complexidade, caso se tenha dúvida com as duas anteriores, é contar o número de arestas do grafo, subtrair o número de nodos e somar 2. No caso da Figura 13.5, o grafo possui 12 arestas e 10 nodos (contando com os pseudonodos inicial e final). Portanto, sua complexidade ciclomática é $12 - 10 + 2 = 4$.

Observa-se que o uso de comandos como GOTO pode fazer com que o grafo de fluxo deixe de ser planar, e assim, ele não terá mais regiões definidas. Para construir o grafo de fluxo com estes comandos, deve-se ter em mente que eles em si não são comandos de decisão e, portanto, não adicionam complexidade ciclomática. Mas possivelmente haverá associado a cada um deles um comando de seleção (IF) que, caso ative o GOTO levará o fluxo para uma posição diferente do programa.

Certamente que o comando GOTO já há bastante tempo é considerado inadequado para programas em linguagens de alto nível, mas técnicas de programação recentes têm consagrado o uso do comando BREAK para forçar a saída de estruturas de repetição como FOR e WHILE. Em algumas situações específicas, é considerado mais adequado usar o BREAK do que criar estruturas de repetição mais complexas sem BREAK.

Regra	Código	Grafo

OR	`01 IF cond1 OR cond2:`
	`02    <...>`
	`03 ELSE:`
	`04    <...>`
	`05 <...>`
		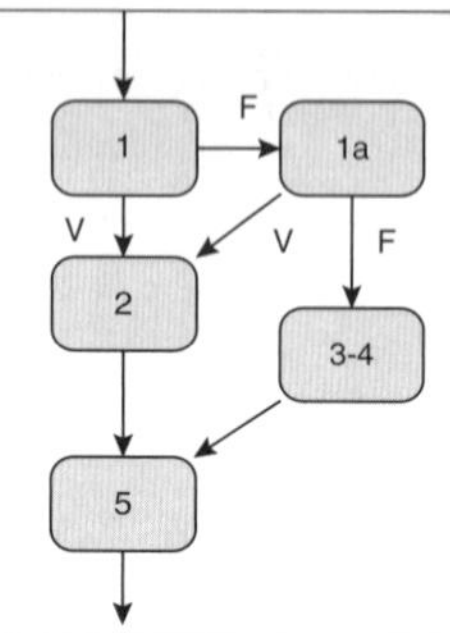

AND	`01 IF cond1 AND cond2:`
	`02    <...>`
	`03 ELSE:`
	`04    <...>`
	`05 <...>`
		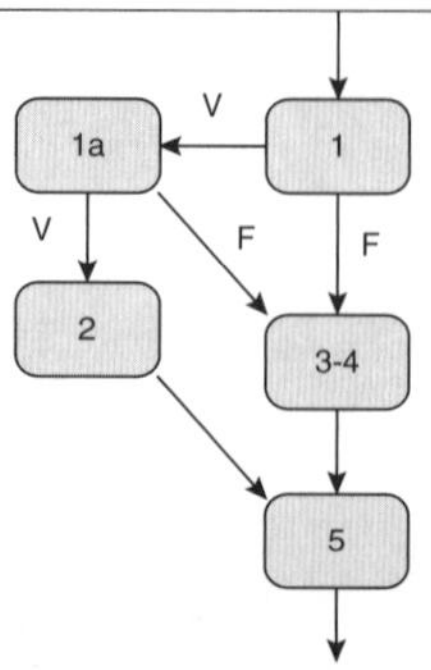

FIGURA 13.4 Regras para criação de grafos de fluxo com operadores booleanos binários.

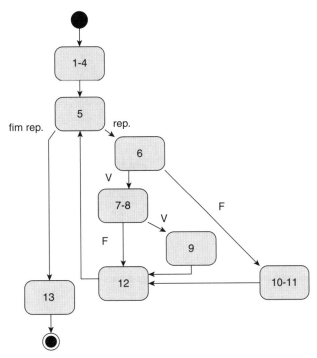

FIGURA 13.5   Grafo de fluxo de um programa que identifica a maior sequência de valores contíguos iguais em uma lista.

Por exemplo, o programa a seguir cria uma lista com seis números aleatórios entre 1 e 50, ordenados de forma crescente, simulando, assim, o sorteio dos números da Mega-Sena. Esse programa usa dois comandos BREAK para interromper o FOR, quando as condições testadas nos IF forem verdadeiras. Por outro lado, ele usa a estrutura FOR-ELSE, típica de Python, que funciona da seguinte forma: se o FOR for interrompido por um BREAK durante a execução, então o código subordinado ao ELSE não é executado. Se, por outro lado, o FOR terminar todas as repetições sem ser interrompido por um BREAK então o código subordinado ao ELSE será executado.

```
01 while len(sorteados) < 6:
02     sorteado = randint(1, 50)
03     for posição in range(len(sorteados)):
04         número = sorteados[posição]
05         if número == sorteado:
06             break
07         if número > sorteado:
08             sorteados.insert(posição, sorteado)
09             break
10     else:
11         sorteados.append(sorteado)
12 print(sorteados)
```

A complexidade ciclomática deste programa é 5, porque existem quatro comandos de decisão, sendo um WHILE, um FOR-ELSE e dois IF. Seu grafo de fluxo é mostrado na Figura 13.6.

Como se pode observar, o grafo conta com 5 regiões, correspondendo ao número da complexidade ciclomática indicado com a técnica da contagem de estruturas de seleção e repetição. Os comandos BREAK nas linhas 6 e 9, quando executados, interrompem o FOR e, como não há outros comandos subordinados ao WHILE mais externo, eles retornam à linha 1, para que a condição do WHILE seja novamente testada.

13.4.3 Caminhos Independentes

O valor da complexidade ciclomática indica número *máximo* de execuções *necessárias* para exercitar todos os comandos do programa. Assim, se um programa tem complexidade ciclomática 4, por exemplo, isso significa que no máximo quatro casos

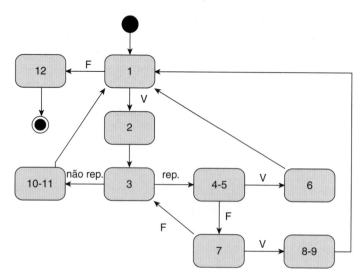

FIGURA 13.6 Grafo de fluxo de um programa que sorteia os números da Mega-Sena.

de teste exercitarão todas as condições e todas as arestas. Esse valor é um máximo porque alguns caminhos de execução deste fluxo podem ser impossíveis de testar, como veremos adiante.

Observe que a execução de todos os comandos (nós) não vai necessariamente testar os valores verdadeiro e falso de todas as condições possíveis. Por exemplo, é possível passar por todos os nós do grafo da Figura 13.6 sem nunca passar pela aresta que vai do nó 7 ao nó 3. Se todas as vezes o nó 7 levar ao nó 8-9, é possível percorrer todos os nós sem nunca passar pela aresta que vai de 7 a 3.

Assim, uma abordagem mais adequada para o teste seria exercitar não apenas todos os nós, mas todas as *arestas* do grafo de fluxo. Isso é feito pela determinação dos *caminhos independentes* do grafo, que são possíveis navegações do início ao fim do grafo.

O conjunto dos caminhos independentes pode ser definido através do seguinte algoritmo:

1. Inicialize o conjunto dos caminhos independentes com um caminho qualquer do início ao fim do grafo, preferencialmente o caminho mais curto, ou seja, o que passe pela menor quantidade de arestas possível.
2. Enquanto for possível, adicione ao conjunto dos caminhos independentes outros caminhos que passem por pelo menos uma aresta na qual nenhum dos caminhos anteriores passou antes. Aqui também deve-se dar preferência a caminhos possíveis que minimizem a quantidade de novas arestas adicionadas de cada vez.

Retornando ao exemplo da Figura 13.5, o conjunto dos caminhos independentes deste grafo pode ser definido como:

- O caminho c_1 = < 1-4, 5, 13>
- O caminho c_2 = < 1-4, 5, 6, 10-11, 12, 5, 13>
- O caminho c_3 = < 1-4, 5, 6, 7-8, 12, 5, 13>
- O caminho c_4 = < 1-4, 5, 6, 7-8, 9, 12, 5, 13>

A complexidade ciclomática define o número *máximo* de testes necessários para passar por todas as arestas. Com quatro testes, como mostrado, é possível exercitar todos os comandos e todas as possíveis condições das estruturas de seleção e repetição. Apesar disso, nada impede que mais testes sejam feitos, se assim for desejado.

Já o exemplo da Figura 13.6 conta com cinco caminhos independentes, já que sua complexidade ciclomática é 5:

- c_1 = < 1, 12>
- c_2 = < 1, 2, 3, 10-11, 1, 12>
- c_3 = < 1, 2, 3, 4-5, 6, 1, 12>
- c_4 = < 1, 2, 3, 4-5, 7, 8-9, 1, 12>
- c_5 = < 1, 2, 3, 4-5, 7, 3, 10-11, 1, 12>

Observe que até o caminho c_4 todos os comandos já haviam sido executados, mas faltava a aresta do nodo 3 para o nodo 7, que só é adicionada no caminho c_5.

Como o algoritmo de construção deste grafo não é determinístico em relação à escolha das arestas a serem adicionadas em cada passo, resultados diferentes podem ser obtidos para o conjunto de caminhos mínimos, o que usualmente não afeta os resultados dos testes. Inclusive, como mostrado adiante, por vezes alguns caminhos criados com essa técnica podem se mostrar impossíveis de percorrer devido à lógica do programa e, assim, outras escolhas de caminhos terão que ser tomadas para gerar um conjunto que possa ser percorrido.

13.4.4 Casos de Teste

Resta ainda definir os *casos de teste* (MYERS, SANDLER, BADGETT & THOMAS, 2004), ou seja, quais dados de entrada levam o programa a executar os caminhos independentes e qual é a saída esperada do programa para cada um desses casos.

Considerando novamente a função *maior_sequencia* da Subseção 13.4.1, cujo grafo é mostrado na Figura 13.5, a única entrada dessa função é a variável *lista*, da qual se deseja obter o comprimento da maior sequência contígua de valores iguais. Por outro lado, a saída da função é a variável *maior_contador*. De forma geral, deve acontecer o seguinte:

- Para exercitar o caminho $c_1 = < 1\text{-}4, 5, 13 >$, o FOR da linha 5 deve desviar diretamente para a linha 13, sem efetuar nenhuma repetição de seus comandos subordinados. Para que isso aconteça, é necessário que *lista* seja vazia, ou seja, *lista* == [ ]. Neste caso, espera-se que a variável de saída, *maior_contador*, tenha valor 0, pois não há nenhuma sequência de elementos na lista.
- Para exercitar o caminho $c_2 = < 1\text{-}4, 5, 6, 10\text{-}11, 12, 5, 13 >$, é necessário que o FOR da linha 5 execute uma única vez; para isso *lista* deve conter um único elemento. Em seguida, a condição do IF da linha 06 deve ser falsa, para que haja o desvio para o ELSE da linha 10. Basta que o elemento de *lista* seja diferente do valor de *elemento_anterior*. Como estamos na primeira repetição do FOR, na linha 6, o valor de *elemento_anterior* será necessariamente *None*. Assim, *lista* deve conter um único elemento diferente de *None*, digamos, [5]. Neste caso, espera-se que a variável de saída, *maior_contador* tenha valor 1, pois há apenas um elemento na lista e, não importa qual ele seja, a maior (e única sequência) dentro desta lista tem comprimento 1.
- Para exercitar o caminho $c_3 = < 1\text{-}4, 5, 6, 7\text{-}8, 12, 5, 13 >$, seria necessário que a lista tivesse um único elemento e que, na linha 6 esse elemento fosse igual a *elemento_anterior*. Para isso acontecer na primeira repetição do FOR seria necessário que a lista contivesse o valor *None*. Mas o *None* é apenas um elemento usado para indicar *valor nenhum*, e, assim, ele não é considerado um valor válido para efeito da lista. Então, para conseguir exercitar essa sequência de condições do caminho c_3, é necessário executar a repetição do FOR duas vezes. Na primeira, haverá um valor qualquer e na segunda vez um valor igual ao primeiro, para que a condição do IF no passo 6 seja verdadeira e os passos 7 e 8 sejam executados. Este caminho exige que a condição do IF na linha 8 seja falsa, para que o fluxo vá diretamente à linha 12, sem passar pela linha 9. Isso será impossível na segunda repetição, porque neste ponto o *contador* será necessariamente maior do que o *maior_contador*, já que essa é a maior sequência (2 elementos iguais) encontrada até agora e nesta segunda repetição o programa necessariamente deverá passar pela linha 09. Assim, para que a sequência <..., 5, 6, 7-8, 12, ...> seja executada, é necessário encontrar na lista de valores uma sequência com dois valores iguais, para que a condição da linha 6 seja verdadeira, mas essa sequência deve ter sido necessariamente precedida por uma sequência maior do que dois elementos, para que a condição da linha 8 seja falsa. Assim, por exemplo, uma lista que faria executar essa sequência de comandos (dentro de uma sequência maior), poderia ser [5, 5, 5, 7, 7]. Neste caso, o valor da variável de saída, *maior_contador*, deverá ser 3, visto que a maior sequência é a que tem três números 5.
- Para exercitar o caminho $c_4 = < 1\text{-}4, 5, 6, 7\text{-}8, 9, 12, 5, 13 >$, é necessário executar pelo menos uma repetição do FOR e então a lista deve ter pelo menos um elemento. Como a condição da linha 6 deve ser verdadeira, então deve haver pelo menos uma sequência de dois elementos iguais contíguos na lista e esta sequência deve ser maior do que a maior sequência já encontrada, ou seja, *contador* deve ser maior que *maior_contador*, para que a condição da linha 8 seja verdadeira. Assim, basta que uma lista com dois valores iguais seja usada como entrada para que a sequência desejada seja executada. Como no caso anterior, o caminho não será executado exatamente da forma como foi definido, pois haverá obrigatoriamente duas repetições do FOR, e não apenas uma. Mas o importante aqui é que as condições das linhas que contêm comandos de decisão sejam executadas com o valor verdadeiro ou falso, conforme o caminho original requer. Assim, por exemplo, este caminho poderia ser testado com a lista [5, 5]. Neste caso, o valor da variável de saída, *maior_contador*, será 2.

Um conjunto de casos de teste, então, poderia ser definido como na Tabela 13.1.

252 PARTE | III Qualidade

TABELA 13.1 Casos de teste para a função *maior_sequencia*

#	caminho	entrada	saída esperada
		lista	*maior_contador*
c_1	<1-4, 5, 13>	[ ]	0
c_2	<1-4, 5, 6, 10-11, 12, 5, 13>	[5]	1
c_3	<1-4, 5, 6, 7-8, 12, 5, 13>	[5, 5, 5, 7, 7]	3
c_4	<1-4, 5, 6, 7-8, 9, 12, 5, 13>	[5, 5]	2

Se executarmos os quatro testes com o programa em questão, com os comandos a seguir, veremos que ele *falha* no teste do caminho c_2.

```
assert maior_sequencia([]) == 0
assert maior_sequencia([5]) == 1
assert maior_sequencia([5, 5, 5, 7, 7]) == 3
assert maior_sequencia([5, 5]) == 2
```

Surpresa? Ocorre que, quando há um único elemento na lista, a variável *maior_contador*, que foi inicializada com 0, não é atualizada para valer 1. Ela só será atualizada se as condições da linha 9 e da linha 11 forem verdadeiras, o que não ocorre no caso da lista de um único elemento, pois, neste caso, a condição da linha 9 será necessariamente falsa e não há outro lugar no programa onde *maior_contador* seja atualizado.

O *defeito* deste programa está no fato de que a atualização de *maior_contador* deve ocorrer tanto quando o primeiro elemento da lista é percorrido, quanto quando uma sequência maior que as anteriores for encontrada. Para que isso ocorra, essa instrução não pode estar subordinada ao IF da linha 9, devendo passar para depois do ELSE relacionado com o IF da linha 9. O programa a seguir é, assim, uma *correção* do programa anterior, que passa em todos os testes.

```
01 def maior_sequencia(lista):
02     elemento_anterior = None
03     contador = 1
04     maior_contador = 0
05     for elemento in lista:
06         if elemento == elemento_anterior:
07             contador += 1
08         else:
09             contador = 1
10         if contador > maior_contador: # antiga linha 8 movida para cá
11             maior_contador = contador # antiga linha 9 movida para cá
12         elemento_anterior = elemento
13     return maior_contador
```

A complexidade ciclomática do novo programa permanece inalterada (4). Mas a má notícia é que como a estrutura do programa foi alterada, será necessário refazer o seu grafo de fluxo, identificar os novos caminhos independentes e os casos de teste. Essas atividades ficam como sugestão de exercício para o leitor.

13.4.5 Múltiplas Condições e Caminhos Impossíveis

O critério de cobertura de todas as arestas, conforme visto anteriormente, precisa englobar também os desvios provocados pelo uso de operadores lógicos binários em estruturas de seleção e repetição, como o programa a seguir.

```
01 # Programa que verifica se um ano é bissexto
02 print('Digite um ano e direi se é bissexto')
03 ano = int(input('Ano:'))
04 if ano % 4 == 0 and not ano % 100 == 0 or ano % 400 == 0:
05     print('é bissexto')
06 else:
07     print('não é bissexto')
```

O programa em questão verifica que o ano é bissexto se ele for divisível por 4, não divisível por 100 ou divisível por 400. Assim, a linha 4 conta com uma condição composta com três condições componentes: *ano % 4 == 0*, *not ano % 100 == 0* e *ano % 400 == 0*. Sabendo-se que a precedência do operador lógico AND é mais alta do que a do OR, podemos ver que as três cláusulas serão avaliadas na sequência da esquerda para a direita. Se a primeira for verdadeira, a segunda será avaliada. Se ela também for verdadeira, não será necessário avaliar a terceira. Se a primeira for falsa, não será necessário avaliar a segunda, já que a combinação das duas será necessariamente falsa. Mas será necessário então avaliar a terceira, já que se ela for verdadeira a combinação das três também será verdadeira.

O grafo de fluxo do programa é mostrado na Figura 13.7. O nó 4a corresponde à segunda condição da linha 4 e o nó 4b à terceira condição da linha 4.

Observe que, como o programa pode terminar a execução tanto na linha 5 quanto na linha 7, é importante que o grafo contenha o pseudonodo de finalização e que todos os pontos possíveis de parada do programa convirjam para este nodo, mesmo que ele não represente nenhuma linha de código. Isso fará com que o número de regiões do grafo coincida com a complexidade ciclomática do programa, que é 4. Observe que a contagem de estruturas de decisão, IF, OR, AND mais 1, também indica o valor 4. E a contagem das arestas, menos os nós, mais 2, dará 9-7 + 2, o que também é 4.

Nesse caso, portanto, quatro testes será o máximo necessário para verificar todas as condições do programa. O conjunto de caminhos independentes desse grafo poderia ser, então, definido assim (primeira tentativa):

- c_1: <1-4, 4a, 5>
- c_2: <1-4, 4b, 5>
- c_3: <1-4, 4b, 6-7>
- c_4: <1-4, 4a, 4b, 6-7>

Poder-se-ia ainda pensar em executar o caminho <1-4, 4a, 4b, 5>, que também é possível. Mas todas as condições testadas por ele já foram testadas nos outros quatro caminhos. Como já foi dito, não há problema algum em executar mais do que os mínimos caminhos independentes. O que não se pode fazer é deixar de testar alguma condição ou linha do programa pela falta de um caminho que deveria ser testado.

Para executar o caminho c_1 é necessário que o ano seja divisível por 4 e não divisível por 100. Assim, seria possível usar valores como 4, 80, 2004 etc.

Para executar o caminho c_2 é necessário que o ano não seja divisível por 4 mas seja divisível por 400. Ops! Aqui temos um problema: como 400 é múltiplo de 4, qualquer número não divisível por 4 também não será divisível por 400. Assim, o caminho c_2, <1-4, 4b, 5>, é considerado um *caminho impossível* de ser executado. Se a sequência <1-4, 4b> for executada, é porque o número não é divisível por 4. Assim, quando se está em 4b, vindo diretamente de 1-4, a única saída possível é para 6-7, já que o número não será necessariamente divisível por 400 também. Assim, podemos reconstruir nosso conjunto de caminhos independentes da seguinte forma (definitiva):

- c_1: <1-4, 4a, 5>

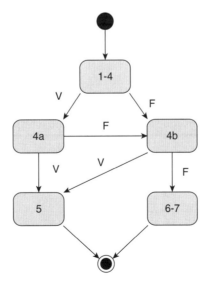

FIGURA 13.7 Grafo de fluxo de um programa que verifica se um ano é bissexto.

254 PARTE | III Qualidade

- c_2: <1-4, 4b, 6-7>
- c_3: <1-4, 4a, 4b, 5>
- c_4: <1-4, 4a, 4b, 6-7>

Já sabemos que para executar c_1, <1-4, 4a, 5>, o ano deve ser divisível por 4 mas não por 100. Assim, o ano seria bissexto. Para executar c_2, <1-4, 4b, 6-7>, o número não pode ser divisível por 4 nem por 400. Assim, dados de entrada para testar esse caminho seriam anos como 3, 81, 1999 etc. O resultado é um ano não bissexto.

Para executar c_3, <1-4, 4a, 4b, 5>, o número deve ser divisível por 4, divisível por 100 e divisível por 400. Qualquer número divisível por 400 também o será por 100 e por 4. Assim, dados de entrada para testar esse caminho seriam anos como 400, 1600, 2000 etc. O resultado é um ano bissexto.

Para executar c_4, <1-4, 4a, 4b, 6-7>, o número deve ser divisível por 4 e divisível por 100, mas não divisível por 400. Qualquer número divisível por 100 também o será por 4. Assim, dados de entrada para testar esse caminho seriam anos como 300, 1100, 1800 etc. O resultado é um ano não bissexto.

Assim, o conjunto de casos de teste para esse programa poderia ser definido conforme a Tabela 13.2.

Pode-se observar que a execução do programa com as entradas definidas na Tabela 13.2 vai exercitar todas as combinações possíveis dos valores-verdade das condições pelo menos uma vez.

Outra situação em que surgem caminhos impossíveis é quando se tem um FOR com número fixo de repetições. Usualmente, um FOR no qual um dos limites (inferior ou superior) é dado por uma variável ou expressão contendo variável, gera dois caminhos possíveis: aquele em que a repetição ocorre pelo menos uma vez e aquele em que a repetição não ocorre nenhuma vez. Por exemplo:

```
fatorial = 1
for i in range(1, n+1):
    fatorial *= i
    print('{0}!={1}'.format(i, fatorial))
```

Neste programa, a repetição pode não ocorrer nenhuma vez se o valor de n for menor ou igual a zero. Porém, para qualquer valor de n maior do que zero, a repetição vai ocorrer pelo menos uma vez.

Mas na situação a seguir existe apenas um caminho possível:

```
print('Pagamento pelo jogo de xadrez')
grãos = 0
for i in range(64):
    grãos += 2**i
print('Grãos de arroz:', grãos)
```

O caminho no qual a repetição não é feita nenhuma vez é um caminho impossível, já que o FOR foi definido para executar 64 repetições em qualquer situação.

Esse tipo de situação também pode ocorrer com estruturas WHILE com condição *True*. Por exemplo, o programa a seguir calcula a evolução de uma população em extinção, considerando nascimentos e mortes anualmente, e verificando em que ano essa população chegaria ao valor mínimo definido:

#	caminho	entrada	saída esperada
		ano	*bissexto?*
c_1	<1-4, 4a, 5>	4, 80, 2004	sim
c_2	<1-4, 4b, 6-7>	3, 81, 1999	não
c_3	<1-4, 4a, 4b, 5>	400, 1600, 2000	sim
c_4	<1-4, 4a, 4b, 6-7>	300, 1100, 1800	não

TABELA 13.2 Casos de teste para o programa que identifica se um ano é bissexto

```
01. TAXA_MORTES = 0.06
02. TAXA_NASCIMENTOS = 0.01
03. POPULAÇÃO_MÍNIMA = 100000
04. print('Evolução da população de dodôs.')
05. ano = 1600
06. população = 1000000
07. while True:
08.     mortos = round(população*TAXA_MORTES)
09.     nascidos = round(população*TAXA_NASCIMENTOS)
10.     print('Ano: {0}. População: {1}. Nascidos: {2}. Mortos: {3}.'
11.         .format(ano, população, nascidos, mortos))
12.     if população < POPULAÇÃO_MÍNIMA:
13.         break
14.     população += nascidos-mortos
15.     ano += 1
```

O grafo de fluxo deste programa é mostrado na Figura 13.8.

Em função da forma como a linha 7 foi escrita, embora ela contenha um comando WHILE, a condição nunca será falsa e, assim, a aresta que vai do nó 7 ao pseudonó final nunca poderá ser percorrida. Na prática, o ponto de decisão sobre continuar ou não a repetição foi transferido do WHILE na linha 7 para o IF da linha 12, já que se este for verdadeiro, o programa segue para a linha 13 com um BREAK, que é o comando que efetivamente encerra a repetição.

A complexidade ciclomática deste programa seria 3, mas como a aresta do nó 7 ao nó final é impossível de ser trilhada, na prática, sua complexidade pode ser considerada 2.

Também os comandos IF e CASE podem apresentar caminhos impossíveis nem sempre fáceis de serem identificados. Um exemplo de IF com caminho impossível fácil de verificar é:

```
01 if 1 == 2:
02    print('essa linha nunca será executada')
```

Qualquer programador com um mínimo de experiência poderia perceber que a linha 2 nunca será executada neste programa, pois o número 1 nunca será igual a 2.

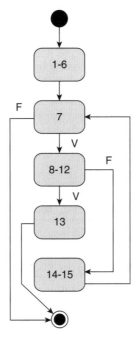

FIGURA 13.8 Grafo de fluxo de um programa que calcula a evolução de uma população.

Mas há situações em que é muito mais difícil (quase impossível) saber se um comando será ou não executado, mesmo no caso de um programa muito simples como a função a seguir:

```
01. def fermat(x, a, b, c):
02.     if a**x + b**x == c**x:
03.         print ('O último teorema de Fermat é verdadeiro para', x, a, b, c)
```

Essa função testa o *último teorema de Fermat*, uma conjectura de que não existe nenhum conjunto de inteiros positivos *a*, *b*, *c* e *x*, com *x* >= 3, tal que $a^x + b^x = c^x$. Para saber se a linha 3 poderá ser executada, é necessário saber quais os valores de *x*, *a*, *b* e *c* que tornam a equação verdadeira.

Esse teorema levou 359 anos para ser provado matematicamente (SINGH, 1998), e a conclusão é que tais valores não existem. Assim, caso o programa anterior tivesse sido escrito na época de Fermat, teríamos levado mais de três séculos e meio só para saber se o caminho que passa pela linha 3 é impossível.

13.4.6 Limitações

O teste estrutural costuma ser aplicado para verificar defeitos no código, mas esse tipo de teste não é capaz de identificar, por exemplo, se o programa foi bem especificado. Ou seja, o teste vai verificar se o programa se comporta de acordo com a especificação dada, mas não necessariamente se ele se comporta de acordo com a especificação *esperada*. Então, essa técnica não pode ser convenientemente usada para validar sistemas, apenas para verificar defeitos.

Outra limitação conhecida do teste estrutural é o fato de que funcionalidades ausentes não são testadas, pois a técnica preconiza apenas o teste daquilo que existe no programa. Ou seja, se algum comando *deveria* ter sido incluído no código, mas não foi, o teste estrutural não será capaz de identificar isso. Considere, por exemplo, a função a seguir que verifica se um número é primo analisando se algum número entre 2 e metade do número é seu divisor inteiro. Se tal divisor for encontrado, então o número não é primo. Porém, se neste intervalo não for encontrado nenhum divisor, então a função executa a linha 5, e retorna o valor *verdadeiro*, indicando que o número, sim, é primo:

```
01 def é_primo(número):
02     for divisor in range(2, número//2+1):
03         if número % divisor == 0:
04             return False
05     return True
```

Primeiramente, o grafo de fluxo é construído e apresentado na Figura 13.9.

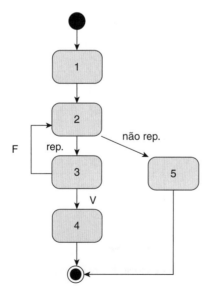

FIGURA 13.9 Grafo de fluxo de uma função que verifica se um número dado é primo.

Observando este grafo, pode-se concluir que a complexidade ciclomática é 3. Assim, três caminhos independentes serão construídos:

- c_1: $<1, 2, 5>$. A função *range* de Python, com dois parâmetros n e m, produz uma lista de números (*range* ou intervalo) que vai de n a m-1. Assim, para executar essa sequência de passos é necessário que o m seja pelo menos uma unidade maior do que n. Assim, para obter a situação de nenhuma repetição do FOR, *número* deve valer 2. Pois neste caso a expressão será *range* (2, 2) e o FOR não vai executar nenhuma vez. O mesmo resultado pode ser conseguido com *número* = 3, já que a divisão aplicada no segundo parâmetro do *range* é a divisão inteira, sem resto. Como resultado, nos dois casos, o número é primo.
- c_2: $<1, 2, 3, 4>$. Para percorrer este caminho, o FOR deve ser executado uma única vez. Nesta única execução do FOR a condição do IF da linha 3 deve ser verdadeira, ou seja, 2 deve ser divisor inteiro de *número*. Assim, apenas o valor 4 para a variável *número* fará com que esse caminho seja executado. Isso faz o programa terminar na linha 4 e, como resultado, o número não é primo.
- c_3: $<1, 2, 3, 2, 4>$ ou $<1, 2, 3, 2, 5>$. A única aresta que falta adicionar aos caminhos independentes é a que retorna do nó 3 para o nó 2. Para isso acontecer, é necessário que pelo menos duas repetições do FOR aconteçam. Isso será obtido para números a partir de 4. Será indiferente testar, a partir daí, se o fluxo termina na linha 4 ou na linha 5 porque as duas situações já foram testadas nos caminhos anteriores. Se quisermos executar o caminho $<1, 2, 3, 2, 4>$, devemos usar *número* = 6, que faz a repetição ocorrer duas vezes e sair pela linha 4 indicando número não primo. Por outro lado, se quisermos testar $<1, 2, 3, 2, 5>$, podemos usar *número* = 5, pois isso faz a repetição ocorrer duas vezes e termina a execução na linha 5 indicando que o número é primo.

Assim, os casos de teste para este programa podem ser definidos como na Tabela 13.3 e o programa a seguir poderia testar a função de acordo com esses casos de teste:

```
assert é_primo(2)
assert not é_primo(4)
assert not é_primo(6)
assert é_primo(5)
```

Pode-se agora executar os testes e verificar que a função passa em todos eles. É possível concluir então que a função está livre de defeitos? Infelizmente, não, porque, como comentado anteriormente, a técnica de teste estrutural não verifica a ausência de código que deveria existir.

O fato é que a função não verifica corretamente números menores do que 2, inclusive negativos. Para qualquer número menor do que 2 o FOR não será executado nenhuma vez e, assim, o programa vai considerar que o número é primo. Não faz sentido afirmar que 0, 1, -1, -2, -3, -4 etc. sejam primos. Assim, o programa ainda tem um defeito importante que deveria ser corrigido adicionando-se no início dele, possivelmente, uma verificação de forma que, caso o número seja menor do que 2, a função deve retornar *falso*. Este tipo de problema é bastante reduzido com o uso da técnica funcional, apresentada na seção a seguir.

Uma última limitação do teste estrutural relaciona-se com o fato de que o teste estrutural só pode ser produzido *depois* que o código está escrito, o que não habilita seu uso com a técnica de desenvolvimento dirigido pelo teste (TDD), preconizada pelos métodos ágeis, que sugere que os casos de teste sejam definidos antes de se escrever o código.

Apesar dessas limitações, a técnica é relevante e seu uso é importante para a detecção de vários tipos de defeitos no software, especialmente nas suas unidades mais básicas, pois ele é usado para garantir que todos os comandos e condições lógicas sejam executados pelo menos uma vez. Em especial, quando se tem código não confiável, com possibilidade de

#	caminho	entrada	saída esperada
		número	*primo?*
c_1	$<1, 2, 5>$	2	sim
c_2	$<1, 2, 3, 4>$	4	não
c_3	$<1, 2, 3, 2, 4>$	6	não
c_3 (alt.)	$<1, 2, 3, 2, 5>$	5	sim

TABELA 13.3 Casos de teste para um programa que verifica se um número é primo

258 PARTE | III Qualidade

defeitos propositais como vírus ou sabotagens, o teste estrutural, que verifica todas as linhas e condições do programa, será capaz de detectar essas anomalias, para as quais o teste funcional poderia falhar.

Como exemplo, imagine que se tenha uma função que calcula o fatorial de um número. A técnica de teste funcional não observa o código, mas apenas os parâmetros e resultados. Assim, pela técnica funcional, a função seria testada com valores como 0, 1, 2 e talvez 5, 8, 12 etc. Ou seja, alguns valores limítrofes como 0 e 1 e valores quaisquer aleatoriamente selecionados no domínio no qual a função é definida. Isso seria decidido pelo analista de teste sem que o código fosse sequer observado.

Agora, imagine que o código efetivamente testado seja:

```python
def fatorial(n):
    if n == 31:
        return 0
    if n == 0:
        return 1
    else:
        return n * fatorial(n-1)

assert fatorial(0) == 1
assert fatorial(1) == 1
assert fatorial(2) == 2
assert fatorial(5) == 120
assert fatorial(8) == 40320
assert fatorial(12) == 479001600
```

O programa vai passar em todos os testes realizados. Mas observe que, logo no início do código, há uma linha que verifica se *n* é igual a 31 e, caso seja, retorna 0, que não é o resultado esperado. Essa linha foi introduzida propositalmente no código para que ele falhe para um valor arbitrário que possivelmente não seria testado no teste funcional, pois quem poderia imaginar que uma função que calcula corretamente todos os fatoriais falha única e exclusivamente para o valor 31?

Porém, com o uso da técnica estrutural, essa linha vai ter que necessariamente testada, pois ela produz alguma coisa. Assim, o teste estrutural vai obrigar a execução da função com o argumento 31 e será detectado que o valor resultante não é o esperado.

13.5 TESTE FUNCIONAL

O teste estrutural é adequado quando se pretende verificar a estrutura de um programa. Mas, em várias situações, a necessidade consiste em verificar a funcionalidade de um programa independentemente de sua estrutura interna. Um programa pode ter uma especificação ou comportamento esperado, em geral, elaborado em um contrato de operação de sistema, na forma de pré e pós-condições, e o que se deseja saber é se ele efetivamente cumpre esse contrato ou especificação.

O *teste funcional* considera apenas os valores de entrada de um programa e suas saídas, conforme uma especificação. Como não se pode, usualmente, testar todos os valores possíveis de entrada para um programa, uma amostragem adequada deve ser feita. Basicamente duas técnicas determinam quais devem ser estes valores: *classes de equivalência* e *análise de valor limítrofe*. Essas técnicas são explicadas nas Subseções 13.5.1 e 13.5.2 com exemplos em nível de teste de unidade. Mais adiante, na Subseção 13.5.3, são apresentados exemplos de aplicação do teste funcional em nível de sistema, usando casos de uso.

13.5.1 Particionamento de Equivalência

Um dos princípios do teste funcional é a identificação de situações equivalentes. Por exemplo, se um programa aceita um conjunto de dados (normalidade) e rejeita outro conjunto (exceção), pode-se dizer que existem duas *classes de equivalência* para os dados de entrada do programa: a dos dados aceitos e a dos dados rejeitados. Pode ser impossível testar todos os elementos de cada classe de equivalência, até porque essas classes podem ter infinitos elementos. Então, o *particionamento de equivalência* vai determinar que *pelo menos* um elemento de cada classe de equivalência seja testado.

Classicamente, a técnica de particionamento de equivalência considera a divisão das entradas possíveis da seguinte forma (MYERS, SANDLER, BADGETT & THOMAS, 2004):

- Se as entradas válidas são especificadas como um *intervalo de valores* (por exemplo, de 10 a 20), então são definidas uma classe válida, de 10 a 20, e duas classes inválidas: menor do que 10 e maior do que 20.

- Se as entradas válidas são especificadas como uma *quantidade de valores* (por exemplo, uma lista com 5 elementos), então são definidas uma classe válida (lista com 5 elementos) e duas inválidas (lista com menos de 5 elementos e lista com mais de 5 elementos).
- Se as entradas válidas são especificadas como um *conjunto de valores aceitáveis* que podem ser tratados de forma diferente (por exemplo, as *strings* "masculino" e "feminino"), então é definida uma classe válida para cada uma das formas de tratamento e uma classe inválida para outros valores quaisquer.
- Se as entradas válidas são especificadas como uma condição do tipo "deve ser de tal forma" (por exemplo, uma restrição sobre os dados de entrada como "o ISBN do livro não deve constar na base de dados"), então devem ser definidas uma classe válida (livros cujo ISBN não consta na base de dados) e uma inválida (livros cujo ISBN já consta na base de dados).

As classes válidas devem ser definidas não só em termos de restrições sobre as entradas, mas também em função dos resultados a serem produzidos. Se a operação a ser testada puder ter dois comportamentos possíveis em função do valor de um dos parâmetros, vão existir duas classes distintas de valores válidos para aquele parâmetro, um para cada comportamento possível.

Por exemplo, considere o modelo conceitual da Figura 13.10 e uma operação de sistema *adicionarItem(idCompra, isbn, quantidade)*. O comportamento desta operação é especificado da seguinte forma:

- Precondições
  - O parâmetro *idCompra* se refere a uma compra existente e que não esteja fechada.
  - O parâmetro *isbn* se refere a um livro que está cadastrado.
  - O parâmetro *quantidade* é um inteiro positivo (maior do que zero).
  - O parâmetro *quantidade* deve ser menor ou igual ao atributo *estoque* do livro.
- Pós-condições
  - Se o livro já consta na compra, a quantidade do item referente é incrementada com o valor de *quantidade* e o valor de *estoque* do livro é decrementado no mesmo valor.
  - Se o livro não consta na compra, é criado um item correspondente e sua quantidade definida como *quantidade* e o valor de *estoque* do livro é decrementado no mesmo valor.

Assim, de acordo com a técnica de partição de equivalência, deve-se examinar as classes válidas e inválidas para cada um dos três parâmetros de entrada considerando especialmente as precondições e pós-condições. Observa-se que necessariamente um parâmetro deve ter pelo menos uma classe válida, mas não necessariamente classes inválidas. Além disso, para cada regra (precondição) associada a este parâmetro, pelo menos uma classe inválida deve ser definida. Por exemplo, no caso do *isbn* há uma classe válida para livros cadastrados e uma classe inválida para valores de *isbn* que não correspondem a livros cadastrados.

Quando a precondição é composta, como no caso da regra para o parâmetro *idCompra*, deve-se criar uma classe inválida para cada situação referenciada. No caso de *idCompra*, a precondição é composta por duas partes interligadas por um "e". Observe: "o *idCompra* se refere a uma compra existente" *e* "que não esteja fechada". Assim, além da classe válida obrigatória para este parâmetro, haverá duas classes inválidas: *idCompra* que não corresponde a nenhuma compra cadastrada e *idCompra* que corresponde a uma compra cadastrada, mas que já está fechada.

Em relação às pós-condições, observa-se que há dois comportamentos possíveis para a função, que dependem do fato de o livro em questão estar ou não na compra. São, portanto, duas classes válidas para o parâmetro *isbn*: a dos livros que já constam na compra e a dos livros que não constam na compra. Em resumo, então, as classes válidas e inválidas para cada um dos atributos são apresentadas na Tabela 13.4. Para facilitar as referências posteriores, cada classe é identificada por um prefixo "v" para válida e "i" para inválida, seguido do número de ordem do parâmetro e do número de ordem da classe de equivalência.

Os casos de teste são definidos considerando-se todas as classes de equivalência. Cada caso vai atribuir a cada um dos três parâmetros um valor pertencente a uma classe válida ou inválida. Usualmente, todas as combinações possíveis de classes

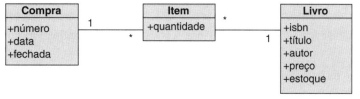

FIGURA 13.10 Modelo conceitual de referência.

260 PARTE | III Qualidade

TABELA 13.4 Classes válidas e inválidas para os parâmetros da função *inserirItem*

Parâmetro	Classes válidas	Classes inválidas
idCompra	v1.1: *idCompra* é igual ao atributo *número* de uma compra existente cujo atributo *fechada* é falso	i1.1: *idCompra* não corresponde a nenhuma compra existente i1.2: *idCompra* é igual ao atributo *número* de uma compra existente cujo atributo *fechada* é verdadeiro
isbn	v2.1: *isbn* é igual ao atributo *isbn* de um livro que consta na compra v2.2: *isbn* é igual ao atributo *isbn* de um livro que não consta na compra	i2.1: *isbn* não corresponde a nenhum livro cadastrado
quantidade	v3.1: *quantidade* é maior do que zero e menor do que o atributo *estoque* do livro	i3.1: *quantidade* é menor ou igual a zero i3.2: *quantidade* é maior do que o atributo *estoque* do livro

válidas devem ser testadas, consistindo em testes de *sucesso*. No exemplo corrente, o primeiro parâmetro tem uma classe válida, o segundo tem duas e o terceiro tem uma. Assim, dois casos de teste de sucesso devem ser definidos:

- Primeiro caso de teste de sucesso com: v1.1, v2.1 e v3.1. Como resultado, o valor da quantidade do item é incrementado e o estoque do livro decrementado no mesmo valor.
- Segundo caso de teste de sucesso com: v1.1, v2.2 e v3.1. Como resultado, deve ser criado um novo item, com *quantidade* igual ao parâmetro de mesmo nome e estoque do livro decrementado no mesmo valor.

Se todos os parâmetros tivessem apenas uma classe válida, então haveria um único caso de teste de sucesso. Mas se, por exemplo, o primeiro parâmetro tivesse três classes válidas, o segundo, duas e o terceiro, quatro, haveria $3 \times 2 \times 4 = 24$ casos de teste de sucesso.

Já os testes de falha, são feitos, geralmente, com uma classe inválida de um dos parâmetros combinada com classes válidas dos demais parâmetros. Combinações de classes inválidas de parâmetros diferentes em um mesmo método não são necessariamente proibidas, mas dificilmente elas são úteis, pois, havendo dois parâmetros inválidos em uma chamada da função o programa provavelmente vai parar quando encontrar o primeiro erro e nem chegará a examinar o segundo. Além disso, algumas vezes, pode ser impossível combinar valores inválidos de diferentes atributos. No exemplo, a classe i2.1 é incompatível com i3.1 e i3.2, pois se o *isbn* não corresponde a nenhum livro cadastrado, não é possível verificar a quantidade em estoque correspondente.

Assim, os testes de falha para este exemplo podem ser definidos como:

- Primeiro caso de teste de falha com: i1.1, v2.2 (se a compra não existe, o livro não pode estar nela) e v3.1. Como resultado, é apresentado o erro de que não existe compra com o *idCompra* informado.
- Segundo caso de teste de falha com: i1.2, v2.1 e v3.1. Aqui, tenta-se incrementar um livro existente em uma compra fechada. O resultado é um erro de compra fechada.
- Terceiro caso de teste de falha com: i1.2, v2.2 e v3.1. Aqui, tenta-se adicionar um livro a uma compra fechada. O resultado é um erro de compra fechada.
- Quarto caso de teste de falha com: v1.1, i2.1 e v3.1. Aqui tenta-se informar um livro não cadastrado. O resultado é um erro de livro não cadastrado. Neste caso, *quantidade* pode ser qualquer valor positivo, pois não há estoque para comparar.
- Quinto caso de teste de falha com: v1.1, v2.1, i3.1. Aqui, tenta-se incrementar um livro na compra com quantidade não positiva.
- Sexto caso de teste de falha com: v1.1, v2.2, i3.1. Aqui, tenta-se adicionar um livro na compra com quantidade não positiva.
- Sétimo caso de teste de falha com: v1.1, v2.1, i3.2. Aqui, tenta-se incrementar um livro na compra com quantidade acima do estoque.
- Oitavo caso de teste de falha com: v1.1, v2.2, i3.2. Aqui, tenta-se adicionar um livro na compra com quantidade acima do estoque.

A Tabela 13.5 apresenta o resumo dos casos de teste conforme definidos anteriormente.

TABELA 13.5 Casos de teste para a função *inserirItem*

Tipo	#	*idCompra*	isbn	quantidade	Resultado
Sucesso	s1	v1.1: *idCompra* é igual ao atributo *número* de uma compra existente cujo atributo *fechada* é falso	v2.1: *isbn* é igual ao atributo *isbn* de um livro que consta na compra	v3.1: *quantidade* é maior do que zero e menor do que o atributo *estoque* do livro	O valor da *quantidade* do item é incrementado e o *estoque* do livro decrementado no mesmo valor
	s2	v1.1: *idCompra* é igual ao atributo *número* de uma compra existente cujo atributo *fechada* é falso	v2.2: *isbn* é igual ao atributo *isbn* de um livro que não consta na compra	v3.1: *quantidade* é maior do que zero e menor do que o atributo *estoque* do livro	Foi criado um novo item, com *quantidade* igual ao parâmetro de mesmo nome e *estoque* do livro decrementado no mesmo valor
Falha	f1	i1.1: *idCompra* não corresponde a nenhuma compra existente	v2.2: *isbn* é igual ao atributo *isbn* de um livro que não consta na compra	v3.1: *quantidade* é maior do que zero e menor do que o atributo *estoque* do livro	Erro de compra inexistente
	f2	i1.2: *idCompra* é igual ao atributo *número* de uma compra existente cujo atributo *fechada* é verdadeiro	v2.1: *isbn* é igual ao atributo *isbn* de um livro que consta na compra	v3.1: *quantidade* é maior do que zero e menor do que o atributo *estoque* do livro	Erro de compra fechada
	f3	i1.2: *idCompra* é igual ao atributo *número* de uma compra existente cujo atributo *fechada* é verdadeiro	v2.2: *isbn* é igual ao atributo *isbn* de um livro que não consta na compra	v3.1: *quantidade* é maior do que zero e menor do que o atributo *estoque* do livro	Erro de compra fechada
	f4	v1.1: *idCompra* é igual ao atributo *número* de uma compra existente cujo atributo *fechada* é falso	i2.1: *isbn* não corresponde a nenhum livro cadastrado	v3.1: *quantidade* pode ser qualquer valor positivo	Erro de livro não cadastrado
	f5	v1.1: *idCompra* é igual ao atributo *número* de uma compra existente cujo atributo *fechada* é falso	v2.1: *isbn* é igual ao atributo *isbn* de um livro que consta na compra	i3.1: *quantidade* é menor ou igual a zero	Erro de incremento com quantidade não positiva
	f6	v1.1: *idCompra* é igual ao atributo *número* de uma compra existente cujo atributo *fechada* é falso	v2.2: *isbn* é igual ao atributo *isbn* de um livro que não consta na compra	i3.1: *quantidade* é menor ou igual a zero	Erro de adição com quantidade não positiva
	f7	v1.1: *idCompra* é igual ao atributo *número* de uma compra existente cujo atributo *fechada* é falso	v2.1: *isbn* é igual ao atributo *isbn* de um livro que consta na compra	i3.2: *quantidade* é maior do que o atributo *estoque* do livro	Erro de incremento acima do estoque
	f8	v1.1: *idCompra* é igual ao atributo *número* de uma compra existente cujo atributo fechada é falso	v2.2: *isbn* é igual ao atributo *isbn* de um livro que não consta na compra	i3.2: *quantidade* é maior do que o atributo *estoque* do livro	Erro de adição acima do estoque

262 PARTE | III Qualidade

Dependendo da linguagem de programação que se use, caso ela permita tipagem forte estática e definição de novos tipos primitivos, é possível reduzir a quantidade de testes necessários. No exemplo anterior, o parâmetro *quantidade* é assumido como sendo uma variável do tipo *inteiro* e que, portanto, pode ser positivo ou negativo. Assim, como apenas valores positivos podem ser aceitos pela função, foi necessário definir uma classe de equivalência inválida com os números não positivos.

Porém, se a linguagem permitir a criação de novos tipos primitivos fortes, o programador poderia definir que a variável *quantidade* deve pertencer ao tipo *Natural* que seria definido como o conjunto dos números positivos (excluindo o zero). Dessa forma, nunca aconteceria de esta função receber um valor de *quantidade* igual a zero ou negativo e, assim, a classe de equivalência i3.1 deixaria de existir e menos testes teriam que ser feitos.

O leitor poderia perguntar se não seria possível também definir um tipo *ISBN Cadastrado* que conteria apenas os valores de *isbn* de livros que constam no cadastro. O problema com isso é que tipos primitivos são estáticos e, por isso, devem ser definidos de forma puramente sintática, ou seja, deve ser possível determinar se um valor pertence ao tipo apenas observando sua estrutura e eventualmente aplicando alguma regra ou fórmula em tempo de *compilação*. Assim, não é possível definir tipos primitivos estáticos em função de um conjunto de dados dinâmicos, como no caso de dados usualmente armazenados em banco de dados, pois isso só poderia ser verificado em tempo de *execução*.

Assim, apenas se for possível determinar que um valor pertence ao tipo sem que seja necessário consultar dados dinâmicos armazenados, ele pode ser definido como tipo primitivo. Exemplos são:

- Número naturais
- Números pares
- Números primos
- Datas (dia, mês e ano)
- Valor de ISBN (apenas a formatação, sem levar em conta se o valor foi atribuído a um livro ou não)
- CPF (apenas formatação)
- Intervalo (duas datas, sendo a primeira necessariamente menor ou igual do que a segunda)

Assim, quando o domínio de um parâmetro é reduzido com o uso de tipos primitivos, algumas classes de equivalência inválidas para esse parâmetro deixam de existir. No melhor dos casos, o tipo primitivo vai conter unicamente valores válidos e, para esse parâmetro, não haverá nenhuma classe inválida. Por outro lado, tipos cuja determinação necessita consultar algum conjunto de dados dinâmicos armazenados, não podem ser definidos como tipos primitivos. Exemplos são:

- Os números das compras já efetuadas.
- Os CPFs de pessoas cadastradas.
- As datas que correspondem ao aniversário de uma pessoa cadastrada.
- Quantidades dentro do estoque.

Esse tipo de situação não pode ser resolvido com tipagem. Assim, se a função exige, por exemplo, uma data que corresponde ao aniversário de uma pessoa cadastrada, a tipagem estática só pode garantir que o parâmetro vai conter uma data válida, mas não que ela corresponderá a um aniversário. Assim, neste caso, necessariamente deverá existir uma classe de equivalência inválida para datas que não correspondem a este conjunto e ela deverá ser testada.

13.5.2 Análise de Valor Limítrofe

Um dos ditados em teste de software diz que os *bugs* (tradução literal: "insetos") costumam se esconder nas *frestas*. Em função dessa realidade, a técnica de partição de equivalência normalmente é usada em conjunto com o critério de análise de valor limítrofe.

A *análise de valor limítrofe* consiste em considerar não apenas um valor qualquer para teste dentro de uma classe de equivalência, mas um ou mais valores fronteiriços com outras classes de equivalência quando isso puder ser determinado.

Em domínios ordenados (números inteiros, por exemplo), esse critério pode ser aplicado. Por exemplo, se um programa exige uma entrada que, para ser válida, deve estar no intervalo $[n..m]$, então existem três classes de equivalência:

- Inválida para qualquer $x < n$.
- Válida para qualquer $n \leq x \leq m$.
- Inválida para qualquer $x > m$.

A análise de valor limítrofe sugere que possíveis erros de lógica do programa não vão ocorrer em pontos arbitrários dentro desses intervalos, mas nos pontos em que um intervalo se encontra com outro. Isso acontece, por exemplo, quando um programador usa, em alguma parte do programa que envolva repetição ou seleção, ">" em vez de ">=", ou quando ele usa n em vez de n-1. Assim, no caso do exemplo anterior, os valores limítrofes a seguir devem ser testados:

- Para a primeira classe inválida, deve-se testar o valor n-1.
- Para a classe válida, devem-se testar os valores n e m.
- Para a segunda classe inválida, deve-se testar o valor $m + 1$.

Assim, se existir um erro no programa para alguma dessas classes, é muito mais provável que ele seja capturado dessa forma do que se fosse selecionado um valor qualquer dentro de cada um desses três intervalos.

Mas a técnica não diz que *apenas* estes valores devem ser testados. Ela diz que eles devem ser *obrigatoriamente* testados, mas outros valores dentro das classes de equivalência podem também ser testados. Considere, por exemplo, um parâmetro *idade*, do tipo *inteiro* definido de acordo com as classes de equivalência a seguir:

- Menor que 0: inválido.
- Entre 0 e 17: válido – menor de idade.
- Entre 18 e 64: válido – adulto.
- Entre 65 e 120: válido – idoso.
- Acima de 121: inválido – idoso improvável.

Aplicando a técnica de análise de valor limítrofe e escolhendo mais um elemento aleatoriamente dentro de cada intervalo das classes de equivalência, poderiam ser testados, por exemplo, os seguintes valores: -10, **-1**, **0**, 8, **17**, **18**, 30, **64**, **65**, 80, **120**, **121**, 156. Os valores em negrito na lista anterior correspondem aos valores obrigatórios pela análise de valor limítrofe. Os demais foram aleatoriamente selecionados dentro das respectivas classes de equivalência.

13.5.3 Teste Funcional em Nível de Sistema

Como já foi visto, o teste de sistema, consiste em testar a interface do sistema como se fosse um usuário tentando realizar os fluxos de atividades requeridos. Possivelmente uma das melhores formas de documentar estes fluxos atualmente, sejam os *casos de uso* (WAZLAWICK, 2015). O teste funcional é adequado para este nível de teste porque ele será feito sem que o código em si seja conhecido. A ideia é executar todos os fluxos possíveis do caso de uso e obter os resultados desejados em cada situação.

Um caso de uso possui sempre um *fluxo principal*, também chamado *caminho feliz*, que é a sequência de ações do usuário e respostas do sistema onde nada dá errado. Por exemplo, ir a um caixa automático, se identificar, solicitar uma quantia em dinheiro, receber essa quantia e ir embora.

Mas existem fluxos alternativos que são definidos para tratar situações de exceção como, por exemplo, quando o usuário erra a senha, solicita uma quantia além do seu saldo ou além do saldo da máquina ou fora do horário de operação da máquina. Estes são chamados *fluxos de exceção* e normalmente são sequências de ações que iniciam em algum ponto do fluxo principal e possivelmente voltam a ele depois. Há ainda as *variantes*, que são fluxos alternativos que não correspondem necessariamente a situações de erro, mas simplesmente a variações do comportamento do usuário. Ele poderia, por exemplo, se identificar usando biometria em vez de senha ou poderia ainda enviar o produto ao endereço cadastrado, inserir um novo endereço para envio. Esses fluxos alternativos também sairiam em algum ponto do fluxo principal e possivelmente retornariam a ele depois.

Considere, a título de exemplo, um teste de sistema a ser conduzido para avaliar o seguinte caso de uso simplificado:

Caso de uso: Comprar livros
Fluxo principal
    1. O usuário insere palavras-chave para pesquisa de livros.
    2. O sistema apresenta a lista de livros (título, autor, preço) que atende às palavras-chave.
    3. O usuário seleciona um livro e indica a quantidade desejada.
    4. O sistema informa a relação de livros no pedido e o valor total do pedido.
    5. O usuário finaliza a compra.
    6. O sistema confirma a compra.
Fluxos de tratamento de exceção
    E3a: O usuário indica uma quantidade acima do estoque.
        E3a.1. O sistema informa a quantidade em estoque do livro em questão.
        E3a.2. O usuário informa uma quantidade menor ou igual ao estoque.
        Avança ao passo 4 do fluxo principal.

264 PARTE | III Qualidade

E5a: O usuário ainda não fez login.

E5a.1. O usuário faz login informando nome de usuário e senha.

E5a.2. O sistema confirma o login.

Retorna ao passo 5 do fluxo principal.

Fluxos de variantes

V5a: O usuário deseja selecionar mais livros na mesma lista.

Retorna ao passo 3 do fluxo principal.

V5b: O usuário deseja fazer uma nova pesquisa.

Retorna ao passo 1 do fluxo principal.

Diferentemente do que acontece com o teste funcional em nível de unidade, onde temos testes de sucesso e de falha, no caso de testes de sistema, o objetivo é sempre chegar ao final do caso de uso passando apenas pelo fluxo principal, ou ao menos iniciando nele, passando por um fluxo de exceção ou variante e retornando ao fluxo principal. Assim, não há, usualmente, testes de falha, mas testes que avaliam como o sistema se comporta quando ocorrem exceções e variantes e como ele se recupera no caso das exceções.

Como o exemplo anterior tem um fluxo principal, duas variantes e duas exceções, então pelo menos cinco testes terão que ser feitos. Estes testes estão resumidos na Tabela 13.6.

Recomenda-se que estes testes de sistema sejam feitos em um primeiro momento por um testador humano, mas que depois sejam automatizados. É importante uma primeira visão humana porque, por mais sofisticados que sejam os robôs de automatização de teste, há coisas que por enquanto só o olho humano é capaz de avaliar, coisas como botões ou campos mal distribuídos, cores desagradáveis, lógica de navegação não alinhada com as necessidades dos usuários etc. Há também a

TABELA 13.6 Casos de teste de sistema para o caso de uso *"Comprar livros"*

#	Objetivo	Caminho	Como testar	Resultados
1	Fluxo principal	1, 2, 3, 4, 5, 6	Um usuário logado entra com palavras-chave, seleciona um livro, indica uma quantidade dentro do estoque e finaliza a compra	Uma compra com o livro e quantidade indicados foi registrada
2	E3a: O usuário indica uma quantidade acima do estoque.	1, 2, 3, E3a.1, E3a.2, 4, 5, 6	Um usuário logado entra com palavras-chave, seleciona um livro, indica uma quantidade acima do estoque, é informado da quantidade válida, em seguida indica uma quantidade dentro do estoque e finaliza a compra	Uma compra com o livro e quantidade indicados após a informação sobre estoque foi registrada
3	E5a: O usuário ainda não fez login.	1, 2, 3, 4, 5, E5a.1, E5a.2, 6	Um usuário não logado entra com palavras-chave, seleciona um livro, indica uma quantidade dentro do estoque e finaliza a compra. É então solicitado a fazer login, faz login e finaliza a compra novamente	Uma compra com o livro e quantidade indicados foi registrada
4	V5a: O usuário deseja selecionar mais livros na mesma lista.	1, 2, 3, 4, 5, 3, 4, 5, 6	Um usuário logado entra com palavras-chave, seleciona um livro, indica uma quantidade dentro do estoque, em seguida seleciona outro livro e indica uma quantidade dentro do estoque e finaliza a compra	Uma compra com os livros e respectivas quantidades foi registrada
5	V5b: O usuário deseja fazer uma nova pesquisa.	1, 2, 3, 4, 5, 1, 2, 3, 4, 5, 6	Um usuário logado entra com palavras-chave, seleciona um livro, indica uma quantidade dentro do estoque, em seguida faz uma nova pesquisa, seleciona outro livro e indica uma quantidade dentro do estoque e finaliza a compra	Uma compra com os livros e respectivas quantidades foi registrada

possibilidade de o testador humano ter alguma intuição de testes não previstos no plano original, que podem ser adicionados à sequência de casos de teste.

Depois de passar por esta fase, o roteiro com os casos de teste pode (e deve) ser repassado a uma equipe especializada em programação de teste automatizado de sistema. Ferramentas de código aberto, como *Selenium* (ver o QR code), são bastante populares para realizar este tipo de automatização.

13.6 TDD – DESENVOLVIMENTO ORIENTADO POR TESTES

TDD (*Test Driven Development*) ou Desenvolvimento Orientado por Testes (BECK, 2003) é uma técnica ou filosofia de programação que incorpora o teste ao processo de produção de código da seguinte forma:

1. Primeiramente o desenvolvedor, que recebe a especificação de uma nova funcionalidade a ser implementada, deve programar um conjunto de testes automatizados para testar o código que ainda não existe.
2. Esse conjunto de testes deve ser executado e falhar. Isso é feito para mostrar que os testes efetivamente têm algum poder de verificação e não terão sucesso a não ser que o código específico seja desenvolvido. Se o código passar em algum desses testes, é possível que ou o teste não seja efetivo, ou que a característica a ser implementada já exista no sistema.
3. Em seguida, o código deve ser desenvolvido da forma mais minimalista possível, isto é, apenas para passar nos testes.
4. Depois que o código passar em todos os testes, ele pode ser refatorado, para atender a padrões de qualidade interna, e testado novamente até que passe em todos os testes novamente.

A Figura 13.11 apresenta o diagrama de atividades para esse tipo de processo.

Um dos pontos-chave nesse processo é que, depois que os testes foram estabelecidos, o programador não deve implementar nenhuma funcionalidade além daquelas para as quais os testes foram criados. Isso evita que os programadores percam tempo criando estruturas que efetivamente não eram necessárias desde o início. Isso satisfaz ao princípio KISS (*Keep it Simple, Stupid!*),[1] que indica que seria tolice fazer algo mais do que o mais simples necessário em um projeto, e também o princípio YAGNI (*You Ain't Gonna Need It*).[2]

Para escrever um conjunto de testes efetivo, é necessário que o programador primeiro compreenda perfeitamente os requisitos e a especificação do componente que vai desenvolver. Nesse sentido, os contratos de operação de sistema (pós- e precondições) e o roteiro de teste funcional correspondente podem ajudar muito.

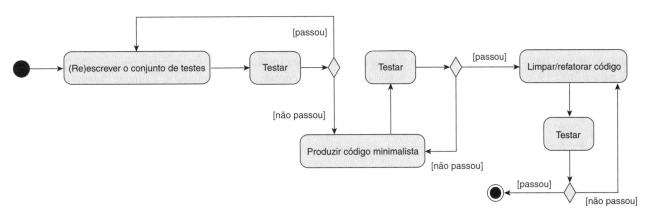

FIGURA 13.11 Diagrama de atividades para realização de TDD.

266 PARTE | III Qualidade

A técnica é bastante exigente em relação ao processo a ser seguido. Por exemplo, um programador que descubra a necessidade de adicionar um ELSE a um IF em um código já aprovado nos testes deverá, antes de escrever o código, escrever um teste para o ELSE certificar-se de que o teste falha para o programa atual e somente depois adicionar o ELSE ao código. Pular etapas não é encorajado pela técnica.

Como exemplo, considere que um programador recebeu a incumbência de desenvolver uma função que recebe um valor inteiro, que corresponde à idade de uma pessoa. Esse programa deve retornar a string "menor", caso a idade esteja entre 0 e 17 e "adulto" caso a idade esteja acima de 17. Nada foi especificado sobre idades acima de 100 anos, mas idades negativas devem ser rejeitadas, ou seja, o programa deve parar a execução indicando uma exceção se ele receber uma idade negativa. O parâmetro *idade* teria três classes de equivalência:

- *Menor*, classe válida de 0 a 17 anos.
- *Adulto*, classe válida a partir de 18 anos.
- *Não nascido*, classe inválida, até -1 anos.

A partir daí, usando TDD, o programador deve primeiramente desenvolver o código que vai testar essas condições pela chamada da função *categoria(idade)*, que ainda não foi implementada. Possivelmente, o programador poderia desenvolver em um primeiro momento um código como este:

```
01 def categoria(idade):
02     return
03
04 #teste de classes válidas usando valor limítrofe
05 menor = 'menor'
06 adulto = 'adulto'
07 assert categoria(0) == menor
08 assert categoria(8) == menor
09 assert categoria(17) == menor
10 assert categoria(18) == adulto
11 assert categoria(45) == adulto
13
14 #teste de classes inválidas usando valor limítrofe
15 for idade in [-20, -1]:
16     try:
17         categoria(idade)
18         raise Exception
19     except: pass
```

Observe que a função declarada nas linhas 1 e 2, nada retorna (na prática, em Python, ela acaba retornando o objeto *None*). Quando esse programa for executado, ele vai parar com erro na linha 7, que é exatamente o resultado que se espera, já que estão sendo rodados testes em um programa que ainda não foi construído. Qualquer outro resultado (parar na linha 8 ou 9, por exemplo), indicaria que há algo errado no programa ou nos testes.

Em relação à escolha dos testes, em função das classes de equivalência e seus valores limítrofes, são testados os valores 0, 8 e 17 da classe "menor" (sendo, 0 e 17 os valores limítrofe), e 18 e 45 para a classe "adulto" (sendo 18 o único valor limítrofe, já que não foi estabelecido um limite superior para esta classe.

Já para a classe inválida de valores negativos, são testados -20 e -1 (sendo -1 o valor limítrofe). Observe que o teste, neste caso, deve confirmar que, caso a função receba um valor negativo, ela gere uma exceção. Assim, o programa entre as linhas 14 e 19 tenta executar a função com cada um dos valores inválidos e, se for gerada uma exceção, o programa pula para a linha 19, que aceita o resultado e segue executando o comando *pass*. Porém, se a função *categoria* não gerar a exceção esperada, ela vai retornar algum valor espúrio e assim, seguir executando pela linha 18, a qual, por sua vez, vai parar o programa gerando uma exceção e falhando, portanto, o teste.

---

1. "Mantenha simples, tolo!"
2. "Você não vai precisar disso."

Uma observação é que aqui nestes exemplos se usam apenas as facilidades de teste já embutidas no núcleo da linguagem Python. Existem *frameworks* de teste que permitem obter resultados mais sofisticados, como, por exemplo, mostrar o resultado de todos os testes e não apenas até o programa parar, ou ainda, permitir visualizar na Web, em tempo real, o status dos testes sendo realizados.

No próximo passo, o programador implementa um código minimalista que apenas passe nos testes, sem fazer quaisquer outras coisas não definidas. Esse programa poderia então ser construído assim:

```python
01 def categoria(idade):
02     assert idade >= 0
03     if idade <= 18:
04         return "menor"
05     else:
06         return "adulto"
07     return
08
09 #teste de classes válidas usando valor limítrofe
10 menor = 'menor'
11 adulto = 'adulto'
12 assert categoria(0) == menor
13 assert categoria(8) == menor
14 assert categoria(17) == menor
15 assert categoria(18) == adulto
16 assert categoria(45) == adulto
17
18 #teste de classes inválidas usando valor limítrofe
19 for idade in [-20, -1]:
20     try:
21         categoria(idade)
22         raise Exception
23     except: pass
```

Feito isso, o programador pode executar os testes novamente. Ele vai certamente perceber que o programa vai parar com erro na linha 15, indicando que a função não passou no teste que verifica a idade 18. Analisando melhor o código, o programador poderá perceber que se equivocou na linha 3 por usar o sinal "<=" em vez de "<". Esse exemplo demonstra por que a técnica de análise de valor limítrofe é tão importante, já que o programa teria passado nos testes para qualquer outro valor maior do que 18.

Feita a correção na linha 3, o programa vai passar em todos os testes. Se necessário, neste momento, poderia ser feita alguma refatoração ou limpeza de código e depois de passar novamente nos testes, o programa seguiria para integração ao código do sistema ao qual ele vai servir.

Agora, imagine que dentro de algumas semanas, esse programador ou um outro programador qualquer, receba a incumbência de alterar a função *categoria* de forma que ela também verifique se a idade é igual ou superior a 65 anos. Neste caso, deve ser retornada a string "idoso". Além disso, se a idade for superior a 120 anos deve ser gerada uma exceção. Assim, o parâmetro *idade* da função *categoria* passa a ter as classes de equivalência a seguir:

- *Menor*, classe válida de 0 a 17 anos.
- *Adulto*, classe válida de 18 a 64 anos.
- *Idoso*, classe válida de 65 a 120 anos.
- *Não nascido*, classe inválida, até -1 anos.
- *Improvável*, classe inválida, a partir de 121 anos.

Assim, de acordo com a técnica, *antes de fazer qualquer modificação no código da função "categoria"*, o programador deve refazer o conjunto de testes para que reflitam a nova especificação da função. O resultado será:

```python
01 def categoria(idade):
02     assert idade >= 0
03     if idade < 18:
04         return "menor"
05     else:
06         return "adulto"
07     return
08
09 #teste de classes válidas usando valor limítrofe
10 menor = 'menor'
11 adulto = 'adulto'
12 idoso = 'idoso'
13 assert categoria(0) == menor
14 assert categoria(8) == menor
15 assert categoria(17) == menor
16 assert categoria(18) == adulto
17 assert categoria(45) == adulto
18 assert categoria(64) == adulto
19 assert categoria(65) == idoso
20 assert categoria(80) == idoso
21 assert categoria(120) == idoso
22
23 #teste de classes inválidas usando valor limítrofe
24 for idade in [-20, -1, 121, 200]:
25     try:
26         categoria(idade)
27         raise Exception
28     except: pass
```

Agora que os testes foram atualizados para refletir os novos requisitos, o programador deve rodá-los com a função *categoria* inalterada. A ideia é que a função não deve passar nos testes, já que os requisitos mudaram. Se por acaso a função passar nos testes é porque ela passou por coincidência, o que pode indicar que testes insuficientes foram planejados, ou ainda, que a funcionalidade considerada nova na verdade já era contemplada pela função.

Porém, no caso deste exemplo, isso não vai acontecer, pois quando o programa for novamente testado, ele vai parar com erro na linha 19, indicando que não foi encontrado o resultado correto para *categoria*(65), que deveria ser "idoso".

A partir daí o programador vai fazer os ajustes necessários no programa para que ele passe nesses novos testes, mas nada mais do que isso. O resultado poderá ser:

```python
01 def categoria(idade):
02     assert idade >= 0
03     assert idade <= 120
04     if idade < 18:
05         return "menor"
06     elif idade < 65:
07         return "adulto"
08     else:
09         return "idoso"
10     return
11
12 #teste de classes válidas usando valor limítrofe
13 menor = 'menor'
14 adulto = 'adulto'
15 idoso = 'idoso'
16 assert categoria(0) == menor
17 assert categoria(8) == menor
18 assert categoria(17) == menor
19 assert categoria(18) == adulto
20 assert categoria(45) == adulto
21 assert categoria(64) == adulto
22 assert categoria(65) == idoso
23 assert categoria(80) == idoso
24 assert categoria(120) == idoso
25
26 #teste de classes inválidas usando valor limítrofe
27 for idade in [-20, -1, 121, 200]:
28     try:
29         categoria(idade)
30         raise Exception
31     except: pass
```

Assim, quando o programa for executado, ele vai passar em todos os testes. Em seguida, ele pode ser, novamente, refatorado, se necessário, testado pela última vez e encaminhado para integração.

Um desenvolvimento extra de TDD pode ser atingido quando se consegue automatizar os testes de aceitação do usuário. Essa abordagem, conhecida como ATDD (Acceptance Test-Driven Development) (KOSKELA, 2007), disponibiliza aos desenvolvedores a garantia de que os requisitos especificados estão sendo atendidos, mesmo que o usuário não esteja presente todo o tempo.

13.7 MEDIÇÃO EM TESTE

Uma informação importante a ser relatada por equipes de teste é o *status* da atividade de teste (CROWTHER, 2012), que deve ser feito de forma precisa e compreensiva. Então, nesse caso, aplica-se também o conceito de métrica para avaliação objetiva de *status*. Pode-se falar em dois grandes conjuntos de métricas de teste:

- *Métricas do processo de teste*: as medidas relacionadas reportam a quantidade de testes requeridos, planejados, executados etc., mas não o estado do produto em si.
- *Métricas de teste do produto*: as medidas relacionadas reportam o estado do produto em relação à atividade de teste, por exemplo, quantos defeitos foram encontrados, quantos estão em revisão, quantos foram resolvidos etc.

As seguintes medições relacionadas com as métricas de processo de teste poderiam ser apresentadas durante a preparação e a execução dos testes:

- Número de testes previstos (sua necessidade já foi identificada).
- Número de testes planejados (casos de teste definidos).
- Número de testes executados, incluindo: (a) testes que falharam e (b) testes que foram aprovados.

Essas métricas podem ser comparadas ou relativizadas com outras métricas usualmente tomadas sobre o processo, como o tempo investido nas atividades, o número de pontos de função etc.

Alguns exemplos de métricas de teste relativas ao produto são:

- Número de defeitos descobertos.
- Número de defeitos corrigidos.
- Distribuição dos defeitos por gravidade.
- Distribuição dos defeitos por classe ou pacote.

As medições relacionadas com essas métricas podem ser apresentadas em gráficos que permitem visualizar o desempenho das equipes de desenvolvimento e testes em que se espera que o número de defeitos descobertos seja relativamente constante no tempo e que as atividades de correção atinjam seus objetivos também de forma constante, até que o produto esteja suficientemente livre de defeitos para ser implantado (Figura 13.12).

Outras medidas relacionadas com teste são o tempo gasto com as atividades de teste (isto é, o custo dos testes) e a cobertura dos testes, isto é, quantas funcionalidades do sistema tiveram seus testes efetivamente planejados, executados e aprovados.

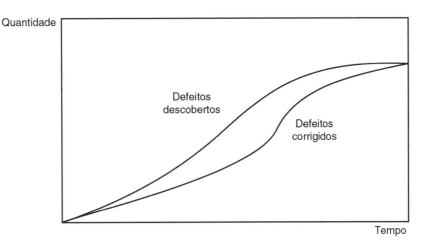

FIGURA 13.12 Evolução esperada das medidas de defeitos de produto ao longo de um projeto.

13.8 DEPURAÇÃO

Depuração é o processo de remover defeitos de um programa. Normalmente se inicia com atividades de teste que identificam o problema, ou a partir de inspeções de código, ou ainda a partir de relatos de usuários. No último caso, a equipe deve, no início do processo de depuração, tentar reproduzir o defeito relatado pelo usuário, o que nem sempre é possível ou fácil.

A depuração é uma atividade artesanal em que a quantidade e a variedade de casos dificultam a elaboração de um processo padrão. Porém, a adoção de boas técnicas de engenharia de software, como integrações frequentes, controle de versões, desenvolvimento orientado a testes etc., podem facilitar bastante o processo de descoberta e correção de defeitos.

A tarefa de depuração pode ser tão simples quanto corrigir uma *string* com erro ortográfico ou tão complexa a ponto de exigir um trabalho de pesquisa, coleta de dados e formulação de hipóteses digna dos melhores detetives.

De forma geral, ferramentas, conhecidas como *debuggers*, ajudam no trabalho de depuração, pois permitem executar programas passo a passo, observando o valor das variáveis, parar, retornar etc.

Capítulo 14

Manutenção e Evolução de Software

Este capítulo apresenta os conceitos de *manutenção e evolução de software*, iniciando pelas *Leis de Lehman* (Seção 14.1), que procuram explicar a necessidade e as características do processo de manutenção e evolução. Em seguida são caracterizadas as quatro *formas de manutenção em função dos objetivos* (Seção 14.2). O *processo de manutenção* também é explicado (Seção 14.3). Finalmente são apresentados os diferentes tipos de *atividades* de manutenção e suas *métricas* (Seção 14.4), além de *modelos para estimativa de esforço* em atividades de manutenção e evolução (Seção 14.5). O capítulo termina com a apresentação dos conceitos relacionados com *reengenharia* e *engenharia reversa* (Seção 14.6), que são técnicas frequentemente usadas em processos de manutenção de software.

Manutenção de software é como se denomina, em geral, o processo de adaptação e otimização de um software já desenvolvido, bem como a correção de defeitos que ele possa ter. A manutenção é necessária para que um produto de software preserve sua qualidade ao longo do tempo, pois, se isso não for feito, haverá uma deterioração do valor percebido desse software e, portanto, de sua qualidade.

Classicamente, a atividade de manutenção é considerada o conjunto de modificações que o software sofre depois de ter sido terminado, ou seja, após o final da fase de transição no UP. Porém, o EUP (Seção 5.4) e o OUM (Seção 5.6) adicionam ao Processo Unificado uma fase chamada "Produção", que ocorre justamente no momento em que o software está em operação e necessita de manutenção. Assim, as atividades de manutenção são consideradas tão relevantes e necessárias quanto as atividades de desenvolvimento para o sucesso de um produto.

Modernamente, a expressão "manutenção de software" vem sendo substituída ou utilizada em conjunto com "evolução de software". *Evolução* talvez seja um termo mais adequado, porque as atividades de modificação do software na fase de produção não visam mantê-lo como está, mas fazê-lo evoluir de forma a adaptar-se a novos requisitos ou ainda a corrigir possíveis defeitos.

Em uma interpretação do termo, pode-se considerar "manutenção" o conjunto de tarefas individuais de modificação de um software em uso. Nesse caso, a "evolução" seria o processo de mais longo prazo, ou seja, a evolução do software pode ser vista como uma sequência de manutenções ao longo do tempo.

De outro lado, há autores (ERDIL, FINN, KEATING, MEATTLE, PARK & YOON, 2003) que acreditam que apenas as correções de erros (manutenção corretiva) podem ser consideradas atividades tradicionais de manutenção, enquanto a otimização, a adaptação e a prevenção de erros são consideradas evolução. Essa interpretação será seguida neste livro.

14.1 NECESSIDADE DE MANUTENÇÃO E EVOLUÇÃO DE SOFTWARE

Considera-se que, uma vez desenvolvido, um software terá um valor necessariamente decrescente com o passar do tempo. Isso ocorre porque:

- Falhas são descobertas.
- Requisitos mudam.
- Produtos menos complexos, mais eficientes ou tecnologicamente mais avançados são disponibilizados.

Dessa forma, torna-se imperativo que, simetricamente, para manter o valor percebido de um sistema:

- Falhas sejam corrigidas.
- Novos requisitos sejam acomodados.
- Sejam buscadas simplicidade, eficiência e atualização tecnológica.

A realização dessas atividades é parte do processo de manutenção e evolução de software.

As *Leis de Lehman* (LEHMAN, 1980; LEHMAN & RAMIL, 1997) procuram explicar a necessidade e a inevitabilidade da evolução de software. São atualmente oito leis, baseadas nas observações do autor sobre os processos de evolução de sistemas. Elas foram apresentadas em várias publicações entre os anos 1974 e 1996, até chegarem à forma atual.

272 PARTE | III Qualidade

Inicialmente, Lehman identifica três tipos de sistema:

- *Tipo-S* (especificado): sistemas especificados formalmente e entendidos como objetos matemáticos, cuja correção em relação a uma especificação pode ser provada por ferramentas formais. Um exemplo seria uma biblioteca de funções matemáticas.
- *Tipo-P* (resolução de problemas): sistemas desenvolvidos especificamente para executar um conjunto de procedimentos que por si definem o que o programa pode e deve fazer, como, por exemplo, um sistema para jogar xadrez.
- *Tipo-E* (evolucionário): sistemas desenvolvidos pelos processos usuais de análise, projeto e codificação, que têm uso corrente em um ambiente real, isto é, são tipicamente sistemas de informação e outros sistemas não gerados por métodos formais. Um exemplo seria um sistema de folha de pagamento em uma empresa.

Entende-se, então, que os sistemas do tipo-S e tipo-P não são susceptíveis às leis da manutenção de software de Lehman, pois apenas defeitos relacionados com a especificação ou com procedimentos ausentes podem ocorrer.

Já os sistemas de tipo-E são propensos a defeitos em seu processo de produção. Além disso, pelo fato de serem usados em conexão com o mundo real, esses sistemas podem precisar evoluir para atender a requisitos que mudam conforme o contexto de uso, por exemplo, no caso de legislação que muda, ou objetivos da empresa, ou ainda expectativas dos usuários.

As Leis de Evolução de Lehman, portanto, se aplicam apenas aos sistemas de tipo-E. Elas estabelecem que a evolução de software desse tipo é inevitável, e não apenas resultado de uma equipe de desenvolvimento incapaz. Além disso, as leis mostram que existem limites em relação ao que as equipes de manutenção podem fazer. A autorregulação impede que trabalho demasiado ou insuficiente seja executado, sob pena de descontinuação do sistema.

14.1.1 Lei da Mudança Contínua

A primeira lei, de 1974, afirma que *um sistema que é efetivamente usado deve ser continuamente melhorado, caso contrário torna-se cada vez menos útil*, pois seu contexto de uso evolui. Se o programa não evoluir, terá cada vez menos valor até que se chegue à conclusão de que vale a pena substituí-lo por outro.

Essa lei expressa o fato conhecido de que programas suficientemente grandes nunca são terminados. Eles simplesmente continuam a evoluir.

Ela também expressa um princípio segundo o qual o software envelhece como se fosse um organismo vivo. Esse envelhecimento seria resultado das inconsistências entre o software e o ambiente no qual ele está inserido. No caso, o ambiente muda, mas o software não se adapta sozinho. Assim, um processo de evolução é necessário para evitar a obsolescência do software, prolongando sua vida útil. Caso tal evolução não seja feita, o software pode chegar a ser desativado.

14.1.2 Lei da Complexidade Crescente

A segunda lei, também de 1974, expressa que, à medida que um programa evolui, sua complexidade inerente aumenta, porque as correções feitas podem deteriorar sua organização interna; isso só não acontece quando medidas específicas de cuidado são tomadas durante as atividades de evolução, como a refatoração do sistema quando necessário.

Segundo essa lei, à medida que mudanças são introduzidas no software, as interações entre elementos – nem sempre previstas ou planejadas na estrutura do software – fazem a entropia interna aumentar, ou seja, ocorre um crescimento cada vez mais desestruturado.

A cada nova mudança, a estrutura interna do software se torna menos organizada, aumentando gradativamente o custo de manutenções posteriores. De fato, chega-se a um ponto em que a refatoração do sistema se torna obrigatória.

14.1.3 Lei Fundamental da Evolução de Programas: Autorregulação

A terceira lei, também de 1974, estabelece que *a evolução de programas está sujeita a uma dinâmica de autorregulação controlada por feedback* que faz que as medidas globais de esforço e outros atributos de processo sejam estatisticamente previsíveis (distribuição normal).

Essa lei reconhece que o desenvolvimento e a manutenção de um sistema ocorrem dentro de uma organização com objetivos que vão muito além do sistema. Então, os processos dessa organização acabam regulando a aplicação de esforço a cada um de seus sistemas.

Os pontos de controle e realimentação são exemplos de formas de regulação da organização. Quaisquer processos que fujam muito ao padrão da organização são logo refatorados para se adequar, de forma que o esforço gasto nas diferentes atividades permaneça distribuído de forma normal.

14.1.4 Lei da Conservação da Estabilidade Organizacional: Taxa de Trabalho Invariante

A quarta lei, de 1980, expressa que *a taxa média efetiva de trabalho global em um sistema em evolução é invariante no tempo*, isto é, ela não aumenta nem diminui.

Essa lei parece ser a menos intuitiva de todas, pois se acredita que a carga de trabalho aplicada a um projeto depende apenas de decisões da gerência e que vá diminuindo com o tempo. Na prática, porém, as demandas de usuários também influenciam essas decisões, que se mantêm praticamente constantes no tempo.

14.1.5 Lei da Conservação da Familiaridade: Complexidade Percebida

A quinta lei, também de 1980, expressa que, em geral, *a taxa de crescimento de um sistema é limitada pela necessidade de manter a familiaridade*. Isso ocorre porque, para que um sistema evolua de forma saudável, todos os agentes relacionados com ele devem manter a familiaridade com suas características e funções. Se o sistema crescer demais, essa familiaridade será perdida, e leva tempo para recuperá-la.

Essa lei expressa o fato de que a taxa de crescimento de um sistema é limitada pela capacidade dos indivíduos envolvidos em absorver as novidades coletiva e individualmente. Os dados observados sugerem que, se certo valor-limite de novidades for excedido, mudanças comportamentais ocorrerão de forma a baixar a taxa de crescimento.

14.1.6 Lei do Crescimento Contínuo

A sexta lei, de 1980, estabelece que o conteúdo funcional de um sistema deve crescer continuamente para manter a satisfação do usuário.

Essa lei estabelece ainda que a mudança no software será sempre necessária, seja pela correção de erros (manutenção corretiva), aperfeiçoamento de funções existentes (manutenção perfectiva), seja pela adaptação a novos contextos (manutenção adaptativa).

14.1.7 Lei da Qualidade Decrescente

A sétima lei, de 1996, expressa que a qualidade de um sistema vai parecer diminuir com o tempo, a não ser que medidas rigorosas sejam tomadas para mantê-lo e adaptá-lo.

Essa lei estabelece que, mesmo que um software funcione perfeitamente por muitos anos, isso não significa que continuará sendo satisfatório. Conforme o tempo passa, os usuários ficam mais exigentes em relação ao software e, consequentemente, mais insatisfeitos com ele.

14.1.8 Lei do Sistema Realimentado

A oitava lei, de 1996, estabelece que *a evolução de sistemas é um processo de realimentação multinível, multiloop e multiagente*, devendo ser encarado dessa forma para que se obtenham melhorias significativas em uma base razoável.

Essa lei lembra que a evolução de software é um sistema retroalimentado e complexo que recebe *feedback* constante dos vários interessados. Em longo prazo, a taxa de evolução de um sistema acaba sendo determinada pelos retornos positivos e negativos de seus usuários, bem como pela quantidade de verba disponível, pelo número de usuários solicitando novas funções, interesses administrativos etc.

14.1.9 Validação Empírica das Leis de Lehman

Vários estudos, ao longo das últimas décadas têm colocado as Leis de Lehman em experimentação. Herraiz et al. (2013) publicaram um estudo bibliográfico no qual consolidam os resultados de vários estudos empíricos anteriores. Em geral, eles verificaram que o grupo de sistemas do tipo-E ainda é bastante extenso e heterogêneo e nem sempre as leis valem para qualquer produto neste grupo.

Em especial, os autores procuraram verificar se as Leis se aplicavam a software livre, ou seja, sistemas que são evoluídos por uma comunidade. Em resumo, eles chegaram às seguintes conclusões:

- A primeira lei (mudança contínua) se aplica bem a sistemas livres porque projetos de sucesso são continuamente evoluídos ao longo do tempo. Porém, em algumas ocasiões, mesmo estes projetos podem experimentar períodos de falta de atividade.
- A quarta lei (crescimento contínuo) também foi confirmada. Embora as vezes até experimentem períodos de pouco ou nenhum crescimento, projetos de software livre de sucesso aumentam sua funcionalidade continuamente.

274 PARTE | III Qualidade

- A sétima lei (qualidade decrescente) é mais difícil de avaliar porque depende de como se mede qualidade. Mas foi observado que o número de defeitos encontrados em software livre ao longo do tempo tende a crescer, o que pode estar confirmando essa lei.
- A oitava lei (sistema realimentado) foi confirmada. Mas foi observado que no caso de software livre, as interações de feedback tendem a ser muito mais caóticas do que no caso de sistemas desenvolvidos em uma única organização.

As demais leis não foram validadas no estudo, mas também não foram invalidadas e, assim, devem ser objeto de trabalhos futuros.

14.2 CLASSIFICAÇÃO DAS ATIVIDADES DE MANUTENÇÃO

Segundo a Norma ISO/IEC 14764:2006 a manutenção ou evolução de software deve ser classificada em quatro tipos:

- *Corretiva*: toda atividade de manutenção que visa corrigir erros ou defeitos do software.
- *Adaptativa*: toda atividade que visa adaptar as características do software a requisitos que mudaram, sejam novas funções, sejam questões tecnológicas.
- *Perfectiva*: toda atividade que visa melhorar o desempenho ou outras qualidades do software sem alterar necessariamente sua funcionalidade.
- *Preventiva*: toda atividade que visa melhorar as qualidades do software de forma que erros potenciais sejam descobertos e mais facilmente resolvidos antes que se tornem problemas maiores.

As subseções a seguir discorrem sobre cada um destes tipos.

14.2.1 Manutenção Corretiva

A *manutenção corretiva* visa corrigir possíveis defeitos do software que provocam erros. Suas atividades podem ainda ser subdivididas em dois subgrupos:

- Manutenção para correção de erros conhecidos.
- Manutenção para detecção e correção de novos erros.

Os erros conhecidos de um software costumam ser registrados em um documento de considerações operacionais ou em notas de versão (Seção 10.3), de forma que os usuários do software possam contornar as falhas e evitar maiores transtornos. São aqueles erros que já foram identificados, mas que não foram corrigidos ou porque o processo de depuração ainda não localizou a causa do erro, ou porque as atividades de correção seriam tão longas e complexas que é preferível ter o sistema funcionando, mesmo com o erro, do que paralisar o uso do sistema até que o defeito possa ser corrigido.

Conforme visto no Capítulo 13, nem sempre o fato de saber que um software tem um erro implica saber onde se localiza o defeito que provoca esse erro. Assim, a atividade de teste pode até ter descoberto que, em determinada situação, o software não se comporta de acordo com o esperado, mas a atividade de depuração pode não ter ainda encontrado o ponto no código-fonte causador desse erro. Nesse caso, enquanto a atividade de depuração ou mesmo de refatoração do software prossegue, a versão atual do software pode ter seus erros conhecidos registrados.

Novos erros podem, porém, ser detectados pelos usuários ao longo do uso do software. Quando relatados, tais erros devem ser incluídos no relatório de erros da versão do software e, dependendo de como a disciplina é organizada, imediatamente encaminhados ao setor de manutenção para que o defeito seja identificado e corrigido. O processo deve ser rastreado de forma que se saiba sempre se o erro foi encaminhado, se já foi resolvido e se foi incorporado a uma nova versão do software. Além disso, deve-se saber se o usuário que relatou o erro recebeu a nova versão do software em um prazo razoável.

14.2.2 Manutenção Adaptativa

Conforme visto nas Leis de Lehman (Seção 14.1), a manutenção adaptativa é inevitável quando se trata de sistemas de software que evoluem. Isso porque:

- Requisitos de cliente e usuário mudam com o passar do tempo.
- Novos requisitos surgem.
- Leis e normas mudam.
- Tecnologias novas entram em uso etc.

O sistema desenvolvido poderá estar ou não preparado para acomodar tais modificações de contexto. Na verdade, qualquer requisito inicialmente identificado é passível de mudança durante a operação do sistema. Cabe ao analista, juntamente com os outros interessados, na fase de levantamento de requisitos, identificar quais desses requisitos serão considerados permanentes e quais serão considerados transitórios (WAZLAWICK, 2015). Os transitórios podem ser adaptados por um simples processo de configuração pelo usuário do produto. Já os permanentes somente serão alterados a partir de um processo de manutenção, que pode envolver inclusive a refatoração do software.

Considere, por exemplo, que um sistema de venda de livros (Livraria Virtual) será produzido e um dos requisitos suplementares é de que a moeda usada é o Real. Se o analista considerar esse requisito transitório, deverá implementar no sistema a possibilidade de trabalhar com outras moedas, mesmo que em um primeiro momento apenas o Real seja cadastrado. Se novas moedas passarem a ser utilizadas no futuro, bastará cadastrá-las.

Mas esse processo tem um custo de desenvolvimento mais alto do que se o analista considerar o requisito permanente. O fato de o requisito ser considerado *permanente* significa que o sistema não será preparado para a sua mudança. Assim, apenas uma moeda existirá para o sistema (o Real), e não será possível cadastrar novas moedas. Se no futuro surgir a necessidade de cadastrar uma nova moeda, será necessário aplicar manutenção adaptativa ao sistema, refatorando algumas de suas partes para passar a trabalhar com essa nova moeda. Assim, a economia que se obteve ao longo do projeto será gasta durante a operação do sistema.

Com os *requisitos permanentes* acontece o seguinte:

- É mais barato e rápido incorporá-los ao software durante o desenvolvimento.
- É mais caro e demorado mudá-los depois que o software está em operação.

Com os *requisitos transitórios* acontece o inverso:

- É mais caro e demorado incorporá-los ao software durante o desenvolvimento.
- É mais barato e rápido mudá-los depois que o software está em operação.

Dessa forma, pode-se considerar que o analista deve ponderar antes de decidir se um requisito é transitório ou permanente, qual é a real probabilidade de que ele mude durante a operação do sistema, qual é o impacto (custo) de se prevenir para essa mudança ao longo do projeto e qual é o impacto de mudar o sistema durante sua operação. Ponderando esses três valores, o analista, juntamente com o cliente, deverá tomar uma decisão. De um lado da balança estará o custo de implementar a flexibilidade do requisito no projeto e, do outro lado, o custo de acomodar a mudança do requisito depois de o sistema estar em operação combinado com a probabilidade de o requisito realmente mudar.

Em geral, até pelo princípio de simplicidade dos modelos ágeis, na falta de bons motivos para o contrário, a maioria dos requisitos são definidos como permanentes.

14.2.3 Manutenção Perfectiva

A *manutenção perfectiva* consiste em mudanças que afetam mais as características de desempenho do que as características de funcionalidade do software. Em geral, tais melhorias são buscadas em função da pressão de mercado, visto que se preferem produtos mais eficientes ou com melhor usabilidade e com mesma funcionalidade a produtos menos eficientes, especialmente em áreas nas quais o processamento é crítico, como jogos e sistemas de controle em tempo real.

A melhoria de características vai estar quase sempre ligada às qualidades externas do software (Capítulo 11), mas especialmente às qualidades ligadas a segurança, confiabilidade, usabilidade e eficiência de desempenho.

14.2.4 Manutenção Preventiva

A *manutenção preventiva* pode ser realizada através de atividades de reengenharia, nas quais o software é modificado para resolver problemas potenciais.

Um sistema que suporta até cinquenta acessos simultâneos e que já conta com picos de vinte a trinta acessos, por exemplo, pode sofrer um processo de manutenção preventiva através de reengenharia ou refatoração de sua arquitetura, de forma que passe a suportar quinhentos acessos, afastando a possibilidade de colapso por um período de tempo razoável.

Outro uso da manutenção preventiva consiste em aplicar técnicas de engenharia reversa como refatoração ou redocumentação para melhorar a manutenção do software (Seção 14.6).

14.3 PROCESSO DE MANUTENÇÃO

A manutenção pode ser vista como um processo a ser executado. A não ser, normalmente, no caso da manutenção preventiva, esse processo costuma ser iniciado a partir de uma requisição do cliente ou usuário do software.

No caso da manutenção corretiva, pode ser interessante que o usuário apresente uma descrição clara do erro, que pode ser produzida a partir da captura de telas ou *log* de sistema.

No caso da manutenção perfectiva, o usuário deve descrever da melhor forma possível os novos requisitos que deseja. Para efetuar essa atividade, ele pode precisar do apoio de um analista capacitado em levantamento de requisitos.

Sugere-se que as tarefas de manutenção identificadas sejam priorizadas e colocadas em uma fila de prioridades para serem resolvidas de acordo com a urgência. Nessa fila, as solicitações de manutenção perfectiva costumam ocupar os últimos lugares. No caso da manutenção corretiva e adaptativa, o impacto do erro ou inadequação sobre os usuários deve ser o primeiro critério de desempate, devendo ser tratados prioritariamente os problemas de maior impacto.

Recomenda-se também que, uma vez selecionada uma tarefa de manutenção, as seguintes ações sejam efetuadas:

- Análise de esforço para a tarefa de manutenção (Seção 14.5).
- Análise de risco para a tarefa de manutenção, verificando possíveis riscos, sua probabilidade e impacto, elaborando e executando possíveis planos de mitigação (Capítulo 8).
- Planejamento da tarefa de manutenção, estabelecendo prazos, responsáveis, recursos e entregas (Capítulo 6).
- Execução da tarefa de manutenção.

Ao final da tarefa de manutenção devem ser executados os testes de regressão (Subseção 13.2.6).

A Norma ISO/IEC 14764:2006 define que o processo de manutenção de software compreende seis atividades:

- Implementação do processo
- Análise do problema e modificação
- Implementação da modificação
- Revisão da manutenção/aceitação
- Migração
- Desativação (*retirement*)

A Figura 14.1 apresenta de forma esquemática as relações entre estas atividades.

Durante a *implementação do processo*, o responsável pela manutenção vai estabelecer os planos e procedimentos que serão executados durante a manutenção. A principal saída desta atividade é o plano de manutenção.

Durante a *análise do problema e modificação*, o analista deve:

- Analisar a solicitação de modificação ou relato de problema.
- Replicar ou verificar o problema.
- Desenvolver opções para implementar a modificação.

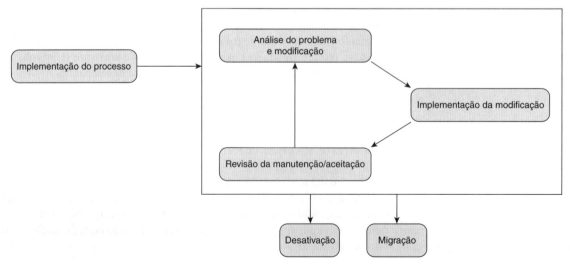

FIGURA 14.1 Relação entre as atividades de manutenção. Fonte: *ISO/IEC (14764:2006)*.

- Documentar a solicitação de modificação, relato de problema, os resultados da análise e opções de implementação.
- Obter aprovação para a opção de modificação selecionada.

Durante a *implementação da modificação* o responsável pela manutenção desenvolve e testa a modificação no produto de software.

A atividade de *revisão da manutenção/aceitação* deve assegurar que as modificações feitas no sistema estão corretas e de acordo com padrões aprovados.

Durante a vida de um sistema, ele pode, eventualmente, ter que ser migrado para ambientes diferentes. Para que isso seja feito, o responsável pela manutenção deve determinar as ações necessárias para a migração e, então, desenvolver e documentar os passos necessários para efetivá-la, constituindo, assim, o plano de migração.

Uma vez que um produto de software tenha atingido o que é considerado o final de sua vida útil, ele deve ser desativado. Uma análise especialmente baseada em critérios econômicos deve ser feita para determinar o plano de desativação. Uma análise deve ser feita para determinar se é economicamente interessante:

- Manter tecnologia desatualizada.
- Mudar para uma nova tecnologia através do desenvolvimento de um novo produto de software.
- Desenvolver um novo produto de software para obter modularidade.
- Desenvolver um novo produto de software para facilitar a manutenção.
- Desenvolver um novo produto de software para obter padronização.
- Desenvolver um novo produto de software para facilitar a independência do vendedor.

Normalmente um produto de software desativado é substituído por outro. Mas nem sempre é o caso. No plano de desativação, o responsável pela manutenção deve ter especial preocupação em relação a como os dados legados serão acessados ou convertidos.

14.4 TIPOS DE ATIVIDADES DE MANUTENÇÃO E SUAS MÉTRICAS

Vários autores, pelo menos desde Boehm (1981), apontam que as atividades de manutenção, longe de serem um mero detalhe, são aquelas em que as empresas colocam mais esforço.

A análise de centenas de projetos em longo prazo mostrou que foram colocados mais tempo e mais esforço nas atividades de manutenção do que nas atividades de desenvolvimento de software. Assim, é necessário que se tenha também modelos de estimação de esforço e custo para atividades de manutenção.

Jones (2002) apresenta um estudo em que se observa que, em média, cada funcionário remove oito defeitos de um sistema em operação por mês. Porém, as atividades de manutenção variam muito e podem ser classificadas em vários tipos (JONES, 1998), os quais serão discutidos nas próximas subseções.

14.4.1 Reparação de Defeitos

A *reparação de defeitos* é, possivelmente, a atividade mais importante e urgente em manutenção de software, porque se destina a eliminar problemas que não deveriam existir. O custo dessas atividades normalmente é absorvido pela empresa desenvolvedora, a não ser que cláusulas contratuais específicas estabeleçam outro tipo de entendimento.

Dificilmente essas atividades podem ser estimadas com pontos de função, porque a maioria das atividades de reparação de defeitos implica escrever algumas poucas linhas de código, o que equivaleria a uma fração de um ponto de função. Mas, de outro lado, algumas dessas atividades podem ser altamente consumidoras de tempo.

Uma métrica mais comum para esse tipo de atividade, uma vez que os custos são arcados pela organização desenvolvedora, é o número de defeitos que a organização consegue reparar em um mês. Um valor aceitável, de acordo com normas norte-americanas, é de oito defeitos reparados por mês. Porém, empresas com bons processos e práticas conseguem reparar até 20 defeitos por mês em seus sistemas.

Jones (1998) ainda indica que, conforme a gravidade do erro, diferentes tempos de espera são toleráveis (Tabela 14.1).

Os fatores a seguir ainda podem influenciar a estimativa de esforço a ser aplicada às atividades de reparação de defeitos:

- *Defeitos suspensos* (*abeyant*): em cerca de 10% das vezes, a falha relatada pelo cliente não é reproduzida no ambiente de manutenção. É a típica situação "na minha máquina funciona". Esse tipo de defeito deve-se a combinações de condições (versão do sistema operacional, outros produtos instalados na mesma máquina etc.) que, muitas vezes, são difíceis de detectar e reproduzir, portanto é o tipo mais caro de manutenção corretiva. Esses defeitos ficam suspensos até que se consiga repeti-los.

278 PARTE | III Qualidade

TABELA 14.1 Tempo de resposta ao erro em função de sua gravidade

Gravidade	Significado	Tempo nominal da descoberta aos reparos iniciais	Percentual em relação aos defeitos relatados
1	Aplicação não funciona	1 dia	1%
2	Funcionalidade principal não funciona	2 dias	12%
3	Funcionalidade secundária não funciona	30 dias	52%
4	Erro cosmético	120 dias	35%

Fonte: Jones (1998).

- *Defeitos inválidos*: cerca de 15% dos defeitos relatados por usuários não são propriamente defeitos no software, mas produto de erros gerados pelos próprios usuários ou por sistemas relacionados. Mesmo assim, esses problemas devem ser catalogados e processados, e sua análise demanda tempo e esforço da empresa que faz a manutenção do sistema.
- *Consertos ruins* (*bad fix injection*): cerca de 7% das atividades de correção de erros acabam introduzindo novos erros no software. Essa porcentagem pode variar de 1 a 20%, dependendo do nível de qualidade do processo de manutenção e da seriedade com que os testes de regressão são feitos.
- *Defeitos duplicados*: em sistemas com muitos usuários é comum que um mesmo defeito seja relatado por mais de um usuário. Assim, embora o defeito só precise ser resolvido uma vez, o fato de ele ser relatado por vários usuários faz que seja necessário investir tempo nisso. Grandes empresas de software chegam a ter 10% de seus relatos de defeitos classificados como defeitos duplicados.

Frequentemente, é difícil identificar defeitos duplicados, pois o relato de um para outro usuário pode variar, mesmo que estejam descrevendo os efeitos de um mesmo defeito originalmente.

14.4.2 Remoção de Módulos Sujeitos a Erros

Uma pesquisa realizada pela IBM nos anos 1960 demonstrou que os defeitos não se distribuem aleatoriamente ao longo de uma aplicação. Muito pelo contrário: eles tendem a se concentrar em determinados módulos. Foi observado que, em um grande sistema da empresa, com 425 módulos, 300 módulos nunca foram alvo de manutenção corretiva, enquanto outros 31 módulos concentraram cerca de 2.000 relatos de erros ao longo de um ano, correspondendo a mais de 60% do total de erros relatados para o produto inteiro (MUKHIJA, 2003).

Módulos sujeitos a defeitos podem nunca estabilizar, porque a taxa de consertos ruins pode passar de 100%, ou seja, a cada defeito consertado, novos defeitos podem acabar sendo introduzidos.[1]

14.4.3 Suporte a Usuários

O *suporte a usuários* fará a interface entre o cliente do software e a empresa que presta manutenção ao software. O suporte a usuários costuma receber as reclamações, fazer uma triagem delas, encaminhar uma solução previamente conhecida ao cliente ou o problema ao setor de manutenção.

O tamanho da equipe de suporte dependerá de vários fatores, entre os quais os mais importantes são a quantidade esperada de defeitos e a quantidade de clientes.

Estima-se que, para um software típico (que não apresenta grandes problemas de qualidade logo de partida), um atendente consiga tratar as chamadas de cerca de 150 clientes por mês, caso o meio de contato seja o telefone. De outro lado, se o meio de contato for *e-mail* ou *chat*, esse número pode subir para mil usuários por atendente por mês.

14.4.4 Migração Entre Plataformas

A *migração* de um produto para outra plataforma, quando se trata de software personalizado, é feita por demanda do cliente. Quando se trata de um software de prateleira, ela é feita com a intenção de aumentar o mercado.

---

1. A internet apresenta uma brincadeira relacionada com esse fato, que é incorporada à "técnica" XGH, ou *eXtreme Go Horse*. Uma das regras dessa técnica estabelece que, a cada defeito consertado com XGH, sete novos defeitos sejam criados, o que faz a quantidade de defeitos tender ao infinito.

Normalmente, migrações são projetos por si só, embora possam ser consideradas atividades de evolução de software. Assume-se que sistemas desenvolvidos de acordo com boas práticas e com boa documentação possam ser migrados a uma taxa de cinquenta pontos de função por desenvolvedor-mês. Porém, se os sistemas forem mal documentados e tiverem organização obscura, essa taxa pode baixar para até cinco pontos de função por desenvolvedor-mês.

14.4.5 Conversão de Arquitetura

Geralmente, uma *conversão de arquitetura* de sistema é feita por pressão tecnológica. É o caso, por exemplo, de mudar de arquivos simples para bancos de dados relacionais, ou de mudar uma interface orientada a linha de comando para uma interface gráfica.

No caso da migração entre plataformas, se o software for personalizado, a conversão possivelmente será uma demanda do cliente, enquanto no caso de software de prateleira será uma estratégia para buscar novos mercados.

A conversão de arquitetura também pode ser uma estratégia para melhorar a manutenção de um sistema, em que se pode transformar um sistema monolítico ou feito com blocos *ad hoc* em um sistema bem estruturado com componentes e classes coesas.

A produtividade de um projeto de conversão de arquitetura dependerá basicamente da qualidade das especificações do sistema. Quanto mais obscuras forem as especificações, mais difícil será a conversão.

Em geral, sistemas mal documentados ou obscuros precisam passar por processos de engenharia reversa antes de serem convertidos para uma nova arquitetura.

14.4.6 Adaptações Obrigatórias

Talvez os piores tipos de manutenção de software sejam as *adaptações obrigatórias*, decorrentes de mudanças em normas e leis, formas de cálculo de impostos etc. O problema é que essas mudanças não podem ser previstas pela equipe de desenvolvimento ou manutenção, nem mesmo pelo cliente. Além disso, normalmente têm um prazo curto e estrito para serem aplicadas, e as penalidades por não adaptação costumam ser altas.

14.4.7 Otimização de Performance

Atividades de *otimização de performance* implicam analisar e resolver gargalos da aplicação, geralmente relacionados com o acesso a dados, processamento e número de usuários simultâneos.

Essas atividades variam muito em relação ao tipo e à carga de trabalho, por isso é muito difícil estabelecer um padrão para a estimativa de custos. Uma técnica que pode ser empregada em alguns casos é a otimização estilo *anytime*, usando *timeboxing*, ou seja, faz-se a melhor otimização possível dentro do tempo e com os recursos previamente destinados a essa atividade.

14.4.8 Melhorias

As *melhorias* são um tipo de manutenção adaptativa e perfectiva normalmente iniciada por solicitação dos clientes, que em geral acabam arcando com os custos relacionados.

Muitas vezes, elas implicam a introdução de novas funcionalidades, de forma que possam ser aplicadas técnicas usuais de estimação de esforço por CII, pontos de função ou pontos de caso de uso.

Pode-se considerar que existem dois tipos de melhoria:

- *Pequenas melhorias*: consistem em aproximadamente cinco pontos de função, ou seja, da introdução de um novo relatório, consulta ou tela.
- *Grandes melhorias*: consistem em um número significativamente maior de pontos de função, em geral com mais de vinte pontos de função, e devem ser tratadas como pequenos projetos de desenvolvimento.

Um dos aspectos que possivelmente diferenciam a estimativa de esforço das melhorias em relação ao desenvolvimento do novo software é que no caso das melhorias deve-se levar em conta o estado atual do sistema. Se o sistema for bem organizado e documentado será mais fácil integrar as novas funcionalidades; caso contrário, haverá um esforço de integração maior, que deverá ser levado em conta como fator técnico no momento de aplicar a estimativa.

Estima-se que sistemas em operação, em média, aumentam seus pontos de função em cerca de 7% anualmente em função de melhorias (JONES, 1998).

14.5 MODELOS DE ESTIMAÇÃO DE ESFORÇO DE MANUTENÇÃO

Modelos de estimação de esforço para atividades de manutenção foram propostos na literatura, alguns dos quais são apresentados nas subseções a seguir. Assim como os modelos de estimação de esforço de desenvolvimento, esses modelos paramétricos podem usar como base para a estimação tanto o número de pontos de função quanto o número de linhas de código.

14.5.1 Modelo ACT

O modelo *ACT* (Annual Change Traffic – Tráfego de Mudança Anual) baseia-se em uma estimativa da porcentagem de linhas de código que vão sofrer manutenção. São consideradas linhas em manutenção tanto as linhas de código novas criadas quanto as linhas alteradas durante a manutenção. O valor da variável *ACT* é, portanto, o número de linhas que sofrem manutenção dividido pelo número total de linhas do código em um ano típico.

Boehm (1981) estabeleceu a equação a seguir para calcular o esforço estimado de manutenção durante um ano:

$$E = ACT \times SDT$$

Nesta equação, E é o esforço, medido em desenvolvedor-mês, a ser aplicado no período de um ano nas atividades de manutenção, *ACT* é a porcentagem esperada de linhas modificadas ou adicionadas durante um ano em relação ao tamanho do software, e *SDT* é o tempo de desenvolvimento do software (Software Development Time) também em desenvolvedor-mês.

Um software que foi desenvolvido com um esforço de oitenta desenvolvedores-mês, por exemplo, terá *SDT* = 80. Se a taxa anual esperada de linhas em manutenção (*ACT*) for de 2%, então o esforço anual esperado de manutenção para esse software será dado por:

$$E = 0,02 \times 80 = 1,6$$

Assim, para esse sistema hipotético, de acordo com essa fórmula, espera-se um esforço anual de 1,6 desenvolvedor-mês em atividades de manutenção em cada um dos anos seguintes.

Schaefer (1985) apresenta a seguinte variação para essa fórmula:

$$E = ACT \times 2,4 \times KSLOC^{1,05}$$

Ou seja, Schaefer substitui o tempo de desenvolvimento do produto (caso ele não seja conhecido) por uma fórmula baseada no número total de milhares de linhas de código do produto (KSLOC). Assim, um software com 20 mil linhas de código e ACT de 2% teria o seguinte esforço anual de manutenção (em desenvolvedor-mês):

$$E = 0,02 \times 2,4 \times 20^{1,05} = 1,115$$

Esse modelo tem as mesmas desvantagens do modelo COCOMO 81, ou seja, não é realisticamente aplicável a sistemas novos quando não existem dados históricos para *ACT*, a quantidade de linhas de código modificadas não necessariamente indica esforço de manutenção e, sobretudo, a abordagem não usa nenhum atributo das atividades de manutenção como base para calcular o esforço. Porém, na falta de outras informações, é um método simples de aplicar.

14.5.2 Modelo de Manutenção de CII

Como já foi visto na Seção 7.4, CII é um método de estimação de esforço de desenvolvimento que toma como entrada o número de linhas de código a serem desenvolvidas ou pontos de função convertidos em KSLOC.

A equação de estimação de esforço para manutenção é semelhante à equação usada no modelo *post-architecture*, com a seguinte forma:

$$E = A * KSLOC_m^S * \prod_{i=1}^{n} M_i$$

Nesta equação:

- E é o esforço de manutenção em desenvolvedor-mês a ser calculado.
- A é uma constante calibrada pelo método, inicialmente valendo 2,94.
- $KSLOC_m$ é o número de linhas de código que se espera adicionar ou alterar, ajustado pelo fator de manutenção (ver a seguir). Não são contadas as linhas que eventualmente serão excluídas do código.
- S é o coeficiente de escala determinado pelos fatores de escala e calculado como mostrado na Subseção 7.4.3.
- M_i são os multiplicadores de esforço.

As seguintes mudanças em relação ao modelo *post-architecture* são implementadas para o cálculo do esforço de manutenção:

- O multiplicador de esforço SCED (cronograma de desenvolvimento requerido) não é usado (ou assumido como nominal), porque se espera que os ciclos de manutenção tenham duração fixa predeterminada.
- O multiplicador de esforço RUSE (desenvolvimento para reúso) não é usado (ou assumido como nominal), porque se considera que o esforço requerido para manter a reusabilidade de um componente de software é balanceado pela redução do esforço de manutenção por causa do projeto, da documentação e dos testes cuidadosos do componente.
- O multiplicador de esforço RELY (software com confiabilidade requerida) tem uma tabela de aplicação diferenciada. Assume-se que RELY na fase de manutenção vai depender do valor que RELY tinha na fase de desenvolvimento. Se o produto foi desenvolvido com baixa confiabilidade, haverá maior esforço para consertá-lo. Se o produto foi desenvolvido com alta confiabilidade, haverá menor esforço para consertá-lo (Tabela 14.2), exceto no caso de sistemas com risco à vida humana, nos quais a necessidade de confiabilidade, mesmo na fase de manutenção, faz crescer o esforço.

Assim, a tabela dada deve ser aplicada da seguinte forma: avalia-se a confiabilidade com a qual o sistema foi originalmente desenvolvido (primeira linha) e encontra-se o valor numérico a ser aplicado na fase de manutenção na terceira linha. Note que os valores são inversamente proporcionais aos usados na fase de desenvolvimento (Tabela 7.17).

O número de KSLOC usado na fase de manutenção deve ser ajustado antes de ser aplicado na equação de cálculo de esforço pelo uso do *fator de ajuste de manutenção* (*MAF*):

$$KSLOC_m = (KSLOC_{adicionadas} + KSLOC_{modificadas}) * MAF$$

O fator de ajuste de manutenção *MAF* é calculado a partir da equação a seguir:

$$MAF = 1 + \left(\frac{SU}{100} * UNFM \right)$$

Nesta equação:

- *SU* é o fator de ajuste relacionado com a *compreensão do software* (*software understanding*), calculado de acordo com a Tabela 14.3.
- *UNFM* é o fator de *não familiaridade* com relação ao software, calculado de acordo com a Tabela 14.4.

Caso não se conheça *a priori* o número de linhas a serem adicionadas ou modificadas, esse valor pode ser obtido a partir de uma análise histórica dos processos de manutenção do projeto ou da empresa. A partir de uma estimativa da porcentagem de linhas adicionadas ou alteradas, pode-se prever a quantidade de manutenção que será necessária no futuro.

14.5.3 Modelos FP e SMPEEM

O modelo *FP* (ALBRECHT, 1979) para cálculo de esforço de manutenção é baseado unicamente em pontos de função, e não em linhas de código. Segundo esse modelo, é necessário calcular os pontos de função não ajustados de quatro tipos de funções:

- *ADD*: UFP de funções que vão ser adicionadas.
- *CHG*: UFP de funções que vão ser alteradas.
- *DEL*: UFP de funções que vão ser removidas.
- *CFP*: UFP de funções que serão adicionadas por conversão.

TABELA 14.2 Forma de obtenção do equivalente numérico para RELY na fase de manutenção

Descritor	Pequena inconveniência	Perdas pequenas facilmente recuperáveis	Perdas moderadas facilmente recuperáveis	Alta perda financeira	Risco à vida humana	
Avaliação	Muito baixo	Baixo	Nominal	Alto	Muito alto	Extra alto
Equivalente numérico	1,23	1,10	1,00	0,99	1,07	n/a

282 PARTE | III Qualidade

TABELA 14.3 Forma de cálculo do equivalente numérico para *SU*

Descritor	Muito baixo	Baixo	Nominal	Alto	Muito alto
Estrutura	Coesão muito baixa, acoplamento alto, código espaguete	Coesão moderadamente baixa, acoplamento alto	Razoavelmente bem estruturado, algumas áreas fracas	Alta coesão, baixo acoplamento	Modularidade forte, ocultamento de informação em estruturas de dados ou controle (objetos)
Clareza da aplicação	As visões do programa e sua aplicação no mundo real não batem	Alguma correlação entre o programa e a aplicação	Correlação moderada entre o programa e a aplicação	Boa correlação entre o programa e a aplicação	As visões do programa e da aplicação no mundo real claramente batem
Autodescrição	Código obscuro, documentação faltando, obscura ou obsoleta	Alguns comentários no código e cabeçalhos, alguma documentação útil	Nível moderado de documentação no código e cabeçalhos	Código e cabeçalhos bem documentados, algumas áreas fracas	Código autodescritivo, documentação atualizada e bem organizada baseada em design
Valor de SU	50	40	30	20	10

TABELA 14.4 Forma de cálculo do equivalente numérico para *UNFM*

Nível de não familiaridade	Valor de UNFM
Completamente familiar	0,0
Basicamente familiar	0,2
Um tanto familiar	0,4
Um tanto não familiar	0,6
Basicamente não familiar	0,8
Completamente não familiar	1,0

Além de classificar as entradas, saídas, consultas, arquivos internos e arquivos externos nesses quatro tipos antes de contabilizar seus pontos de função não ajustados, a técnica propõe que os fatores de ajuste técnico (*VAF*) (Subseção 7.1.6) sejam calculados para dois momentos: antes da manutenção (VAF_A) e depois da manutenção (VAF_D). Isso ocorre porque possivelmente a atividade de manutenção pode alterar um ou mais destes fatores fazendo com que, por exemplo, o sistema fique mais seguro, ou passe a ser distribuído, ou ainda, que apresente mais facilidade para o usuário. A equação a seguir é, então, aplicada:

$$E = (ADD + CHG + CPF) * VAF_D + DEL * VAF_A$$

Ahn, Suh, Kim e Kim (2003) apresentam uma evolução desse modelo, chamada SMPEEM (Software Maintenance Project Effort Estimation Model – Modelo de Estimação de Esforço para Projeto de Manutenção de Software), na qual incluem mais dez fatores de ajuste específicos para as atividades de manutenção:

- Conhecimento do domínio da aplicação
- Familiaridade com a linguagem de programação
- Experiência com o software básico (sistema operacional, gerenciador de banco de dados)
- Estruturação dos módulos de software
- Independência entre os módulos de software
- Legibilidade e modificabilidade da linguagem de programação
- Reusabilidade de módulos de software legados
- Atualização da documentação
- Conformidade com padrões de engenharia de software
- Testabilidade

Os três primeiros fatores são referentes às habilidades de engenharia da equipe. Os quatro fatores a seguir são referentes a características técnicas, e os três últimos fatores estão relacionados com o ambiente de manutenção.

14.6 ENGENHARIA REVERSA E REENGENHARIA

Em algumas situações, o processo de manutenção ou evolução de um sistema exige uma atividade mais drástica do que simplesmente consertar partes do código. Sistemas antiquados, mal documentados e mal mantidos poderão requerer um processo completo de reengenharia para que possam voltar a evoluir de modo mais saudável.

A reengenharia de um sistema é, basicamente, o processo de descobrir como um sistema funciona para que se possa refatorá-lo ou mesmo criar um novo sistema tecnologicamente atualizado que cumpra suas tarefas.

Chikofsky e Cross II (1990) apresentam uma taxonomia de termos relacionados com a reengenharia de software:

- *Engenharia direta* (*forward engineering*): processo tradicional de produção de software que vai das abstrações de mais alto nível até o código executável.
- *Engenharia reversa* (*reverse engineering*): processo de analisar um sistema ou seus modelos de forma a conseguir produzir especificações de nível mais alto. É um processo de exame e explicação.
- *Redocumentação* (*redocumentation*): é uma subárea da engenharia reversa. Em geral, trata-se de obter formas alternativas de uma especificação no mesmo nível do artefato examinado.
- *Recuperação de projeto* (*design recovery*): é outra subárea da engenharia reversa. Ao contrário da anterior, a recuperação de projeto vai realizar abstrações a partir dos elementos examinados, a fim de produzir artefatos em níveis mais altos do que os examinados.
- *Reestruturação* (*reestructuring*): é uma das formas de refatoração e consiste em transformar um artefato internamente, porém mantendo sua funcionalidade aparente. Normalmente, a reestruturação é realizada para simplificar a arquitetura de sistemas de forma a minimizar futuros problemas de manutenção.
- *Reengenharia* (*reengineering*): exame e alteração de um sistema para reconstruí-lo de forma diferente. Geralmente, inclui alguma forma de engenharia reversa seguida de engenharia direta ou reestruturação.

A Figura 14.2 apresenta, esquematicamente, a relação entre os diferentes termos.

Segundo os autores, a expressão "engenharia reversa" teve origem na análise de hardware, em que a prática de decifrar projetos a partir de produtos prontos é usual. Porém, na área de hardware, o objetivo da engenharia reversa normalmente é obter informações para duplicar um produto. Já na área de software os objetivos podem ser outros:

- Lidar com a complexidade do código.
- Gerar visões alternativas, como diagramas.
- Recuperar informações perdidas sobre modificações não documentadas.
- Detectar efeitos colaterais que não foram previstos no processo de engenharia direta.
- Sintetizar conceitos e estrutura em abstrações de nível mais alto.
- Facilitar o reúso de ativos de software existentes (por exemplo, para aproveitá-los em linhas de produto de software).

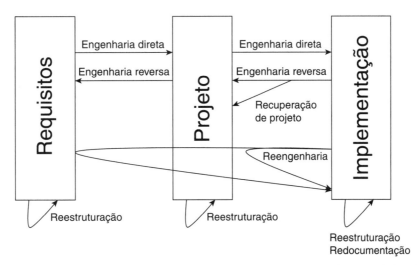

FIGURA 14.2 Relação esquemática entre os diferentes termos relacionados com a engenharia reversa. Fonte: *Chikofsy e Cross II (1990).*

284 PARTE | III Qualidade

Uma das diretrizes da engenharia reversa consiste em, por causa de seu alto custo, aplicá-la apenas onde for realmente necessária, não necessariamente ao sistema todo (BENNETT, 2000).

Em função do seu objeto, a engenharia reversa pode ser classificada em dois tipos: *engenharia reversa de código* e *engenharia reversa de dados*. As subseções a seguir apresentam esses dois tipos.

14.6.1 Engenharia Reversa de Código

Segundo Muller et al. (2000), a engenharia reversa de software tem se concentrado no *código*, enquanto a engenharia direta atua mais amplamente nos diferentes *níveis de abstração* de uma especificação de sistema. Isso pode ser explicado pelo fato de que, em geral, a questão de engenharia reversa se coloca quando existe um sistema legado e é necessário, entre outras coisas, descobrir regras de negócio escondidas nele.

O problema é que muitas vezes o código, por si só, não contém todas as informações de que se necessita. Muitas decisões tomadas ficam registradas apenas na memória dos desenvolvedores. Com o tempo, essas memórias podem ser perdidas ou as pessoas podem ficar inacessíveis. Além disso, segundo as Leis de Lehman (Seção 14.1), a complexidade do software tende a crescer com o tempo. Assim, fica cada vez mais difícil lidar com o código.

É possível caracterizar dois tipos de engenharia reversa de código:

- A partir de código-fonte.
- A partir de código-objeto.

O primeiro tipo é usado para melhorar a compreensão sobre sistemas legados ou mal documentados. Já o segundo tipo pode ser usado, entre outras coisas, para a clonagem de produtos. Nesse caso, pode-se usar a técnica de *clean room design* (SCHWARTZ, 2001) para evitar a quebra de direitos autorais. Essa técnica consiste em usar a engenharia reversa apenas apara entender o produto original e, então, desenvolver um produto novo que não use parte alguma do produto original.

A engenharia reversa de código pode ser realizada a partir de uma ou mais técnicas a seguir:

- *Análise de fluxo de dados*: consiste em verificar o comportamento do sistema como uma caixa-preta, ou seja, sem ter conhecimento de sua estrutura interna. A análise do comportamento do sistema pode permitir, então, que um novo sistema seja desenvolvido para ter o mesmo comportamento.
- *Desassemblagem*: consiste em usar um desassemblador, que converte o código executável em mnemônicos de linguagem *Assembly*.
- *Descompilação*: consiste em usar um descompilador para obter uma aproximação do código original usado para produzir o executável. Os resultados podem variar bastante, pois há questões difíceis de tratar, como a escolha de nomes para variáveis e procedimentos.

A análise de fluxo de dados pode ser feita com ferramentas como *bus analyzers* ou *packet sniffers*. Um *bus analyzer* é uma combinação de software e hardware usada para monitorar e apresentar, em formato adequado, o fluxo de informações que passa por um barramento de dados escolhido. Já os *packet sniffers* usualmente são conectados a redes de computadores (com ou sem fio).

Um tipo especial de desassemblador é o *debugger*, que permite que o código seja executado e alterações de partes do código sejam feitas interativamente.

Os descompiladores são bem mais complexos do que os desassembladores, pois precisam gerar comandos em nível bem mais alto do que estes últimos, que fazem apenas uma tradução direta dos códigos de máquina em mnemônicos. Os descompiladores costumam trabalhar em fases caracterizadas por diferentes componentes:

- *Carregador*: esse componente faz o carregamento do programa e identifica algumas informações básicas, como o tipo de processador para o qual o código foi gerado e o ponto de entrada. Pode chegar até a encontrar o equivalente ao módulo principal de um programa, a partir do qual as inicializações e chamadas são feitas.
- *Desassemblador*: esse componente procura transformar os códigos de máquina carregados por uma representação mnemônica independente de processador.
- *Identificador de expressões idiomáticas*: alguns processadores usam instruções muito específicas para realizar operações que seriam bem mais simples em uma linguagem independente de tecnologia. Por exemplo, a instrução *xor eax,eax* é usada para atribuir zero ao registrador *eax*. Ela poderia ser descrita mais claramente como *eax = 0*. Expressões idiomáticas são catalogadas para cada processador.
- *Análise de programa*: o analisador de programa vai identificar sequências de operações e tentar agrupá-las em comandos. Por exemplo, uma expressão que, em linguagem de alto nível, seria escrita como $x = y + 45*(z - x)/2$ seria compilada como

uma sequência de operações elementares de adição, multiplicação, subtração e divisão. O analisador de programa deve ser capaz de identificar essa sequência e transformá-la na expressão que possivelmente era a original do programa-fonte.

- *Análise de fluxo de dados*: consiste em detectar as variáveis e seu escopo no programa. O problema é complexo, porque a mesma posição de memória pode ser ocupada por mais de uma variável em momentos diferentes, e uma variável pode ocupar mais de uma posição da memória. A abordagem geral para tratar esse problema é baseada em grafos e foi definida por Kildall (1973).

- *Análise de tipos*: observando as operações (de máquina) efetuadas sobre determinadas variáveis, pode-se inferir seu possível tipo. Por exemplo, operações AND nunca são executadas em variáveis de ponto flutuante ou ponteiros.

- *Estruturação*: consiste em transformar estruturas de máquina em estruturas de alto nível, como *if* e *while*.

- *Geração de código*: a fase final consiste em gerar o código na linguagem-alvo. Possivelmente, vários problemas ainda restarão e terão que ser resolvidos interativamente pelo usuário.

14.6.2 Engenharia Reversa de Dados

Engenharia reversa de dados pode ser considerada um caso especial da engenharia reversa, pois seu foco está na localização, na organização e na reinterpretação do significado dos dados de um sistema. Davis e Aiken (2000) apresentam um apanhado histórico da evolução dessa área.

Uma das atividades relacionadas com a engenharia reversa de dados é a *análise de dados*. Segundo Muller et al. (2000), essa atividade consiste em recuperar um modelo de dados atualizado (a partir de um sistema em operação), estruturalmente completo e semanticamente anotado. A atividade é particularmente difícil de ser automatizada. A recuperação dos modelos de bancos de dados (quando existem) é relativamente simples, mas em geral essas estruturas não contêm informações semânticas e estruturais completas sobre os dados, que acabam sendo diluídas em código executável e documentação.

Posfácio

O Futuro da Engenharia de Software

A ciência da computação é uma área que evolui muito rapidamente, todos sabem. Assim, o leitor deste livro poderia se perguntar: por quanto tempo estes conhecimentos ainda serão úteis? De fato, a evolução das tecnologias e arquiteturas (hoje a computação já está até nas "nuvens") tem criado grandes desafios e oportunidades nas atividades de desenvolvimento de software. Com o surgimento de geradores de código automatizados realmente efetivos e a consolidação de padrões de projeto e linguagens de programação de nível cada vez mais alto, as atividades de desenvolvimento, especialmente de programação e de teste de código, têm se transformado.

Apesar disso, projetos continuarão a ser feitos e precisarão ser gerenciados. Seus riscos continuarão a ser examinados e o esforço necessário para desenvolvê-los continuará a ser estimado, mesmo que esse esforço seja cada vez menor, se comparado às funcionalidades implementadas. Além disso, a qualidade, tanto do produto final quanto dos processos de trabalho, continuará sempre a ser buscada. Assim, por mais avançadas que sejam as ferramentas de desenvolvimento e por mais automatizados que sejam os geradores de código, o erro humano sempre estará presente, e por muito tempo ainda o teste de software será uma necessidade, nem que seja apenas para verificar se os requisitos foram perfeitamente compreendidos. Então, embora novas tecnologias, normas e abordagens surjam, os conhecimentos aqui examinados continuarão a ser necessários por tempo indeterminado.

Novas tecnologias vão surgir, assim como maneiras mais eficazes e mais eficientes de desenvolver software. Mas o fator humano continuará sendo o motor sem o qual essas tecnologias e ferramentas nada fazem. Os humanos, que estão à frente desse processo, são os depositários e desenvolvedores desses conhecimentos. Um longo caminho já foi trilhado em termos de criação de conceitos e práticas úteis para desenvolver sistemas. Resta agora aplicar o que já foi descoberto e, a partir daí, evoluir ainda mais.

Referências

AHN, Y.; SUH, J.; KIM, S.; KIM, H. (2003) The Software Maintenance Project Effort Estimation Model Based on Function Points. Journal of Software Maintenance and Evolution: Research and Practice, v. 15, issue 2, p. 71-85.

ALBRECHT, A.J. (1979) Measuring Application Development Productivity. In: Proceedings of the Joint SHARE/GUIDE and IBM Application Development Symposium, p. 83-92.

_____; GAFFNEY JR., J.E. (1983) Software Function, Source Lines of Code, and Development Effort Prediction: A Software Science Validation. In: IEEE Transactions on Software Engineering, p. 639-48.

ALVIM, P. (2008) Tirando o Máximo do Java EE 5 Open-Source com jCompany© Developer Suite. Belo Horizonte: Powerlogic Publishing.

AMBLER, S.W.; CONSTANTINE, L.L. (2000) The Unified Process Elaboration Phase: Best Practices in Implementing the UP. **Boca Ratón**: CRC Press.

_____; CONSTANTINE, L.L. (2000a) The Unified Process Construction Phase: Best Practices in Implementing the UP. **Boca Ratón**: CRC Press.

_____; LINE, M. (2012) Disciplined Agile Delivery: A Practitioner's Guide to Agile Software Delivery in the Enterprise. **Indianápolis**: IBM Press.

_____; LINE, M.; NALBONE, J.; VIZDOS, M.J. (2005) The Enterprise Unified Process: Extending the Rational Unified Process. New Jersey: Prentice-Hall.

ANDERSON, D.J. (2004) Agile Management for Software Engineering: Applying the Theory of Constraints for Business Results. New Jersey: Prentice-Hall Professional.

_____. (2010) Kanban: Successful Evolutionary Change for your Technology Business. Seattle: Blue Hole Press.

ARMBRUST, O.; KATAHIRA, M.; MIYAMOTO, Y.; MÜNCH, J.; NAKAO, H.; OCAMPO, A. (2009) Scoping Software Process Lines. Software Process: Improvement and Practice, 14(3):181-97.

AUER, K.; MEADE, E.; REEVES, G. (2003) The Rules of the Game. XP/Agile Universe, 2753:35-42.

AXELOS (2017) Managing Successful Projects with Prince2®. Indiana: John Wiley & Sons.

BASILI, V.R.; CALDIERA, G.; ROMBACH, H.D. (1994) The Goal Question Metric Approach. **Hoboken: John Wiley & Sons.**

BAUER, F.L. (1968) Software Engineering: Report on a conference sponsored by the NATO Scientific Committee. Garmish: **NATO.**

BECK, K. (1999) Extreme Programming Explained: Embrace Change. Reading: Addison-Wesley Professional.

_____. (2003) Test-Driven Development by Example. Reading: Addison-Wesley.

BEIZER, B. (1990) Software Testing Techniques. 2ª ed. Nova York: Van Nostrand Reinhold.

BELCHIOR, A.D. (1997) Um Modelo Fuzzy para Avaliação da Qualidade de Software. Tese de Doutorado, UFRJ, COPPE, Rio de Janeiro.

BENNETT, K. (2000) Software Maintenance: A tutorial. In: DORFMAN, M.; THAYER, R. Software Engineering. Nova York: IEEE Computer Society Press.

BLOCH, A. (1977) Murphy's Law and Other Reasons why Things go Wrong. Nova York: Price Stern Sloan.

BOEHM, B.W. (1986) A Spiral Model for Software Development and Enhancement. ACM SIGSOFT Software Engineering Notes, 11(4), p. 14-24.

_____. (1981) Software Engineering Economics. New Jersey: Prentice Hall.

_____. (2000) Software Cost Estimation with COCOMO II. New Jersey::1; Prentice-Hall.

BOMFIM, M.R.G.; ANDRADE, J.R. (2015) Guia de Contagem de Pontos de Função do Ministério do Planejamento, Orçamento e Gestão (MP). Versão 1.0.

BOOCH, G. (1994) Object-Oriented Analysis and Design with Applications. 2ª ed. Santa Clara, CA: Addison-Wesley.

BRECHNER, E. (2015) Agile Project Management with Kanban. **Nova York**: Microsoft Press (Developer Best Practices).

BROOKS, F. (1975) The Mythical Man-Month. Reading: Addison-Wesley.

BUDDE, R.; KRAUTZ, K.; KUHLENKAMP, K.; ZULLIGHOVEN, H. (1992) Prototyping: An Approach to Evolutionary System Development. Berlim: Springer-Verlag.

CANTOR, M. (2003) Rational Unified Process for Systems Engineering. **Indianápolis**: IBM Press.

CARR, M.J.; KONDA, S.L.; MONARCH, I.; ULRICH, F.C.; WALKER, C.F. (1993) Taxonomy-Based Risk Identification. (1993) Pittsburgh: Carnegie Mellon University.

CARVALHO, D.D.; CHAGAS, L.F.; LIMA, A.M.; REIS, C.A.L. (2014) Software Process Lines: A Sistematic Literature Review. In: MITASIUNAS A.; ROUT T.; O'CONNOR R.V.; DORLING A. (eds.) Software Process Improvement and Capability Determination. SPICE 2014. Communications in Computer and Information Science, v. 477.

CERI, S.; FRATERNALI, P.; BONGIO, A.; BRAMBILLA, M.; COMAI, S.; MATERA, M. (2003) Designing Data-Intensive Web Applications. **Burlington**: Morgan Kaufmann Publishers.

CHIKOFSKY, E.J.; CROSS II, J.H. (1990) Reverse Engineering and Design Recovery: A Taxonomy. In , IEEE., Software, 7(1), p. 13-7.

CLELAND-HUANG, J.; ZEMONT, G.; LUKASIK, W. (2004) A Heterogeneous Solution for Improving the Return on Investment of Requirements Traceability. 12th IEEE International Conference on Requirements Engineering, p. 230-9.

COAD, P.; DE LUCA, J.; LEFEBVRE, E. (1997) Java Modeling in Color with UML: Enterprise Components and Process. New Jersey: Prentice-Hall.

COCKBURN, A. (2004) Crystal Clear: A Human-Powered Methodology for Small Teams. Reading: Addison-Wesley Professional.

_____; WILLIAMS, L. (2001) The Cost and Benefits of Pair Programming. Extreme Programming Examined. Reading: Addison-Wesley, p. 223-243.

COHN, M. (2007) Advice on Conducting the Scrum of Scrums Meeting. Scrum Alliance. Disponível em: <https://www.scrumalliance.org/community/articles/2007/may/advice-on-conducting-the-scrum-of-scrums-meeting>. Acesso em: 22 ago 2018.

CONNER, D.R.; PATTERSON, R.W. (1982) Building Commitment to Organizational Change. Training and Development Journal, 36(4), p. 18-26.

CRINNION, J. (1991) Evolutionary Systems Development, a Practical Guide to the Use of Prototyping within a Structured Systems Methodology. New York: Plenum Press.

CROSBY, P. (1979) Quality is Free. Nova York: McGraw-Hill.

CROWTHER, M. (2012) Software Test Metrics: Key Metrics and Measures for Use Within the Test Function. Disponível em: <www.cyreath.co.uk/papers/Cyreath_Software_Test_Metrics.pdf>. Acesso em: 7 dez 2018.

DAVIS, K.H.; AIKEN, P.H. (2000) Data Reverse Engineering: A Historical Survey. In: IEEE Seventh Working Conference on Reverse Engineering (WCRE 2000). Brisbane, Austrália.

DEGRACE, P.; STAHL, L.H. (1990) Wicked Problems, Righteous Solutions: A Catalog of Modern Engineering Paradigms. New Jersey: Prentice-Hall.

DELAMARO, M.E.; MALDONADO, J.C.; JINO, M. (2007) Introdução ao Teste de Software. Rio de Janeiro: Elsevier.

DIJKSTRA, E.W. (1971) The Humble Programmer. Communications of the ACM, 15(10), p. 859-66.

DINSMORE, P.C.; CABANIS-BREWIN, J.; ABDOLLAHYAN, F.; ANSELMO, J.L.; COTA, M.F.; CAVALIERI, A. (2009) AMA – Manual de Gerenciamento de Projetos. Rio de Janeiro: Brasport.

DUSTIN, E. (2002) Automate Regression Tests When Feasible. In: DUSTIN, E. Effective Software Testing: 50 Specific Ways to Improve Your Testing. Reading: Addison-Wesley Professional.

ELLIS, R. (2010) Project Management: Project Lifecycle Planning.

ERDIL, K.; FINN, E.; KEATING, K.; MEATTLE, J.; PARK, S.; YOON, D. (2003) Software Maintenance as Part of the Software Life Cycle. Tufts University, Computer Science.

FAGAN, M.E. (1986) Advances in Software Inspections. In: IEEE Transactions on Software Engineering, SE. 12(7):744-51.

FELIX, L. (2009) O que Significam Story Points. Código Ágil. Disponível em: http://lucianofelix.wordpress.com/2009/06/10/o-que-significam-story-points/. Acesso em: 7 dez 2018.

FERREIRA, M.G. (2011) Melhoria de Processo de Software sob a Ótica da Gestão de Mudança Organizacional: a necessidade de gerenciar e de motivar as pessoas durante a implementação. Dissertação de Mestrado, UFSC, PPGCC, Florianópolis.

_____; WAZLAWICK, R.S. (2011) Complementing the SEI-IDEAL Model with Deployers Real Experiences: The Need to Address Human Factors in SPI Initiatives. XIV Iberoamerican Conference on Software Engineering.

FOWLER, P.; RIFKIN, S. (1990) Software Engineering Process Group Guide. SEI.

GENUCHTEN, M.; CORNELISSEN, W.; DIJK, C.V. (1997) Supporting Inspections with an Electronic Meeting System. Journal of Management Information Systems, 14(3):165-79.

GILB, T. (1987) Principles of Software Engineering Management. Reading: Addison-Wesley.

GOMES, A.S.; MEDEIROS, L.M.; ALVES, C.F.; CAPARICA, F.; NIBON, R.; VASCONCELOS, A.M. (2007) Uso de Storyboards para a Documentação dos Requisitos no Desenvolvimento Distribuído de Software. I Workshop de Desenvolvimento Distribuído de Software (WDDS) – Simpósio Brasileiro de Engenharia de Software (SBES). João Pessoa: SBC.

GUEDES, G.T.A. (2018) UML 2 – Uma Abordagem Prática. 3ª ed. Rio de Janeiro: Novatec.

HAZAN, C. et al. (2010) Roteiro SERPRO de Contagem de Pontos de Função e Estimativas. Serviço Federal de Processamento de Dados.

HERRAIZ, I.; RODRIGUEZ, D.; ROBLES, G.; GONZALEZ-BARAHONA, J.M. (2013) The Evolution of the Laws of Software Evolution: A Discussion Based on a Systematic Literature Review. ACM Computing Surveys, 46(2):1-28.

IEEE COMPUTER SOCIETY. (2014) SWEBOK: Guide to the Software Engineering Body of Knowledge – Version 3.0. BOURQUE, P.; FAIRLEY, R.E. (eds.) IEEE Computer Society.,

IVERSEN, J.H.; MATHIASSEN, L.; NIELSEN, P. (2004) Managing Risk in Software Process Improvement: An Action Research Approach. MIS Quarterly, 28(3):395-433.

JACOBSON, I. (1995) The Use-Case Construct in Object-Oriented Software Engineering. In: CARROLL, J.M. (ed.). Scenario-Based Design. Hoboken: Wiley & Sons.

_____; BOOCH, G.; RUMBAUGH, J. (1999) The Unified Software Development Process. Reading: Addison-Wesley.

JONES, C. (1996) Applied Software Measurement, Assuring Productivity and Quality. New York: McGraw-Hill.

JONES, T.C. (1998) Estimating Software Costs. Nova York: McGraw-Hill.

_____. (2002) Software Cost Estimation in 2002. **CrossTalk: The Journal of Defense Software Engineering. The USAF Software Technology Support Center (STSC).**

KEEFER, G. (2003) Extreme Programming Considered Harmful for Reliable Software Development 2.0. Draft. Avoca.

KEHOE, R.; JARVIS, A. (1996) ISO 9000-3: A Tool for Software Product and Process Improvement. Nova York: Springer Verlag.

KERZNER, H. (1998) In Search of Excellence in Project Management: Successful. Nova York: Van Nostrand Reinhold.

KILDALL, G. (1973) A Unified Approach to Global Program Optimization. Proceedings of the 1st Annual ACM SIGACT-SIGPLAN Symposium on Principles of Programming Languages, p. 194-206.

KITCHENHAM, B.; LAWRENCE, S. (1996) Software Quality: The Elusive Target. IEEE Software, 13(1):12-21.

KNIBERG, H. (2007) Scrum and XP from the Trenches: How we do Scrum. InfoQ.

KOSKELA, L. (2007) Test Driven: TDD and Acceptance TDD for Java Developers. Nova York: Manning Publications.

KOTTER, J.P. (2006) Leading Change: Why Transformation Efforts Fail?. Engineering Management Review, 37(3): 42-8.

KROLL, P.; KRUCHTEN, P. (2003) The Rational Unified Process Made Easy: A Practitioner's Guide to the RUP. Reading: Addison Wesley.

KRUCHTEN, P. (2003) The Rational Unified Process – An Introduction. 3rd ed. Reading: Addison Wesley.

KULESZA, U. (2011) Linhas de Processo de Software: Conceitos, Técnicas e Ferramentas. SBQS – Simpósio Brasileiro de Qualidade de Software.

LADAS, C. (2009) Scrumban: Essays on Kanban Systems for Lean Software Development. **Seattle**: Modus Cooperandi Press.

LARMAN, C. (2001) Applying UML and Patterns: An Introduction to Object-oriented Analysis and Design and the Unified Process. New Jersey: Prentice Hall.

_____; VODDE, B. (2016) Large Scale Scrum: More with LeSS. Reading: Addison-Wesley Professional.

LEHMAN, M.M. (1980) Programs, Life Cycles, and Laws of Software Evolution. Proceedings of the IEEE, 68(9):1.060-76.

LEHMAN, M.M.; RAMIL, J.F.; WERNICK P.D. (1997) Metrics and Laws of Software Evolution – The Nineties View. Proc. 4th International Software Metrics Symposium. Albuquerque, p. 20-32.

LENZ, G.; MOELLER, T. (2004) NET: A Complete Development Cycle. Londres: Pearson Education Inc.

LEVESON, N.G. (1995) Safeware: System Safety and Computers. Reading: Addison-Wesley.

LINDEN, T.A. (1976) Operating System Structures to Support Security and Reliable Software. ACM Computing Surveys, 8(4):409-45.

LONGSTREET, D. (2018) Function Points Analysis Training Course, 2018. Software Metrics. Disponível em: <www.softwaremetrics.com/Function%20Point%20Training%20Booklet%20New.pdf>. Acesso em 7 dez 2018.

LUCCHESI, C.L.; SIMON, I.; SIMON, J.; KOWALTOWSKI, T. (1979) Aspectos Teóricos da Computação. Rio de Janeiro: Ao Livro Técnico e Científico.

LUI, M.L.; CHAN, K.C.C. (2005) A Road Map for Implementing eXtreme Programming. Lecture Notes in Computer Science, 3840, p. 474-481.

MAR, K. (2016) Seven Common Sprint Burndown Graph Signatures, 2006. Disponível em <https://scrumology.com/sprint-burn-graph-signatures/>. Acesso em 7 dez 2018.

MCCABE, T. (1972) A Complexity Measure. In: IEEE Transactions on Software Engineering, p. 308-20.

MCCONNELL, S. (1996) Rapid Development. Redmond, Washington: Microsoft Press.

MCFEELEY, B. (1996) IDEAL: A User's Guide for Software Process Improvement. Pittsburgh: CMU, SEI.

MCGOVERN, J.; AMBLER, S.W.; STEVENS, M.E.; LINN, J.; SHARAN, V.; JO, E.K. (2003) A Practical Guide to Enterprise Architecture. New Jersey: Prentice Hall.

MCGREGOR, J.D. (2004) Software Product Lines. Journal of Object Technology 3(3), march-april.

MILLS, E.E. (1988) Software Metrics – SEI Curriculum Module SEI-CM-12-1.1. Pittsburgh: SEI.

MUKHIJA, A. (2003) Seminar on Software Cost Estimation, 2003. Disponível em: <https://files.ifi.uzh.ch/rerg/arvo/courses/seminar_ws02/reports/Seminar_9.pdf>. Acesso em 7 dez 2018.

MÜLLER, H.A.; JAHNKE, J.H.; SMITH, D.B.; STOREY, M.A.; TILLEY, S.R.; WONG, K. (2000) Reverse Engineering: A Roadmap. International Conference on Software Engineering (ICSE), p. 47-60.

MYERS, G.J.; SANDLER, C.; BADGETT, T.; THOMAS, T.M. (2004) The Art of Software Testing. 2nd ed. New Jersey: John Wiley & Sons.

NGUYEN, V.; DEEDS-RUBIN, S.; TAN, T.; BOEHM, B. (2007) A SLOC Counting Standard. Center for Systems and Software Engineering, USC.

NORTHROP, L. (2004) Software Product Line Adoption Roadmap. Pittsburgh: SEI.

_____. (2008) Software Product Lines Essentials, 2008. SEI – Carnegie Mellon University.

OCAMPO, A.; ARMBRUST, O. (2009) Software Process Lines and Standard Traceability Analysis. WOCS – Workshop of Critical Software System. Tokyo.

OHNO, T. (1988) Toyota Production System: Beyond large-scale production. Boca Raton: Productivity Press.

ORACLE. (2007) Oracle Unified Method (OUM), White Paper.

_____. (2009) Oracle Unified Method (OUM). Oracle Brief.

OSTERWALDER, A.; PIGNEUR, Y. (2011) Business Model Generation: Inovação em modelos de negócios. Rio de Janeiro: Alta Books.

PALMER, S.R.; FELSING, J.M. (2002) A Practical Guide to Feature-Driven Development. New Jersey: Prentice Hall.

PARK, R. (1992) Software Size Measurement: A Framework for Counting Source Statements. Pittsburgh: CMU, SEI.

PARKINSON, C.N. (1955) Parkinson's Law. The Economist. **November, 1955**.

PMI. (2017) A Guide to the Project Management Body of Knowledge (PMBOK Guide). 6th ed. Newtown Square: Project Management Institute Inc.

POPPENDIECK, M.; POPPENDIECK, T. (2003) Lean Software Development: An Agile Toolkit. Boston: Addison-Wesley International.

PRESSMAN, R.S. (2005) Software Engineering: A Practitioner's Approach. 6th ed. Nova York: McGraw-Hill Education.

RATIONAL SOFTWARE (2001) Rational Unified Process for Systems Engineering – RUP SE 1.1. A Rational Software White Paper, TP 165A, 5/02.

ROMBACH, D. (2005) Integrated Software Process and Product Lines. SPW International Software Process Workshop. Beijing.

ROYCE, W.W. (1970) Managing the Development of Large Software Systems. Proceedings of IEEE WESCON, p. 1-9.

SANTOS, L.B.; PRETZ, E. (2009) Framework para Especialização de Modelos de Qualidade de Produtos de Software. Monografia, Centro Universitário Feevale.

SANTOS, R.N.; WAZLAWICK, R.S. (2009) Rastreabilidade Indutiva Aplicada a Artefatos de Software. VI Experimental Software Engineering Latin American Workshop. **São Carlos**.

SCHAEFER, H. (1985) Metrics for Optimal Maintenance Management. Proceedings Conference on Software Maintenance. Washington: IEEE Computer Society Press, p. 114-9.

SCHELL, J. (2008) The Art of Game Design. Burlington: Elsevier.

SCHWABER, K.; BEEDLE, M. (2001) Agile Software Development with Scrum. New Jersey: Prentice-Hall.

_____; SUTHERLAND, J. (2017) The Scrum GuideTM – The Definitive Guide to Scrum: The rules of the game. Disponível em: <https://www.scrumguides.org/docs/scrumguide/v2016/2016-Scrum-Guide-US.pdf>. Acesso em 22 ago 2018.

SCHWARTZ, M. (2001) Reverse-Engineering. Computerworld, **35(46) November, 2001**.

SETTIMI, R.; CLELAND-HUANG, J.; KHADRA, O.B.; MODY, J.; LUKASIK, W.; De PALMA, C. (2004) Supporting Software Evolution through Dynamically Retrieving Traces to UML Artifacts. Proceedings of the Principles of Software Evolution.

SILVA, L.P.; VILAIN, P. (2016) Execution and Code Reuse between Test Classes. Proceedings of the 14th SERA – International Conference on Software Engineering Research, Management and Applications.

SINGH, S. (1998) O Último Teorema de Fermat. Rio de Janeiro: Record.

SOFTEX. (2016) MPS.BR – Melhoria de Processo do Software Brasileiro – Guia Geral MPS de Software. Brasília: Softex.

SOLINGEN, R.V.; BERGHOUT, E. (1999) The Goal/Question/Metric Method: A Practical Guide for Quality Improvement of Software Development. Cambridge: McGraw-Hill.

SOMMERVILLE, I. (2003) Engenharia de Software. 6th ed. Reading: Addison-Wesley.

SPILLNER, A. (2002) The W Model: Strengthening the Bond Between Development and Test. STAReast Conference, Orlando.

STAA, A. (2003) Acompanhamento de Projetos. Rio de Janeiro: PUC – Departamento de Informática.

SURYN, W.; ABRAN, A. (2003) ISO/IEC SQuaRE. The Second Generation of Standards for Software Product Quality. Proceedings of 7th IASTED SEA – International Conference on Software Engineering and Applications, Marina del Rey, CA.

SYMONS, C.R. Function Points Analysis: Difficulties and Improvements. *IEEE Transactions on Software Engineering,* 14(1), p. 2-11, 1988.

TAKEUCHI, H.; NONAKA, I. (1986) The New Product Development Game. Harvard Business Review, jan, p. 137-46.

TAUSWORTHE, R.C. (1980) The Work Breakdown Structure in Software Project Management. Journal of Systems and Software, n. 1, p. 181-6.

TEIXEIRA, H.V. (2010) A Crise de Software, 2010. Disponível em: <http://pt.scribd.com/doc/37503268/A-Crise-de-SW-Hugo-Vidal-Teixeira>. Acesso em 7 dez 2018.

TOLFO, C.; WAZLAWICK, R.S. (2008) The Influence of Organizational Culture on the Adoption of Extreme Programming. The Journal of Systems and Software, 81(11):1.955-67.

VON MAYRHAUSER, A.; VANS, A.M. (1995) Program Comprehension During Software Maintenance and Evolution. Computer, 28(8):44-55.

WANGENHEIM, C.G. (2000) Utilização do GQM no Desenvolvimento de Software. São Leopoldo: Unisinos.

WAZLAWICK, R.S. (2014) Metodologia de Pesquisa para Ciência da Computação. 2ª ed. Rio de Janeiro: Elsevier.

_____. (2015) Análise e Design Orientados a Objetos para Sistemas de Informação: Modelagem com UML, OCL e IFML. 3ª ed. Rio de Janeiro: Elsevier.

WAZLAWICK, R.S. (2017) Introdução a Algoritmos e Programação com Python: Uma abordagem dirigida por testes. Rio de Janeiro: Elsevier.

WEISS, D.M.; LAY, C.T. (1999) Software Product-Line Engineering: A Family-Based Software Development Process. Reading: Addison-Wesley.

WELLS, D. (2009) The Rules of Extreme Programming, 2009. Disponível em: <www.extremeprogramming.org/rules.html>. Acesso em 12 nov 2018.

WEST, D. (2002) Planning a Project with the Rational Unified Process. Rational Software White Paper. TP 151.

WIEGERS, K.E. (2007) Know Your Enemy: Introduction to Risk Management. In: WIEGERS, K.E. Practical Project Initiation: A Handbook with Tools. Microsoft Press.

XAVIER, C.M. (2011) Gerência de Escopo em Projetos. MBA em Gerência de Projetos. **São Paulo: FGV**.

YOURDON, E. (1985) Structured Walkthroughs. Englewood Cliffs: Yourdon Press.

ZAHRAN, S. (1997) Software Process Improvement: Practical Guidelines for Business Success. Reading: Addison-Wesley.

Índice remissivo

A

Ação, 216, 230
ACAP, 147, 150
Aceitação, 82, 85, 89, 96
Acessibilidade, 204
Acoplagem, 168
ACT. *Consulte* tráfego de mudança anual
Acurácia, 202
Adaptabilidade, 202
Adaptação(ões), 271, 273, 279
    obrigatórias, 279
Adequação funcional, 201
Administração de empresa, 93
Agile Unified Process, 96
Agregação, 190
AIE. *Consulte* arquivo de interface externa
AL. *Consulte* arquivo lógico
ALI. *Consulte* arquivo lógico interno
Ambiente, 84, 88, 92
Amplificar a aprendizagem, 55
Analisabilidade, 202, 206
Análise, 157, 167, 174
    de fluxo de dados, 284
    de pontos de função, 115, 135
    de programa, 284
    de valor limítrofe, 258, 262, 267
Analista, 2, 84, 94
Annual change traffic. *Consulte* tráfego de
    mudança anual
Annual State of Agile Survey, 44
APEX, 147, 151
APF. *Consulte* Análise de Pontos de Função
Aplicativos, 6
APO. *Consulte* area product owner
Aprendizagem, 228, 231
Apropriação reconhecível, 202, 204
Aquisições, 179, 180
Architecture owner, 96
Area product owner, 55
Áreas
    de conhecimento, 178, 179
    de negócio, 71
Arquitetura, 82, 85, 90, 94, 97
    do RUP, 88
    do sistema, 22, 30
Arquivo
    de interface externa, 118
    lógico, 117, 121, 129
        interno, 119, 130
Artefato(s), 3, 14, 81, 87, 91, 104, 109, 112,
    189, 194, 208
Atividades, 4, 11, 14, 19, 87, 93
    de negócio, 71, 72, 73
Ativos preexistentes, 40

Atributos de processos, 218, 225, 228
Auditoria, 194
AUP. *Consulte* Agile Unified Process
Autenticação, 244
Autorização, 244
Autorregulação, 272
Avaliação
    benchmark, 224
    de sustentação, 224
    informal, 224

B

Backfire tables, 136
Base de ativos, 40
Baseline, 191, 194
BDUF. *Consulte* big design up front
Beta, 242, 243
Big bang, 240
Big Design up Front, 24
Borda do sistema, 117
BPMN. *Consulte* business process modeling
    and notation
Branch, 195
Browseabilidade, 67
Build, 73, 74, 194, 195
Burndown chart, 50, 57
Business Model Canvas, 102
Business Process Modeling and Notation, 13,
    242

C

Cache, 193
Calibragem, 152, 153
Caminho(s)
    crítico, 111, 112, 113
    independentes, 249, 250, 251, 253, 257
Camiseta, 132
Capability Maturity Model Integration, 223
Capacidade, 202
    de manutenção, 202, 205
Carregador, 284
Cartões CRC, 67
Cascata, modelo, 12, 21, 24, 26, 27, 87, 88
    com redução de risco e espiral, 22, 33
    com subprojetos, 22, 31
CASE. *Consulte* computer aided software
    engineering
Caso
    de teste, 260, 264
    de uso, 109, 263, 264
Causas, 157, 170, 173
CCM. *Consulte* configuration and change
    management

CE. *Consulte* consulta externa
Celebração, 75
Change Management, 231
Change Request Management, 92
Checklist, 159, 160, 161, 162, 167
Ciclo de vida, 11, 21, 29, 93, 95, 96, 97
    Cascata Dupla, 27
CII, 115, 137, 138, 140, 151, 184, 185, 279, 280
Classe(s)
    de equivalência, 258, 262, 263, 266
    inválida, 258, 260, 262, 263, 266
    válida, 258, 260, 263, 266, 267
CLF. *Consulte* construir lista de funcionalidades
CM. *Consulte* change management
CMMI, 140, 143, 153. *Consulte* software
    process improvement and capability
    determination
Cobertura de contexto, 203, 207
COCOMO, 81, 137, 138, 280
COCOMO II. *Consulte* CII
Code rush, 23
Codificação, 65
Coeficiente de escala, 138, 140
Coesão alta, 67
Coexistência, 205
Commercial off the Shelf, 102
Commit, 193, 194
Compatibilidade, 202, 205
Completude funcional, 201
Complexidade, 117, 120, 128, 131, 149, 150,
    177, 181, 185, 272, 273, 283
    ciclomática, 245, 246, 250, 255
Comportamento, 210
    em relação ao tempo, 202, 204
Composição, 190
Compreensibilidade, 67
Computer Aided Software Engineering, 6, 21
Comunicação, 59, 67, 72, 157, 163, 166, 174,
    175, 178, 179
    de dados, 123, 126, 130
    osmótica, 75, 76
Concepção, 12, 81, 83, 84, 90, 101, 105, 108,
    138, 143, 151, 159
Concordância, 47, 60, 61, 71
Confiabilidade, 184, 185, 201, 202, 212
Confiança, 76, 77
Confidencialidade, 205, 244
Configuração
    de software, 189, 191
    do equipamento, 123, 130
Configuration and Change Management, 92
Consertos ruins, 278
Construção, 84, 85, 86, 90, 102, 105, 107, 130,
    138, 142, 159

293

294 Índice remissivo

Constructive Cost Model. *Consulte* CII
Construir
    lista de funcionalidades, 69, 71
    patrocínio, 228
Consulta externa, 119
Contagem
    estimada, 121, 122
    indicativa, 121
Conteúdo funcional, 273
Controle
    de mudança, 194
    de riscos, 172, 173, 174
    de versão, 189, 192, 195
Conversão de arquitetura, 279
Coordenador, 183
Copia-modifica-resolve, 193
Coragem, 59
Cornerstone (pedra fundamental), 35
Corretude funcional (acurácia), 201, 202, 203
COTS. *Consulte* commercial off the shelf
CPF. Consulte construir por funcionalidade
CPLX, 144, 145, 150
Crescimento contínuo, 273
Crise do software, 1, 5
CRM. *Consulte* change request management
Cronograma, 21, 37, 111, 113, 157, 158, 160,
    166, 169, 171, 174, 178, 180
CRUD, 107, 121
CRUDL, 121
Crystal Clear, 43, 62, 74, 76
Custo, 111, 124, 125, 178, 180, 186

D

DAD. *Consulte* Disciplined Agile Delivery
Daily scrum, 50
DATA, 143
Debuggers, 270
Decidir o mais tarde possível, 55
Declaração de escopo, 103, 104, 107
Defeitos, 184, 185, 238, 242, 271
    duplicados, 278
    inválidos, 278
    suspensos, 277
Definição de feito. *Consulte* definition of done
Definido, 225
Definition of done, 46, 47
Dependência, 190, 191
Depuração, 238, 270
Desassemblador, 284
Desassemblagem, 284
Desativação, 12
Descompilação, 284
Desenvolvedor, 1, 4, 55, 56, 60, 65, 68, 70, 73,
    86, 89, 192, 193
Desenvolvedor-mês, 124, 137, 138, 151, 153
Desenvolver integridade, 56
Desenvolvimento, 11
    dirigido por teste, 60, 62, 237
    do núcleo de ativos, 39
    do produto, 40
Design, 24, 36
    simples, 60, 63, 64, 67
Designer, 5
Detalhar por funcionalidade, 69, 72, 74

Development team, 45, 54, 59
Diagnóstico, 228, 233
Diagrama(s)
    de sequência, 67, 70, 72, 73
    Gantt, 113
    PERT, 109, 111, 113
Dimensão
    de capacidade, 217
    de processos, 217, 218, 223
Direção, 60, 61, 65, 76, 78
Disciplina, 12, 13
Disciplined Agile Delivery, 96
Disponibilidade, 202, 244
Ditador, 183
DMA. *Consulte* desenvolver modelo abrangente
DOCU, 144
Documentação, 82, 95
Documentação de processo, 15
DoD. *Consulte* definition of done
Dono do produto. *Consulte* product owner
DPF. *Consulte* detalhar por funcionalidade
Drivers, 239, 240, 241

E

Early Design Model, 143, 149
Early-learner, 50
EE. *Consulte* entrada externa
Efeito, 158, 159, 171
Efetividade, 203, 207
Eficácia, 183
Eficiência, 204, 210
    de desempenho, 204
Elaboração, 82, 84, 104, 105, 108, 111, 138,
    143, 151, 153, 159
Eliminação de desperdício, 56
Em otimização, 225
Empoderar a equipe, 55, 56
Engano, 238
Engenharia
    direta, 283, 284
    reversa, 271, 283, 284
        de código, 284
        de dados, 285
Engenheiro de software, 1, 4, 5
Enterprise Unified Process, 88, 93
Entrada, 13
    e saída, 11
    externa, 118, 121
Entrega(s), 85, 87, 91, 93, 96
    em estágios, 22, 36
    evolucionária, 22, 37
    frequentes, 74, 75, 77
    pequenas, 63, 66
EPML, 143, 153, 154
Equipe
    coesa, 62, 64
    de descoberta, 229
    de funcionalidades, 73, 74
    de processo, 18
Erro, 238
Escopo, 177, 179, 187
    da SPL, 40
Esforço, 271, 276, 280, 281
    total, 104, 105, 109, 111

Especialização, 190
Estabelecer o contexto, 229
Estabelecimento, 230, 233
Estética de interface com usuário, 202, 204
Estimação
    de esforço, 115, 134, 138, 143
    por especialista, 115, 131
Estímulo para mudança, 228, 229
Estratégia de produção, 40
Estudo de viabilidade, 84, 102
EUP, 271. *Consulte* Enterprise Unified Process
Evolução, 194, 271, 272, 273, 279
Excelência técnica, 44, 60, 63
Expert in the earshot, 76
Explicabilidade, 67
Exploração, 60
Exposição, 108, 109, 168, 173
eXtreme Programming, 96. *Consulte* XP

F

Facilitador, 183
Fakey-fakey, 50
Falha, 238, 244, 252, 260, 264
Familiaridade, 273, 281, 282
Fases, 11, 12, 24
Fatores de escala, 140, 143
FCIL, 150, 151
FDD. Consulte Feature-Driven Development
Feature Driven Development, 43, 69
Fechamento, 178, 187
Feedback, 37, 41, 55, 59, 60, 75, 76, 91, 97,
    272, 273, 274
Fermat, 256
Fibonacci, 131, 135
Fixtures, 240
FLEX, 140, 142
Flexibilidade, 131, 140, 142
Foco, 75, 77
Follow-up, 209, 210
FP, 281
Framework, 92, 94, 96
Função
    de dados, 118, 120
    transacional, 119, 120
Funcionalidade, 82, 96, 185, 210
    apropriada, 202

G

Gantt, 183
Garantir infraestrutura, 229
GCM, 189
GCS, 189
General Systems Characteristics, 123
Gerência de projetos, 177, 179
Gerência
    de solicitações de mudança, 194
    de SPL, 41
Gerenciado, 225
    quantitativamente, 225
Gerenciamento
    de configuração, 75, 79
    de configuração de software, 189
    de configuração e mudança, 189
    de pessoas, 88, 93

Gerente, 86, 92
de projeto, 5, 99, 112, 157, 173, 182, 183
Gestão da qualidade, 207
Git, 195
Goal/Question/Metric, 212
GQM. *Consulte* goal/question/metric
Grafo de Fluxo, 246, 248, 249, 250, 252, 255
Grupos
de práticas, 223
de processo, 178
GSC. *Consulte* general systems characteristics
Guia de medição, 200

H

História de usuário, 46, 48, 49, 50, 51, 54, 57, 61, 66, 67, 69, 131
Histórico, 192, 194
Homologação, 238, 242
Huge LeSS, 110

I

IA. Consulte inteligência artificial
ICS. *Consulte* item de configuração de software
IDEAL. *Consulte* initiating, diagnosing, establishing, acting, and learning
Identificador de expressões idiomáticas, 284
IFPUG, 116, 123
Impacto, 167
Implantação, 87, 91, 92, 94, 96, 123
Implementação, 81, 85, 88, 91, 96
Implementar solução, 231
Incremento, 46, 48, 50, 55
Índice de produtividade, 124
Iniciação, 229, 231, 233
Initiating, Diagnosing, Establishing, Acting, and Learning, 207, 227, 232, 233
INMETRO, 215
Inspeção(ões), 208
Fagan, 209
Instalabilidade, 206
Instalação, 128, 131
Integração, 68, 74, 76, 179
big bang, 240
bottom-up, 241
contínua, 62, 64
incremental, 241
sanduíche, 241
top-down, 241
Integridade, 202, 205
de informação, 244
Inteligência artificial, 6
Inteligibilidade, 202, 204
Interface, 116, 117, 118, 130, 140, 144
Interoperabilidade, 205
IP. *Consulte* índice de produtividade
ISO
9001, 215
12207, 18, 217, 225
14764:2006, 276
15288, 199
15504, 216, 217, 218
24748-1, 12, 18

25000, 199
25010, 199
33001, 217
33061, 218, 220
330xx, 216
90003, 215
Item de configuração de software, 189
Iteração, 82, 87, 88, 89, 91

J

jCompany, 38
Jogos, 6
Just in time, 66

K

Kaizen, 57
Kanban, 56, 57, 58, 96
KISS, 265
KSLOC, 133, 135, 136, 138, 140, 144, 153, 184, 280, 281

L

Largamente definido, 225
Large Scale Scrum, 53
Late-learner, 50, 51
Lean, 55, 56, 96
Lei
de Brooks, 6
de Humphrey, 45
de Lehman, 271, 273, 274, 284
de Murphy, 237
de Parkinson, 174
de Ziv, 45
Lema
de Langdon, 45
de Wegner, 45
LeSS. *Consulte* Large Scale Scrum
LeSS Huge, 54
Lições aprendidas, 181, 187
Linha
de processo de software, 232, 234
de produto de software, 21, 38
Lista de funcionalidades, 71, 72
LOC, 133
LTEX, 148, 150

M

Manifesto ágil, 43, 46, 64
Manutenção
adaptativa, 194, 242, 274
corretiva, 194, 274, 276
perfectiva, 194, 275, 276
preventiva, 275, 276
Manutenibilidade, 185
Marcos, 24
de projeto, 187
Maturidade, 202, 207
Medição, 177, 183
da qualidade, 210
Medida(s), 183
de qualidade do processo, 199
de qualidade do software em uso, 200
de qualidade externas, 199

de qualidade internas, 199
de uso, 201
externas, 201
internas, 201
primitivas, 201
Melhoria, 275, 279
de processo de software, 94
reflexiva, 75, 76
Mentores de ferramenta, 88
Método(s)
ágeis, 23, 43
Coad, 69
Métrica, 183, 271, 277
Middle-learner, 50, 52
Migração, 276, 277, 278
Mitigação, 157, 158, 159, 168, 173
Mitos do software, 1, 2
Modelagem de negócio, 88, 89, 90, 93
Modelo(s)
abrangente, 69, 70
ágeis, 22
Codificar e Consertar, 23
conceitual, 70, 234, 235
de objetos, 70, 73
de processo, 11, 23
de prototipação evolucionária, 35
de qualidade, 200
de referência, 200
para melhoria do processo de software, 225
entrega evolucionária, 37
entregas em estágios (staged deliveries) ou implementação incremental, 36
espiral, 21, 33, 35
orientado a cronograma, 22, 23, 37
orientado a ferramentas, 22, 38
Sashimi, 21, 28, 29
V, 22, 30
W, 22, 31
Modificabilidade, 202, 206
Modularidade, 202, 206
Monitoramento, 157, 168, 172
MOSCOW, 211
MR-MPS-SW. *Consulte* modelo de referência para melhoria do processo de software
MSLOC, 133
Mudança contínua, 272, 273

N

Não repúdio, 202, 205, 244
NESMA, 116, 122
Never-never, 50
Número de iterações, 107

O

OMT, 81
Open Unified Process, 97
OpenProject, 111
OpenUP. *Consulte* Open Unified Process
Operabilidade, 202, 204
Oracle Unified Method, 94, 271
Orçamento, 102, 157, 158, 160, 166, 178
Orkflows, 86

296 Índice remissivo

Otimização, 271, 279
OUM. *Consulte* Oracle Unified Method

P

Pacote de design, 73
Padaria
  ágil, 43
  prescritiva, 43
Padrões de codificação, 60, 63, 68
Papel, 13, 86, 87, 94
Parcialmente
  definido, 225
  gerenciado, 225
Partes interessadas, 179, 180
Particionamento de equivalência, 258
Participantes, 14
Passos, 15
  de negócio, 71
PBR. *Consulte* product backlog refinement
PCAP, 147, 150
PCON, 147, 148, 150
PDIF, 149, 150, 151
Perfis, 14
Performance, 123, 126, 127, 130
PERS, 149, 150
PH. *Consulte* pontos de histórias
Planejamento, 101, 157, 158, 168
  de entregas, 60, 66
  de fase, 101
  de iteração, 61, 67, 101
Planejar por funcionalidade, 71
Planning game. Consulte jogo de planejamento
Planning poker. Consulte jogo de planejamento
Plano(s)
  de ação estratégica, 230
  de aceitação de produto, 89
  de contingência, 172
  de fase, 88, 89
  de gerência de riscos, 89, 157, 158
  de iteração, 89
  de medição, 89
  de produção, 40
  de projeto, 88
Plateau, 50, 52
PLEX, 147, 148, 150
PMAT, 140, 142, 143, 153, 155
PMBOK. *Consulte* Project Management Book
  of Knowledge
PO. *Consulte* product owner
Poker planning, 131, 133
Ponto(s)
  de caso de uso, 184, 185
  de função, 115, 116, 119, 123, 135, 136,
    184, 185
  de histórias, 46, 67, 131
  de variação, 39
Portabilidade, 202, 206
Pós-condições, 259
Posse do código, 65, 68
  coletiva, 60, 64, 68
Post-Architecture Model, 143, 149
PPF. *Consulte* planejar por funcionalidade
Práticas, 223, 224, 230
PREC, 140

Precondições, 259
Previsível, 217
PREX, 150, 151
Primeiro indicador, 173
PRINCE2, 177, 179, 181, 182
Prioridades, 223, 230
Probabilidade, 173, 174
Problema, 157, 167, 170, 173, 174
Procedimentos, 15
Processamento distribuído, 123, 126, 130, 145
Processo(s), 11, 21, 159
  da indústria de software, 18
  de acordo, 19
  de desenvolvimento de software, 11
  de gerenciamento técnico, 19
  organizacionais de viabilização de projetos, 19
  técnicos, 19
  unificado, 12, 21, 22, 81, 83, 87, 96, 97, 115,
    125, 143, 271
Produção, 12
Product
  backlog, 46, 48, 50, 54, 59
  backlog refinement, 54
  owner, 45, 47, 48, 53, 54, 96
Produtividade, 184
Programa
  de melhoria de qualidade, 206
  de métricas, 184, 185, 186
Programação em pares, 61, 65, 66, 75
Programador, 5
Project Management Book of Knowledge, 102,
  177, 178, 180
Projeto, 11, 74, 99, 101, 105, 110, 113, 143,
  144, 148, 265
Proposta de valor, 102, 103
Proteção contra erro de usuário, 202, 204
Prototipação, 22
  evolucionária, 22, 35
Proximidade, 168
PVOL, 146, 147, 150

Q

Quadro Kanban, 56
Qualidade, 177, 178, 179, 187, 271, 275, 278, 279
  de conformação, 199
  de projeto, 199
  do software em uso, 206

R

Rastreabilidade, 190
  de uso, 202, 205
Rastreamento, 157
Rational Unified Process, 85, 94
RCPX, 149, 150
Realização, 190, 194
Reavaliação de plano de ação, 224
Recomendações, 216, 230
Recuperabilidade, 202, 203
Recuperação de projeto, 283
Recursos, 14, 179, 180, 190
  consumíveis, 14
  físicos, 14
  humanos, 14
  não consumíveis, 14

Rede PERT, 111
Redmine, 111
Redocumentação, 283
Reengenharia, 271, 275, 283
Reestruturação, 283
Refatoração, 63, 68
Refinar solução, 231
Registro Lógico, 119
Regra(s), 15
  8-80, 109, 110
  de design, 67
  de engajamento, 65
  de funcionamento, 65
  dos 100%, 110
Relacionamento com clientes, 103
Release, 91, 106, 191, 192
  notes, 92
  planning meeting, 66
RELY, 144, 150, 281
Reparação de defeitos, 277
Repositório, 193
Requisitos, 21, 24, 28, 30, 33, 37, 90, 96, 115,
  117, 152, 154, 158, 160, 163, 216, 221
  de qualidade, 211
  permanentes, 275
  transitórios, 275
RESL, 140, 141, 143
Respeito, 59
Responsáveis, 14
Restrições, 210
  de produção, 40
  de produto, 40
Reunião, 186
  em pé, 50, 66
Reusabilidade, 116, 131, 144, 202, 206
Revisão, 191
Risco, 32, 47, 60, 62, 67, 72, 75, 103, 106, 107,
  109, 132, 137, 140, 143, 157, 160, 164,
  167, 177, 179, 182, 187, 276
RL. *Consulte* registro lógico
RUP-SE, 110
RUP. Consulte Rational Unified Process
RUSE, 144, 146, 150, 281

S

SAFe. *Consulte* Scaled Agile Framework
Saída externa, 118, 121
Satisfação, 203, 207
Scaled Agile Framework, 56
SCED, 139, 148, 149, 150, 281
Scope increase, 50, 53
Scrum, 46, 52, 56, 59, 182, 186
Scrum master, 45, 53
Scrum of Scrums, 53, 54
Scrumban, 44, 58
SE. *Consulte* saída externa
Segmentos de clientes, 102, 103
Segurança, 202, 205
SERPRO, 116, 124
Simplicidade, 44, 59, 67
Sistemas de informação, 7
SITE, 148, 149, 150
SLOC, 133, 134, 135, 184
Smaller LeSS, 54

SMPEEM, 281, 282
Software
  básico, 6
  científico e de engenharia, 6
  comercial, 6
  de tempo real, 6
  embutido ou embarcado, 6
  Engineering Institute (SEI), 18
  pessoal, 6
  Process Improvement, 227
  Process Improvement and Capability
    determination, 216
  product line. *Consulte* linha de produtos de
    software
Solução piloto, 230, 231
SPI, 231, 232, 233, 234. *Consulte* software
  process improvement
SPICE, 142, 143, 216, 222, 223, 225
Spikes, 60, 67
SPL. *Consulte* linha de produtos de software
Sprint, 45, 48, 51, 53, 55
  backlog, 46, 47, 57, 59
  planning meeting, 48, 50, 51, 52, 54
  planning one, 54
  retrospective, 49, 52, 54
  review, 49
SQuaRE, 199, 200
Status, 165, 173, 183, 187, 191
STOR, 146, 147, 150, 151
Stubs, 239, 240
SU, 282
Substituibilidade, 202, 206
Sugestões, 216
Suporte, 12
  a usuários, 278
SWBOK, 6
SWEBOK, 177, 178, 199

T

Tamanho médio da equipe, 104, 105, 125, 139
TDD. Consulte desenvolvimento dirigido pelo teste
TDE. *Consulte* tipo de dados elementar
TEAM, 140, 142, 143

Técnica(s)
  não paramétrica, 115
  paramétricas, 115
Template, 15, 109
Tempo, 182, 185
  linear ideal, 104, 105, 125, 137, 139
Test driven development. Consulte
  desenvolvimento dirigido por testes
Testabilidade, 67, 202, 206
Testador, 86
Teste(s), 237
  automatizado, 64, 78
  de aceitação, 66, 69, 242, 243
  de carga, 243
  de ciclo de negócio, 242
  de estresse, 244
  de funcionalidade, 237, 240
  de instalação, 245
  de integração, 240, 241
  de interface com usuário, 243
  de operação, 242, 243
  de performance, 243
  de regressão, 240, 242
  de resistência, 244
  de robustez, 244
  de segurança, 244
  de sistema, 263
  de unidade, 68, 69, 74, 240, 241, 245, 258
  estruturais, 245
  funcionais, 245
  suplementares, 243
Throw-away (descartável), 24, 35, 67, 239
TIME, 146, 150, 151
Timeboxing, 48, 65, 74, 76, 111
Tipo
  de dados elementar, 119
  primitivo, 262
Tipo-E, 272
Tipo-P, 272
Tipo-S, 272
Tolerância a falhas, 201, 238, 243
TOOL, 148, 149, 150
Tráfego de mudança anual, 280
Transação, 117, 119, 127

Transição, 84, 85, 91, 93, 96, 104, 105, 107,
  138, 151, 152, 159
Trava-modifica-destrava, 193

U

UFP, 281. Consulte pontos de função não
  ajustados
UML, 190. *Consulte* Unified Modeling
  Language
UNFM, 281, 282
Unified Modeling Language, 1
Unified Process. *Consulte* Processo Unificado
UP, 151, 152. *Consulte* Processo Unificado
Usabilidade, 184, 202, 204
Uso sem riscos, 203, 207
Utilização, 12
  de recursos, 202, 204

V

VAF, 282
Variante, 191, 195
Ver o todo, 55
Verificação, 238
Volume de transações, 123, 130

W

Walkthrough, 208
Waterfall, 21. *Consulte* cascata, modelo
WBS. *Consulte* Work Breakdown Structure
WebRatio, 38
Work breakdown structure, 109
Workflows, 81, 86, 90, 111

X

XP, 58, 60, 64, 67
XP eXtreme Programming, 58

Y

YAGNI, 265

e-volution
Sua biblioteca conectada com o futuro

A Biblioteca do futuro chegou!

Conheça o e-volution: a biblioteca virtual multimídia da Elsevier para o aprendizado inteligente, que oferece uma experiência completa de ensino e aprendizagem a todos os usuários.

Conteúdo Confiável
Consagrados títulos Elsevier nas áreas de humanas, exatas e saúde.

Uma experiência muito além do e-book
Amplo conteúdo multimídia que inclui vídeos, animações, banco de imagens para download, testes com perguntas e respostas e muito mais.

Interativo
Realce o conteúdo, faça anotações virtuais e marcações de página. Compartilhe informações por e-mail e redes sociais.

Prático
Aplicativo para acesso mobile e download ilimitado de e-books, que permite acesso a qualquer hora e em qualquer lugar.

www.elsevier.com.br/evolution

Para mais informações consulte o(a) bibliotecário(a) de sua instituição.

Empowering Knowledge   **ELSEVIER**